한국어 형태론 연구

이 저서는 2007년 정부(교육과학기술부)의 재원으로 한국연구재단의
지원을 받아 수행된 연구임(NRF-2007-361-AM0059)

한국어 형태론 연구

최 규 수

역락

필자는 약 20년 동안 한국어 형태론과 국어학사를 가르쳐 왔는데, 가장
힘들었던 일은 문법 용어에 관한 것이었다. 학설과 학자에 따라, 동일한
형식을 나타내는 데 다른 문법 용어를 사용하고, 거꾸로 동일한 문법 용
어를 사용하지만 그 외연은 다른 일이 너무나 많았다. 그러한 문제는 고
유어 용어와 한자어 용어를 가리지 않고 나타나, 고유어 용어를 한자어
용어로 표현하거나 한자어 용어를 고유어 용어로 표현한다고 해서 해결
될 문제가 전혀 아니었다.

이러한 어려움은 특히 국어학사를 기술하는 데 큰 어려움으로 작용한
다. 동일한 형식이나 문법 현상에 대한 다양한 학설이나 주장들을 동등한
가치를 유지하면서 비교해야 하는데, 특정한 문법 용어를 사용하는 순간
그러한 용어를 사용하는 특정한 학설이나 주장에 우선적 가치를 부여하
는 오해를 피하기 어려울 수밖에 없기 때문이다. 그러한 어려움은 형태론
에서 특히 더한데, 전통적으로 한국어 문법이 다른 부문에 비하여 형태론
이 큰 비중을 차지하고 있기 때문이다.

사실 문법 용어의 문제는 문법 용어 자체만의 문제가 아니라, 문법의
체계와 밀접하게 관련되어 있다. 다른 시기의, 또는 동시대의 한국어 연구
들이 서로 긴밀한 관계를 맺으면서 연구되지 못하고, 서로 동떨어진 채
연구되었기 때문이다. 그리고 그렇게 된 원인은 한국어 연구가 성립하고
발전하는 특수한 환경 때문이다.

유럽과 미국의 언어학에서는 어떤 학설이든 오랜 기간을 거쳐 연구되
었고, 그 학설에서 부딪힌 문제가 그 학설로서는 도저히 해결하기 어려운
한계에 봉착했을 때 그 한계를 극복하고자 하는 시도로서 새로운 학설이

탄생하였다. 그리하여 새로운 학설은 이전의 성과나 한계를 충분히 인지하고, 그것들을 그대로 계승하였다. 그리하여 새로운 학설이 일어났다고 해서 그 이전의 학설이 사라진 것이 아니라, 성과와 한계를 가진 학설 그대로 살아 있는 것이다. 그것이 가능한 것은 문제가 이전 이론의 내적 성찰을 통하여 출발되었기 때문이다. 그리하여 예컨대 변형 문법 속에는 이전의 구조주의 문법이 그대로 살아 있으며, 최근의 변형 문법에는 그 이전의 변형 문법이 살아 움직이는 것이다.

그런데 한국어 연구는 불행하게도 그런 과정으로 이루어지고 발전한 것이 아니었다. 한국어 연구는 주시경 선생의 국어문법이 출판된 1910년 이래로 116년 동안 연구되어 왔다. 그러나 처음부터 선생의 연구 성과를 충분히 연구하고, 그 문제점과 한계를 충분히 인식하고, 그것을 극복하고자 하는 노력이 부족했다. 한국어 연구의 문제가 내부적인 성찰과 반성을 통하여 앞선 연구의 한계를 극복하고자 하는 시도로 발전한 것이 아니었다는 것이다. 시대 상황에 따라 일본의 영향을 받아, 또 유럽이나 미국의 영향을 받아 연구가 이루어졌다. 그런 과정에서 새로운 학설은 이전의 학설과는 아무런 관계없이 도입되었고, 그리하여 이전의 학설은 계승되지 못하고 그대로 사라졌다. 극단적으로 말한다면, 모든 한국어 연구가 그런 과정을 겪었다. 어떤 시기의 한국어 연구도 그 이전의 한국어 연구를 계승하지도 극복하지도 못했다는 것이다. 곧 한국어 연구에서 문제들에 대한 의문이 이전 연구의 한계를 인식하는 데서 출발한 것이 아니라, 유럽과 미국의 언어학에서 제기한 문제를 따라간 것이다. 많이 과격한 말이기는 하지만, 국어학 연구사들에서는 자주 언급되는 말이다. 바람직한 국어학을 위해서는 반드시 넘어야 할 산이다.

이 책의 논문들은 기본적으로 문법 용어에 대한 문제의 인식에서 출발하였고, 그 문제를 한국어 문법의 체계의 문제와 관련하여 살핀 것이다. 필자가 이 글들을 쓰면서 애초에 의도한 바는 한국어 형태론 연구들에서 명시적으로 또는 비명시적으로 제기된 여러 문제들을 명확히 정리하는 것이었다. 그러다 보니 자연히 그 문제를 해결하는 방법을 생각하게 되고, 결국 나름대로의 형태론 체계를 구성하게 되었다. 그러니 이 글을 읽는 독자들도, 필자가 이끌어 낸 어떤 주장이 옳고 그름에 마음을 두기보다는, 그러한 주장과 관련하여 제기된 여러 문제들이 과연 올바로 제기된 것인지에 초점을 맞추어 읽어 주기 바란다.

사실 이 연구에서 특별히 내세울 만한 새로운 것은 없다. 한국어 용언형의 정보 표시 방법에 관한 연구는 허웅 선생이 체계를 세우신 한국어 형태론의 성과들을 바탕으로, HPSG의 방법을 비형식적인 방식으로 활용하여 해결하고자 한 것이다. 그리고 융합 형식을 포함한 용언형의 분석은 구조주의의 가장 기본적인 개념인 공시태와 공시태를 구별하면서, 계열 관계와 통합 관계를 한국어 용언형의 형태소 분석에 엄밀하게 적용해 본 것이다. 보조조사에 관한 연구는 진리조건 의미론을 비형식적인 방식으로 도입하여, 보조조사의 전체 체계 속에서 각 보조조사가 차지하는 변별적 지위들을 보여주고자 한 것이다. 조어법에 관한 논의는 용어의 정의에서 드러나는 문제점이나 그 용어들을 사용하는 방식을 검토하여, 그 논의들에 숨어 있는 체계를 발견하고자 한 것이다.

이 책은 개별적으로 쓴 논문들을 엮은 것이다. 용언토와 체언토에 관한 것은 먼저 큰 주제를 정하고 다시 그것을 작은 주제로 나누어 개별 논문으로 쓴 것인데, 특히 방법론에 관한 내용이 중복되어 서술된 부분이 있다. 조어법에 관한 논문들은 국어학사적 관점에서 문제를 제기하고, 그 논의에 의거하여 다른 개별 논문들을 작성하였기 때문에, 역시 내용상 중복되는 점이 있다. 그렇지만 그렇게 된 것은 개별 논문들을 학술지에 투고하고 심사하는 과정에서 독립적인 내용으로 구성해야 했기 때문에, 어쩔 수 없이 그렇게 된 것이다. 이런 점을 이 책을 읽는 독자들이 이해해 주기 바란다.

다시 이 책에 사용된 용어에 관하여 간단히 언급해 둔다. 이 논문에서 사용된 용어들은 여러 사정에 따라 동일한 언어 형식에 다른 용어들을 사용한 것이 있다. '통사론'과 '통어론', '굴절법'과 '굴곡법', '단어'와 '낱말', '어간', '줄기', '접사'와 '가지', '조사, 어미'와 '토' 등이 그러하다. 그런데 그 용어들을 사용한 데는 그럴 만한 까닭이 있기에, 하나의 용어로 통일하지 않고 그대로 두었다. 그리고 용언의 어미를 나타내는 데는 '맺음토'[어말어미], '안맺음토'[선어말어미] 등과 같이 '맺음, 안맺음, 토' 등의 용어를 사용하였다. '토'는 가장 전통적인 용어이고, '맺음, 안맺음'은 그것이 가리키는 언어 형식의 특성을 가장 잘 드러내고 있다는 생각에서 사용한 것이다.

이 책에 실린 논문들을 읽고 여러 문제점들을 지적해 주신 심사위원들에게 감사의 말씀을 드린다. 그들이 비판적으로 지적하거나 대안으로 제시하신 것들을 충분히 수용하지는 못했겠지만, 그것들을 통하여 필자가 드러내고자 하는 생각들을 더 잘 이해할 수 있었다. 지금 부산대학교 인문학연구소 BK연구교수로 재직하고 있는 서민정 선생은 필자의 연구 활동 기간 내내 큰 도움을 주었다. 변형 문법이 아닌 문법 이론들인 자율어휘통사론과 중심어 구 구조 문법(HPSG) 등을 그와 함께 읽고 토론하면서, 필자는 문법에 대한 통찰력을 키울 수 있었다. 부산대학교 대학원 국어국문학과 이민희 선생은 이 책의 많은 글들의 초고를 읽고 내용과 편집과 교정에 이르는 모든 부분에서 잘못된 부분을 일일이 찾아 고쳐 주었다. 그들의 마음을 고맙게 생각한다.

이처럼 여러 가지로 부족한 원고를 반듯하게 책으로 출판해 주신 역락출판사 이대현 사장님과 박태훈 부장님, 까다로운 요구도 모두 반영해 주신 편집진에게 이 자리를 빌려 감사의 인사를 전하고 싶다.

2016. 1. 최규수 씀.

차례

제2부 격조사와 보조조사의 문법 정보

제3부 복합어의 성분 구조

들어가기
─ 이 책의 개요

이 책은 제1부 용언형의 문법 정보와 제2부 격조사와 보조조사의 문법 정보, 제3부 복합어의 성분 구조, 그리고 부록으로 구성되어 있다. 제1부는 용언의 굴절법에 대한 논의이고, 제2부는 체언의 굴절법에 대한 논의이며, 제3부는 조어법에 대한 논의이다. 부록은 한국어 형태론에서 사용된 용어들에 대한 국어학사적 논의이다.

1. 용언형의 문법 정보

제1부는 세 부분으로 구성되어 있다. 첫째는 안맺음토(선어말어미) 가운데, 시간과 관련된 기능을 나타내는 '-었-'과 '-더-'의 기능에 대한 논의이고, 둘째는 용언들과 '-었-'과 '-겠-', '-더-'가 통합하여 형성된 용언형들의 문법 정보를 표시하는 방법에 대한 논의이며, 셋째는 '-을X', '-는X', '-던X', '-니X', '-디X', '-리X' 등과 같은 융합 형식을 포함한 용언 종결형의 구조를 분석하는 기준에 대한 논의이다.

■ 한국어의 시제

어떤 일이 일어나는 시간상황은 문장에서 시간위치어와 용언의 시간형으로 반영되며, 어떤 문장의 시간상황은 담화 세계의 시간상황과 관련하여 해석된다. 이러한 관점을 바탕으로, 시간상황과 시간위치어 및 용언의 시간형의 관계를 논의했다.

먼저 한국어의 시제를 해석하는 기준 시점을 다음과 같이 설정하였다.

> (1) 기준 시점
> ㄱ. 발화시 : 어떤 일에 대한 표현을 발화한 시간의 위치
> ㄴ. 사건시 : 어떤 일이 실제로 일어난 시간의 위치
> ㄷ. 가정시 : 발화시에는 일어나지 않은 어떤 일을 관찰할 수 있는 시간이라고 가정된 시간의 위치
> ㄹ. 인식시 : 발화시에 앞서 일어난 어떤 일을 직접 인식할 수 있는 시간의 위치
> ㅁ. 담화시 : 담화를 구성하는 문장들이 나타내는 일들이 일어나는 주된 시간의 위치

이러한 기준 시점을 바탕으로 한국어의 시제를 다음과 같이 서술하였다. '-었-'은 발화시 기준의 과거인데, 가정시를 기준으로 한 과거로 해석되기도 한다. '-더-'는 인식시를 기준으로 한 비과거이며, '-더-'와 함께 쓰인 '-었-'은 인식시를 기준으로 한 과거이다. 담화에서 '-었-'과 교체되는 '-∅-'은 담화시 과거를 기준으로 한 비과거이고, '-었었-'은 담화시 과거 또는 비과거를 기준으로 한 과거이다.

■ 한국어 용언형의 문법 정보 표시

한국어 용언형에서 안맺음토가 실현되기도 하고 실현되지 않기도 한다.

그런데 용언의 맺음토(어말어미)의 종류에 따라, 안맺음토 '-었-'과 '-겠-', '-더-'가 모두 결합하는 경우도 있고, 일부의 안맺음토만 결합하는 경우도 있고, 어떤 안맺음토도 결합하지 않는 경우도 있다.

종결형토 '-다/라'는 안맺음토 '-었-'과 '-겠-', '-더-'가 모두 결합하는데, '느리다' 용언의 어간에 안맺음토와 결합하여 형성되는 용언형들은 (2)와 같은 일반적인 구조로 나타낼 수 있다. 그리고 이러한 구조에서 안맺음토를 문법 자질들로 대치하면, (3)과 같이 표시할 수 있다.[1]

$$(2) \quad \left\langle \, 느리, \begin{Bmatrix} 시 \\ \varnothing \end{Bmatrix}, \begin{Bmatrix} 었 \\ \varnothing \end{Bmatrix}, \begin{Bmatrix} 겠 \\ \varnothing \end{Bmatrix}, \begin{Bmatrix} 더 \\ \varnothing \end{Bmatrix}, 다/라 \, \right\rangle$$

$$(3) \quad \left\langle \, 느리, \begin{Bmatrix} [+과거] \\ [-과거] \end{Bmatrix}, \begin{Bmatrix} [+추정] \\ [-추정] \end{Bmatrix}, \begin{Bmatrix} [+회상] \\ [-회상] \end{Bmatrix}, 다/라 \, \right\rangle$$

한국어 용언형의 일반적 구조[2]를 수립하기 위해서는 모든 용언의 어간과 모든 안맺음토 및 모든 맺음토의 통합 관계를 살펴야 한다. 그런데 맺음토 '-지'는 '-었-', '-겠-'과만 결합하고, '-을래'는 '-었-'과만 결합하고, '-자'는 어떤 안맺음토와도 결합하지 않는다. 이런 경우를 고려한다면, 모든 용언형들을 (2), (3)과 같은 일반적인 방식으로는 표시할 수 없다. 이러한 문제는 다음과 같은 것을 가정함으로써 해결하고자 하였다.

(4) 용언형에서 문법적 기능이 실현되는 방식

   ㄱ. 한국어의 모든 용언형은, 안맺음토가 실현되든지 실현되지 않든지 간에, 안맺음토가 가지는 모든 문법 정보를 가져야 한다.

   ㄴ. 어떤 동일한 문법적 기능이 안맺음토로 실현될 수도 있고 맺음

---

1) '-시-'는 어떤 종류의 맺음토에도 실현될 수 있기 때문에, 이 논의에서는 따로 표시하지 않았다.
2) 예컨대 '형판 형태론'을 설정해 볼 수 있다.

토로 실현될 수도 있다.

이러한 가정 아래, '-었-'과 '-겠-', '-더-'와 결합하는 종결형토(I)로 형성되는 용언형의 구조와, '-었-'과 '-겠-'이 결합하는 종결형토(II)로, '-었-'과 결합하는 종결형토(III)로, 어떤 안맺음토와도 결합하지 않는 종결형토(IV)로 형성되는 용언형의 구조를 각각 다음과 같이 기술하였다.

(5) ㄱ. $\left\langle V, \begin{Bmatrix} [+과거] \\ [-과거] \end{Bmatrix}, \begin{Bmatrix} [+추정] \\ [-추정] \end{Bmatrix}, \begin{Bmatrix} [+회상] \\ [-회상] \end{Bmatrix}, 종결형토(I) \right\rangle$

ㄴ. $\left\langle V, \begin{Bmatrix} [+과거] \\ [-과거] \end{Bmatrix}, \begin{Bmatrix} [+추정] \\ [-추정] \end{Bmatrix}, 종결형토(II) [-회상] \right\rangle$

ㄷ. $\left\langle V, \begin{Bmatrix} [+과거] \\ [-과거] \end{Bmatrix}, 종결형토(III) [+추정, -회상] \right\rangle$

ㄹ. $\langle V, 종결형토(IV) [-과거, -추정, -회상] \rangle$

용언의 관형사형과 명사형, 접속형도 종결형의 경우와 동일한 방식으로 처리할 수 있다.

이상의 논의와 관련하여, 안맺음토와 맺음토의 통사적 지위에 관한 논의에서 해결해야 할 문제점을 검토하였다. 최근의 변형 문법에서는 안맺음토와 맺음토를 모두 문장 분석에서 중심어 성분으로 분석하였다. 이러한 문법에서는 문장이나 접속형토를 포함한 형식의 구조를 다음과 같은 방식으로 분석한다. α와 β, γ는 안맺음토이고, δ는 맺음토/접속형토이고, T와 G, F는 안맺음토의 문법 범주이다.[3]

---

3) 논의를 단순하게 하기 위하여, X'의 층위는 생략하였다. 안맺음토의 범주 이름은 양태 자질의 이름으로 필자가 임의로 붙인 것이다.

(6) 단순화한 CP/ConjP의 구조

용언형을 가진 절의 구조를 (6)의 구조로 기술하는데, 만일 α와 β, γ이 항상 동일한 방식으로 실현되면 문제가 없을 것이다. 그런데 이 글의 논의에 따르면, α와 β, γ는 용언형의 유형에 따라서 형태소로 아예 실현되지 않는 경우도 있고,[4] 형태소로 실현되었다 하더라도 각각 +값이나 −값을 가진 형태소로 실현되는 방식이 다르다. 그리고 용언의 맺음토 δ는 그 부류에 따라 각각 다른 값을 가진 안맺음토와 결합한다는 제약이 있다. 게다가 용언의 맺음토가 융합형인 경우에는 안맺음토의 기능과 맺음토의 기능을 동시에 가진다. 모든 용언형을 (6)과 같이 분석하는 변형 문법에서는 이러한 것들을 일관되게 설명할 수 있는 방법을 제시해야 할 것이다.

이 글에서는 용언의 종결형을 통사론의 한 성분으로 분석하는 입장을 취한다. 이러한 관점은 중심어 구 구조 문법의 강어휘론 가설에 바탕을 둔 입장이다.[5] 문장의 중심어가 용언(서술어)이기 때문에, 용언의 성분인 안맺음토와 맺음토에 문장의 중심어의 지위를 부여하지 않더라도, 그것들의 문법 정보를 문장에 전달하는 데는 아무런 문제가 없기 때문이다.

---

4) 이런 경우에는 α와 β, γ에 T와, G, F의 자질의 값을 설정할 수 없다. T와, G, F 자체를 비워 두는 것으로 처리해야 할지도 모르겠다.
5) 국어학사적으로는 종합적 체계나 절충적 체계의 통사론이 그러하다.

■ 융합 형식을 포함한 용언형의 분석

한국어 용언의 맺음토는 융합 형식으로 된 것들이 많은데, 종결형토의 예를 들면 다음과 같은 것들이 있다.

(7) ㄱ. -을걸, -을게, -을래, -을지; -을까
ㄴ. -는다, -는걸, -는구나, -는지; -는가, -느냐
ㄷ. -던걸, -더구나, -던지; -던가, -더냐

(8) ㄱ. -습니다, -습디다, -습니까, -습디까
ㄴ. -리라, -리다, -리까

이 형식들에 관한 문제의 초점을 다음과 같이 정리할 수 있다.

(9) 융합 형식으로 된 용언토 분석의 문제
ㄱ. 한 개의 형태소인가, 둘 이상의 형태소의 복합체인가?
ㄴ. 이 형식들의 기능을 어떻게 기술할 것인가?

여기서는 이러한 문제를 다루고자 하는데, 다음과 같은 점을 유의하고자 한다. 하나는 (9)ㄱ의 문제에서 명시적인 기준을 제시해야 한다는 것이다. 다른 하나는 (9)에서 ㄱ의 문제와 ㄴ의 문제를 구별해야 한다는 것이다. (9)ㄱ의 문제에서, 용언토를 분석하는 기준은 원칙적인 기준은 (10)과 같은데, 구체적으로는 (11)과 같이 제시하였다.

(10) 용언토를 분석하는 기준
용언토들의 계열 관계와 통합 관계를 충분히 설명할 수 있어야 한다.

(11) 안맺음토임을 확인하는 기준
용언의 맺음토 앞에 놓인 분리 가능한 어떤 언어 형식은 다음의 조

건을 충족시키면 안맺음토이다.
(ⅰ) 문제의 형식은 그것과 계열 관계를 형성하는 어떤 형식과 문법
   자질의 값이 대립한다.
(ⅱ) 문제의 형식이 실현된 용언형은 그것과 계열 관계를 형성하는
   어떤 형식이 실현된 용언형과 동일한 유형의 문법 자질을 공유
   한다.

그리고 (9)ㄴ의 문제의 해결 방법은 앞의 (4)에서 가정한 '용언형에서
문법적 기능이 실현되는 방식'에 따른다.
  이에 따라, 위의 모든 형식들은 한 개의 맺음토로 분석해야 하며, 그것
의 문법·기능은 다음과 같이 표시할 수 있음을 논의하였다.

(12) ㄱ. V-을까 : <V, 을까[+추정]>
    ㄴ. V-는다 : <V, 는다[-과거, -추정, -회상, -완료]>
    ㄷ. V-는가 : <V, 는가[-회상]>
    ㄹ. V-던가 : <V, 던가[+회상]>

(13) ㄱ. V-습니다 : <V, 습니다[-회상, +상대 높임]>
    ㄴ. V-습디다 : <V, 습디다[+회상, +상대 높임]>
    ㄷ. V-리라 : <V, 리라[+추정, -회상, -상대 높임]>
    ㄹ. V-리다 : <V, 리다[+추정, -회상, +상대 높임]>
    ㅁ. V-리까 : <V, 리까[+추정, -회상, 의문, +상대 높임]>
    ㅂ. V-리 : $\left\langle V, 리\left[+추정, -회상, \begin{Bmatrix} 서술 \\ 의문 \end{Bmatrix}, -상대 높임\right]\right\rangle$

2. 격조사와 보조조사의 문법 정보

제2부는 격조사와 보조조사에 대한 논의의 두 부분으로 구성되어 있다.

격조사에 대한 논의는 용언의 논항 구조에서 격조사가 차지하는 역할과 관련된 문제들에 대한 것이며, 보조조사에 대한 논의는 전제와 초점에 기초하여 보조조사의 의미 정보를 논의한 것이다.

■용언의 논항 구조와 격 표시

격조사와 논항 구조의 관계에 대한 논의에서는 한국어 논항 구조와 관한 몇 가지 문제를 '격 표지'6)의 표시를 중심으로 논의하였다. 이 글에서 논의한 내용은 다음과 같은 것이다.

> (14) ㄱ. 격 표지는 원칙적으로 명사(구)에 붙는 것인가?
> ㄴ. 동사의 논항을 어떤 방식으로 예측하는가?
> ㄷ. 주어와 목적어는 무엇이며, 어떤 방식으로 확인하는가?
> ㄹ. 격 표지는 항상 실현되어야 하는가?

먼저 한국어 격조사는 명사구에 통합될 뿐만 아니라, 문장 속에 내포되는 명사절이나 문장 등에도 통합된다. 그리하여 어절 단위로 본다면, 격조사가 용언에도 통합된다는 특징이 있는데, 이것들의 범주에 대해서도 명확히 해야 할 필요가 있다.

격조사는 그것이 결합하는 문법 단위의 범주를 표시하는데, 격조사와 논항 구조의 관계는 보통 다음과 같이 가정하고 있다.

> (15) 어떤 용언적 구성의 논항 구조는 중심어[핵]에 의하여 예측된다.

---

6) '산을, 강에서'의 '-을'과 '-에서'의 범주가 단어인가 아닌가, 단어이면 어떤 범주인가 등에 대하여 많은 논의가 있었으며, 그 논의들에 따라 많은 이름들로 불렸다. 그러한 논의들과는 별도로, 이것들이 '격'을 나타내는 것이라는 것에는 대체로 동의한다. 이 글에서는 단어의 여부에 관해서는 중립적인 입장을 취할 목적으로, 그 범주들을 가리키는 용어를 '격 표지'라 하기로 한다.

이러한 가정에 의거하여, (16)ㄱ의 명제가 추론할 수 있다. 그런데 (16)ㄱ은 (16)ㄴ을 충분히 고려할 때에만 성립된다.

> (16) ㄱ. 논항의 범주는 중심어의 결합가 정보에 의하여 예측된다.
> ㄴ. 하나의 단어는 하나 이상의 논항 구조를 가진다.

(16)에 의거하여, (17)ㄱ을 추론하는 논의도 있을 수 있는데, (16)ㄴ을 고려한다면 그러한 추론은 문제가 발생한다. 왜냐하면, 한 개의 논항 구조를 가지는 용언의 경우에는 문제가 없겠지만, (16)ㄴ을 충족하는 용언의 경우에는 (17)ㄱ이 성립할 수 없기 때문이다. 따라서 일반적으로는 (17)ㄱ이 아니라, (17)ㄴ을 가정해야 한다.

> (17) ㄱ. 논항의 표시에서 범주의 형식은 표시하지 않아도 된다.
> ㄴ. 용언의 논항 정보는 격 표지에 관한 정보를 포함해야 한다.

이러한 것은 한국어의 주어와 목적어 논항에서도 마찬가지로 적용된다. 왜냐하면, 한국어의 주어와 목적어는 형상적 구조에서 특정한 위치를 차지하는 것이 아니라, 용언의 논항의 위치라면 어떤 위치에서든 자유로이 분포할 수 있기 때문이며, 주어와 목적어는 격표지가 표지되어 있지 않으면 원칙적으로 그것을 확인하기 어렵기 때문이다.

한편, 앞선 연구에서 다음과 같은 가정을 세우는 일도 있다. 그런데 '이다'와 '하다' 등의 의존 용언의 논항이나 의존 명사로 형성된 논항인 경우에는 논항에 격표지가 실현되지 않는 것이 일반적이기 때문에, 성립하기 어렵다고 판단된다.

> (18) 용언의 모든 논항은 반드시 격 표지가 실현되어야 한다.

■ 보조조사의 의미

보조조사에 관한 논의는 전제와 초점에 기초하여 보조조사의 의미 정보를 논의한 것이다. 이 논의에서 전제는 말할이의 전제를 가리키는데, 기본(1979)에서는 말할이의 전제를 다음과 같이 정의하고 있다.

> (19) (말할이의) 전제
> 들을이가 이의를 제기하지 않고 받아들일 것이라고 생각하는 말할이의 가정. (T. Givón 1979 : 50)

이에 따르면, 전제는 말할이의 발언의 내용에 대하여, 들을이가 부정하지 않거나 부정할 수 없는 종류의 정보이다.

(20)의 물음과 대답에서, 이 문장들은 (21)을 전제하고 있다.

> (20) 가 : 영이는 무엇을 보았느냐?
> 나 : 영이는 영화를 보았다.

> (21) 영이는 무엇을 보았다. (=영이가 본 무엇이 있다.)

(20)의 물음과 대답은 다음과 같이 풀어 쓸 수 있다. 자연스러운 대화에서는 (20가)의 말할이는 다음과 같은 것을 가정하고 있다. 먼저 '영이가 무엇을 보았다'가 참이다(전제). 그리고 '무엇'은 말할이가 가정하고 있는 어떤 사물들의 집합(선택 영역), 예컨대 {영화, 연극, 오페라} 가운데 어느 사물을 가리킨다. (20가)의 말할이는, 이러한 가정 아래, 그 어느 사물이 무엇인지를 몰라 그것을 들을이에게 물은 것이다. 이러한 그 물음에 대하여 (20나)의 말할이는, 보통의 문맥에서는 (20가)의 말할이의 가정을 받아들이면서, 선택 영역 가운데서 '영화'를 선택하여 가리킨 것이다. 이를 다음과 같이 표시할 수 있다.

(22) 가 : ㄱ. 영이가 X를 보았다. (전제)

ㄴ. X는 선택 영역 {영화, 연극, 오페라} 가운데 있다.

ㄷ. X에 포함되는 것은 무엇인가? (초점)

나 : X에 포함되는 것은 {영화}다.

이때, 선택 영역 {영화, 연극, 오페라} 가운데서, 문장 (20나)의 한 성분으로 선택된 '영화'를 '선택항'이라 하고, {연극, 오페라}를 '나머지항'이라 하자.

여기서 "영이가 X를 보았다."가 참이 되는 경우는 'X={영화}'이거나 'X={영화, 연극}' 등의 여러 가지 경우가 있을 수 있는데, 그러한 명사항들의 집합을 '범위'라고 하기로 하자. 그러면 (20가)의 말할이는 그 범위 속에 무엇이 포함되는지를 물은 것이고, (20나)의 말할이는 그 범위 속에 포함되는 사물로 '영화'를 선택하여 대답한 것이다.

이러한 전제의 분석은 격조사와 보조조사의 의미적 특성의 차이를 드러내는 데 유용하게 이용될 수 있다.

먼저 격조사의 경우를 보자. (20)에서 물음과 대답의 초점인 '무엇을'이나 '영화를'에는 격조사가 쓰였는데, 이러한 격조사는 전제와 초점의 해석에서 선택항만 관여할 뿐 나머지항은 비관여적이다. 곧 격조사가 결합한 성분에 대한 정보의 해석에서, 선택 영역의 어떤 요소가 선택항으로 선택되었다는 것에 관심이 있을 뿐이지, 선택항을 제외한 나머지항에 대해서는 관심을 두지 않는다는 것이다.[7]

그런데 보조조사가 결합한 성분의 정보의 해석에는, 직관적으로 보아, 선택항과 관련된 정보뿐만 아니라 나머지항에 관한 정보도 관여한다. 이러한 보조조사의 의미를 이 글에서는 (선택항과 나머지항의) '범위 관계의

---

7) 곧, 격조사가 결합한 성분은 '선택 지정'의 정보를 가진다는 것이다. 여기서는 목적격조사의 예만 보였는데, 주격조사를 포함한 모든 격조사들이 '선택 지정'의 정보를 가진다.

정보'라 한다.

(23) 보조조사의 의미

	전제	초점
만	선택항 포함	나머지항 배제
도, 조차, 마저	나머지항 포함	선택항 포함
는, 이야	나머지항 배제/포함	선택항 포함
이라도, 이나마	나머지항 배제	선택항 포함
부터, 까지	선택항과 나머지항들 사이에 순서 있음	선택항 뒤의 나머지항 포함
		선택항 앞의 나머지항 포함

그리고 각 부류의 보조조사들은 함축의 차이에 따라 다른 의미를 가지게 되는 것으로 분석하였다.

(24) 함축
특정한 문맥에 의해서 추론되는 말할이의 예상과 바람, 의지 등과 같은 것.

3. 복합어의 성분 구조

제3부에서는 첫째, 어간과 어근의 내념에 대하여 국어학사적 관점에서 논의하고, 둘째, 이러한 논의를 바탕으로 복합어의 어기와 조어법의 체계의 문제와 조어법과 통사론의 관계의 문제를 논의하였다. 그리고, '되다'와 '지다'의 피동성과 'X하다'와 'X를 하다'의 형태론과 통사론을 논의했다.

■어근과 어간의 개념

한국어 문법론의 역사에서 어근과 어간의 개념을 어떻게 규정해 왔는 지에 대하여, 1950년 이전, 1950년부터 1975년까지, 1975년 이후로 나누어 검토하였다. 그리고 그러한 논의들에서 쟁점이 되는 문제와 그에 대한 대안을 제시하였다.

어근과 어간의 개념에 대한 앞선 연구를 검토한 바, 어근은 조어법과 관련하여 많이 정의되었고, 어간은 굴절법과 관련하여 논의되었다는 것을 알 수 있었다. 그리하여 이 논의에서는 어근은 형태소의 한 종류를 가리 키는 것이며, 어간은 어절의 성문의 종류를 가리키는 것으로 파악하고, 다 음과 같이 정의하였다.

> (25) 어간과 어근
> ㄱ. 어간은 한 어절로 쓰일 가능성이 있는 언어형식이다.
> ㄴ. 어근은 한 어절로 쓰일 가능성이 있는 형태소이다.

■복합어의 어기와 조어법 체계

앞선 연구에서는 대체로 복합어의 어기를 어근으로 설정하였는데, 복합 어의 직접 성분 가운데 두 개의 어휘 형태소로 구성된 것은 어근이 아니 므로 문제가 있다. 곧 다음 예들에서, '첫날, 꽃잎, 붙잡-' 등은 어근이 아 니므로, 조어법의 어기를 어근으로 본다면 조어법의 성분 구조 분석에 문 제가 발생한다.

> (26) [[첫-날]-밤], [홑-[꽃-잎]], [[붙-잡]-히-]

이 논의에서는 이러한 문제는 (26)의 '첫날, 꽃잎, 붙잡-'에 어간의 범주를 부여하여 해결하고자 하였다. 또 '날, 꽃, 잎, 붙-, 잡-' 등에도 어간의 범주를 부여할 수 있는데, 이러한 어간의 용법은 (25)의 어간의 정의에 어긋나지 않는다.

그리고 조어법의 직접 성분이 어절의 형식인 경우도 있는데, 이런 경우에는 조어법의 어기의 하나로 어절을 설정해야 한다.

> (27) ㄱ. 잡아가-, 돌아보-; 두고두고
> ㄴ. 눈엣가시

그러면 복합어의 구조는 다음과 같이 설정할 수 있다.

> (28) 복합어의 구조
> ㄱ. 합성어 : $\left\{ \begin{matrix} 어간 \\ 어절 \end{matrix} \right\} + \left\{ \begin{matrix} 어간 \\ 어절 \end{matrix} \right\}$
> ㄴ. 파생어 : 어간 + 파생접사

그리고 복합어의 성분 구조에서 맨 아래 층위의 어기가 어근임을 명시하기 위해서는 다음과 같은 약정을 부과하면 될 것이다.

> (29) 복합어 구조에서 맨 아래 층위의 어간은 하나의 어근 형태소로 구성된다.

■ 조어법과 통사론의 관계

구조 문법에서는 일반적으로 조어법으로 형성된 어휘 범주(복합어)가 통사적 구성의 맨 아래 범주에 대응하는 것으로 기술한다. 그런데 최근의 변형 문법에서는 (30)과 같은 복합어가 통사론의 과정을 거쳐 형성된다고 주장한다.

(30) ㄱ. 학생답다, 같이
ㄴ. 젊은이, 지은이, 못난이, 좋아하다, 잡아가다

(30)ㄱ은 명사나 형용사에 통사적 접사 '-답-'과 '-이'가 결합하여 형성된 것이고, (30)ㄴ은 통사적 합성이다. (30)ㄱ의 '학생답다'의 '학생'은 관형어의 수식을 받을 수 있고, (30)ㄴ은 통사적 구성과 형식적으로는 구별하기 어려운 점이 있다. 이런 점에 근거하여, 변형 문법에서 그렇게 분석한 것이다.

먼저 (30)과 같은 파생어를 보기로 한다. 만일 이러한 파생어가 통사론의 과정을 거쳐 형성된 것이라 할지라도, 어휘부에서 형태론적 범주가 설정되어야 한다. 곧 '학생답-'이나 '젊은이' 등의 형태적 범주가 설정되어야 한다. 사실 이러한 파생어가 통사론에서 담당하는 역할을 명시하는 것이 중요한데, 이는 다음과 같이 서술할 수 있다.

(31) 어떤 통사적 구조는 성분들의 기능을 충분히 반영해야 한다.

그런데 '학생답-'이나 '같이' 등을 통사론에서 한 개의 범주로 설정하더라도 '-답-'과 '이-'의 통사적 성격을 통사론에서 충족시킬 수 있는 방법이 있다면, 구태여 통사적 과정을 거쳐 형성된 것으로 분석해야 하는 것은 아니다. 이 논의에서는 '학생답-'과 '같이'의 '-답-'과 '-이-'는 통사론에서는 한 성분으로 분석하고, 형태론에서는 '명형사', '같이'는 '형부사' 등과 같이 처리할 수 있다고 보았다. 그리고 '-답-'과 '-이-'가 그 앞의 말과 결합하는 것은, 변형이 아니라, 접어화와 유사한 과정으로 설명할 수 있는 것으로 보았다.

그리고 (30)과 같은 통사적 합성어를 통사적 과정으로 설명하는 것은, 앞선 연구의 논의를 보면, (32)와 같은 가정을 내포하고 있다고 생각된다.

그러나 (30)과 같이 통사적 구성과 유사한 구조를 가지는 형태적 구성은 (32)ㄱ을 가정하는 대신에 (32)ㄴ과 같은 것을 설정하면 간단히 해결될 것이라고 생각한다.

> (32) ㄱ. 어휘부에서 형성되는 합성법에는 굴곡접사가 관여해서는 안 된다.
> ㄴ. 어떤 통사 구조의 맨 아래 층위의 범주는 어절이다.

■ 'X하다'와 'X를 하다'의 형태론과 통사론

'(Y를) X하다'와 '(Y를) X를 하다'가 서로 교체되어 쓰이는 문장의 짝들에서, 'X'와 '하다', 'X하다'의 형태 및 통사 범주와 이 문장들의 통사 구조를 살폈다.

변형 문법에서는 이 두 구조가 동일한 기저 구조에서 도출된 것으로 논의했는데, 그 근거가 충분하지 않기 때문에 받아들이기 어렵다는 점을 논의하였다. 그리고 이 두 구조에서 제기되는 문제들을 논의하였는데, 정리하면 다음과 같다. 'X하다'의 어기인 'X'는 어근인 경우도 있고, 어간인 경우도 있고, 어절인 경우도 있다. 'X하다'에서 '하-'는 어근이며, 'X하다'는 합성어이다. 'Y를 X를 하다'에서 'X'의 통사 범주는 보통명사이면서도, 명사구와 유사한 특징을 가진다. 'X하다'는 통사적 구성이 아니라 형태적 구성이며, 문장에서 서술어가 된다. 그리고 'Y를 X를 하다'에서, 'X를 하다'는 용언구로서 'Y를'을 논항으로 취한다.

이 글의 요지는 어휘주의의 관점에서, 두 구조는 형태론과 통사론에서 달리 처리해야 한다는 것이다. 아마도, 두 구조의 의미적 동일성 또는 유사성은 의미론에서 다루어야 할 것이라 생각된다.

이 글의 논의에서 보통 국어학 연구에서 전제하고 있는 다음과 같은 두 가지 전제를 검토하였다.

(33) [전제 1] 형태소와 의미의 관계

　어떤 형태소가 독자적인 의미를 가지면 어근이고, 독자적인 의미를
　가지지 않으면 파생접사이다.

(34) [전제 2] 형태소와 생략의 관계

　어떤 형태(소)가 생략될 수 있으면, 그것은 파생접사이다.

　(33)의 전제에서는 '독자적인 의미'의 의미가 명확하지 않다는 것을 지적하였다. 그리고 (34)의 전제도 문제가 있으며, 오히려 어떤 형태소가 생략될 수 있으면 그것은 어근임을 주장하였다.

■ '되다'와 '지다'의 피동성

　피동문은 "피동의 의미가 있고, 타동사문에 대응하는 자동사문"으로 정의한다. 곧 피동문은 기본적으로 의미론 및 통사론과 관련된 문법 현상이라는 것이다. 이러한 정의에 따르면, 피동문의 논의는 능동문과의 통사적·의미적 관련성을 고려하면서, 능동사와 피동사의 통사적 특성을 체계적으로 파악하고, 이에 바탕을 둔 피동문의 구조 분석에 초점이 맞추어져야 한다.

　피동문을 이렇게 정의하면, 'V-게 되다'와 'V-어 지다', 'V-어지다' 따위로 형성되는 문장이 비사동 타동사 문장이나 사동 타동사 문장에 대응할 때, 그 문장을 피동문으로 보아야 한다. 그리고 'V-게 되다'와 'V-어지다', 'V-어지다' 피동문을 포함한 모든 피동문은 '과정'[+동작성, -통제성]의 일을 나타낸다. 피동사는 과정 동사이고, 많은 과정 동사는 기본적으로 인간의 통제권에서 벗어나 있는 일을 나타낸다. 따라서 피동문은, 능동문과 비교할 때, 한편으로는 '행위성이 약화되거나 상실된 일'을 나타내지만, 다른 한편으로는 '저절로 그리됨(자연성)의 의미가 강화된 일'을 나타

낸다고 볼 수 있다. 피동문의 이러한 의미는 접사로 형성된 피동문보다,
형식동사 '되다'와 '지다'로 형성된 피동사 피동문에서 더욱 두드러진다.

4. 부록 : 형태론의 용어의 문제

  이 글은 한국어 문법 연구사에서 다양하게 드러나는 문법 용어의 용법
에 대해 살핀 것이다. 한국어 문법에서는 주로 고유어 계열과 한자어 계
열의 용어가 있는데, 이 두 계열의 용어는 보통은 동일한 대상을 가리키
는 다른 이름 정도로 생각되기 쉽다. 예컨대, '이름씨'는 '명사'에, '씨끝'
은 '어미'에 대응하는 것으로 생각하기 쉽다는 것이다. 그러나 그러한 용
어들이 문법 체계에 따라 다른 외연을 가지는 경우가 아주 많기 때문에,
항상 그렇게 대응하여 해석되지는 않는다. 그리고 고유어 계열 안에서나
한자어 계열 안에서도 같은 용어가 다른 외연을 가지는 경우가 많다. 예
컨대, 고유어 계열에서 '이름씨'가 학자에 따라 외연이 다를 수 있고, 한
자어 계열에서 '명사'도 그럴 수 있다. '토'는 분석적 체계와 종합적 체계
에서는 체언과 용언에 붙는 굴절접사 모두를 가리키고, 절충적 체계에서
는 명사에 붙는 굴절접사만을 가리킨다. '조사'와 '어미'도 동일한 방식으
로 사용된다.
  이상과 같은 문법 용어의 다양한 용법은 기본적으로는 문법 체계를 어
떻게 파악할 것인가의 문제와 관련이 있다. 따라서 이 글에서는 문법 용
어 사용의 문제를 문법 체계와 관련하여 살폈다. 이러한 문제는 통사론이
나 의미론과 같은 문법의 다른 부문에서도 생길 수 있다. 그러나 이 글에
서는 이러한 문제가 가장 많이 드러나는 형태론을 중심으로 살폈다.

용언형의 문법 정보

한국어의 시제*

1. 들어가기

1.1. 이 글에서는 '-었-'과 '-더-'가 어떤 시간상황에서 쓰이는지를 관찰하여, 이것들이 시제의 기능을 나타내는 것임을 논의한다.

앞선 연구에서는 '-었-'과 '-겠-', '-더-'가 시제와 관련하여 논의되어 왔는데, 이것들이 시제 표지라는 논의도 있고, 상이나 법을 나타낸다는 논의도 있다. 또 한국어에는 시제와 상이 구별되지 않고, 이것들이 시상을 나타낸다는 논의도 있다.

그런데 이러한 논의에서, 이들 형태소들의 기능이 무엇이라고 주장하든지 간에, 명확한 기준을 제시하는 것이 무엇보다도 중요하다고 생각한다. 이 글에서는 이러한 점에 유의하여, '-었-'과 '-더-'의 기능에 대하여, 그것들과 시간상황과의 대응 관계에 기초하여 살피고자 하는 것이다.

---

* 최규수(2010), 「담화의 시간상황과의 대응 관계에 기초한 한국어 시제의 해석」, 우리말연구 26, 우리말학회, 109-140.

1.2. 이 글은 다음과 같이 구성된다. 먼저, 시간위치어와 용언의 시간형과의 관계를 살피고, 담화의 시간상황과 시제의 관계에 대하여 검토한다. 다음에는 '-었-', '-더-'와 시간위치어의 공기 관계를 관찰하여, 이것들이 몇 가지 시점을 기준으로 해석되는 시제의 기능을 수행함을 논의한다. 그리고 담화에서 '-었-'과 '-∅-'가 교체되는 현상과 '-었었-'의 용법을 담화의 시간상황과 관련하여 논의한다.

2. 담화의 시간상황과 시제

2.1. 시간을 표현하는 위치말들로 다음과 같은 것들이 있다. 이 글에서는 이렇게 시간의 위치를 나타내는 표현들을 '시간위치어'라 하기로 한다.

> (1) ㄱ. 2003년, 6월, 1시, 20분
>   ㄴ. 오전, 오후, 한낮, 한나절

> (2) ㄱ. 과거, 현재, 미래, 이전, 이후 ; 앞, 뒤
>   ㄴ. 작년, 내년, 어제, 내일, 모레 ; 올해, 이번 달, 오늘
>   ㄷ. 지난 2003년, 지난 6월, 오는 2005년, 오는 10월

> (3) 지금, 방금, 아까, 나중, 이따가

(1)-(3)의 시간위치어는 과거와 현재, 미래라는 시간 관념과 다음과 같이 대응한다. (1)은 과거나 현재나 미래를 정할 수 없는데, 이것들은 발화시를 어디에 두는가에 따라 달라지기 때문이다. (2)ㄱ 가운데, '앞'과 '뒤'와 같은 표현은 사람들의 인식에 따라 과거로 해석되기도 하고 미래로 해석되기도 하기 때문에, 과거나 미래를 정할 수 없다. (2)ㄴ 가운데, '올해,

이번 달, 오늘'과 같은 표현들도 과거나 현재나 미래를 정할 수 없는데, 이것들이 어떤 부분은 과거이고, 어떤 부분은 현재이며, 어떤 부분은 미래이기 때문이다.

이들 시간위치어 가운데 과거와 현재, 미래가 정해진 시간위치어만 추려서 정리하면, 다음과 같다.

(4) 시제와 관련된 시간위치어

시간	발화시 이전	발화시	발화시 이후
시간 위치어	과거, 이전	현재, 지금	미래, 이후
	작년, 어제	–	내년, 내일, 모레
	지난 6월	–	오는 10월
	방금, 아까	–	나중, 이따가

앞선 연구에서 다음과 같은 표현들도 시간위치어와 관련지어 논의하기도 하는데, 이 표현들은 과거나 현재나 미래와 관계없이 어떤 때와도 공기하기 때문에, 이것들은 시간의 흐름과 직접적인 관련성이 없다. 따라서 이것들은 시간위치어가 아니다.[1]

(5) 항상, 늘, 종종, 가끔, 점점, 끝내, 결국, 마침내, 비로소, 아직, 여태, 미처

과거와 현재, 미래와 같은 시간 관념은 용언의 굴절형으로도 표현된다. 이렇게 시간상황이 반영된 용언의 굴절형의 문법적 기능을 보통은 **시제**라고 한다.

---

[1] 우인혜(1991)에서는 이러한 것들을 이 글의 시간위치어와 함께 묶어 시간 부사라 한다. 그런데 '항상, 늘, …' 등은 '어제, 이따가'와 같은 시간위치어와 다르기 때문에, 시제의 논의에서는 엄격히 구별할 필요가 있다.

(6) 갔다, 간다, 가더라

이 글에서는 논의의 출발에서는 시간상황이 반영된 용언의 굴절형에 대해서 시제라는 용어보다는 용언의 **시간형**(time forms)이란 용어를 사용하기로 한다. 그 까닭은 논의의 과정에서 이것들이 시제인가 아닌가 하는 논쟁에서 일단 중립적인 입장을 견지하기 위해서이다.

이 글에서는 시간위치어와 용언의 시간형의 대응 관계를 살펴서, 용언의 시간형이 시제를 나타내는 것임을 논의하고자 한다.

2.2. 이 세상에서 일어나는 모든 일은 어떤 시간상황 속에서 일어난다. 그러나 시간상황을 나타내는 시간위치어가 문장의 성분으로 항상 실현되는 것은 아니다.

(7) ㄱ. 나는 **어제 저녁에** 영이를 만났다.
ㄴ. 나는 영이를 만났다.

(7)에서 ㄱ은 '어제 저녁에'라는 시간위치어와 '만났다'라는 용언의 시간형이 나타나 있다. 그런데 ㄴ에서는 시간위치어가 쓰이지 않고 용언의 시간형만 나타나 있다. 여기서 ㄴ의 경우, 시간위치어는 담화 속에서 찾을 수 있다. 예컨대, 다음의 담화에서 ②의 시간은 ①의 시간을 나타내는 '어제 저녁'이다.

(8) ① **어제 저녁**이었다.
② 나는 영이를 만났다.

이렇게 보면, 시간상황은 담화의 시간상황과 문장의 시간상황으로 나누어 생각해 볼 수 있다. 담화는 한 개 이상의 문장들로 구성되는데, 담화를 구성하는 문장들 가운데 일정한 문장들은 동일한 담화의 시간상황에 속한 것들로 한데 묶인다. 이러한 담화의 시간상황과 문장의 시간상황의 관계를 그림으로 간략히 나타내면, 다음과 같다.

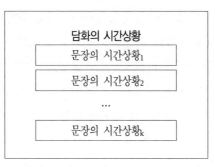

[그림 1] 담화의 시간상황과 문장의 시간상황

[그림 1]에서 문장들의 시간상황은 동시적일 수도 계기적일 수도 있다. 그러나 동시적이든 계기적이든 간에, 그것들은 담화의 시간상황에서 보면 일정한 동일한 시간대 별로 묶어서 생각할 수 있다.

한편, 담화의 시간상황과 문장의 시간상황의 관계는 담화의 유형에 따라 다를 수 있다. 담화에 담긴 일을 기술하면서, 일의 시간의 거리와 범위를 조정한다. 이러한 조정 과정이 담화의 시간상황과 문장의 시간상황의 표현에 영향을 미칠 수 있을 것이다. 예컨대 현장성이 강조되는 등산일지와 비교적 객관적인 시간이 중요한 신문기사나 일관된 시점을 요구하는 설명문은 시제의 실현 방식이 다를 수밖에 없다. 따라서 시제의 실현은 담화의 유형에 따른 분석이 필요할 것이다.

2.3. 시제를 담화의 구성과 관련하여 연구한 앞선 연구들이 있는데, 예컨대 다음과 같은 연구들이 있다.

담화의 구성에서 시간 표현이나 시제가 담당하는 역할을 연구할 수도 있다. 송기형(1983)에서는 담화의 구조를 시제를 중심으로 분석하고 있으며, 김귀원(2002)에서는 담화 속에서 시제가 담당하는 역할을 분석하고 있다. 이 논의들은 시제 연구가 아니고, 시제에 기초한 담화의 연구이다.

이와는 거꾸로 된 방향으로, 용언의 시간형 또는 시제의 기능을 담화의 구성과 관련하여 연구할 수도 있다. 최근에 와서 영어와 프랑스어, 독일어, 러시아어 등의 외국어를 대상으로 시제를 담화의 구성과 관련하여 연구한 논문들이 나오고 있다. 몇몇 예를 들면, 다음과 같은 것들이 있다. 프랑스어를 대상으로 한 연구로는 김귀원(2002), 김석근(2003), 김언자(2001), 박동열(2003, 2005), 이철(1985), 선미라(2002) 등이 있고, 러시아어를 대상으로 한 연구로는 문성원(2004)과 송해정(2002), 조미령(2005) 등이 있고, 독일어를 대상으로 한 연구로는 이남석(1996), 박현선(2004, 2006) 등이 있고, 영어를 대상으로 한 연구로는 정희자(1988, 2000) 등이 있다. 한국어를 대상으로 한 연구로는 문숙영(2003, 2008) 등이 있다.

이 글에서도 기본적으로 한국어 시제를 담화의 구성과 관련하여 살펴야 한다는 관점을 취한다. 한국어 시제의 전체적인 모습을 체계적으로 살피자면 다양한 담화의 유형에 따라 시제가 달리 사용되는 양상들을 충분히 검토해야 한다. 그런데 이 글에서는 한정된 유형의 담화를 바탕으로 추론된 결과만을 제시했다.[2]

2.4. 여기서 담화의 시간상황은 어떤 일이 실제로 일어난 시간상황과 구별해야 한다.

시제는 기본적으로 사건시와 발화시의 앞뒤 관계로 논의되는데, 여기서 발화시와 사건시의 관계는 생각보다는 조금 복잡하다. 어떤 일에 대한 지식은 직접 경험한 것도 있지만, 다른 사람의 말을 통해 전해 듣거나 학습

---

2) 따라서 이 글의 주장은 이런 점에서 본질적으로 한계를 지닐 수밖에 없으며, 담화의 구성과 시제와의 관계에 대한 이 글에서의 논의는 시론적인 성격을 띨 수밖에 없다.

등을 통한 간접 경험으로 얻어진 것도 있다. 또 상상력으로 만들어진 일도 있다.

여기서 직접 경험한 일에 한정하여 발화시와 사건시의 관계를 생각해 보자. 발화시와 사건시의 관계가 단순하게 해석되는 경우는 다음과 같은 경우이다. 직접 경험한 일을 그 일을 경험하는 순간 바로 언어로 표현하는 경우에는 현재[-과거] 시제로 표현할 것인데, 기준시는 발화하는 순간인 발화시이다. 그리고 직접 경험한 과거의 일이나 간접 경험한 과거의 일을 언어로 표현하면 보통 과거 시제로 표현하는데, 기준시는 역시 발화시이다.

그런데 직접 경험한 과거의 일이나 역사적 사건처럼 간접 경험한 과거의 일을 현재 시제로 표현할 수도 있다. 이 경우에는, 발화시를 발화하는 순간이라고 정의한다면, 기준시가 발화시라고 하기 어렵다. 그 까닭은 사건시가 발화시 이전에 일어난 일인데도 불구하고 과거 시제가 아니라 현재 시제로 표현하고 있기 때문이다.

따라서 [그림 1]로 표시된 담화의 시간상황은 어떤 일이 실제로 일어난 시간상황과 1 대 1로 대응하는 것이 아님을 알 수 있다. 이를 설명하기 위해서, 실제 세계와 담화 세계를 구별할 필요가 있다. 사실 직접 경험한 과거의 일이든 간접 경험한 과거의 일이든 간에, 과거의 일은 기억과 상상력에 의하여 재구성된 일이다. 그리고 그러한 과정에서, 시간상황뿐만 아니라, 시점의 작용에 따라 인칭이나 공간상황 등과 같은 일에 참여하는 모든 요소들이 재구성될 것이다. 이러한 실제 세계와 담화의 세계의 관계를 다음과 같이 나타낼 수 있다.

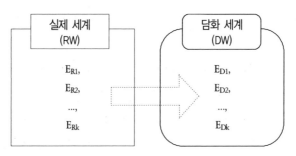

[그림 2] 실제 세계와 담화 세계의 관계

시제의 해석도 실제 세계와 담화 세계의 관계 속에서 논의되어야 할 것이다. 시제는, 실제 세계의 일이 일어난 시간과 발화시의 앞뒤 관계를 나타내는 것이 아니라, 담화 세계의 일이 일어난 시간과 발화시의 앞뒤 관계를 말하는 것이다. 시제와 실제 세계의 시간상황과의 관계는 시제의 사용의 문제라 할 수 있다.3)

논의를 분명히 하기 위하여, 박덕유(1996)의 논의를 가져와서 살피기로 한다. 박덕유(1996 : 19-20)에서는 (9)와 같은 속담, 과학적 사실, 수학적 사실, 일반적 사실, 지리학적 사실을 표현한 예를 들고, "상태동사의 의미를 지닌 현재는 특별한 시간지시 없이 사용된다. 일반적인 시간관념이 없이 대체로 영구적인 진리에 해당되는 것은 상태를 나타내는 현재시제이다." 라고 설명하고 있다.

> (9) ㄱ. 정직은 최선의 방책이다.
> ㄴ. 물은 수소와 산소의 구성이다.
> ㄷ. 2+3은 5를 만든다.

---

3) 그런데 시제 범주는 문장의 범주이지 담화의 범주는 아님을 분명히 해 둘 필요가 있다. 곧 시제는 담화 세계 속에서 해석되는 문장의 범주라는 것이다. 그리고 문숙영(2008)에서는 시제 형식의 의미와 시제 형식의 사용을 구별했는데, 이 글의 입장에서는 시제의 사용은 실제 세계에서의 시간과 담화 속에서의 다양한 해석을 포괄하는 것으로 해석할 수 있다.

ㄹ. 지구는 태양 둘레를 돈다.
ㅁ. 독도는 한국 영토이다.

그런데 이러한 설명에서 이러한 문장들이 나타내는 사실들은 반드시 현재 시제로 표현해야 한다고 잘못 추론할 수도 있다.[4] 그러나 이것은 사실이 아닌데, 다음과 같은 표현들도 충분히 사용할 수 있기 때문이다.

(9)' ㄱ. 정직은 최선의 방책이었다.
ㄴ. 물은 수소와 산소의 구성이었다.
ㄷ. 2+3은 5를 만들었다.
ㄹ. 지구는 태양 둘레를 돌았다.
ㅁ. 독도는 한국 영토였다.

사실 '영구적인 진리'라는 것은 생각하기 어려우며, 현재 인간의 지식으로 보면 그렇다고 보는 것이 오류가 적을 것이라 생각된다. 영구적인 진리가 있다고 가정한다 하더라도, 그 진리가 형성되는 과정을 생각한다면 (9)'와 같은 표현이 전혀 문제될 것이 없을 것이다.

그리고 이른바 역사적 현재는 다음과 같이 설명할 수 있다.[5] 실제 세계에서는 과거의 일이라 할지라도, 기억에 의해 재생되는 과정에서 보면, 기억된 사실을 관찰하는 시점이 발화시일 수도 있다. 곧 기억과 상상력으로 구성되는 일들을 바로 눈앞에서 관찰하는 것처럼 재생할 수 있다는 것이다. 따라서 이른바 역사적 현재는 담화 세계에서 보면, 발화시 기준 현재의 일을 표현한 현재 시제라는 것이다.

---

4) 물론 박덕유(1996)과 같은 논의가 잘못되었다는 것은 아니며, 그럴 개연성이 있다는 것을 말하는 것이다.
5) 신언호(2006 : 178)에서는 역사적 현재를 "과거 상황을 현재 시제로 나타내는 것으로 화자는 문제의 사건을 지금 일어나고 있는 것처럼 기술하는 시제의 용법이다."라고 하였다.

2.5. 어떤 일의 시간적 위치를 논의하자면, 먼저 그 시간적 위치를 정하는 기준을 명확히 해야 한다. 이 글에서는 그 기준으로 다음의 다섯 가지를 제시하는데, 상세한 것은 뒤에 논의된다.

(10) 기준 시점
    ㄱ. 발화시 : 어떤 일에 대한 표현을 발화한 시간의 위치
    ㄴ. 사건시 : 어떤 일이 실제로 일어난 시간의 위치
    ㄷ. 가정시 : 발화시에는 일어나지 않은 어떤 일을 관찰할 수 있는
        시간이라고 가정된 시간의 위치
    ㄹ. 인식시 : 발화시에 앞서 일어난 어떤 일을 직접 인식할 수 있는
        시간의 위치
    ㅁ. 담화시 : 담화를 구성하는 문장들이 나타내는 일들이 일어나는
        주된 시간의 위치

3. 시간위치어와 '-었-'

3.1. '-었-'은 [+과거]의 시간위치어와 제약 관계를 형성한다.

(11) ㄱ. {*어제, 내일} 영화를 본다.
    ㄴ. {어제, *내일} 영화를 보았다.

이상의 대조를 통해서 '-었-'과 시간위치어의 공기관계로 '-었-'이 시간을 나타내는 형식임을 확인할 수 있다. 그리고 한국어에서 '-었-'을 [+과거]의 시제를 표시하는 언어 형식으로 볼 수 있다. 그리고 '-었-'이 실현되지 않을 경우에는 현재와 미래의 시간위치어가 쓰인다. 따라서 현재와 미래를 묶은 [−과거]를 나타내는 '-∅-'를 설정할 필요가 있다.[6]

---

6) '-는다, -은다'의 '-는/은-'은 현재를 나타내는 표지로 보기 어렵다. '보았는가, 예뻤는가'

(12) ㄱ. 영이는 {*어제, 지금, 내일} 간다.

ㄴ. 영이는 {어제, *지금, *내일} 갔다.

이러한 논의를 그림으로 정리하면 다음과 같다.[7]

(13) 시제의 도식(1) : 발화시(U) 기준

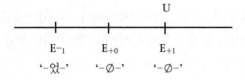

3.2. '-었-'은 [−과거]의 시간위치어와 공기하는 경우도 있는데, 이 경우는 조금 다른 해석이 필요하다.

(14) 나는 내일 죽었다.

먼저, "내일 죽었다"라는 표현의 의미가 "어제 죽었다"라는 표현의 의미와 바로 대응하는 것이 아니라고 생각된다. "내일 죽었다"라는 표현은 명시적으로 표현되든지 그렇지 않든지 간에, 조건을 필요로 한다. 예컨대, 다음과 같은 문장으로 쓰일 수 있는 것이다.

(15) ㄱ. 이 숙제를 하지 못하면, 나는 내일 죽었다.

ㄴ. 이 일을 끝내지 못하면, 나는 내일 죽었다.

(15)의 문장은 간단하게 이렇게 말할 수 있겠다. 앞의 문장의 일을 '내

등에서 보면 '-는-'이 과거의 형식과 함께 쓰일 수 있기 때문이다.

7) E−1 등의 표현에서, E는 일이며, −1은 기준시 이전의 시간을 나타내고, +0은 기준시를, +1은 기준시 이후의 시간을 가리킨다.

일' 일어날 것을 예상하고, 그 '내일'의 시점으로 옮겨가서, 뒤의 문장의 일이 과거에 이미 일어난 것처럼 기술한 것이다. 다음과 같은 표현도 마찬가지이다.

(16) 내일 소풍을 갔으면, 좋았을 텐데.

(14)와 (16)에서 '내일'은, 발화시를 기준으로 하면 [−과거]이다. 그런데 위의 해석으로 보면, 말할이의 상상 속에서 예정된 시간이기도 한데, 이러한 시간의 위치를 '**가정시**'라고 하자. 그러면 위 문장의 '-었-'은 가정시를 기준으로 한 [+과거]로 해석될 수 있다.[8]

이상과 같은 [−과거]의 시간위치어와 공기하는 '-었-'의 해석을 다음의 도식으로 나타낼 수 있다.

(17) 시제의 도식(2) : 가정시(S) 기준

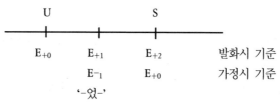

	U		S	
	E_{+0}	E_{+1}	E_{+2}	발화시 기준
		E_{-1}	E_{+0}	가정시 기준
		'-었-'		

3.3. 이제 '-었-'이 상[완료]이라는 주장에 대하여 검토해 보기로 한다. 이러한 주장에는 다음과 같은 세 가지 문제점이 있다고 생각된다. 첫째는 논리의 문제이고, 둘째는 언어 자료의 문제, 셋째는 언어의 역사성의 문제

---

8) 다음과 같은 문장의 '-었-'도 동일한 방식으로 해석할 수 있다. 이러한 표현들은 원하는 바가 바로 눈앞에 이루어질 것이라는 것을 확신하면서 안도하는 마음을 표현한 것인데, 이것들도 일종의 가정법처럼 쓰인 것으로 볼 수 있다. 역시 시점이 미래에 가 있다.
  (1) ㄱ. (목표 지점을 눈앞에 두고) 이제 다 왔다.
    ㄴ. (어떤 어려운 일을 해결하고) 이제 살았다.

이다.

먼저 논리의 문제를 살핀다. 시제는 어떤 일의 시간적 앞뒤 관계를 드러내는 문법 범주이다. 그렇기 때문에 만일 어떤 형태소가 시제 표지라면, 시간위치어와 공기관계를 형성할 것이라고 예측된다. 따라서 시제에 관한 논의에서는 최소한 이러한 공기관계를 먼저 살펴야 할 것이다. 상은 '시작-진행-끝'의 과정으로 이루어지는 동작의 내적 과정의 양상을 드러내는 문법 범주이다. 이러한 상은 시간상황과 관련하여 정의되는 범주가 아니기 때문에, 시간과는 관련이 없거나 관련성이 아주 적을 것이라고 예측할 수 있다.

따라서 '-었-'의 기능을 시간상황과의 대응 관계로 충분히 설명할 수 있다면, 그것은 시제라 할 수 있고, 그렇지 않다면 시제라 하기 어려울 것이다. 물론 어떤 형태소가 상황에 따라 시제를 나타내는지 상을 나타내는지 모호한 경우도 있을 수 있다. 이런 경우는 다음과 같은 방식으로 처리할 수 있다.

시제 또는 상의 범주는 각각 어떤 범주적 속성들을 가지는데, '-었-'이 시제와 상의 범주적 특성 가운데 어느 범주의 특성을 더 많이 가지느냐를 기준으로 '-었-'의 범주를 결정한다. 거꾸로 말하면, '-었-'을 시제 또는 상으로 다루었을 때 생기는 문제점을 비교하여, 어느 범주로 다루는 것이 덜 비싼 값을 치르는지를 검토하여 '-었-'의 범주를 결정한다.

한 가지 유의할 것은, 어떻게 보든지 간에 적극적인 증거가 필요하다는 것이다. 어떤 '-었-'을 시제로 설명하기 어렵기 때문에 상이라고 한다든지, 상으로 설명하기 어렵기 때문에 시제라고 한다든지 하는 논의는 받아들이기 어렵다는 것이다. 가령 "내일 죽었다."의 '-었-'이 과거로 해석되기 어렵다고 한다면, 이것을 완료로 해석하면 자연스럽게 해석되는가 하는 것을 고려해야 한다는 것이다.

이 글에서는 '-었-'의 기능을 시간상황과의 대응관계를 검토해 볼 때,

시제로 보아야 한다는 것을 논의하고 있다. 그런데 만일 '-었-'을 상이라고 주장하려면, 그것이 시제가 아니라 상이라는 어떤 적극적인 증거를 제시해야 할 것이다.

3.4. 다음에는 언어 자료의 문제를 살핀다. '-었-'의 기능을 정확히 살피자면, 그것이 결합한 동사, 형용사, 지정사와 같은 모든 용언에 나타나는 '-었-'을 검토하고, 또 용언의 종결형, 관형사형, 명사형, 접속형과 결합하는 '-었-'을 검토해야 한다. 그런 다음에 그 모든 자료로부터 얻어지는 결과를 가지고 어떤 결론을 내려야 한다. 그런데 앞선 연구에서는 (극히) 한정된 자료에 의거하여 결론을 내리고 있는 경향도 있었다.

실제로 형용사와 지정사는 상이 결합할 가능성이 거의 없을 것으로 판단된다.9) 그런데 이것들에도 '-었-'이 자유로이 결합되는 것을 볼 때, '-었-'이 상[완료]이라 보기는 어려울 것이다.

  (18) ㄱ. 달이 무척이나 밝았다.
    ㄴ. 그것은 책이었다.

상은 그 정의상 동작동사에 실현될 것이라는 것을 예측할 수 있다. 따라서 만일 어떤 형태소가 상 표지라면, 동작이 없는 용언과는 결합하지 않을 것이라고 예측할 수 있다. 그런데 위에서 보듯이, '-었-'이 동작을 나타내지 않는 형용사나 지정사와 자유로이 결합하는데, 동작 자체가 없는데 동작의 완료니 동작의 미완료니 하는 것을 생각하기 어렵다.

한국어에는 '-고 있-'이나 '-어 있-' 등의 의존 용언이나 '-는 중이-'와 같이 시간을 나타내는 의존 명사와 지정사가 결합한 형식과 결합하는 '-었-'도 상[완료]으로 해석하기는 어렵다.

---

9) 예컨대 러시아어에서 상 표지는 형용사에는 결합하지 않는다.

(19) ㄱ. 영이는 영화를 보고 있었다.
　　ㄴ. 영이는 살아 있었다.

(20) 영이는 영화를 보는 중이었다.

　만일 '-었-'을 완료라고 한다면, (19)ㄱ과 '-고 있었-'과 (20)의 '-는 중이었-'은 진행의 완료이며, (19)ㄴ은 완료의 완료라고 해야 할 것이다. 그런데 진행과 완료는 대립하는 개념이기 때문에 진행의 완료라는 개념은 모순이고, 완료의 완료라는 개념도 받아들이기 어렵다.
　이러한 형식들은 시간위치어와 공기하기 때문에 이것들을 시제[+과거]라고 본다면 이런 문제는 발생하지 않는다.

(21) ㄱ. 영이는 {아까, *지금, *나중에} 영화를 보고 있었다.
　　ㄴ. 영이는 {아까, *지금, *나중에} 살아 있었다.

(22) ㄱ. 영이는 {아까, *지금, *나중에} 영화를 보는 중이었다.

　'-었-'이 상[완료]이라고 주장한 앞선 연구에서 제시한 문장들로 다음과 같은 접속문도 있다.

(23) 영이는 학교에 {가다가, 갔다가} 돌아왔다.

　직관적으로 보면, (23)에서 '갔다가'는 완료로서 미완료인 '가다가'에 대립되는 것으로 보인다. 그런데 다음의 접속문에서는 그런 대립을 찾아보기 어렵다는 것을 고려한다면, 그러한 해석은 '-다가'의 의미와 관련이 있어 보인다.

(24) 영이는 학교에 {가고, 갔고}, 철수는 시장에 갔다.

접속문은 접속어미의 종류에 따라 '-었-'과 '-∅-'가 다양하게 실현되는데, 특정한 접속문에 나타나는 '-었-'의 용법으로 접속문 전체의 '-∅-'나 나아가 모든 '-∅-'의 기능을 규정할 수는 없는 일이다.

그런데 사실상, (23)은 [-과거]와 [+과거]의 대립으로 보아도 큰 문제가 없다. (23)의 접속문에서 '가다가'와 '갔다가'는 '돌아왔다'의 시간을 기준으로 하여, '가다가'는 [+과거]의 [-과거]로, '갔다가'는 [+과거]의 [+과거]로 충분히 해석할 수 있다.

3.5. 마지막으로, 한국어의 역사성의 문제를 살핀다. 과거의 국어가 현재의 국어로 바뀌면서 과거의 국어가 완전히 사라진 것이 아니라, 과거의 국어의 특정한 부분이 현재의 국어에 화석처럼 남아 있다. 그런 흔적들은 음운론이나 형태론, 통사론의 여기저기서 많이 찾아볼 수 있는데, 이것들이 해석에 영향을 줄 수도 있다.

다음 문장의 '피었다'와 '떴다'는, 그 문장만 본다면, '피어 있다', '떠 있다'와 같은 뜻으로 해석되어 완료로 볼 수 있다.[10]

　　(25) 우리 집 무궁화가 피었다.

그러나 시간위치어를 고려하면, 그렇지 않다는 것을 금방 알 수 있다.[11]

---

10) 박동열(2003 : 214)에서처럼, 최근의 논의에서도 이런 종류의 주장들이 발견된다. 이 글에서 지적하는 요점은 이것들이 완료로 해석되지 않는다는 것이 아니라, 이것들을 과거로 해석해도 큰 문제가 없다는 것이며, 나아가 완료로 해석되지 않는 많은 '-었-'들이 있다는 것이다.

11) 박동열(2003 : 215)에서는 '-었-'이 완료로 해석되는 경우를 설명하면서, "*어제 저 사람은 늙었다.", "*저 사람은 늙는다."의 '-었-'이 과거의 특정 시점과 양립 불가능하다고 하였다. 그런데 이러한 것은 '늙다'가 다소 긴 시간을 필요로 하는 변화를 나타낸다는 의미에서 비롯된 것으로 보인다. 곧 "*어제 그 여자는 예뻤다."가 조금 어색하게 느껴지는 이유와 비슷한 이유로 어색한 것이라는 것이다. 여기서 "*어제 그 여자는 예뻤다."가 어색한 문장이라 하여, '예뻤다'가 완료라 하기는 어렵다. 따라서 이러한 예문

(26) ㄱ. 무궁화 꽃이 {방금, 어제} 피었다.
　　 ㄴ. *무궁화 꽃이 {방금, 어제} 피어 있다.

(25)의 표현이 완료처럼 해석되는 것은 시제의 변천과 관련이 있는 것으로 보인다. '-었-'은 역사적으로 '-어 잇-/이시- > -엇- > -었-'으로 발달해 왔다. 그러나 그러한 변화를 겪으면서, '-어 잇-/이시-'가 사라진 것이 아니라, '-었-'과는 별도로 존재하면서 '-고 있-'과 대립하는 체계로 바뀌었다는 것을 유의해야 할 것이다.12)

(27) ㄱ. 무궁화 꽃이 피어 있다.
　　 ㄴ. 무궁화 꽃이 피고 있다.

언어의 변화는 개별 항목이 바뀌는 것이 아니라, 체계가 바뀌는 것이다. 따라서 어떤 문법 항목이 역사적으로 관련되어 있다 하여, 20세기의 언어 체계를 15세기의 언어 체계를 바탕으로 해석할 수는 없다. 다음을 보면 '-었-'과 '-어 있-'이 전혀 다른 체계에 속한다는 것을 잘 알 수 있다.

(28) ㄱ. 무궁화 꽃이 피어 있었다.
　　 ㄴ. 무궁화 꽃이 피고 있었다.

물론 언어 체계가 바뀌었다 하여 앞선 체계와 완전히 단절되는 것이 아니라, 어느 정도의 관련성이 유지되는 경우도 있다. '피었다'가 '피어 있다'와 어느 정도 관련되어 해석될 수 있는 것도 아마 그런 것에서 비롯되는 것일 것이다. 그러나 그것은 역사의 흔적일 뿐, 그러한 역사의 흔적으

────────────

들이 의미적으로는 조금 어색할지 모르나, 문법적으로 잘못된 문장은 아니라고 할 수 있다.
12) '-고 있-'이 '-어 있-'과 같은 용법으로 쓰이는 경우도 있다. "버스를 타고 있다."라는 문장은 진행과 상태지속의 두 가지로 해석될 수 있다.

로 현대의 언어 체계를 뒤엎을 수는 없는 일이다. 그러한 예들은 현대의 언어 체계에서 보면 변두리에 속하기 때문이다.

3.6. '-었-'이 시제인가 상인가 하는 논쟁의 원인 중 하나는 한국어 통사 구조의 특징에서 비롯되는 것으로 보인다. 한국어는 영어와 프랑스어와 같이 꽉 짜인 (완전히 제약에 기초한) 문법 체계를 갖춘 언어가 아니다.[13] '-었-'을 시제로 보든지 상으로 보든지 간에, 내포문과 주절의 '-었-'의 실현이나 접속문에서의 '-었-'의 실현 등에서 영어나 프랑스어와 같은 엄격한 제약을 보이지는 않는다. 그렇지만 다소 느슨한 짜임 속에서도 그 주된 기능은 찾을 수 있을 것이다.

4. 시간위치어와 '-더-'

4.1. '-더-'는, [+과거]의 시간위치어인 '어제'와 공기하는 것을 보면, 발화시를 기준으로 한 [+과거]로 해석되는 것처럼 보인다.

(29) ㄱ. 영이가 어제 떠나더라.
　　　ㄴ. 어제 그 사람 참 멋있더라.

그러나 '-더-'가 '-겠-'과 통합하여 쓰일 경우에 [-과거]의 시간위치어인 '내일'과도 자유로이 공기하는 것을 보면 그렇지 않다는 것을 알 수 있다.

---

13) 이러한 가정은 비록 가설적이기는 하지만, 적어도 시제와 상의 실현을 고려한다면, 그런 가설을 세울 수 있다.

(30) ㄱ. 내일 아침에 가겠더라.
　　 ㄴ. 그 죄수는 내일 죽겠더라.

　이렇게 '-더-'가 시간위치어 '어제'와 '내일'과 자유로이 결합되는 것으로 볼 때, '-더-'는 발화시와 관련하여 해석되는 것이 아니라는 것을 알 수 있다. 곧 발화시를 기준으로 보면, (29)는 [＋과거]이고, (30)은 [－과거]이다. 따라서 '-더-'는 발화시와 사건시의 앞뒤 관계를 나타내는 시제와 직접 관련되는 것은 아니라고 할 수 있다.
　그런데 (29)와 (30)은 다음과 같은 표현으로 바꾸어 볼 수 있다.

(31) ㄱ. (어제 보니까) 영이가 어제 떠나더라.
　　 ㄴ. (어제 보니까) 어제 그 사람 참 멋있더라.

(32) ㄱ. (어제 보니까) 내일 아침에 가겠더라.
　　 ㄴ. (어제 보니까) 그 죄수는 내일 죽겠더라.

　(31)과 (32)에서 괄호 안의 '어제'는 말할이가 어떤 일을 관찰한 시간을 가리킨다. 그리고 괄호 밖의 시간위치어는 사건이 일어난 시간(사건시)을 가리키는데, (31)의 '어제'는 [＋과거]이고, (32)의 '내일'은 [－과거]이다. 여기서 '-더-'가 사건시 [＋과거]로도 쓰였고, [－과거]로도 쓰인 현상을 설명해야 한다.
　사실 '-더-'는 말할이가 직접 인식한 일을 현재 눈앞에 일어나고 있는 것처럼 기술하는 것을 나타내는 것으로 보인다. 이것을 제대로 해석하기 위해서는, 시제 기술을 위하여 설정한 사건시와 발화시 외에, 말할이가 어떤 일을 인식한 시간을 가리키는 **'인식시'**를 설정할 필요가 있다(한동완 1996 : 72 참조). 인식시는, 항상 발화시보다 앞서기 때문에, [＋과거]이다. 그러면 '-더-'는 어떤 일을 인식시[＋과거]를 기준으로 하여 [－과거]로 인식하면서 표현한 것이다.

이러한 [+과거]나 [−과거]의 시간위치어와 공기하는 '-더-'의 해석을 도식으로 나타내면 다음과 같다.

(33) 시제의 도식(3) : 인식시(C) 기준

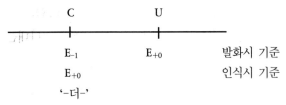

C	U
E_{-1}	E_{+0}	발화시 기준
E_{+0}		인식시 기준
'-더-'		

물론 '-더-'가 '-었-'과 함께 나타나기도 한다.

(34) ㄱ. 지난 밤에 눈이 오더라.
　　ㄴ. 지난 밤에 눈이 왔더라.

'-었더-'의 '-었-'은 발화시를 기준으로 한 [+과거]가 아니라, 인식시를 기준으로 한 [+과거]로 해석된다. 이를 도식으로 나타내면 다음과 같다.14)

(35)

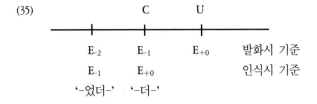

	C	U	
E_{-2}	E_{-1}	E_{+0}	발화시 기준
E_{-1}	E_{+0}		인식시 기준
'-었더-'	'-더-'		

4.2. '-더-'와 시간위치어와의 결합에서, '-겠-'이 있고 없음에 따라

---

14) 이렇게 보면 '-었-'이 문맥에 따라, 발화시 기준으로 해석되기도 하고, 인식시 기준으로 해석되기도 하고, 가정시를 기준으로 해석되기도 한다는 것을 알 수 있다.

어떤 제약이 있다.

발화시 기준 [+과거]일 경우에는, '-겠-'이 있고 없음에 관계없이 [+과거]의 시간위치어와 결합한다. 이 경우는 '-더-'가 쓰이지 않은 경우의 시제와 동일하다.

(36) ㄱ. 영이는 {어제, *내일} 떠났더라.
     ㄴ. 영이는 {어제, *내일} 떠났겠더라.

그런데, 발화시 기준 [−과거]일 경우에는 사정이 다르다. '-겠-'이 없으면 [+과거]의 시간위치어와는 결합하지만, [−과거]의 시간위치어와는 결합하지 못한다.

(37) ㄱ. 영이는 {어제, *내일} 떠나더라.
     ㄴ. 영이는 {어제, 내일} 떠나겠더라.

이러한 제약은 '-더-'와 함께 쓰인 시간위치어가 사건시를 나타내는가 아니면 인식시를 나타내는가 하는 문제와 관련이 있어 보인다. 인식시는 기본적으로 [+과거]이다. (37)에서 ㄱ의 '어제'는 사건시이면서 동시에 인식시이기 때문에 아무런 문제가 없다. 그런데 '내일'은 사건시인데, '내일 떠나다'라는 일은 [+과거]인 인식시와 모순된다. 그러나 ㄴ의 '내일 떠나겠다'는 직접 인식의 내용이 추정이기 때문에, 가능한 표현이 된 것으로 생각된다.

4.3. '-더-'는 어떤 일에 대한 말할이의 인식을 표현할 때 사용하는 것이기 때문에, 말할이 이외에 다른 사람들과 이미 공유된 어떤 일을 기술하는 데는 적합하지 않다.

(38) ㄱ. ?이순신 장군은 영웅이더라.

ㄴ. ?조금 전에 너도 보았듯이, 민기가 참 잘 싸우더라.

여기서 (38)ㄱ은 말할이가 직접 인식할 수 없는 상황이기 때문에 그렇다고 볼 수도 있겠지만, 그 일을 인식하는 당시의 말할이의 처지에서도 마찬가지이다.

4.4. '-더-'는, 보통의 경우에는, 말할이 자신이 주어일 경우에는 사용되지 않는다.

(39) ㄱ. {*나는, 너는, 그는} 예쁘더라.

ㄴ. {*나는, 너는, 그는} 키가 크더라.

ㄷ. {*나는, 너는, 그는} 담배를 피우더라.

ㄹ. {*나는, 너는, 그는} 운동장을 뛰더라.

이러한 인칭 제약을 보면, '-더-'는 [+과거]인 인식시로 옮겨가, 그 인식시를 [-과거]로 인식하면서 그 일을 기술한다고 설명하는 것으로는 충분치 않다는 것을 알 수 있다. 사실 '-더-'의 인칭 제약은 통사론의 문제가 아니라, 화용론의 문제인 것 같다. 어떤 문맥이 주어지면, '-더-'가 1인칭 주어와 결합할 수 있기 때문이다.

(40) ㄱ. 모인 사람 중에서, 내가 제일 예쁘더라.

ㄴ. 알고 보니, 나도 키가 크더라.

ㄷ. 주위를 둘러 보니, 나만 담배를 피우더라.

ㄹ. 정신을 차려 보니, 나만 운동장을 뛰고 있더라.

(39)와 (40)을 대비하여 보면, (39)에서는 1인칭 주어와 공기하지 못하는데, (40)에서는 공기할 수 있는 까닭을 생각해 볼 수 있겠다. (40)은 말할

이 자신이 어떤 일을 분명히 인식한다는 상황이 주어져 있는 데 비하여, (39)는 그렇지 않다.

(41)에서는 겉으로는 그러한 상황이 드러나 있지 않지만, ㄱ은 "일정표를 보니"와 같은 상황을, ㄴ은 "생각해 보니"와 같은 상황을, ㄷ은 "한 번 시도해 보니"와 같은 상황을 가정해 볼 수 있다.

(41) ㄱ. 나는 떠나더라.
ㄴ. 나는 소주가 제일 좋더라.
ㄷ. 나도 갈 수 있더라.

그렇다면, (36)이 가능하지 않은 것은 그러한 상황을 가정하지 않는 데서 비롯되는 것이 아닐까? 곧, 보통의 경우에는, 말할이 자신이 직접 참여하고 있는 일을 자신의 인식 대상으로 삼지 않거나 삼기 어렵기 때문에 그런 것이 아닐까 하는 것이다.

'-더-'가 3인칭 주어와 함께 쓰인 예를 보면, '-더-'는 말할이의 인식의 주관성이 뚜렷하게 드러난다.

(42) ㄱ. 영이는 어제 떠났다.
ㄴ. 영이는 어제 떠나더라.

(42)에서 ㄱ의 사실은 말할이가 직접 인식한 것일 수도 있고, 다른 사람을 통하여 간접적으로 인식하게 된 일일 수도 있다. 그러나 ㄴ은 말할이가 직접 인식한 일로 해석된다. 곧 '-더-'가 쓰이지 않은 표현은 말할이가 인식하는 경로의 객관성이 강조되는 데 비하여, '-더-'가 쓰인 표현은 말할이가 인식하는 경로의 주관성이 강조된다.

(42)의 ㄱ과 ㄴ의 두 주장이 있을 때, 이들 주장이 참임을 확인하는 과정이 있다고 가정해 보자. 먼저 말할이는 ㄱ이 사실임을 주장할 수 있다.

그런데 어떤 이가 ㄱ이 사실이 아님을 주장하거나 사실임을 확인해 주기를 요청할 때, 말할이는 (직접 인식했기 때문에, ㄱ이 사실이라는 것을 강조하기 위하여) ㄴ의 주장으로 대치할 수 있다. 따라서 '-더-'는 객관적 인식 경로에 대비되는, 말할이의 주관적 인식 경로를 드러내는 표현이라고 할 수 있다.

말할이 자신이 경험한 어떤 일에 대하여 말할 때, 그 일은 자신이 (주관적인 인식 경로를 통하여) 직접 인식할 수 있는 일이기 때문에, 주관성을 강조할 필요가 없다. 주관성을 강조하여 표현하게 되면 오히려 어색할 것이다. 그래서 보통의 경우에는 '-더-'를 사용하지 않는다. 그런데, 자기 자신이 직접 경험하고 인식한 일이라 할지라도, (객관적 인식 경로가 이미 주어진 상황에서) 주관적 인식 경로를 드러낼 필요가 있을 경우에는 '-더-'를 사용한다고 할 수 있을 것이다.[15]

4.5. 복합문에서 '-더-'는 관형사형토 '-은'과 결합할 수 있으며, 접속형토 '-은데, -으니' 등과 결합한다. 그런데, 관형사절이나 접속문의 앞 절에서는 '-더-'에 인칭의 제약이 없다.

(43) ㄱ. [내가 가끔 가던] 술집이 없어졌다.
　　ㄴ. [학교에 가던] 나는 영이를 만났다.
　　ㄷ. [그렇게 아름다웠던] 내가 이렇게 되다니, 믿을 수 없다.

(44) 내가 달려갔더니, 영이는 뺨을 갈겼다.

그 까닭은 무엇일까? 안맺음토는 말할이의 의도를 드러내는 것이기 때

---

15) 한동완(1996 : 79)에서 "특히 말할이의 과거의 행동을 (…중략…) '-더-'로 표현할 경우는 '객관적 전달'의 의미가 부각될 것이다"라고 했는데, 이 글에서는 이러한 논의와는 반대의 방향으로 해석했다.

문에, 종결형과 함께 쓰일 때 가장 잘 드러난다. 내포절은 절이 나타내는 일이 상대적으로 객관화되기 때문에, 안맺음토와의 결합이 제약되거나, 그러한 제약을 받지 않는다 하더라도 그 쓰임이 제한될 수밖에 없다. '-더-' 주관적인 인식 경로가 꽤 많이 드러나는 형태소이다. 따라서 내포절이나 접속문의 앞 절에서는 그러한 말할이의 의도가 약화되고, 그 결과 인칭의 제약도 사라지는 것이 아닌가 생각된다.

5. 시제의 교체 및 '-었었-'

5.1. 담화는 문장들이 결합하여 형성된 것이다. 그런데 담화를 형성하는 각 문장의 일들이 일어나는 일정한 시간 표현들이 결합하여 담화의 시간의 흐름을 형성하게 된다.

이때 담화의 일들이 일어나는 일정한 범위의 동일한 시간적 위치를 가정할 수 있다. 예컨대, 다음의 담화를 보자.

(45) ① **어제** 갑자기 우리 집엘 오지 않았겠니?
② 그가 우리 집엘 다 왔어.
③ 그 뿐인 줄 아니?
④ 같이 시내에 나가 '아담과 이브'라는 영화를 보았어.

(45)의 담화에서, 시간위치어는 ①에만 나타나고, ②-④에는 그러한 시간위치어가 쓰이지 않았다. 그러나 ①의 '어제'라는 시간위치어는, 시간위치어가 쓰이지 않은 ②-④의 문장에도 그대로 적용된다. 곧, (43)의 ①-④는 모두 '어제'라는 동일한 범위의 시간적 위치에서 일어나는 일로 묶여 있다. 여기서 어떤 일들이 묶여 있는 동일한 범위의 시간적 위치가 담화의 흐름에서 주된 시간적 위치를 차지할 때, 그 시간적 위치를 **담화시**라

하자. 담화시로 표지된 문장들은 보통 동일한 시제 표지로 나타나는데, (45)에서는 [+과거]인 '-었-'으로 실현되어 있다.

앞에서 '-었-'과 '-더-'의 시간적 양상이 발화시 또는 인식시, 또는 가정시를 기준으로 해석됨을 살폈다. 그런데 한국어 시간의 어떤 양상은 담화시를 기준으로 해석되기도 한다. 담화에서 '-었-'과 '-∅-'가 서로 교체되어 쓰이는 현상과 '-었었-'의 쓰임이 그것이다. 아래에서는 이러한 문제들을 살피기로 한다.

5.2. 담화시는 보통 담화를 구성하는 모든 문장들이 동일한 시제로 표지된다. (46)와 (47)의 예를 보면, (46)은 담화시가 [+과거]이고, (47)에서는 담화시가 [-과거]인데, (46)의 모든 문장들은 '-었-'으로 표지되어 있고, (47)의 문장들은 '-∅-'로 표지되어 있다.

    (46) ① 종이 찢는 소리가 이따금 **들렸다.**
        ② 나는 벌떡 일어나 문을 열고 밖으로 **나갔다.**
        ③ 아주머니가 먼저 나를 **보았다.**
        ④ 아무 표정도 **없었다.**

    (47) ① 종이 찢는 소리가 이따금 **들린다.**
        ② 나는 벌떡 일어나 문을 열고 밖으로 **나간다.**
        ③ 아주머니가 먼저 나를 **본다.**
        ④ 아무 표정도 **없다.**

그런데, 가끔씩 동일한 담화시로 묶인 문장들인데도, 다른 시제로 표지되는 경우가 있다. 예컨대 (48)의 담화에서, 담화시는 [+과거]인데도 ③의 문장에는 '-었-'이 아니라 '-∅-'가 실현되었다.

    (48) ① 종이 찢는 소리가 이따금 **들렸다.**

② 나는 벌떡 일어나 문을 열고 밖으로 **나갔다**.
③ 아주머니가 먼저 나를 **본다**.
④ 아무 표정도 **없었다**.

(46)-(48)의 담화는 글쓴이가 의도적으로 시제를 조작한 예이지만, 아래의 예는 어떤 소설에서 따온 것인데, 소설에서는 이러한 예들을 흔히 발견할 수 있다.

(49) ① 그는 아리랑 한 개비를 윤 희섭에게 **주었다**.
② 그리고 라이타의 불을 켜서 **내밀었다**.
③ 윤희섭은 순순히 담배를 **피우고 있다**.

이러한 '-었-'과 '-∅-'의 교체 현상은 담화를 구성하는 문장들의 시간적 위치를 발화시를 기준으로 해석한 것과 담화시를 기준으로 해석한 것을 혼용하여 표현한 것으로 해석할 수 있다.
이러한 '-었-'과 '-∅-'의 교체 현상을 다음과 같은 도식으로 나타낼 수 있다.

(50) 시제의 도식(4) : 담화시(D) 기준

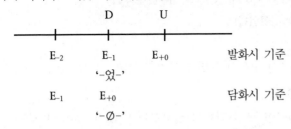

5.3. 이제 '-었었-'에 대하여 살펴보자. 시간위치어와의 공기관계를 보면, '-었-'은 '-었었-'과 쉽게 구별되지 않는다. '-었-'과 '-었었-'이 쓰

인 하나의 문장만 보면, 직관적으로는 어떤 차이가 있음을 느낄 수 있으나, 그 차이의 구체적 내용을 입증하기는 어렵다. 그런데 담화에서의 쓰임을 관찰하면, '-었-'과 '-었었-'의 쓰임의 차이가 비교적 분명하게 드러난다.

물론 '-었었-'을 잘못 사용한 경우도 종종 눈에 띈다. 예컨대, '-었-'을 써도 되는 경우에도, '-었었-'을 사용한 경우도 있을 수 있다. 아래의 예가 그러하다. 이런 경우에는 '-었었-'을 잘못 사용했다고 할 수 있을 것이다.

> (51) ① 황우석 교수 사건은 그야말로 티엔티급 충격이었다.
> ② 하지만 PD수첩 폐지는 티엔티급 우려와 **염려였었다**.

그러나 그러한 경우에조차도, '-었-'이 아니라 '-었었-'을 사용하려는 말할이의 의도를 엿볼 수는 있다고 판단된다. 다음의 예는 그러한 의도를 드러내기 위한 극단적인 경우이다.

> (52) ① 갑신년 탄핵정국의 탄핵풍을 맞고, 당의 존립근거 마저도 흔들렸던 민주당. 그러나 끝까지 민주당 깃발을 부여잡고 버텨 온 인물들에게 있어서 2007년은 희망의 해였다.
> ② 아니, **였었다**!

이제 '-었었-'의 고유한 용법을 알기 위하여, 그것이 쓰인 문맥을 살펴보기로 한다.

먼저, '-었었-'이 쓰인 담화의 담화시는 '-었-'[+과거]인 경우도 있고, '-∅-'[-과거]인 경우도 있다.[16]

---

16) 문숙영(2008 : 48)에서는 "단순 과거와 구별되는 '-었었-'의 대과거성은 기준시가 되는 과거 상황이 해당 문장 앞에 명시적으로 주어질 때 잘 드러나며, 따라서 대과거라는 의미는 사건을 역순으로 배열할 때 잘 발휘된다."고 하였다. 그러나 이 글에서는 과거 상

(53) ① 아침을 먹는 중에 집사람이 물었다.

② 어제 세탁기를 다 돌린 후 수도를 잠갔느냐고.

③ 중고 세탁기와 건조기를 마련한 후 사실 어제가 처음으로 내가
세탁을 시작하고 끝냈던 날이다.

④ 한 달 전쯤 시작을 **시도했었으나** 사용법을 몰라 결국 집사람이
나머지를 다하고 **말았었다**.

⑤ 어제 스스로를 대견해 하며 잠자리에 들었는데 역시나 미진한 게
한두 가지가 아니었다.

(54) ① ○○○ 전대표님 지난 대선 때도 **탈당했었잖아요?**

② 나가려면 그분이 나가야 하지 않나요?

(55) ① 38수를 지나고 있다.

② 이창호 9단과 하오 9단 모두 초반부터 많은 시간을 쓰고 있다.

③ 팽팽한 균형인데 절대 안 깨질 흐름이다.

④ 이창호 9단과 창하오 9단은 균형 감각이 매우 발달한 기사로 **소
문났었다**.

⑤ 제한시간이 1시간이므로 본격적인 중반이 되면 초읽기에 몰릴 듯
하다.

위의 예에서, (53)의 담화시는 '-었-'이고, (54)와 (55)의 담화시는 '-∅-'
이다. 그리고 '-었었-'은, 담화시가 '-었-'이든 '-∅-'든 간에, 그 담화시
를 기준으로 한 [+과거]를 나타낸다.

이를 도식으로 나타내면 다음과 같다.

(56)

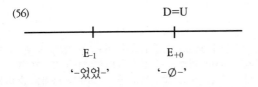

황이 기준시가 되는 경우도 있지만, 현재 상황이 기준시가 되는 경우가 있다고 보았다.

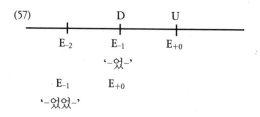

이렇게 보면, '-었었-'은 담화시를 기준으로 한 과거라고 할 수 있다. 앞선 연구에서, '-었었-'을 대과거 또는 과거의 과거라고 한 것은, 담화시가 과거인 경우, 곧 위의 (53)의 경우만 고려했기 때문이라 생각된다. 그러나 위의 (54), (55)와 같이 담화시가 비과거인 경우에도 '-었었-'이 쓰이는 경우가 아주 많다. 그런 경우에는, 발화시를 기준으로 한다면 '-었-'과 구별되지 않는다. 곧, '-었었-'과 '-었-'은 둘 다 과거이나, 그 기준이 다를 뿐이라는 것이다.

실제로 '-었었-'이 쓰인 담화는, '-었었-'으로 표지된 문장의 시간대와 그밖의 문장의 시간대의 두 시간대로 나누어짐을 알 수 있다. 그리고 '-었었-'으로 표지된 문장들은 그러한 분리된 시간대를 나타내는 '당시는, 그때는' 등의 시간위치어와 함께 쓰이기도 한다.[17)

5.4. 이 장에서 담화시를 설정하여 '-었-'[과거]과 '-∅-'[비과거]가 교체되는 현상과 '-었었-'의 기능을 살폈다. 그런데 이 담화시는 일반적으로는 모든 시제 해석의 맨 위의 층위에서 항상 가정되는 것이다. 따라서 '-었-'과 '-더-'의 해석에서도 당연히 담화시가 가정된다. '-었-'과 '-더-'

---

17) 그리고 '-었었-'이 쓰인 문장들과 동일한 시간대를 나타내는 문장들에는 '한 바 있다' 등으로 표지되어 나타나기도 한다(이러한 것은 문숙영(2008 : 51)에서도 지적한 바 있다). 이에 대하여 이 글에서 상세히 논의하기는 어렵지만, '-었었-'의 용법을 좀 더 상세히 살피기 위해서는, '-었었-'이 쓰인 문장들 및 그 문장들과 동일한 시간대를 나타내는 문장들의 특징을 담화의 유형과 관련하여 살피는 것이 필요할 것이라 생각된다.

의 해석에서 시간위치어와의 공기 관계를 관찰했는데, 이 시간위치어들은 바로 담화시에 대응하는 것이다. 그 때 담화시는 발화시를 기준으로 정해진 것이다.

6. 마무리

어떤 일이 일어나는 시간상황은 문장에서 시간위치어와 용언의 시간형으로 반영되며, 어떤 문장의 시간상황은 담화의 시간상황과 관련하여 해석된다. 이 글에서는 이러한 생각에 기초하여, 한편으로는 용언의 시간형과 시간위치어의 공기 관계를 관찰하고, 다른 한편으로는 용언의 시간형이 담화의 시간상황 속에서 쓰이는 모습을 관찰함으로써, 한국어 시제를 해석하고자 했다.

먼저 기준시를 발화시와 사건시, 가정시, 인식시, 담화시의 다섯 개로 설정했는데, 가정시와 인식시, 담화시는 다음과 같다.

- 가정시 : 발화시에는 일어나지 않은 어떤 일을 관찰할 수 있는 시간이라고 가정된 시간의 위치
- 인식시 : 발화시에 앞서 일어난 어떤 일을 직접 인식할 수 있는 시간의 위치
- 담화시 : 담화를 구성하는 문장들이 나타내는 일들이 일어나는 주된 시간의 위치

이러한 기준시를 바탕으로, 한국어의 시제를 다음과 같이 해석했다. '-었-'은 발화시 기준의 과거인데, 가정시를 기준으로 한 과거로 해석되기도 한다. '-더-'는 인식시를 기준으로 한 비과거이며, '-더-'와 함께 쓰인 '-었-'은 인식시를 기준으로 한 과거이다.

담화에서 '-었-'과 교체되는 '-∅-'는 담화시 과거를 기준으로 한 비과
거이다. 그리고 '-었었-'은 담화시 과거 또는 비과거를 기준으로 한 과거
이다.

참고 문헌

고영근(2004), 『한국어의 시제 서법 동작상』, 태학사.

김귀원(2002), 「시제 분석에 나타난 프루스트의 '순간'과 글쓰기」, 한국프랑스학논집 39, 한국프랑스학회, 141-160.

김석근(2003), 「직설법 시제체계와 언술행위」, 한국프랑스학논집 44, 한국프랑스학회, 25-48.

김언자(2001), 「서사텍스트에서의 현재시제의 용법」, 불어불문학연구 49, 한국불어불문학회, 545-566.

문성원(2004), 「미래 시제와 상, 그리고 문맥」, 노어노문학 16-2, 한국노어노문학회, 25-52.

문숙영(2003), 「대과거 시제와 '-었었-'」, 어문연구 120, 한국어문교육연구회, 59-83.

문숙영(2008), 「시제 어미 및 시제 상당 표현의 사용과 관련한 몇 문제」, 한국어의미학 27, 한국어의미학회, 45-73.

박덕유(1996), 「현대국어의 시간표현에서의 시제와 상에 대하여」, 어문연구 91, 한국어문교육연구회, 15-34.

박동열(2003), 「한국어 시제와 법체계에 대한 연구」, 프랑스어문교육 16, 한국프랑스어문교육학회, 197-222.

박동열(2005), 「시제교육과 정신역학이론의 시제체계」, 프랑스어문교육 20, 한국프랑스어문교육학회, 37-59.

박재연(2003), 「과거 시제를 나타내는 '-었더-'에 대하여」, 어문연구 120, 한국어문교육연구회, 85-109.

박현선(2002), 「독일어의 시제체계와 쓰임에 관하여」, 독어학 16, 한국독어학회, 1-21.

박현선(2006), 「텍스트 유형에 따른 독일어 시제 사용 연구-텍스트 유형 "신문뉴스"를 중심으로」, 독어교육 36, 한국독어독문학교육학회, 187-211.

선미라(2002), 「제 3 행위자 le tiers actant 과 주관적 시제 le temps subjective」, 한국프랑스학논집 39, 한국프랑스학회, 65-80.

송해정(2002), 「문학 서사 속 동사형의 상, 시제의미-묘사 상황을 중심으로」, 슬라브학보 17-2, 한국슬라브학회, 51-78.

신언호(2006), 「한국어 현재 시제의 다의적 현상에 대한 고찰」, 한국어의미학 2, 한국어의미학회, 165-181.

오충연(2006), 「'-었-'에 對하여」, 어문연구 133, 한국어문교육연구회, 115-137.

우인혜(1991), 「우리말 시제/상 표현과 시간 부사」, 한양어문 9, 한국언어문화학회(구 한양어문학회), 161-200.

이남석(1996), 「서사공간과 때매김체계」, 독일문학 59, 한국독어독문학회, 265-284.

이종열(2000), 「정신공간을 통한 시제의 의미 분석」, 한국어의미학 6, 한국어의미

이 철(1985), 「불어 텍스트의 시제 및 서술시점 분석」, 용봉논집 15, 전남대학교 인문과학연구소, 1-19.

정희자(1988), 「영어에서 시제선택의 화용상 조건」, 영어영문학 34-4, 한국영어영문학회, 745-765.

정희자(2000), 「영어 단순 시제의 의미와 담화 기능」, 영어교육연구 12-2, 팬코리아영어교육학회, 129-152.

조미령(2005), 「러시아어 텍스트에 표현된 동사 시제·상과 의사소통유형과의 상관성 연구」, 슬라브어 연구 10, 한국슬라브어학회, 359-376.

최규수(1983), 「담화에서의 마침법의 때매김 문제」, 국어국문학 21, 부산대 국어국문학과, 201-224.

한동완(1996), 『국어의 시제 연구』, 태학사.

황병순(2002), 「국어 인식시 체계와 상황시 체계」, 어문학 76, 한국어문학회, 177-198.

황병순(2005), 「상대 시제의 문제점과 시제 실현 원리」, 어문학 89, 한국어문학회, 77-106.

황병순(2006), 「'-었-' 삭제와 생략에 대한 연구」, 어문학 12, 한국어문학회, 147-174.

용언형의 문법 정보 표시 (1)*
― 종결형

1. 들어가기

1.1. 한국어 용언 어간과 안맺음토(선어말어미)와 맺음토(어말어미)가 결합하는 양상은 용언과 맺음토의 종류에 따라 다르다. 이러한 결합 양상은 형태소의 종류에 따라 달라지기도 하지만, 하나의 형태소로 묶이는 변이 형태들의 종류에 따라 달라지기도 한다. 이러한 양상은, 몇몇 종결형토를 예를 들어 살피면, 다음과 같다.

'-는다/ㄴ다'는 [+동작]의 용언 어간과 결합하지만, '-을게'와 '-마', '-어라/아라', '-자'는 [+행위]의 용언과 결합한다. 맺음토 '-다/라'는 안 맺음토 '-었-'과 '-겠-', '-더-'와 자유로이 결합하지만, 맺음토 '-는다/ㄴ다'와 '-을게', '-마', '-어라/아라', '-자'는 안맺음토들과 결합할 수 없다. '-는가'는 동사 어간이나 '-었-', '-겠-'과 결합하지만, '-은가/ㄴ가'는 형용사 어간이나 '-더-'와 결합한다. '-을까'는 '-었-'과는 결합하지만, '-겠-'과 '-더-'와는 결합하지 않는다.

* 최규수(2012), 「한국어 용언 종결형의 문법 정보 표시 방법」, 한글 295, 한글학회, 5-34.

이상과 같은 용언 어간과 안맺음토와 맺음토의 통합의 양상에 대해서는 앞선 연구에서 많이 기술되어 있다.[1] 그러나 그러한 다양한 용언형[2]들이 어떤 관계를 형성하고 있는가에 대하여, 한국어 용언형들의 일반적인 구조와 관련하여 살필 필요가 있다고 생각된다. 이 글에서는 이러한 점에 유의하여, 용언과 안맺음토와 종결형토들이 다양한 방식으로 통합되어 실현되는 용언형들의 문법 정보를 체계적이고 명시적으로 표시할 수 있는 방법을 살피고자 한다.

1.2. 이 문제는 한국어 통사론의 문제와도 관련되어 있다. 한국어의 종결형토는 문장의 유형을 나타내는 기능을 담당한다. 이러한 사실에 근거하여, 한국어 문법 연구에서는 종결형토 등의 맺음토를 문장의 성분으로 분석하기도 한다. 최근의 변형 문법에서는 맺음토뿐만 아니라, 안맺음토들을 통사론의 성분으로 분석하기도 한다. 이 글에서는 이러한 문제에 대해서도 검토해 보기로 한다.

한국어 용언형의 일반적인 구조에 관한 문제는 한국어 용언토의 형태소 분석의 문제와도 관련되어 있다. 예컨대 '-는다/ㄴ다'와 '-느냐/-으냐', '-을까', '-을게' 등에서 '는/ㄴ'과 '느', '을' 등을 하나의 형태소로 분석할 수 있는지 등의 문제와 관련되어 있다는 것이다.[3] 이 글에서는 이 문

---

1) 허웅(1995/2000)에서는 한국어의 모든 맺음토와 용언 및 안맺음토의 통합 관계가 충분하게 기술되어 있다.
2) 이 글에서 용언형은 그 용언 어간에 여러 가지 용언토들이 결합한 용언의 형식을 가리킨다.
3) 예컨대 임칠성(1991 : 486)에서는 '-는다, -네, -는가, -느냐'의 '느'를 "화자 서술의 시간적인 위치를 나타내 주는 시제어미로서 (…중략…) 기준시의 위치에 서서 서술하고 있음을 적극적으로 드러내는 형태소"라 하였다. 고영근(1994, 2004), 고영근·구본관(2008)에서는 ('-는다/ㄴ다'의) '는/ㄴ'과 ('-느냐'의 '느', ('-ㄹ까'의) 'ㄹ'를 각각 현재 시제와 직설법, 추측법을 나타내는 안맺음토로 분석했다. 황병순(2003)에서는 ('는/ㄴ'를 포함한) '느'를 현재 인식시를 나타내는 안맺음토로 분석했다. 허웅(1995/2000)에서는 '-는다/ㄴ다, -느냐, -을까'를 모두 한 개의 맺음토로 분석했다. 그리고 허철구(2005, 2007)에서는

제에 대해서 본격적으로는 다루지 않는다. 그렇지만 용언토의 분석은 항상 용언형의 구조와 관련하여 논의되어야 하며, 안맺음토와 맺음토의 체계 및 그것들의 통합 관계를 고려하여 결정해야 한다.[4]

1.3. 이 글의 논의의 초점은, 용언의 어간과 안맺음토, 맺음토의 기능에 있는 것이 아니라, 그것들의 기능을 종합적으로 표시하는 방법에 있다. 따라서 이 글에서는 용언의 맺음토나 안맺음토의 기능에 대해서는 더 이상 논의하지 않으며, 맺음토의 기능은 기본적으로는 허웅(2005/2000)에 기대고, 안맺음토의 기능은 필자가 임의로 설정하여 기술한다.

앞선 연구에서 보면, 용언의 맺음토나 안맺음토의 기능에 대하여 다양한 주장들이 있다. 그런데 이 글의 논의에서는 다양한 주장들의 차이는 그리 큰 문제가 아니다. 어떤 문법에서 어떤 용언토들이 어떤 기능을 가진 것으로 분석한다 하더라도, 이 글에서 제시하는 방식과 동일한 방식으로 표시될 수 있다. 이런 점에서, 이 글의 논의는 다양한 주장들에 거의 영향을 받지 않는다고 할 수 있다. 물론 어떤 용언토들의 기능을 달리 설정하면, 세세한 기술 내용들은 조금씩 달라질 것이다.

그리고 용언형의 문법 정보 표시에서 맺음토의 기능은, 본문에서 이미 제시된 것으로 전제하여, 별도로 표시하지 않았다. 물론 맺음토의 기능을 달리 설정하면, 그에 따라 용언형의 문법 정보 표시도 달라질 것이다.

이와 관련된 문제점을 검토하여, '는/ㄴ'이나 '느'를 안맺음토로 분석할 수 없음을 논의하였다.

4) 이 문제는 용언토들의 역사적 변천 과정과 관련이 있다. 용언토의 역사적 변천 과정과 용언토의 체계의 변화에 대해서는 김기혁(1993), 이승희(2008)의 논의가 있다.

2. 용언 어간과 토의 통합 양상

2.1. 한국어 용언형의 일반적 구조를 수립하기 위해서는 모든 용언의 어간과 모든 안맺음토 및 모든 맺음토의 통합 관계를 살펴야 한다. 이 글에서는, 먼저 안맺음토와 맺음토의 결합에 비교적 제약이 적은 형용사와 종결형토 '-다'가 사용된 용언형의 예를 살피고, 그 다음에 이 용언형의 구조에 대한 논의를 바탕으로 다른 용언형들을 살피기로 한다.

'느리시다'와 '느렸다', '느리겠다', '느리더라'에 사용된 안맺음토 '-시-' 와 '-었-', '-겠-', '-더-'는 모두 그 안맺음토들이 실현되지 않은 용언형인 '느리다'와 대립적으로 사용된다. '-시-'와 '-었-', '-겠-', '-더-'의 기능을 각각 '존경'과 '과거', '추정', '회상'이라고 할 때, 이 안맺음토들이 실현된 용언형들을 각각 '존경형'과 '과거형', '추정형', '회상형'이라 하고, 그 안맺음토들이 실현되지 않은 용언형들을 각각 '비존경형', '비과거형', '비추정형', '비회상형'이라 하기로 하자.

이러한 용언형들은 문장에서 다른 성분들과 어떤 공기 관계를 형성한다. 존경형/비존경형은 [+존경]이나 [-존경]의 주어와 공기 관계를 형성하고, 과거형/비과거형과 회상형/비회상은 [+과거]나 [-과거]의 시간위치어와 공기 관계를 형성한다. 그리고 회상형/비회상형은 [1인칭]이나 [2・3인칭]의 주어와 공기 관계를 형성하고, 추정형은 주어가 [1인칭]이면 보통 의지로 해석되고, 주어가 [2・3인칭]이면 추정으로 해석된다.

이상의 논의에서 알 수 있는 것은 한국어 용언형의 분석에서 겉으로 실현된 형태만 고려해서는 안 된다는 것이다. 형태소 분석의 관점에서만 보면, '느렸다'와 '느리다'는 각각 '느리-었-다'와 '느리-다'로 분석할 수 있다. 그러나 통사론의 관점에서 보면, '느리다'는 과거형 '느렸다'의 비과거형으로서, '느리-∅-다'로 분석해야 한다. 나아가 '느리다'는 존경형 '느리시다'의 비존경형이며, 추정형 '느리겠다'의 비추정형이며, 회상형 '느리더라'의 비회상형으로 분석해야 한다. 또 과거형 '느렸다'는 존경형 '느리셨다'의 비존경형이며, 추정형 '느렸겠다'의 비추정형이며, 회상형 '느렸더라'의 비회상형이다. 이런 방식으로 분석하면, '느리겠다'는 비존경형·비과거형·비회상형이며, '느리더라'는 비존경형·비과거형·비추정형이다. 또 '느렸겠다'는 비존경형·비회상형이며, '느리겠더라'는 비존경형·비과거형이다.

이렇게 보면, '느리다' 용언형의 구조는 다음과 같이 생각해 볼 수 있다.

(1) 〈 느리, $\begin{Bmatrix} 시 \\ \emptyset \end{Bmatrix}$, $\begin{Bmatrix} 었 \\ \emptyset \end{Bmatrix}$, $\begin{Bmatrix} 겠 \\ \emptyset \end{Bmatrix}$, $\begin{Bmatrix} 더 \\ \emptyset \end{Bmatrix}$, 다/라 〉

그리고 용언형 '느리시다'와 '느렸다', '느리겠다', '느리더라'는 각각 다음과 같은 구조로 보아야 한다.[5]

(2) ㄱ. 느리시다 : <느리, 시, ∅, ∅, ∅, 다>
   ㄴ. 느리었다 : <느리, ∅, 었, ∅, ∅, 다>
   ㄷ. 느리겠다 : <느리, ∅, ∅, 겠, ∅, 다>
   ㄹ. 느리더라 : <느리, ∅, ∅, ∅, 더, 라>

한국어 용언형을 (2)와 같은 방식으로 분석하는 것은 형태론과 통사론의 양면을 고려하면 충분히 타당성이 있다. 용언(이나 용언형)이 문장의 중심어이기 때문에, 용언형의 성분인 안맺음토나 맺음토가 가진 문법 정보가 문장에까지 전달되어야 한다. 그러자면 안맺음토들이 실현되었거나 실현되지 않았거나 간에, 안맺음토들과 관련된 정보가 용언형에 포함되어

---

5) 이렇게 각 안맺음토에 대립하는 영 형태소를 설정하여 용언형을 분석한 것은 김차균(1985)에서 비롯되는데, 임칠성(1991 : 475)에서도 동일하게 분석하고 있다.

있어야 한다. 그렇지 않으면, 특정한 용언형이 문장에서 다른 성분과 공기 관계를 형성하는 현상을 설명하기 어렵기 때문이다.

2.2. '느리다'의 용언형의 구조 표시에서, 안맺음토 '-었-'과 '-겠-', '-더-'와 그것들에 대응하는 '-∅-' 들을 각각 자질 구조 [+과거], [+추정], [+회상]과 [-과거], [-추정], [-회상]으로 나타낼 수 있다.6) 그러면 (1)은 다음과 같이 표시된다.7)

$$(3) \quad \left\langle \text{느리}, \begin{Bmatrix} [+과거] \\ [-과거] \end{Bmatrix}, \begin{Bmatrix} [+추정] \\ [-추정] \end{Bmatrix}, \begin{Bmatrix} [+회상] \\ [-회상] \end{Bmatrix}, \text{다/라} \right\rangle$$

이렇게 안맺음토들을 자질 구조로 표시하면, 용언형의 표시 방법이 간결하고, 정보 처리가 쉽다. 표시 방법의 간결하다는 것은 다음과 같은 것을 뜻한다. '-었-'과 '-겠-', '-더-' 들은 각각 변이형태들의 집합으로 구성되는데, 용언형의 표시에서 기본형태로 표시해야 할지 변이형태로 표시해야 할지 결정하기 어려운 경우가 발생할 수도 있는데, 자질 구조로 표시하면 그런 문제는 일단 제거할 수 있다. 그 문제는 형태소의 통합 과정에서 발생하는 형태소 변동의 문제로 따로 처리할 수 있기 때문이다. 그리고 '-었-'과 '-겠-', '-더-'의 대응하는 각각의 영 형태소들을 어떤 방식으로든 구별하여 표시해야 하는데,8) 자질 구조로 표시하면 영 형태소들의 차이를 쉽게 표시할 수 있다.

---

6) '-시-'와 '-었-', '-겠-', '-더-'는 분포가 꽤 다르다. '-시-'는 거의 모든 맺음토와 아무런 제한 없이 결합하지만, '-었-', '-겠-', '-더-'는 맺음토의 종류에 따라 통합 제약이 있다. 이 글에서는 논의의 편의상 용언형의 기술에서 '-시-'를 제외한다.

7) 이 글의 자질 구조의 표시 방법과 뒤에 나오는 부분 정보(partial information)와 포섭 (subsume) 등의 개념은 기본적으로 Pollard & Sag(1987)에서 가져 온 것이다.

8) 예컨대, '-시-'와 '-었-', '-겠-', '-더-'에 대응하는 영 형태소들을 각각 '∅₁', '∅₂', '∅₃', '∅₄' 등과 같이 구별해야 한다.

정보 처리가 쉽다는 것은 다음과 같은 것을 뜻하는데, 단지 표시 방법이 간결하다는 것을 넘어서는 것이다. 안맺음토 '-시-'나 '-었-'과 '-겠-', '-더-'와 동일한 기능이 다른 종류의 형태로 실현되는 경우가 있다. 예컨대 '느리시다'와 '주무시다'의 '시'는 모두 '[+존경]'의 기능을 나타내지만, '느리시다'의 '시'는 안맺음토인 데 비하여, '주무시다'의 '시'는 어간의 일부로 분석된다. 또 '느리겠다'와 '느릴까'에서 '겠'과 'ㄹ'은 '[+추정]'의 기능을 나타내지만, '느리겠다'의 '겠'은 안맺음토인 데 비하여, '느릴까'의 'ㄹ'은 맺음토의 일부이다.[9] 이와 같이, 종류가 다른 형태가 동일한 기능을 나타내는 경우에, 이것들을 동일한 자질 구조로 표시할 수 있다는 것이다. '주무시다'와 '느릴까'를 공유하는 용언형들에서 안맺음토가 실현되는 방식을 표시하는 데 자질 구조가 유용하게 이용될 수 있다.

또 '느리다'의 용언형이, 어떤 안맺음토가 실현되든지 그렇지 않든지 간에 안맺음토가 가지는 정보를 반드시 가지기 때문에, 예컨대 (4)와 같이 표시된 '느렸다'가 과거형이라는 정보가, 완전히 충분한 정보가 아니라, 부분 정보를 나타낸다는 것을 쉽게 알 수 있게 된다.

(4) <느리, [+과거], 다>

이렇게 보면, (4)가 [+과거]라는 정보는 부분 정보로서, (5)의 정보들을 포섭한다.

(5) ㄱ. <느리, [+과거], [−추정], [−회상], 다>
ㄴ. <느리, [+과거], [+추정], [−회상], 다>
ㄷ. <느리, [+과거], [−추정], [+회상], 다/라>
ㄹ. <느리, [+과거], [+추정], [+회상], 다/라>

---

9) '느릴까'의 'ㄹ'을 안맺음토로 분석한 논의도 있는데, 여기서는 일단 맺음토의 일부로 분석한다. 이에 대해서는 뒤에 다시 논의된다.

이렇게 생각할 때, 안맺음토가 나타내는 정보들 사이의 포섭 관계를 다음과 같은 방식으로 표현할 수 있다.

(6) ㄱ. $[+과거] \gtrless \left\langle [+과거], \left\{ \begin{matrix} [+추정] \\ [-추정] \end{matrix} \right\}, \left\{ \begin{matrix} [+회상] \\ [-회상] \end{matrix} \right\} \right\rangle$

　　 ㄴ. $[+추정] \gtrless \left\langle \left\{ \begin{matrix} [+과거] \\ [-과거] \end{matrix} \right\}, [+추정], \left\{ \begin{matrix} [+회상] \\ [-회상] \end{matrix} \right\} \right\rangle$

　　 ㄷ. $[+회상] \gtrless \left\langle \left\{ \begin{matrix} [+과거] \\ [-과거] \end{matrix} \right\}, \left\{ \begin{matrix} [+추정] \\ [-추정] \end{matrix} \right\}, [+회상] \right\rangle$

(7) ㄱ. $[-과거] \gtrless \left\langle [-과거], \left\{ \begin{matrix} [+추정] \\ [-추정] \end{matrix} \right\}, \left\{ \begin{matrix} [+회상] \\ [-회상] \end{matrix} \right\} \right\rangle$

　　 ㄴ. $[-추정] \gtrless \left\langle \left\{ \begin{matrix} [+과거] \\ [-과거] \end{matrix} \right\}, [-추정], \left\{ \begin{matrix} [+회상] \\ [-회상] \end{matrix} \right\} \right\rangle$

　　 ㄷ. $[-회상] \gtrless \left\langle \left\{ \begin{matrix} [+과거] \\ [-과거] \end{matrix} \right\}, \left\{ \begin{matrix} [+추정] \\ [-추정] \end{matrix} \right\}, [-회상] \right\rangle$

2.3. 이제까지 '느리다'의 용언형에 대하여 살폈는데, '느리다'는 '-었-'과 '-겠-', '-더-'가 모두 실현된다. 그런데 맺음토의 종류에 따라, 모두 실현되기도 하고, 일부만 실현되기도 하고, 전혀 실현되지 않기도 한다.

예컨대 서술형토 '-다'는 '-었-'이나 '-겠-', '-더-'와 결합할 수 있으나, '-ㄴ다'는 그것들과 결합할 수 없다. 서술형토 가운데 약속을 나타내는 '-음세'나 명령형토 '-어라'와 청유형토 '-자'는 그것들과 결합할 수 없다. 접속형토 '-어/아'도 그것들과 결합할 수 없다. 관형사형토 '-을'은 '-었-'과는 결합하지만, '-겠-'이나 '-더-'와는 결합할 수 없다.

이렇게 다양하게 나타나는 용언형들의 구조를 '느리다'의 용언형과 같은 방식으로 일관되게 기술할 필요가 있다. 이 글에서는 이러한 문제에 대하여 살피고자 하는데, 용언의 종결형을 중심으로 살핀다.

3. 서술형의 문법 정보 표시

3.1. 서술형토는 진술과 약속, 추정, 감탄의 네 종류가 있다.[10)

(8) ㄱ. -는다/ㄴ다/다/라, -네, -아/어, -지, -을지라, -습니다
　　ㄴ. -을게, -으마, -음세, -을란다, -을래
　　ㄷ. -을라, -을레, -을세라
　　ㄹ. -는구나/구나/로구나, -아라/어라, -노라/로다, -도다/로다, -는걸/
　　　　은걸, -을걸

3.2. 용언 '잡-'과 진술을 나타내는 서술형토 '-는다/ㄴ다/다/라'와 안 맺음토의 결합한 용언형은 다음과 같다.[11)

(9) ㄱ. 잡는다 :　　<잡, [-과거], [-추정], [-회상], 는다>
　　ㄴ. 잡았다 :　　<잡, [+과거], [-추정], [-회상], 다>
　　ㄷ. 잡겠다 :　　<잡, [-과거], [+추정], [-회상], 다>
　　ㄹ. 잡더라 :　　<잡, [-과거], [-추정], [+회상], 라>
　　ㅁ. 잡았더라 :　　<잡, [+과거], [-추정], [+회상], 라>
　　ㅂ. 잡겠더라 :　　<잡, [-과거], [+추정], [+회상], 라>
　　ㅅ. 잡았겠더라 :<잡, [+과거], [+추정], [+회상], 라>

(9)를 보면, '-는다/ㄴ다/다/라'는 '-었-'과 '-겠-', '-더-'의 실현 여부와 관련하여, 빈칸 없이 꼭 찬 체계를 이루고 있음을 알 수 있다.

---

10) 서술형토의 분류는 허웅(1995/2000)을 따른다. 맺음토는 단순형과 복합형, 본래형과 전용형이 있는데, 이 글에서는 원칙적으로 단순형에 한정한다.
11) 한국어 용언형에는 "내 인생에 중심을 잡다"의 '잡다'와 같은 용언형도 있고, '잡았었다'와 같이 '-았/었-'이 겹쳐 나는 용언형도 있다. 이 글에서는 이러한 용언형들은 다루지 않았는데, 이 글은 이러한 한계를 안고 있지만, 여기서는 일단 이 용언형들을 제외하고 논의하기로 한다. 만일 이것들을 함께 고려한다면, 이 글에서 제시한 용언형의 구조가 조금 달라질 것이다.

여기서 '-는다/ㄴ다'의 형태소 분석과 관련된 문제를 잠깐 살피기로 한다. '-는다/ㄴ다'를 하나의 용언토로 보는 견해도 있고, 두 개의 용언토로 분석해야 한다는 견해도 있다. 한 개의 용언토로 보는 견해는 '-는다/ㄴ다'와 '-다', '-라'를 형태적 변이형태로 보는 것이고, 두 개의 용언토로 보는 견해는 '는/ㄴ'을 안맺음토로 보는 것이다.

한 개의 용언토로 보는 견해는 '-는다/ㄴ다'는 동사의 어간 뒤에, '-라'는 '-더-' 뒤에, '-다'는 그 밖의 환경에서 실현되므로 타당성이 있다고 판단된다. 그런데 '-는다/ㄴ다'의 '는/ㄴ'을 안맺음토로 분석한다면, '는/ㄴ'이 안맺음토의 체계 속에서 차지하는 위치와 '는/ㄴ'의 기능을 명시해야 한다.

만일 '는/ㄴ'을 안맺음토로 본다면, (9)ㄱ은 (10)과 같이 표시되는데, 그러면 '는/ㄴ'의 기능은 (11)과 같을 것이다.

    (10) <잡, [−과거], [−추정], [−회상], 다>

    (11) [−과거, −추정, −회상] → '-는/ㄴ-'

(11)은 '-었-'이나 '-겠-', '-더-' 가운데 어느 하나도 실현되지 않을 때, '-는/ㄴ-'이 실현된다는 것을 의미한다. 그런데 이러한 것은 안맺음토의 체계에 비추어 보면 문제가 있다. '-었-'과 '-겠-', '-더-'는 각각 영형태소에 대립하는데, '-는/ㄴ-'은 '-었-'과 '-겠-', '-더-'와 동시에 대립하고 있기 때문이다.

그리고 '-는/ㄴ-'에 [+동작]의 속성을 부여한 논의도 있는데, 이것은 다음과 같은 문제가 있다. '-는/ㄴ-'이 실현되지 않으면 [−동작]을 부여해야 할 것인데, '-는/ㄴ-'이 실현되지 않은 (9)ㄴ~ㅅ에 [−동작]을 부여할 수 없다. 그 문장들은 용언이 [+동작]이기 때문이다. 다시 말하자면, [+동작]의 '-는/ㄴ-'이 [+과거]나 [+추정], [+회상]인 경우에 실현되지 않는 까닭을 설명하기 어렵다는 것이다.

이상과 같은 문제들은 '-는다/ㄴ다'를 맺음토로 분석하면 더 이상 문제 되지 않는다. 그리고 '[+동작]'은 맺음토 '-는다/ㄴ다'가 가진 고유한 속 성으로 보면, 아무런 문제없이 처리할 수 있다. 이것을 '잡는다'의 구조에 반영하면, 다음과 같이 표시할 수 있다.

(12) <잡, [−과거], [−추정], [−회상], 는다[+동작]>

이제 '-는다/ㄴ다/다/라'로 형성되는 용언형의 일반적인 구조를 표시하 면, 다음과 같다.[12]

$$(13) \quad \left\langle V, \begin{Bmatrix} [+과거] \\ [-과거] \end{Bmatrix}, \begin{Bmatrix} [+추정] \\ [-추정] \end{Bmatrix}, \begin{Bmatrix} [+회상] \\ [-회상] \end{Bmatrix}, 는다/ㄴ다/다/라 \right\rangle$$

3.3. 약속을 나타내는 '-을게'와 '-을래', '-으마', '-음세'로 형성되는 용언형의 구조를 보기로 한다. '-을게'는 '-었-'이나 '-겠-', '-더-'와 결 합할 수 없다. 이러한 것을 고려하면서, 예컨대 '갈게'의 구조를 (14)와 같 이 생각해 볼 수 있겠다.

(14) [?]<가, [−과거], [−추정], [−회상], ㄹ게>

그런데 (14)의 구조는 문제가 있다. '-을게'의 '을'이 '추정'(의지)의 의미 를 가지고 있는데, (14)는 '[−추정]'으로 표시되어 있기 때문이다. 이러한

---

12) 만일 '는다/ㄴ다'에 동작을 부여하고 싶으면, (13)의 '는다/ㄴ다/다/라' 부분을 다음과 같 이 표시하면 될 것이다.

$$\begin{Bmatrix} 는다/ㄴ다[+동작] \\ 다/래[-동작] \end{Bmatrix}$$

문제는 안맺음토가 나타내는 어떤 문법적 기능이 안맺음토로 실현되지 않고, 맺음토에 실현되는 것으로 처리하면 해결된다. 그러면 '갈게'의 구조는 (15)ㄱ과 같이 나타낼 수 있다. 그런데 (15)ㄱ의 구조에서 '[○추정]'은 결국 안맺음토로는 실현되지 않는다는 것을 표시하기 때문에, (15)ㄴ으로 표시할 수 있다.

(15) ㄱ. <가, [−과거], [○추정], [−회상], ㄹ게[+추정]>
     ㄴ. <가, [−과거], [−회상], ㄹ게[+추정]>

(15)와 같은 용언형의 표시는 두 가지 점에서 의의가 있다. 하나는 맺음토가 안맺음토의 기능을 가진다는 것인데, 이것은 융합형의 경우에는 자명한 것이다. 곧 둘 이상의 용언토가 결합하여 하나의 용언토로 융합할 때, 그 융합형은 둘 이상의 기능을 가질 수 있다는 것이다.[13] 예컨대 '−을게'는 하나의 융합형으로 형성된 이후에도 '을'이 가진 [+추정]의 기능이 남아 있는 것으로 생각할 수 있다는 것이다. 다른 하나는 안맺음토의 기능과 맺음토의 기능을 총합으로 간주한 것이다. 모든 용언형이 최소한 '[+과거]∨[−과거]'와 '[+추정]∨[−추정]', '[+회상]∨[−회상]'을 가진다고 가정할 때, 이것들이 안맺음토로 실현될 수도 있고 맺음토로 실현될 수도 있으며, 어떤 용언형이든지 간에 안맺음토로 실현되는 것과 맺음토로 실현되는 기능의 총합은 같다는 것이다.

'−갈게'의 구조에 대한 이상의 논의를 보면, 용언형에서 문법적 기능이 실현되는 방식을 다음과 같이 정리할 수 있다.

(16) 용언형에서 문법적 기능이 실현되는 방식
    ㄱ. 한국어의 모든 용언형은, 안맺음토가 실현되든지 실현되지 않든

---

13) 물론 둘 이상의 형태소가 결합하여 하나의 융합형을 형성할 때, 각각의 형태소가 그 기능을 잃어버리고, 전혀 새로운 기능을 가진 하나의 형태소를 형성하는 경우도 있다.

지 간에, 안맺음토가 가지는 모든 문법 정보를 가져야 한다.
ㄴ. 어떤 동일한 문법적 기능이 안맺음토로 실현될 수도 있고 맺음
토로 실현될 수도 있다.

그런데 '-을게'와 '-는다/ㄴ다/다/라'가 형성하는 용언형을 비교해 본다면, '-을게'는 (15)의 ㄱ이나 ㄴ으로 표시되는 단 하나의 용언형만을 허용한다. 이러한 사실은 '-을게'가 '[-과거, +추정, -회상]'이라는 고유한 속성을 가진 것으로 해석해 볼 수 있다. 그러면 (15)는 (17)과 같이 표시된다.14)

    (17) <가, ㄹ게[-과거, +추정, -회상]>

그리고 '-을게'로 형성되는 용언형의 일반적인 구조를 (18)과 같이 표시할 수 있다.

    (18) <V, 을게[-과거, +추정, -회상]>

'-으마'는 '-었-'과 '-겠-', '-더-'의 어느 안맺음토와도 결합하지 않는다. 그러므로 '주마'와 같은 용언형은 '[-과거, -추정, -회상]'의 기능을 가지기 때문에, 다음과 같이 표시되어야 할 것이다.

    (19) <주, [-과거], [-추정], [-회상], 마>

그런데 맺음토 '-마'는 안맺음토의 기능인 '[-과거, -추정, -회상]'을 항상 고정적으로 요구하기 때문에, '-마'가 이러한 안맺음토의 기능들을 갖고 있는 것으로 해석할 수 있다. 따라서 (19)는 (20)과 같은 형식으로 바

---

14) (15)ㄱ과 (17)은 등치 관계로서, 항상 교환할 수 있는 것으로 본다.

꾸어 표시할 수 있다.

    (20) <주, 마[-과거, -추정, -회상]>

그리고 '-마'로 형성되는 용언형의 일반적인 구조는 (21)과 같이 표시할 수 있다.

    (21) <V, 마[-과거, -추정, -회상]>

진술을 나타내는 '-네', '-아/어', '-지'로 형성되는 용언형의 구조도 이와 같이 생각해 볼 수 있다. 이것들은 모두 '-었-', '-겠-'과는 결합하지만, '-더-'와는 결합하지 않는다. '-지'로 형성된 용언형의 예를 들면 다음과 같다.

    (22) ㄱ. 잡지 :   <잡, [-과거], [-추정], [-회상], 지>
        ㄴ. 잡았지 : <잡, [+과거], [-추정], [-회상], 지>
        ㄷ. 잡겠지 : <잡, [-과거], [+추정], [-회상], 지>
        ㄹ. 잡았겠지 : <잡, [+과거], [+추정], [-회상], 지>

여기서 '-지'는 항상 '[-회상]'만 요구하기 때문에, '[-회상]'을 안맺음토 '-지'의 속성으로 간주할 수도 있다. 그러면 (22)도 (23)으로 나타낼 수도 있을 것이다.

    (23) ㄱ. 잡지 :   <잡, [-과거], [-추정], 지[-회상]>
        ㄴ. 잡았지 : <잡, [+과거], [-추정], 지[-회상]>
        ㄷ. 잡겠지 : <잡, [-과거], [+추정], 지[-회상]>
        ㄹ. 잡았겠지 : <잡, [+과거], [+추정], 지[-회상]>

서술형토 '-네'와 '-아/어', '-지'로 형성되는 용언형의 일반적인 구조를 다음과 같이 표시할 수 있다.

(24) ㄱ. $\left\langle V, \begin{Bmatrix} [+과거] \\ [-과거] \end{Bmatrix}, \begin{Bmatrix} [+추정] \\ [-추정] \end{Bmatrix}, 네[-회상] \right\rangle$

　　 ㄴ. $\left\langle V, \begin{Bmatrix} [+과거] \\ [-과거] \end{Bmatrix}, \begin{Bmatrix} [+추정] \\ [-추정] \end{Bmatrix}, 아/어[-회상] \right\rangle$

　　 ㄷ. $\left\langle V, \begin{Bmatrix} [+과거] \\ [-과거] \end{Bmatrix}, \begin{Bmatrix} [+추정] \\ [-추정] \end{Bmatrix}, 지[-회상] \right\rangle$

3.4. 감탄을 나타내는 '-는구나/구나'와 '-을걸'로 형성되는 용언형의 구조를 보기로 한다. '-는구나'와 '-구나'는, '-는다/ㄴ다'와 '-다/라'와 마찬가지로, 형태적 변이형태이다. 따라서 '-는구나/구나'가 형성하는 용언형은 '-는다/ㄴ다/다/라'가 형성하는 용언형과 다르지 않다.

(25) ㄱ. 잡는구나 :　　 <잡, [-과거], [-추정], [-회상], 는구나>
　　 ㄴ. 잡았구나 :　　 <잡, [+과거], [-추정], [-회상], 구나>
　　 ㄷ. 잡겠구나 :　　 <잡, [-과거], [+추정], [-회상], 구나>
　　 ㄹ. 잡더구나 :　　 <잡, [-과거], [-추정], [+회상], 구나>
　　 ㅁ. 잡았더구나 :　 <잡, [+과거], [-추정], [+회상], 구나>
　　 ㅂ. 잡겠더구나 :　 <잡, [-과거], [+추정], [+회상], 구나>
　　 ㅅ. 잡았겠더구나 : <잡, [+과거], [+추정], [+회상], 구나>

(26) ㄱ. 희구나　　 <희, [-과거], [-추정], [-회상], 구나>
　　 ㄴ. 희었구나　 <희, [+과거], [-추정], [-회상], 구나>
　　 ㄷ. ……

'-는구나/구나'로 형성되는 용언형의 일반적인 구조를 표시하면, 다음과 같다.

(27) $\left\langle V, \begin{Bmatrix} [+과거] \\ [-과거] \end{Bmatrix}, \begin{Bmatrix} [+추정] \\ [-추정] \end{Bmatrix}, \begin{Bmatrix} [+회상] \\ [-회상] \end{Bmatrix}, 는구나/구나 \right\rangle$

'-을걸'은 '-었-'과는 결합하지만 '-겠-'이나 '-더-'와는 결합하지 않는다. 이것을 안맺음토의 표시에 그대로 반영하면, (28)과 같이 표시할 수 있다.

(28) ㄱ. ^{??}<잡, [-과거], [-추정], [-회상], 을걸>
　　ㄴ. ^{??}<잡, [+과거], [-추정], [-회상], 을걸>

그런데 (28)은 문제가 있다. 맺음토 '-을걸'의 '을'이 '[+추정]'의 속성을 가지는데, 안맺음토에 '[-추정]'으로 표시되어 양립할 수 없기 때문이다. 이 문제는 '-을걸'과 결합하는 안맺음토에서 '[-추정]'을 삭제하면 해결되는데, 그러면 (29)와 같이 표시된다.

(29) ㄱ. <잡, [-과거], [○추정], [-회상], 을걸[+추정]>
　　ㄴ. <잡, [+과거], [○추정], [-회상], 을걸[+추정]>

(29)에서 '[○추정]'은 실제로 안맺음토로 실현되지 않는 것이다. 그리고 '-을걸'은 '[-회상]'만을 요구하는데, 이것은 '-을걸'이 '[-회상]'의 속성을 고유하게 가진 것으로 해석할 수도 있다. 만일 그러한 해석을 받아들이면, (29)는 (30)과 같이 표시된다.

(30) ㄱ. <잡, [-과거], 을걸[+추정, -회상]>
　　ㄴ. <잡, [+과거], 을걸[+추정, -회상]>

서술형토 '-을걸'로 형성되는 용언형의 일반적인 구조는 다음과 같이 표시할 수 있다.

(31) $\langle V, \begin{Bmatrix} [+과거] \\ [-과거] \end{Bmatrix}, 을걸 \ [+추정, \ -회상] \rangle$

4. 의문형의 문법 정보 표시

4.1. 의문형토에는 다음과 같은 것들이 있다.

(32) -나, -느냐/으냐, -는가/은가, -는지/은지, -을까, -을래, -니, -아/어,
    -지, -습니까/ㅂ니까, -습디까

이 가운데 '-나'와 '-느냐/으냐', '-는가/은가', '-는지/은지'에서, '-느
냐'와 '-으냐'의 짝과 '-는가'와 '-은가'의 짝, '-는지'와 '-은지'의 짝들
은 각각 형태적 변이형태들이다. '는'을 포함한 앞의 형태들은 동사 어간
과 '-었-'과 '-겠-' 뒤에서 실현되고, '는'이 없는 뒤의 형태들은 형용사 어
간과 '-더-' 뒤에서 실현된다. 그리고 이 모든 의문형토들은 안맺음토와
결합하는 방식이 동일하다.

(33) ㄱ. 보나 :   <보, [-과거], [-추정], [-회상], 나>
    ㄴ. 보았나 :   <보, [+과거], [-추정], [-회상], 나>
    ㄷ. 보겠다 :   <보, [-과거], [+추정], [-회상], 나>
    ㄹ. 보더나 :   <보, [-과거], [-추정], [+회상], 나>
    ㅁ. 보았겠나 : <보, [+과거], [+추정], [-회상], 나>
    ㅂ. 보았더나 : <보, [+과거], [-추정], [+회상], 나>
    ㅅ. 보았겠더나 :<보, [+과거], [+추정], [+회상], 나>

(34) ㄱ. 잡는가 :   <잡, [-과거], [-추정], [-회상], 는가>
    ㄴ. 잡았는가 : <잡, [+과거], [-추정], [-회상], 는가>
    ㄷ. 잡겠는가 : <잡, [-과거], [+추정], [-회상], 는가>

ㄹ. 잡던가 :   <잡, [-과거], [-추정], [+회상], ㄴ가>
ㅁ. 잡았던가 :   <잡, [+과거], [-추정], [+회상], ㄴ가>
ㅂ. 잡겠던가 :   <잡, [-과거], [+추정], [+회상], ㄴ가>
ㅅ. 잡았겠던가 : <잡, [+과거], [+추정], [+회상], ㄴ가>

(35) ㄱ. 흰가 :   <희, [-과거], [-추정], [-회상], ㄴ가>
ㄴ. 희었는가 :   <희, [+과거], [-추정], [-회상], 는가>
ㄷ. ……

따라서 이 토들이 형성하는 용언토의 구조는 (36)과 같이 나타낼 수 있
다. 그리고 이 토들은 결국 동일한 용언형을 형성하기 때문에, 이것들을
묶어 (37)과 같이 나타낼 수 있다.

(36) ㄱ. $\left\langle V, \begin{Bmatrix} [+과거] \\ [-과거] \end{Bmatrix}, \begin{Bmatrix} [+추정] \\ [-추정] \end{Bmatrix}, \begin{Bmatrix} [+회상] \\ [-회상] \end{Bmatrix}, 나 \right\rangle$

ㄴ. $\left\langle V, \begin{Bmatrix} [+과거] \\ [-과거] \end{Bmatrix}, \begin{Bmatrix} [+추정] \\ [-추정] \end{Bmatrix}, \begin{Bmatrix} [+회상] \\ [-회상] \end{Bmatrix}, 느냐/으냐 \right\rangle$

ㄷ. $\left\langle V, \begin{Bmatrix} [+과거] \\ [-과거] \end{Bmatrix}, \begin{Bmatrix} [+추정] \\ [-추정] \end{Bmatrix}, \begin{Bmatrix} [+회상] \\ [-회상] \end{Bmatrix}, 는가/은가 \right\rangle$

ㄹ. $\left\langle V, \begin{Bmatrix} [+과거] \\ [-과거] \end{Bmatrix}, \begin{Bmatrix} [+추정] \\ [-추정] \end{Bmatrix}, \begin{Bmatrix} [+회상] \\ [-회상] \end{Bmatrix}, 는지/은지 \right\rangle$

(37) $\left\langle V, \begin{Bmatrix} [+과거] \\ [-과거] \end{Bmatrix}, \begin{Bmatrix} [+추정] \\ [-추정] \end{Bmatrix}, \begin{Bmatrix} [+회상] \\ [-회상] \end{Bmatrix}, \begin{Bmatrix} 나 \\ 느냐/으냐 \\ 는가/은가 \\ 는지/은지 \end{Bmatrix} \right\rangle$

4.2. 의문형 '-을까'[15)]를 보자. '-을까'는 '-었-'과는 결합할 수 있지만,

---

15) '-을까'를 하나의 형태로 보는 논의도 있고, 두 개의 형태로 분석해야 한다는 논의도 있
다. 이 글에서는 일단 '-을까'도, '-는다/ㄴ다'와 마찬가지로, 하나의 형태소로 보고 논

‘-겠-’이나 ‘-더-’와는 결합할 수 없다. 이러한 ‘-을까’는 앞에서 논의한 ‘-을걸’과 안맺음토와의 결합에서 동일하다. 따라서 ‘-을까’가 형성하는 용언형의 구조는 ‘-을게’의 그것과 동일하다.

(38) $\left\langle V, \begin{Bmatrix} [+과거] \\ [-과거] \end{Bmatrix}, 을까[+추정, -회상] \right\rangle$

4.3. 의문형토 ‘-니’와 ‘-아/어’, ‘-지’는 ‘-었-’과 ‘-겠-’과는 결합하지만, ‘-더-’와는 결합하지 않는다. 따라서 ‘-니’와 ‘-아/어’, ‘-지’로 형성되는 용언형의 일반적 구조를 다음과 같이 표시할 수 있다.

(39) ㄱ. $\left\langle V, \begin{Bmatrix} [+과거] \\ [-과거] \end{Bmatrix}, \begin{Bmatrix} [+추정] \\ [-추정] \end{Bmatrix}, 니[-회상] \right\rangle$

ㄴ. $\left\langle V, \begin{Bmatrix} [+과거] \\ [-과거] \end{Bmatrix}, \begin{Bmatrix} [+추정] \\ [-추정] \end{Bmatrix}, 아/어[-회상] \right\rangle$

ㄷ. $\left\langle V, \begin{Bmatrix} [+과거] \\ [-과거] \end{Bmatrix}, \begin{Bmatrix} [+추정] \\ [-추정] \end{Bmatrix}, 지[-회상] \right\rangle$

5. 명령형과 청유형의 문법 정보 표시

5.1. 명령형토와 청유형토는 다음과 같은 것들이 있는데, 안맺음토와 동일한 제약을 보인다.

(40) ㄱ. -아라/어라, -게, -지, -으오/소, -으십시오, -으소서
　　 ㄴ. -자, -세, -음세, -읍시다, -으십시다

의를 진행하기로 한다.

이 모든 토들은 '-었-'과 '-겠-', '-더-'와 결합하지 않는다. 따라서 앞의 논의에 따라, 예컨대 '-라'와 '-자'로 형성되는 용언형의 구조는 다음과 같이 표시될 수 있다.

    (41) ㄱ. <V, 라[−과거, −추정, −회상]>
         ㄴ. <V, 자[−과거, −추정, −회상]>

명령형토와 청유형토는 안맺음토의 문법적 정보가 동일하고, '[+행위]'의 주어를 요구한다는 점에서도 동일하다. 그것들을 구별하는 것은 그것들과 공기하는 주어의 인칭이다. 명령형은 2인칭을 요구하고, 청유형은 1인칭의 복수를 요구한다.

5.2. 명령형토는 약속을 나타내는 서술형과 비슷한 측면이 있다. 이것들은 [+행위]의 주어를 요구하며, '[−과거], [−회상]'의 속성을 공유하고 있다. 다만 주어의 인칭에서 차이가 있다. 이것들을 다음과 같이 대비할 수 있다(아래 자질 구조에서 'ⓐ'는 절의 주어와 동표지임을 나타낸다).

    (42) ㄱ. ⟨ V, 을게 [+행위
                      1인칭ⓐ
                      −과거, +추정, −회상] ⟩

         ㄴ. ⟨ V, 마 [+행위
                      1인칭ⓐ
                      −과거, −추정, −회상] ⟩

         ㄷ. ⟨ V, 라 [+행위
                      2인칭ⓐ
                      −과거, −추정, −회상] ⟩

6. 용언형의 유형과 통사적 지위

6.1. 이제까지 논의한 것을 안맺음토와 종결형토의 통합 양상을 중심으로 정리하면 다음과 같다.

'-었-'과 '-겠-', '-더-' 등의 안맺음토가 종결형토와 결합하는 양상은 종결형토의 종류에 따라 다르다. '-었-'과 '-겠-', '-더-'가 모두 실현되는 것도 있고, '-었-'만 실현되는 것도 있고, '-었-'과 '-겠-'만 실현되는 것도 있고, 아무 것도 실현되지 않는 것도 있다.

(43) '-었-', '-겠-', '-더-'가 결합하는 것(Ⅰ 부류)
　　ㄱ. (진술) -는다/ㄴ다/다/라
　　ㄴ. (감탄) -는구나/구나, -는걸/은걸
　　ㄷ. (의문) -나, -느냐/으냐, -는가/은가

(44) '-었-', '-겠-'만 결합하는 것(Ⅱ 부류)
　　ㄱ. (진술) -네, -아/어, -지
　　ㄴ. (감탄) -노라/로다, 도다/로다
　　ㄷ. (의문) -니, -아/어, -지, -습니까/ㅂ니까

(45) '-었-'만 결합하는 것(Ⅲ 부류)
　　ㄱ. (추정) -을라, -을레, -을세라
　　ㄴ. (감탄) -을걸
　　ㄷ. (의문) -을까

(46) '-었-', '-겠-', '-더-'가 결합하지 않는 것(Ⅳ 부류)
　　ㄱ. (진술) -을지라
　　ㄴ. (약속) -을게, -을란다, -을래, -으마, -음세
　　ㄷ. (의문) -을래
　　ㄹ. (명령) -아라/어라, -으오/소, -으십시오, -으소서
　　ㅁ. (청유) -자, -세, -음세, -읍시다, -으십시다

이 글에서는 '-었-'과 '-겠-', '-더-'가 모두 실현되는 경우에, 이것들이 실현되고 실현되지 않음에 따라 각각 '[+과거], [-과거]'와 '[+추정], [-추정]', '[+회상], [-회상]'의 속성을 부여하고, 그 용언형의 일반적 구조를 다음과 같이 표시하였다.

$$(47) \quad \left\langle V, \begin{Bmatrix} [+\text{과거}] \\ [-\text{과거}] \end{Bmatrix}, \begin{Bmatrix} [+\text{추정}] \\ [-\text{추정}] \end{Bmatrix}, \begin{Bmatrix} [+\text{회상}] \\ [-\text{회상}] \end{Bmatrix}, 종결형토(\text{I}) \right\rangle$$

그리고 '-었-'과 '-겠-'만 실현되는 용언형이거나, '-었-'만 실현되는 용언형이거나, 아무것도 실현되지 않는 용언형들도 '[+과거], [-과거]'와 '[+추정], [-추정]', '[+회상], [-회상]'의 속성을 가지는 것으로 해석했다. 그리고 (44)-(46)의 용언형들을 각각 (48)-(50)과 같이 분석했다.

$$(48) \quad \left\langle V, \begin{Bmatrix} [+\text{과거}] \\ [-\text{과거}] \end{Bmatrix}, \begin{Bmatrix} [+\text{추정}] \\ [-\text{추정}] \end{Bmatrix}, [-\text{회상}], 종결형토(\text{II}) \right\rangle$$

$$(49) \quad \left\langle V, \begin{Bmatrix} [+\text{과거}] \\ [-\text{과거}] \end{Bmatrix}, [\text{○추정}], [-\text{회상}], 종결형토(\text{II}) [+\text{추정}] \right\rangle$$

$$(50) \quad \langle V, [-\text{과거}], [-\text{추정}], [-\text{회상}], 종결형토(\text{IV}) \rangle$$

(49)에서 '[○추정]'은 종결형토의 부분인 '을'이 '[+추정]'의 속성을 지니므로, 안맺음토로는 실현되지 않음을 표시한다. 그리고 (48)-(50)의 안맺음토의 표시에서 '-' 값을 가지는 속성들은 종결형토가 요구하는 것으로서, 종결형토의 고유한 속성으로 해석할 수도 있는데, 그러면 (48)-(50)은 각각 (51)-(53)과 같이 표시할 수 있다.

(51) $\left\langle V, \begin{Bmatrix} [+과거] \\ [-과거] \end{Bmatrix}, \begin{Bmatrix} [+추정] \\ [-추정] \end{Bmatrix}, 종결형토(\text{II}) \, [-회상] \right\rangle$

(52) $\left\langle V, \begin{Bmatrix} [+과거] \\ [-과거] \end{Bmatrix}, 종결형토(\text{III}) \, [+추정, \, -회상] \right\rangle$

(53) <V, 종결형토(IV)[−과거, −추정, −회상]>

한국어의 용언을 이상과 같이 해석하는 것은 맺음토들의 용법을 고려할 때, 우리의 직관에 충분히 부합한다고 판단된다. 이러한 해석은 결국 안맺음토의 기능이 맺음토에 실현될 수도 있다는 것을 의미한다. 이러한 관점은 '-을까' 등과 같이 둘 이상의 형태소가 융합하여 하나의 맺음토가 형성된 경우를 고려한다면, 당연한 것이기도 하다.

이상과 같은 관점을 수용한다면, 다음과 같은 예들의 문법적 기능도 쉽게 처리할 수 있다.

(54) -습디까; -읍시다, -십시다; 잡수시다, 주무시다

이 예들은 둘 이상의 형태소가 겹친 것은 틀림없어 보이지만, 그 형태소들을 따로 분석해 내기는 어렵다. 이런 경우에, 이것들은 두 개의 형태소로 분석하지 않고 하나의 맺음토로 처리하면서, 그 맺음토에 안맺음토가 가진 기능을 부여하면 해결할 수 있다. 곧, '-습디다'에는 '[+겸양, +회상]'으로 표시하고, '-읍시다'와 '-십시다'에는 '[+겸양, +존경]'으로 표시하면 된다. 안맺음토 '-시-'가 용언의 어간과 결합한 것으로 판단되지만 두 개의 형태소로 분석하기 어려운 '주무시다'와 '잡수시다'도, 이와 비슷한 방식으로, 용언 어간이 '[+존경]'의 속성을 가진 것으로 처리할 수 있다.

6.2. 이제 종결형토의 종류와 (Ⅰ)–(Ⅳ) 유형의 종결형토로 형성되는 용언형들 사이의 관계를 생각해 보기로 한다. 이러한 관계를 표로 정리하면 다음과 같다.

(55) 종결형토의 종류와 (Ⅰ)–(Ⅳ) 유형 사이의 관계

		Ⅰ	Ⅱ	Ⅲ	Ⅳ
서술	진술	○	○		○
	약속				○
	추정			○	
	감탄	○	○	○	
의문		○	○	○	○
명령·청유					○

위 표를 보면, 진술·감탄을 나타내는 서술형과 의문형은 (Ⅰ)과 (Ⅱ), (Ⅲ) 유형에 골고루 분포되어 있다. 이것은 서술형과 의문형은 말할이가 안맺음토가 표현하는 문법적 기능 가운데 어느 것을 주요하게 표현할 것인가에 따라 선택됨을 짐작할 수 있다. 이를 대강 다음과 같이 정리할 수 있겠다.

(Ⅰ)과 (Ⅱ), (Ⅲ) 유형 모두 '[+과거]∨[–과거]'를 공통으로 가지는데, 이것은 서술과 의문의 일은 과거의 일이거나 비과거의 일을 표현하기 때문이다. '[–회상]'의 속성을 가진 (Ⅱ) 유형과 (Ⅲ) 유형은 '[+회상]'과는 무관한 일을 표현할 때 사용하고, (Ⅱ) 유형은 '[+추정]'의 일을 명시적으로 표현할 때 사용한다. (Ⅰ) 유형은 '[+회상]∨[–회상]'이나 '[+추정]∨[–추정]'에 대하여 특별한 제약이 없는 일을 표현할 때 사용한다.

(Ⅳ) 유형으로 표현되는 약속이나 명령·청유형은 그 의미상 [–과거, –추정, –회상]의 가지게 된다. 그런데 '–을게'로 표현되는 약속은 '[+추정]'을 명시하는데, 이것은 (약속과 관련된) 의지로 해석된다.

6.3. 이제, 이상의 논의와 관련하여, 안맺음토와 맺음토의 통사적 지위에 관한 논의에서 해결해야 할 문제점을 간단히 지적해 두고자 한다.

최근의 변형 문법에서는 안맺음토와 맺음토를 모두 문장 분석에서 중심어 성분으로 분석하였다. 그런데 이상에서 보면, 안맺음토가 가진 기능이 안맺음토로 실현되지 않고 맺음토에 실현되는 경우가 있다. 특히 '-을까'와 같이 융합으로 형성된 맺음토가 그러한데, 그러한 맺음토는 안맺음토의 기능과 맺음토의 기능이 융합되어 하나의 맺음토로 실현된다.16) 그렇다고 안맺음토의 기능과 맺음토의 기능이 겹쳐 실현된 맺음토를 두 개의 용언토로 분석하기도 어렵다. 설사 분석한다고 하더라도 분석된 형태소의 통합을 다루는 과정에서 또 다른 문제가 발생할 수 있다. 한국어의 안맺음토와 맺음토를 문장의 중심어 성분으로 분석하려면, 이러한 문제를 먼저 해결해야 할 것이다.

변형 문법의 관점으로 보면, 이 문제를 다음과 같이 정리할 수 있다. 한국어의 맺음토에는 C에 I의 기능이 겹쳐 실현되는 것이 있는데, 다른 통사적 지위(교점)를 차지하는 C와 I가 한 개의 형식으로 실현되는 현상을 어떻게 해결할 수 있는가 하는 것이다. 허철구(2005, 2007)에서는, 통사론에서 안맺음토와 맺음토에 중심어의 지위를 직접 부여하지 않고, 어휘부의 굴절 범주를 통사론의 범주에 투사하는 방식으로 해결하고 있다. 그런데 이러한 방식은 여전히 문제점이 있다고 생각된다. 통사론에서는 I와 C가 중심어로서의 지위를 유지하는데, 어떤 기능에 대응하는 (영 형식을 포함한) 일정한 형식이 존재하지 않거나, 둘 이상의 기능이 겹쳐 실현되는 어떤 통사 범주를 설정하는 것을 이해하기 어렵기 때문이다.

이 글에서는 용언의 종결형을 통사론의 한 성분으로 분석하는 입장을 취한다. 이러한 관점은 중심어 구 구조 문법의 강어휘론 가설에 바탕을

---

16) 이 글에서 논의된 종결형토뿐만 아니라, 전성형토나 접속형토에서도 그러한 토가 아주 많다. 예컨대 '-는'과 '-을', '-은', '-을지니', '-을지라도', '-려고' 등이 그러하다.

둔 입장이다.[17) 문장의 중심어가 용언(서술어)이기 때문에, 용언의 성분인 안맺음토와 맺음토에 문장의 중심어의 지위를 부여하지 않더라도, 그것들의 문법 정보를 문장에 전달하는 데는 아무런 문제가 없기 때문이다.

7. 마무리

이 글에서는 한국어 안맺음토와 종결형토의 통합 양상에 대하여 한국어 용언형의 일반적 구조와 관련하여 논의하였다. 이를 간추리면 다음과 같다.

안맺음토가 종결형토와 통합되는 양상은 종결형토의 종류에 따라 다양하다. '-었-'과 '-겠-', '-더-'가 모두 통합되는 종결형토(I)도 있고, '-었-'과 '-겠-'만 통합되는 종결형토(II)도 있고, '-었-'만 통합되는 종결형토(III)도 있고, 어떤 안맺음토도 통합되지 않는 종결형토(IV)도 있다.

'-었-'과 '-겠-', '-더-'가 모두 실현될 수 있는 용언형의 구조를 다음과 같이 가정하였다.

$$(56) \left\langle V, \begin{Bmatrix} [+과거] \\ [-과거] \end{Bmatrix}, \begin{Bmatrix} [+추정] \\ [-추정] \end{Bmatrix}, \begin{Bmatrix} [+회상] \\ [-회상] \end{Bmatrix}, 종결형토(I) \right\rangle$$

그리고 용언형에서 문법적 기능이 실현되는 방식을 다음과 같이 가정하였다. 첫째, 한국어의 모든 용언형은, 안맺음토가 실현되든지 실현되지 않든지 간에, 안맺음토가 가지는 모든 문법 정보를 가져야 한다. 둘째, 어떤 동일한 문법적 기능이 안맺음토로 실현될 수도 있고 종결형토로 실현

---

17) 서민정(2007, 2009)에서는 중심어 구 구조 문법에 바탕을 두고 문법을 구성했는데, 통사론에서 용언토들을 용언형의 성분으로 처리했다.

될 수도 있다.

그러면 종결형토 (Ⅱ)와 (Ⅲ), (Ⅳ)를 가진 용언형의 구조는 다음과 같이 기술될 수 있다. 예컨대 '-겠-'과 동일한 기능을 가진 '-을'을 포함한 '-을까'(종결형토(Ⅲ))에는 [+추정]의 값을 부여한다. 그리고 항상 [-과거]나 [-추정]이나 [-회상]으로 실현되는 종결형토(Ⅱ와 Ⅲ, Ⅳ)의 경우에는 안맺음토의 값은 종결형토가 고유한 속성으로 요구하는 것으로 보고, 이것들을 다음과 같이 종결형토에 표시한다.

(57) ㄱ. $\left\langle V, \begin{Bmatrix} [+과거] \\ [-과거] \end{Bmatrix}, \begin{Bmatrix} [+추정] \\ [-추정] \end{Bmatrix}, 종결형토(Ⅱ) [-회상] \right\rangle$

ㄴ. $\left\langle V, \begin{Bmatrix} [+과거] \\ [-과거] \end{Bmatrix}, 종결형토(Ⅲ) [+추정, -회상] \right\rangle$

ㄷ. $\langle V, 종결형토(Ⅳ) [-과거, -추정, -회상]\rangle$

그리고 이러한 논의에 따르면, 변형 문법에서 안맺음토와 맺음토를 통사론에서 문장의 중심어로 보고, 각각 I와 C의 범주를 부여하는 것은 문제점이 있다는 것을 지적하였다.

참고 문헌

고영근(1999), 『국어 형태론 연구』(증보판), 서울대학교 출판부.

고영근(2004), 『한국어의 시제 서법 동작상』, 태학사.

고영근·구본관(2008), 『우리말 문법론』, 집문당.

김기혁(1993), 「국어 선어말어미와 종결어미의 연속성-때매김 어미와 종결어미를 중심
　　　　으로」, 한글 221, 한글학회, 107-156.

김성화(1989), 「현재 시제의 무표항과 의미 기능」, 한글 204, 한글학회, 39-70.

김수태(2005), 『마침법 씨끝의 융합과 그 한계』, 도서출판 박이정.

김종도(1999), 「영형태소의 현재 시제 표지 설정에 대하여」, 한글 245, 한글학회, 79-113.

김차균(1985), 「{았}과 {었}의 의미와 상」, 한글 188, 한글학회, 3-63.

나진석(1978), 『우리말의 때매김 연구』, 과학사.

남기심(1978), 『국어문법의 시제 문제에 관한 연구』, 탑출판사.

서민정(2007), 「'토'의 통어적 기능을 위한 문법 체계」, 언어과학 14-3, 한국언어과학회,
　　　　43-61.

서민정(2009), 『토에 기초한 한국어 문법』, 제이앤씨.

이승희(2008), 「후기 근대국어의 시제 체계 변화에 따른 종결어미의 재편」, 국어국문학
　　　　150, 국어국문학회, 29-51.

임칠성(1991), 「시제어미 {느}에 대하여」, 한국언어문학 29, 한국언어문학회, 469-486.

임홍빈(1987), 『국어의 재귀사 연구』, 신구문화사.

허　웅(1975), 『15세기 국어 형태론』, 샘문화사.

허　웅(1995/2000), 『20세기 우리말의 형태론』, 샘문화사.

허철구(2005), 「국어 어미의 형태통사론적 특성과 기능범주의 투사」, 우리말연구 16, 우
　　　　리말학회, 71-98.

허철구(2007), 「어미의 굴절 층위와 기능범주의 형성」, 우리말연구 21, 우리말학회, 323
　　　　-350.

황병순(2003), 「국어 시제 해석에 관한 연구」, 어문학 79, 한국어문학회, 309-344.

Pollard, Carl & Ivan A. Sag. (1987), *Infomation-based Syntax and Semantics*. CSLI.

용언형의 문법 정보 표시 (2)*
― 관형사형과 명사형

1. 들어가기

1.1. 이 글에서는 한국어 용언의 관형사형과 명사형의 문법 정보 표시 방법에 대하여 살피고자 한다.

관형사형토와 명사형토의 특징 가운데 하나는 종결형토나 접속형토에 비하여 그 수가 매우 적다는 것이다. 그래서 그것들을 따로 분류하지 않고, 관형사형토나 명사형토의 형식만으로도 용언의 관형사형이나 명사형의 문법 정보를 표시하는 방법을 충분히 논의할 수 있다.

용언의 관형사형토와 명사형토에 안맺음토가 최대로 실현된 관형사형과 명사형의 예를 들면 다음과 같다.

(1) ㄱ. 검-**은**, 잡-**는**
   ㄴ. 잡-**은**
   ㄷ. 검-**었을**, 잡-**았을**

---

* 최규수(2014), 「한국어 용언 관형사형과 명사형의 문법 정보 표시 방법」, 한글 304, 한글 학회, 61-87.

　　ㄹ. 검-**었겠던**, 잡-**았겠던**

　(2) ㄱ. 검-**었겠음**, 잡-**았겠음**
　　　ㄴ. 검-**었겠기**, 잡-**았겠기**

　먼저 관형사형을 보면, 각 맺음토에 따라 안맺음토가 결합하는 방식에
조금씩 차이가 있다. '-은'과 '-는'은 어떤 안맺음토와도 결합하지 않고,
'-을'은 '-었-'과 결합한다. '-던'은 '-더-'를 포함하고 있으면서, '-었-',
'-겠-'과 결합한다. 그런데 안맺음토와의 결합 가능성만 본다면, (1)의 관
형사형은 안맺음토와 관련된 문법 정보의 양과 종류가 모두 다른 것으로
간주될 수밖에 없다. 그렇다면 한국어 관형사형과 명사형의 구조를 일반
적으로 기술할 수 없게 된다. 그리고 당연하게도, 한국어 용언의 문법에서
내용의 논리성과 체계의 간결성에 상당한 부담이 될 것이다.
　이 글에서는 (1)의 관형사형들이 안맺음토 '-었-'과 '-겠-', '-더-'와
관련된 기능을 모두 가지는 것으로 처리하고자 한다. 이런 방식으로 관형
사형의 문법 정보를 기술한다면, (1)의 관형사형들은 모두 동일한 양과 종
류의 문법 정보를 포함하지만, 각각의 관형사형들은 안맺음토의 기능에
대한 값들이 달리 실현된 것으로 간주된다.
　명사형토는 '-더-'가 실현되지 않는다는 점에서 다른 맺음토와 차이가
있다. 그렇지만 '-었-'과 '-겠-'이 자유로이 결합하기 때문에, 그것의 문
법 정보는 상대적으로 쉽게 표시할 수 있다.

　1.2. 이 글은 이러한 방식으로, 용언 관형사형과 명사형의 문법 정보 표
시 방법을 논의하고자 한다. 용언형의 문법 정보는 용언 어간과 안맺음토,
맺음토의 문법 정보의 총합이다. 그렇지만 이 글에서는 안맺음토의 문법
정보를 표시하는 방법에 논의의 초점이 있기 때문에, 안맺음토의 문법 정

보만 표시하기로 한다.[1)]

안맺음토 '-었-'이나 '-겠-', '-더-' 등의 기능에 대한 다양한 주장들이 있다. 그렇지만 이 글은 그러한 주장들에 영향을 크게 받지는 않는다. 그것들이 어떠한 기능을 가지든지 간에, 그것들의 문법 정보는 동일한 방식으로 처리되기 때문이다.[2)]

1.3. 관형사형은 다음과 같은 긴 관형사형토로 형성된 것도 있다. 이 관형사형토들은 용언 종결형토와 관형사형토가 융합되어, 한 개의 관형사형토처럼 사용되는 것들이다. 이 글에서는 이러한 관형사형들의 문법 정보의 구조도 함께 살피고자 한다.

  (3) ㄱ. V-다는/단/ㄴ다는/ㄴ단, V-달, V-다던
      ㄴ. V-느냔/느냐는, V-느냐던
      ㄷ. V-잔/자는, V-자던
      ㄹ. V-어란/어라는, V-어라던
      ㅁ. V-으려는/으런, V-으려던

또 관형사형토 '-은, -는, -을, -던'과 의존명사 '것'이 결합한 것 가운데, 명사형토와 같은 기능을 수행하는 것들이 있는데, 이것들로 형성된 용언형의 예들은 다음과 같다.[3)]

  (4) ㄱ. 검은 것, 잡는 것
      ㄴ. 잡은 것

---

1) 문법에서 제시되는 모든 정보들은, 정도의 차이는 있겠지만, 본질적으로는 '부분 정보'(partial informations)일 수밖에 없다.
2) 다만 안맺음토의 기능은, 용언의 접속형에 사용된 안맺음토가 뒤따르는 종결형과 관련하여 해석되는 것을 설명하는데 모순이 생기지 않게, 설정되어야 할 것이다.
3) 이것들이 명사형토인지 아닌지에 관해서는 많은 논의들이 있다. 이 글에서는 일단 명사형토로 간주하고 논의를 진행하기로 한다.

ㄷ. 검(었)을 것, 잡(았)을 것

만일 이것들을 용언 명사형으로 간주한다면, '-음'과 '-기'로 형성된 용언 명사형과 문법 정보와 구조에서 어떤 공통점과 차이점이 있는지 검토할 필요가 있다고 생각된다.

2. 관형사형의 문법 정보 표시

이 글에서는 관형사형을 나타내는 표지로서의 관형사형토로서, '-은₁/는'과 '-은₂', '-을', '-던'을 설정한다.

2.1. '-은₁/는' 관형사형과 '-은₂' 관형사형

관형사형토 '-은'은 환경에 따라 두 가지 용법으로 사용된다.

(5) ㄱ. 아름답-은 눈.
ㄴ. 386 세대이-ㄴ 그녀.
ㄷ. 덧없이 흘러 가-는 시간들.

(6) ㄱ. 덧없이 흘러 가-ㄴ 시간들.
ㄴ. 덧없이 흘러 가-는 시간들.

(5)에서 보듯이, 형용사나 지정사 어간과 결합하는 '-은/ㄴ'은 [-과거]로서, 동사 어간과 결합하는 '-는'과 한 개의 형태소로 묶인다. 그리고 (6)에서 보듯이, 동사 어간과 결합한 '-은'은 [+과거]로서 '-는'[-과거]에 대립하여 사용된다. 그리고 이것들이 실현되면, 안맺음토는 실현되지 않는

데, 곧 [-과거], [-추정], [-회상]으로 실현된다. 이러한 '-은/ㄴ'과 '-는' 관형사형의 문법 정보를 다음과 같이 표시할 수 있다.4)

    (7) ㄱ. <*V*, [-과거], [-추정], [-회상], 은1/는 [-과거]>
       ㄴ. <*V*, [○과거], [-추정], [-회상], 은1/는 [+과거]>

  그런데 (7)의 표시에서, '-은/ㄴ'과 '-는'과 결합하는 안맺음토의 정보가 항상 '-' 값으로 실현된다는 것은 그러한 문법 정보를 '-은/ㄴ'과 '-는'이 가지는 고유한 자질로 볼 수 있다. 그리고 [○과거]는 결국 아무것도 없다는 것을 표시하는 것이기 때문에, 안맺음토의 표시에서 제거할 수 있다. 이러한 것을 고려한다면, (7)은 (8)과 같이 고쳐 표현할 수 있을 것이다.

    (8) '-은/ㄴ'과 '-는' 관형사형의 문법 정보
      ㄱ. <*V*, 은1/는[-과거, -추정, -회상]>
      ㄴ. <*V*, 은2[+과거, -추정, -회상]>

2.2. '-을' 관형사형

2.2.1. 관형사형토 '-을'은 '-었-'과 결합하지만, '-겠-, -더-'와는 결합하지 않는다.

    (9) ㄱ. 여행 같이 가-ㄹ 사람.
      ㄴ. 어차피 만나야 하-**였을** 사람이지.

    (10) ㄱ. 오-ㄹ 때가 되었다.

---

4) [-과거]인 '-은'을 '-은₁'으로 표시하고, [+과거]인 '-은'을 '-은₂'라 표시하였다. 그리고 '가-ㄴ'의 정보를 안맺음토는 [-과거] 표시할 수는 없는데, 관형사형토 'ㄴ[+과거]'와 양립할 수 없기 때문이다.

ㄴ. 온 세상이 내 것이-**었을** 때.

'-을'은 [+추정]의 자질을 가지는데, '-던'의 경우와 동일한 까닭으로, 예컨대 '했을'에 대한 (11)의 정보 표시에서 '-을[+추정]'으로 표시한다. '-을'은 '-더-'와 결합하지 않지만, '했을'이 '하겠던'과 [회상]의 자질값에 따라 대조된다는 것을 나타내기 위해서는, '했을'의 문법 정보로 [-회상]의 자질을 설정해야 한다. 그런데 [-회상]의 정보가 안맺음토로 실현되는 일이 없기 때문에, (11)ㄱ처럼 표시할 수는 없으며, (11)ㄴ처럼 관형사형의 고유한 자질로 표시할 수밖에 없다.

(11) ㄱ. <하, [+과거], [-회상], 을[+추정]>
     ㄴ. <하, [+과거], 을[+추정, -회상]>

이제 관형사형토 '-을'로 형성되는 관형사형들의 문법 정보를 다음과 같이 표시할 수 있다.

(12) '-을' 관형사형의 문법 정보
$$\left\langle V, \begin{Bmatrix} [+과거] \\ [-과거] \end{Bmatrix}, 을[+추정, -회상] \right\rangle$$

2.2.2. 그런데 관형사형토 '-을'이 [+추정]이 아닌 것으로 생각되는 용법으로 사용되는 경우가 있다. 다음의 '-을' 관형사형들이 그러하다.

(13) ㄱ. 이제 좀 견디-**ㄹ** 만하다.
     ㄴ. 눈썹 하나 하-**였을** 뿐인데.

위의 '-을'들은 '-은'과 '-는' 등과 교체되지 않는 것들이다. 만일 위의 '-을' 용언형들이 [+추정]을 완전히 상실했다고 본다면, 관형사형토 '-을'

을 [+추정]의 값을 가지는 '-을₁'과 [-추정]의 값을 가지는 '-을₂'로 구분
해야 할 것이다. 그러면 '-을'로 형성되는 관형사형의 정보 구조도 (14)의
ㄱ, ㄴ과 같이 두 가지로 구분될 것이다.

(14) '-을' 관형사형의 문법 정보 (수정된)

ㄱ. $\left\langle V, \begin{Bmatrix} [+과거] \\ [-과거] \end{Bmatrix}, \text{을1 } [+추정, -회상] \right\rangle$

ㄴ. $\left\langle V, \begin{Bmatrix} [+과거] \\ [-과거] \end{Bmatrix}, \text{을2 } [+추정, -회상] \right\rangle$

2.3. '-던' 관형사형

먼저 '-던'으로 형성된 관형사형을 보기로 한다.

(15) ㄱ. 가지 않을 수 없-**던** 길.
　　ㄴ. 퓨전 중식당에서 맛보-**던** 새우볶음밥.

(16) ㄱ. 언제나 내 앞에 있었지만 보지 못하-**였던** 것들.
　　ㄴ. 잔잔한 가을의 감동을 전해주-**었던** 영주 부석사.

(17) ㄱ. 뭐가 되든 나가야-**겠던** 날
　　ㄴ. 전에는 도무지 모르-**겠던** 공법이 귀에 쏙쏙 들어오네요

(18) ㄱ. 여유롭게 이용했으면 더 좋-**았겠던** 곳.
　　ㄴ. 연습 꽤나 해 보-**았겠던** 포즈라고 그녀를 놀렸다.

　먼저 '-던'의 경우에, '-더-'를 안맺음토로 분석할 수도 있고, 맺음토의
일부로 분석할 수도 있을 것이다. 만일 '-던'을 '-더-'와 '-ㄴ'으로 분석
한다면, '-ㄴ'의 문법적 성격을 규정하기 어려운 문제가 발생하는데, 이

문제는 2.4에서 다시 논의하기로 한다. 여기서는 일단 '-던'을 '-더-'와 '-ㄴ'이 융합하여 형성된 한 개의 맺음토로 간주한다.5) 그러면 예컨대 '없던'을 용언 어간과 관형사형토로 분석하면, '없-던'으로 분석된다. 그런데 그렇게 분석한다 하더라도 '없던'은 여전히 [+회상]의 기능을 가지는데, 이러한 것을 '던[+회상]'으로 표시할 수 있다.

그런데 여기서 [회상]의 자질이 보통의 경우에 안맺음토로 실현된다는 것을 고려하여, '없던'의 경우에도 굳이 [회상]의 자질을 안맺음토로 표시하고자 한다고 가정해 보자. 그러면 '-더-'가 안맺음토로 실현되지 않았으므로, 안맺음토로는 (19)ㄱ처럼 [-회상]으로 표시해야 한다. 그러나 그렇게 되면 안맺음토로 실현되는 [-회상]과 맺음토로 실현되는 [+회상]이 모순된다. 그러한 모순을 피하기 위하여, 안맺음토로 실현되는 [회상]은 값을 규정하지 않고 (19)ㄴ처럼 [○회상]으로 표시할 수도 있겠다. 그런데 [○회상]은 결국 아무것도 없다는 것을 표시하는 것이기 때문에, 안맺음토의 표시에서 제거할 수 있다. 그러면 '없던'의 문법 정보는 (19)ㄷ과 같이 표시된다.

> (19) ㄱ. *<없, [-과거], [-추정], [-회상], 던[+회상]>
> ㄴ. <없, [-과거], [-추정], [○회상], 던[+회상]>
> ㄷ. <없, [-과거], [-추정], 던[+회상]>

이상의 논의를 받아들인다면, 관형사형토 '-던'으로 형성되는 용언들의 문법 정보를 일반적으로 표시하면 다음과 같다.

> (20) '-던' 관형사형의 문법 정보
> $$\left\langle V, \begin{Bmatrix} [+과거] \\ [-과거] \end{Bmatrix}, \begin{Bmatrix} [+추정] \\ [-추정] \end{Bmatrix}, 던[+회상] \right\rangle$$

---

5) '-던'에 대한 앞선 연구는 김창섭(1987)과 김수태(2014)를 참고하기 바란다.

2.4. '-는'과 '-던'의 분석 다시 보기

2.4.1. 이 글에서는 '-는'과 '-던'을 각각 관형사형토로 간주하였다. 그런데 '-는'을 '-느-ㄴ'으로 분석하거나, '-던'을 '-더-ㄴ'으로 분석한 논의도 있다.[6] 여기서는 '-는'과 '-던'을 한 개의 형태소로 분석하는 것이 나은지, 아니면 두 개의 형태소로 분석하는 것이 나은지에 대하여 검토하기로 한다.

2.4.2. 먼저 '-던'을 안맺음토 '-더-'와 관형사형토 '-ㄴ'으로 분석하는 문제에 대하여 살펴보자. 만일 '-던'을 '-더-ㄴ'으로 분석한다면, '-ㄴ'의 문법 정보에 대하여, 앞에서 살핀 관형사형토 '-은/ㄴ'과 '-는'과의 관계를 분명히 해야 할 것이다. 이를 위하여, '-은/ㄴ'과 '-는' 관형사형과 '-더-ㄴ' 관형사형을 보이면 다음과 같다.

(21) '-은/ㄴ'과 '-는' 관형사형의 문법 정보의 예

용언형	안맺음토		관형사형토
검-은, 희-ㄴ	[-과거]	[-회상]	ㄴ[-과거]
잡-는, 가-는	[-과거]	[-회상]	는[-과거]
잡-은, 가-ㄴ	[○과거]	[-회상]	ㄴ[+과거]

(22) '-더-ㄴ'의 관형사형의 문법 정보의 예

용언형	안맺음토		관형사형토
희-더-ㄴ	[-과거]	[+회상]	ㄴ
희-었-더-ㄴ	[+과거]	[+회상]	ㄴ
가-더-ㄴ	[-과거]	[+회상]	ㄴ
가-았-더-ㄴ	[+과거]	[+회상]	ㄴ

---

6) 예컨대, 배진영(2001)에서 그렇게 분석한다.

논의의 편의를 위하여, '-더-ㄴ'의 '-ㄴ'을 '-은₃'이라 하기로 하자. 먼저 '-은₁'과 '-은₂', '-은₃'의 변이형태들이 다 다르다. '-은₁'의 변이형태는 '-은, -ㄴ, -는'이고, '-은₂'의 변이형태는 '-은, ㄴ'이다. 그런데 '-은₃'의 변이형태는 '-ㄴ' 한 개밖에 없다. 문법 기능도 모두 다르다. '-은₁'은 [-과거]이고, '-은₂'는 [+과거]인데, '-은₃'은 [과거]의 값을 정할 수 없다. '-은₁'은 형용사와 결합하고, '-은₂'는 동사와 결합하여 기능이 달라지는데, '-은₃'은 형용사와 동사 둘 다와 결합하기 때문이다.

이런 까닭으로, '-은₃'은 '-은₁', '-은₂'와 분명히 구별되는 다른 형태소임을 알 수 있다. '-은₃'의 기능을 안맺음토의 기능과 전혀 무관한, 순수히 '관형사형임'을 나타내는 형태소로 규정해 볼 수도 있겠다. 그러나 이렇게 본다 하더라도, '-더-'가 실현되지 않을 경우에, '-은₃'이 '-었-'이나 '-겠-'과 결합할 수 없다는 것을 설명할 수 없다. [+회상]인 '보았던', '보겠던'에 대립하는 [-회상]인 '보았은'이나 '보겠은'이라는 형식이 없다는 것은 논리적으로 생각하기 어렵기 때문이다.

(23) *V-았은, *V-겠은

이런 까닭으로, 이 글에서는 '-던'을 '-더-'와 '-ㄴ'을 분리하지 않고 한 개의 관형사형토로 분석하는 것이 바람직하다고 본다.

2.4.3. 다음 문장들을 근거로 '-은₃'의 변이형태로서 '-는'을 설정할 수 있을는지도 모르겠다.[7]

(24) ㄱ. 그 빙해의 **검었는** 쪽을 가 보았다.

---

7) 곧 '-은₃'은 '-더-' 뒤에 실현되고, '-는'은 '-었-'과 '-겠-' 뒤에 실현되는 형태적 변이형태로 분석하는 것이다.

ㄴ. 이건 전에 올리기로 **했는** 거네요.

(25) ㄱ. 그림으로 표현하면 **예쁘겠는** 것으로 캐릭터를 만들어 보는 것이
    좋아요.
    ㄴ. 제가 박자를 아예 못 **잡겠는** 노래들이 있어요.

그러면 'V-었는, V-겠는' 등은 'V-었던, V-겠던'에서 '-더-'가 실현되
지 않은 [-회상]을 나타내는 것으로 간주된다.

(26) '-더-ㄴ'의 관형사형의 문법 정보의 예 (수정된)

용언형	안맺음토		관형사형토
회-더-ㄴ	[-과거]	[+회상]	ㄴ
회-었-더-ㄴ	[+과거]	[+회상]	ㄴ
회-ㄴ	[-과거]	[-회상]	ㄴ
회-었-는	[+과거]	[-회상]	는

이 문장들은 인터넷에서 발견되는 것들이지만, 자연스러운 한국어인지
는 의심스러운 것들이다. 그렇지만 만일 이러한 표현들을 지금 논의하고
있는 한국어의 체계 안으로 받아들인다면,8) 앞에서 논의한 '-는'과 '-은/
ㄴ'에 대한 분석은 수정되어야 할 것이다. 그렇지 않으면, 위의 문장들을
한국어의 자연스러운 문장의 목록에서 제거해야 할 것이다. 이 글에서는
일단 (26)과 (27)의 자료는 잘못된 자료로 간주하고, 논의를 계속한다.

2.4.4. 이제 '-는'을 '-느-'와 '-ㄴ'으로 분석하는 문제에 대하여, '-던'
을 '-더-'와 '-ㄴ'으로 분석한 논의와 관련하여 살피기로 한다. 먼저
'-던'과 '-는'을 동시에 각각 '-더-ㄴ', '-느-ㄴ'으로 분석한다고 가정해

---

8) 예컨대 경상도 방언에서는 '회었는, 먹었는'과 같은 용언형이 사용되므로, 그 방언의 체
  계에는 이러한 용언형이 포함되어야 한다.

보자. 논의의 편의를 위하여, 이 두 관형사형의 문법 정보를 비교하여 나
타내면 다음과 같다.

(27) '-느-ㄴ'와 '-더-ㄴ' 관형사형의 문법 정보의 예

관형사형	안맺음토		관형사형토
검-은, 희-ㄴ	[-과거]	[-회상]	ㄴ[-과거]
가느-ㄴ	[-과거]	[-회상]	ㄴ
가ㄴ	[○과거]	[-회상]	ㄴ[+과거]
희-더-ㄴ	[-과거]	[+회상]	ㄴ
희-었-더-ㄴ	[+과거]	[-회상]	ㄴ
가더-ㄴ	[-과거]	[+회상]	ㄴ
가았-더-ㄴ	[+과거]	[+회상]	ㄴ

이를 보면, '-느-'와 '-더-'은 둘 다 '-은₃'으로 해석되는 '-ㄴ'앞에 놓
이므로, '-느-'는 '-더-'에 대립하는 형태소로서 [-회상]을 표현하는 것
으로 분석할 수 있다. 그런데 이렇게 분석한다고 해서, '가던'과 '가는'이
라는 관형사형의 문법 정보의 내용이 바뀌는 것은 아니며, 그 정보를 나
타내는 형태소가 달라질 뿐이다. 곧 '-더-'와 '-느-'가 각각 나타내는
[+회상]과 [-회상]의 정보를 나타낸다고 가정한다 하더라도, 그것들의 문
법 정보는, 그것들을 두 개의 형태소로 분석하지 않으면 관형사형토가 가
진 것으로 간주되고, 두 개의 형태소로 분석하면 안맺음토가 가진 것으로
간주된다는 것이다.

2.4.5. 그런데 '-던'과 '-는'을 각각 '-더-ㄴ', '-느-ㄴ'으로 분석하면,
형태소의 결합을 설명하는 데 어려움이 발생한다. '-더-ㄴ'의 경우는 앞에
서 설명한 바 있는데, '-느-ㄴ'으로 분석할 때도 동일한 어려움이 발생한
다. 곧 '-느-'가 실현되지 않을 경우에 왜 '-었-'이나 '-겠-'이 실현되지

않는지를 설명할 수 없다. 이에 더하여, [-회상]이 왜 동사에서는 '-느-'로 실현되는데, 형용사에는 영 형태로 실현되는지 설명하기 어렵다. 또 동사에서는 [-회상]이 '-느-'로 실현되는데, '-느-'로 실현되지 않는 동사의 형식이 어떻게 [-회상]을 나타내는지도 설명해야 한다. 만일 '-느-'가 실현되지 않은 동사형 '간'의 [-회상]을 설명하려면, [-회상]의 '영 형태'를 별도로 설정해야 한다.[9] 그런데 이렇게 영 형태를 설정하는 것은 '-는'이 항상 영 형태로 실현되는 [-회상]을 선택한다는 것과 동일한 효과를 갖는다. 결과적으로 '-느-'를 [-회상]의 안맺음토로 분석하는 것이 '-는'을 항상 [-회상]을 선택하는 관형사형토로 분석하는 것보다 더 나은 방법이라고 하기 어렵다.

이런 까닭으로, 이 글에서는 '-는'을 안맺음토 '-느-'와 관형사형토 '-ㄴ'으로 분석하지 않고, 한 개의 관형사형토로 분석하기로 한다.

2.5. 긴 관형사형

2.5.1. 용언의 긴 관형사형은 용언의 종결형과 관형사형토가 결합하여 형성된 것이다.

(28) ㄱ. 바다가 푸르-**다는** 것은 거짓말이다.
  ㄴ. 눈부시도록 푸르-**단** 말은 이런 걸 두고 한 게 아닐까요.
  ㄷ. 끝나고 오-**ㄴ다는** 사람.
  ㄹ. 이 땅에 평화는 언제 오-**ㄴ단** 말인가.
  ㅁ. 결코 그녀의 목소리보다 예쁘다-**ㄹ** 수 없는 멘트에.
  ㅂ. 아름다운 철쭉꽃이 피면 온-**다던** 님.

---

9) 그러면 [-회상]의 형태소는 '-느-'와 '영 형태'로 구성되는데, 이 형태들은 형태적 변이 형태가 된다.

(29) ㄱ. 어디에 있었-**느냐는** 말을 몇 번씩이나 되묻는다
　　 ㄴ. 왜 한국말을 공부하-**느냐던** 질문.

(30) ㄱ. 이게 도대체 뭘 하-**자는** 겁니까!
　　 ㄴ. 함께 먼 길 가-**자던** 그리운 사람.

(31) ㄱ. 자기 자신에게 용서하고, 사랑하-**라는** 가르침입니다.
　　 ㄴ. 길이 없을 때 보-**라던** 편지.

이것들은 서술형토와 의문형토, 청유형토에 '-은, -는'이 결합된 것이기 때문에, 안맺음토와 맺음토의 결합 제약은 각각의 서술형토, 의문형토, 청유형토와 맺음토의 결합 제약에 따른다. 곧 긴 관형사형이 사용된 문장들은 다음과 같이 분석되는데, 실제로 안맺음토와 결합하는 것은 종결형토라는 것이다.10)

(32) ㄱ. [[끝나고 오-았-**다**] **는**] 사람.
　　 ㄴ. [[왜 한국말을 공부하-였-**느냐**] **던**] 질문.
　　 ㄷ. [[이게 도대체 뭘 하-**자**] **는**] 겁니까!
　　 ㄹ. [[길이 없을 때 보-**라**] **던**] 편지.

따라서 긴 관형사형의 문법 정보는 용언 종결형의 정보와 관형사형토의 정보가 결합한 것으로 표시할 수 있다. 이때 용언 종결형에는 안맺음토에 관한 정보를 포함한다. 그렇지만 긴 관형사형에서, 보통의 경우에는 관형사형토만 사용되기 때문에, 긴 관형사형에 포함된 관형사형토 앞에는

---

10) 이관규(2007)에서는 긴 관형사절의 종결형토와 관형사형토가 결합한 형식을 하나의 통합형 관형사형토로 분석하였다. 이 글에서는 긴 관형사절의 표지가 다른 두 종류의 토의 통합인지, 아니면 이것들이 융합하여 한 개의 관형사형토로 굳어진 것인지에 대한 판단은 유보한다. 어떻게 처리하든지 간에, 이 글의 논의에는 그리 큰 영향을 미치지 않는다.

안맺음토로 실현되는 문법 정보를 포함하지 않는다고 생각할 수 있다. 이렇게 가정하면, 예컨대 '예쁘다-ㄹ'과 '보라-던'의 문법 정보는 다음과 같이 표시될 수 있다.[11]

(33) '예쁘다-ㄹ'과 '보라-던'의 문법 정보 (간략한)

ㄱ. 〈 예쁘, [−과거], [−추정], [−회상], 다, ㄹ [+추정]
　　　　　　　　　　　　　　　　　　　　 [−회상] 〉

ㄴ. 〈 보, 라 [−과거], 던[+회상] 〉
　　　　　　 [−추정]
　　　　　　 [−회상]

그런데 긴 관형사형에 포함된 관형사형토 앞에도 때때로 안맺음토가 실현된다. 다음 문장들은 관형사형토의 앞에 [+과거]가 실현되었다.[12]

(34) ㄱ. 처음에 영화화 하-**ㄴ댔을** 때부터 생각한 것이다.
　　 ㄴ. 내가 번지점프 하-**쟀을** 때, 저 흔들리는 눈빛을 보고야 말았어.
　　 ㄷ. 나중에 사진 찍으러 오-**ㄴ댔던** 말을 기억하고 계시더군요.
　　 ㄹ. 여친 술 끊게 하려고 먼저 가-**쟀던** 그이거늘!

이러한 긴 관형사형들은 종결형토의 뒤와 관형사형토의 앞에 안맺음토가 실현되어 있다. 곧 위의 긴 관형사형들은 다음과 같이 분석된다는 것이다.

(35) ㄱ. 하-ㄴ다-었-을
　　 ㄴ. 하-자-었-을
　　 ㄷ. 보-ㄴ다-었-던

---

11) 용언 종결형의 문법 정보 표시에 대해서는 최규수(2012)에서 논의한 것에 따른다.
12) 이러한 예들은 긴 관형사절의 표지를 다른 두 종류의 토가 결합한 것으로 분석해야 설명할 수 있을 것이다.

ㄹ. 가-자-었-던

이와 같이 긴 관형사형의 문법 정보에서 종결형토 뒤와 관형사형토 앞
에 실현된 안맺음토의 문법 정보를 반영해야 한다. 그러면 예컨대 '한댔
을'과 '가쟀던'의 문법 정보는 다음과 같이 표시할 수 있다.

(36) '한댔을'과 '가쟀던'의 문법 정보

ㄱ. ⟨ 하, ㄴ다 $\begin{bmatrix} -과거 \\ -추정 \\ -회상 \end{bmatrix}$, [+과거], ㄹ $\begin{bmatrix} +추정 \\ -회상 \end{bmatrix}$ ⟩

ㄴ. ⟨ 가, 자 $\begin{bmatrix} -과거 \\ -추정 \\ -회상 \end{bmatrix}$, [+과거], [−추정], 던[+회상] ⟩

그리고 앞에서 논의한, 관형사형토 앞에 안맺음토가 실현되지 않은, 예
컨대 '예쁘다-ㄹ'과 '보라-던'의 문법 정보도 표시해야 한다. 이것들은 '예
쁘댔을'과 '보랬던'에 대비하여 사용되기 때문이다. 그러면 '예쁘다-ㄹ'과
'보라-던'의 문법 정보는 다음과 같이 표시해야 할 것이다.

(37) '예쁘다-ㄹ'과 '보라-던'의 문법 정보 (상세한)

ㄱ. ⟨ 예쁘, [−과거], [−추정], [−회상], 다, [−과거], ㄹ $\begin{bmatrix} +추정 \\ -회상 \end{bmatrix}$ ⟩

ㄴ. ⟨ 보, 라 $\begin{bmatrix} -과거 \\ -추정 \\ -회상 \end{bmatrix}$, [−과거], [−과거], 던[+회상] ⟩

2.5.2. 아직 한 가지 문제가 더 남아 있다. (37)에서 보면, 맺음토 다음에
안맺음토가 결합되어 있는데, 이것은 한국어의 일반적인 형태소 배열 방
식에 어긋난다. 이러한 현상은 사실 긴 관형사형에 포함된 관형사형의 동

사가 삭제된 데서 비롯된 것이다. 긴 관형사형은 본래 '종결형+관형사형'
의 형식에서 온 것이기 때문이다. 이러한 사실을 문법에 반영하자면, 예컨
대 '보라-던'의 문법 정보는 다음과 같이 표시해야 할 것이다.

(38) '보라-던'의 문법 정보 (수정한)

$$\left\langle \left\langle \text{보, 라} \begin{bmatrix} -\text{과거} \\ -\text{추정} \\ -\text{회상} \end{bmatrix} \right\rangle, <\emptyset[+V], [-\text{과거}], [-\text{추정}], \text{던}[+\text{회상}]> \right\rangle$$

그런데 긴 관형사형토에 포함된 관형사형토는, 관형사형토가 홀로 사용
된 경우에 비하여, 안맺음토와의 결합에 제약이 많다.

(39) *V-느냐겠던, *V-었댔을, *V-겠댔을, *V-었겠댔을

아마도 그러한 제약은 짧은 형식에 너무 많은 문법 정보를 담는 것은
전달에 부담이 된다는 것에서 비롯되는 것으로 짐작할 수 있을 것이다.

3. 명사형의 문법 정보 표시[13)]

3.1. 명사형과 '-더-'

명사형토 '-음'과 '-기'는 안맺음토 '-더-'와는 결합하지 않는다. 아마
명사절이 '[+회상]'의 성질과 양립하기 어렵기 때문일 것이다. 그래서
'-음'과 '-기'는 항상 [-회상]의 성질을 가지는 것으로 간주해야 한다.

---

13) 서민정(2006ㄱ, 2006ㄴ, 2007ㄱ, 2007ㄴ)에서는 명사형의 문법 정보에 관하여, HPSG의
　　방법에 의거하여 상세히 논의하고 있다.

3.2. '음' 명사형

'-음'은 '-었-'이나 '-겠-'과 결합하여 'V-었음, V-겠음, V-었겠음'의
형식으로 사용된다.14)

(40) ㄱ. 나는 알았다, 내가 오래전 누군가의 품 안에서 이미 죽-**었음**-을.
ㄴ. 이번 유물 정리는 근대음악에서 교회의 역할이 절대적이-**었음**-
을 보여준다.

(41) ㄱ. 시간이 빨리 흐른다는 걸 체감할수록 더 열심히 살아야-**겠음**-을
반성해 봅니다.
ㄴ. -님, 등등 이런 호칭은 빼고 반말 식으로 가-**겠음**-을 밝힙니데이.

(42) 아가의 스트레스는 100이 됐음이 분명-**했겠음**-에도 불구하고, 다른
가족들 때문에 하루 종일 손에서 놀아야 했다.

따라서 '-음' 용언형의 문법 정보는 다음과 같이 표시된다.

(43) '-음' 용언형의 문법 정보
$$\left\langle V, \begin{Bmatrix} [+과거] \\ [-과거] \end{Bmatrix}, \begin{Bmatrix} [+추정] \\ [-추정] \end{Bmatrix}, 음[-회상] \right\rangle$$

3.3. '-기' 명사형

'-기'는 '-었-'이나 '-겠-'과 결합하여 'V-었기, V-겠기, V-었겠기'의
형식으로 사용되는데, '-음'과는 달리 'V-었겠기'의 형식도 자연스럽게
많이 사용된다.

---

14) '-었겠음'의 형식이 잘 사용되지 않는 것은, 특별한 이유에 의해서라기보다는, 우연히
그렇게 된 것으로 보인다.

(44) ㄱ. 문득 뒤를 돌아보았을 때 후회 없는 삶이-**었기**-를.

　　 ㄴ. 난 그 사람에게 인생의 오점이 아니-**었기**-를 빈다.

(45) ㄱ. 이 글을 꼭 써야-**겠기**에 조용히 눈을 감고 묵상 중에 있었다.

　　 ㄴ. 겨울에는 겨울잠을 자야-**겠기** 때문에 활발히 움직일 수 있는 계
절에 결실을 맺는 것이 자연의 섭리입니다.

(46) ㄱ. 딸에게 큰 기쁨과 만족을 주-**었겠기**-에 말입니다.

　　 ㄴ. 그는 관동 풍경도 두루 보-**았겠기**-에 그에게 물었더니.

　　 ㄷ. 왜냐하면 모두들 희망을 보-**았겠기** 때문입니다.

따라서 '-음' 용언형의 문법 정보는 다음과 같이 표시된다.

(47) '-기' 용언형의 문법 정보

$$\left\langle V, \begin{Bmatrix} [+과거] \\ [-과거] \end{Bmatrix}, \begin{Bmatrix} [+추정] \\ [-추정] \end{Bmatrix}, 음[-회상] \right\rangle$$

이제 '-음' 명사형과 '-기' 명사형의 정보 구조를 다음과 같이 나타낼
수 있다.

(48) $\left\langle V, \begin{Bmatrix} [+과거] \\ [-과거] \end{Bmatrix}, \begin{Bmatrix} [+추정] \\ [-추정] \end{Bmatrix}, 음/기[-회상] \right\rangle$

3.4. '{-던, -을, -은₁/는, -은₂} 것' 명사형

3.4.1. '{-던, -을, -은₁/는, -은₂} 것'을 명사형토로 간주하기도 한다.[15]

(49) ㄱ. 보-**던것**-이 전부가 아님을 알아야 한다.

---

15) '-었겠던것'의 형식은 잘 사용되지 않는 듯하다.

ㄴ. 그댈 사랑하려 하-**였던것**-이 잘못입니다.

ㄷ. 아까 김치를 조금 먹었어야-**겠던것** 같아요.

ㄹ. 생각을 좀 바꾸면 좋-**았겠던것**-을요.

(50) ㄱ. 아마 못 잡-**을것** 같습니다.

ㄴ. 그때는 그런 생각을 못 하-**였을것** 아닙니까.

(51) ㄱ. 요즘 들어 성실하-**ㄴ것**-도 재능이라는 걸 느낍니다.

ㄴ. 한해가 저물어 가-**는것**-을 느끼며.

(52) ㄱ. 우리 집이 외계인의 표적이 되-**ㄴ것**-이 틀림없다.

ㄴ. 한 가지 실수를 하-**ㄴ것** 같아요.

이 명사형들은 의존명사 '것'을 제외하면 (짧은) 관형사형이 남는데, '것'과 결합하여 명사형으로 해석되는 경우에도 관형사형의 특징을 그대로 유지하고 있다. 따라서 이 명사형들의 문법 정보는 관형사형의 문법 정보와 동일하게 표시된다.

(53) ㄱ. $\left\langle V, \begin{Bmatrix} [+\text{과거}] \\ [-\text{과거}] \end{Bmatrix}, \begin{Bmatrix} [+\text{추정}] \\ [-\text{추정}] \end{Bmatrix}, \text{던것}[+\text{회상}] \right\rangle$

ㄴ. $\left\langle V, \begin{Bmatrix} [+\text{과거}] \\ [-\text{과거}] \end{Bmatrix}, \text{을것}[+\text{추정}, -\text{회상}] \right\rangle$

ㄷ. <V, 은1/는것 [-과거, -추정, -회상]>

ㄹ. <V, 은2것 [+과거, -추정, -회상]>

이 명사형들은 이러한 특징 때문에, '-음', '-기' 명사형들과는 달리, '-더-'와 결합할 수 있다. 이 명사형들은 '-음', '-기' 명사형들과 대치할 수 있는 것도 있고, 대치할 수 없는 것도 있다.

(54) ㄱ. 죽도록 사랑하-{ㄴ것, 었음}을 얘기하는 흔적들.

ㄴ. 한 가지 실수를 하-{ㄴ것, *었음, *었기} 같아요

3.4.2. 지정사 '이다'의 앞에 놓이는 '{-던, -을, -은₁/는, -은₂} 것'도 명사형토의 특징을 가지지만, '{-던, -을, -은₁/는, -은₂} 것-이(다)'가 안맺음토가 나타내는 어떤 기능을 나타내기도 한다. 물론 이러한 형식을 명사형토의 특수한 용법으로 분석할 수도 있을 것이다.

(55) ㄱ. 떨어지는 칼날을 잡-**을것이**-ㄴ가?

ㄴ. 아무도 생각하지 못했-**을것이**-다.

3.5. 명사형토의 다른 용법

3.5.1. '-음' 명사형토가 종결토처럼 쓰이는 경우가 있다.[16] 이런 용법으로 쓰인 명사형토는 'V-었겠음'의 형식도 자연스럽게 자주 사용된다. 이런 용법을 명사형토로 보아야 할지 아니면 종결형토로 보아야 할지 엄밀히 검토할 필요가 있다.

(56) ㄱ. 이게 다 가능할거라고 그 이전에 누가 상상이나 하-**였겠음?**

ㄴ. 장애인 차량인 줄을 착각한 청원 경찰이 미안하기도 하-**였겠음.**

3.5.2. '-음'과 '-기' 명사형토는 'V-{음, 기}-이(다)'의 형식으로 쓰이기도 한다. 이러한 형식은, 형식적인 측면으로만 보면, '{-던, -을, -은₁/는, -은₂} 것-이(다)'의 구조와 동일하다. 그리고 이 두 형식은 서로 대치하여 사용되기도 한다.

---

16) '-으면'의 줄인 말로 '-음'이 쓰이기도 하는데, 이 경우의 '-음'은 접속토로 보아야 한다.

(57) ㄱ. 놓을 줄도 알아야 하-{ㅁ, 는것}-이다.

ㄴ. 두 영웅은 같은 명을 나누-{**었음, ㄴ것**}-이다.

ㄷ. 나중에 울고 싶을 때도 옆에 있어 주-{**기, 는것**}-이다.

4. 문법 정보 표시 방법의 의의

한국어 용언의 관형사형과 명사형의 정보를 이상과 같이 분석함으로써, 한국어 용언형의 특징과 관련된 다음과 같은 문제를 간결하게 다룰 수 있을 것이라 생각한다.

첫째, 한국어 용언형에서 기능과 형태의 관계를 설명할 수 있다. 한국어 용언형에서 기능과 형태가 일 대 일로 대응하지 않는 경우가 있다. 하나의 경우는 둘 이상의 기능이 한 개의 형태로 실현된다는 것이다. 예컨대, '검은'의 '-은'은 관형사형과 [-과거] 융합하여 실현되었으며, '잡을'의 '을'은 관형사형과 [+추정]이 융합하여 실현되었다. 다른 하나의 경우는 한 개의 기능이 두 개의 형태로 실현된다는 것이다. 예컨대, [+과거]가 '잡은'에서는 '-은'으로 실현되고, '잡았을'에서는 '-었-'으로 실현되었다. 그리고 [+추정]이 '잡을'에서는 '-을'로 실현되고 '잡았겠던'에서는 '-겠-'으로 실현되었다.

이러한 경우를 고려하면, 안맺음토와 맺음토를 그것들이 각각 고유한 기능을 가진 것으로 철저히 분리하여 처리하기는 어렵다는 것을 알 수 있다. 그런데 이러한 문법 현상들은 용언형의 안맺음토와 맺음토의 기능을 총체적으로 처리하면 잘 설명할 수 있다고 판단된다.

둘째, '-던'과 '-는'의 분석의 문제를 명확히 할 수 있다. 이것들을 각각 한 개의 형태소로 분석하기도 하도, 각각 두 개의 형태소로 분석하기도 한다. 그런데 이 글에서 논의한 문법 정보의 측면에서 보면, '-을'이나

'던'이나 둘 다 안맺음토의 정보와 관형사형토의 기능을 가진다는 점에서 동일하다. 다만 '-을'은 두 개의 기능이 한 개의 형태로 융합되어 실현되었지만, '-던'은 분리할 수 있다는 점에서 다르다. 그런 점에서, 문법 정보의 양과 종류에서 보면, '-던'을 한 개의 형태소로 분석하든지 '-더-ㄴ'의 두 개의 하든지 간에 전혀 차이가 없다. '-는'도 마찬가지이다.

다만 이것들을 두 개의 형태로 분석하는 경우에, '-ㄴ'의 범주를 어떻게 처리해야 할 것인지 하는 문제와, '-더-' 및 '-느-'와 다른 안맺음토의 관계를 어떻게 설정해야 하는지 하는 문제가 새로이 제기된다.

셋째, 용언형을 구성하는 안맺음토와 맺음토의 통사적 범주 설정에 대한 문제를 명확히 할 수 있다. 맺음토를 통사론의 성분으로 분석한 것은 국어학의 가장 초기 연구인 주시경(1910)에서부터이지만, 최근의 변형 문법에서는 안맺음토를 통사론의 성분으로 분석했다. 그런데 이렇게 분석할 경우에, 둘 이상의 기능이 한 개의 형태에 융합되어 실현되는 경우에 문제가 생기게 된다. 예컨대 용언의 관형사형토 '-은'과 '-을'이, 관형사형이라는 기능을 나타내면서, 동시에 '-은'은 [+과거] 또는 [-과거], '-을'은 [+추정]을 나타낸다. 곧 '-은, -을' 등은 변형 문법의 C와 I의 두 기능을 동시에 나타내는 것이다. 통사론에서 명백히 다른 역할을 수행하는 C와 I가 한 개의 형태로 실현되는 현상을 변형 문법에서는 해결할 수 있어야 할 것이다.

사실 안맺음토나 맺음토의 통사적 정보를 통사론에 반영하기 위해서는 그것들을 통사론의 성분으로 분석해야만 가능한 것은 아니다. 문장의 중심어인 용언형의 정보가 문장에 상속될 수 있기 때문에, 안맺음토나 맺음토의 문법 정보를 용언형의 정보로 표시하여도, 그러한 정보를 통사론에 충분히 반영할 수 있다. 전통 문법이나 구조 문법에서도 그러한 문법 정보들의 통사적 기능을 충분히 파악하고 있었으나, 통사론에서 명시적으로 표시하지는 않았다. 이 글에서는 안맺음토와 맺음토의 문법 정보를 용언형에 명시하는 방법을 제공함으로써, 안맺음토나 맺음토의 문법 정보에 대한 전통 문법이나 구조 문법의 논의를 명시적인 방법으로 보여 줄 수 있었다고 생각한다.

5. 마무리

이 글에서는 한국어의 모든 용언형은, 안맺음토가 실현되든지 실현되지 않든지 간에, 안맺음토가 가지는 모든 문법 정보를 가져야 한다는 것을 가정하고, 용언의 관형사형과 명사형의 문법 정보를 표시하는 방법을 논의하였다. 짧은 관형사형과 명사형의 문법 정보를 각각 다음과 같이 기술하였다.

(58) ㄱ. $\left\langle V, \begin{Bmatrix} [+과거] \\ [-과거] \end{Bmatrix}, \begin{Bmatrix} [+추정] \\ [-추정] \end{Bmatrix}, 던[+회상] \right\rangle$

　　 ㄴ. $\left\langle V, \begin{Bmatrix} [+과거] \\ [-과거] \end{Bmatrix}, 을[+추정, -회상] \right\rangle$

　　 ㄷ. <V, 은1/는 [-과거, -추정, -회상]>

　　 ㄹ. <V, 은2 [+과거, -추정, -회상]>

(59) $\left\langle V, \begin{Bmatrix} [+과거] \\ [-과거] \end{Bmatrix}, \begin{Bmatrix} [+추정] \\ [-추정] \end{Bmatrix}, 음/기[-회상] \right\rangle$

(60) ㄱ. $\left\langle V, \begin{Bmatrix} [+과거] \\ [-과거] \end{Bmatrix}, \begin{Bmatrix} [+추정] \\ [-추정] \end{Bmatrix}, 던것[+회상] \right\rangle$

　　 ㄴ. $\left\langle V, \begin{Bmatrix} [+과거] \\ [-과거] \end{Bmatrix}, 을것[+추정, -회상] \right\rangle$

　　 ㄷ. <V, 은1/는것 [-과거, -추정, -회상]>

　　 ㄹ. <V, 은2것 [+과거, -추정, -회상]>

그리고 '종결형토＋관형사형토'가 겹친 긴 관형사형의 문법 정보에 관한 문제와 '관형사형토＋{것}'으로 구성된 명사형의 문법 정보에 관하여 살폈다. 또 이러한 문법 정보 표시 방법이 문법 체계의 어떤 부문에 어떻게 관련되는지를 간략하게 살폈다.

참고 문헌

김수태(2014), 「관형사절의 '-더-'에 대하여」, 한글 303, 한글학회, 5-37.

김차균(1980), 「국어 시제 형태소의 의미-회상 형태소[더]를 중심으로」, 한글 169, 한글학회, 299-334.

김창섭(1987), 「국어 관형절의 과거 시제」, 어학 14, 전북대학교 어학연구소, 95-117.

배진영(2001), 「국어 관형절 시제에 대하여」, 이중언어학 18, 이중언어학회, 141-164.

서민정(2006ㄱ), 「이름법토 '-음', '-기'의 제약에 기초한 자질 분석」, 한글 271, 한글학회, 27-49.

서민정(2006ㄴ), 「통어적 기능을 고려한 명사토의 형태론적 구조 분석과 분류」, 우리말글 38, 우리말글학회, 21-42.

서민정(2007ㄱ), 「명사토의 특수한 현상에 대한 일반론적 해석」, 우리말글 40, 우리말글학회, 77-96.

서민정(2007ㄴ), 「'토'의 통어적 기능을 위한 문법 체계」, 언어과학 14-3, 한국언어과학회, 43-61.

송 창선(2006), 「현대국어 선어말어미 '-더-'의 기능 연구」, 언어과학연구 39, 언어과학회, 55-93.

이관규(2007), 「관형사 어미 '다는'에 대한 고찰」, 새국어교육 77, 한국국어교육학회, 489-504.

임칠성(1991), 「시제어미 {느}에 대하여」, 한국언어문학 29, 한국언어문학회, 469-486.

주시경(1910), 『국어문법』, 역대한국문법대계 1-11, 탑출판사.

최규수(2012), 「한국어 용언 종결형의 문법 정보 표시 방법」, 한글 295, 한글학회, 173-202.

허 웅(1995/2000), 『20세기 우리말의 형태론』, 샘문화사.

용언형의 문법 정보 표시 (3)*
― 접속형

1. 들어가기

한국어 용언 어간과 안맺음토(선어말어미)와 맺음토(어말어미)가 결합하는
양상은 용언과 맺음토의 종류에 따라 다르다. 이 글에서는 안맺음토와 접
속형토가 결합한 용언 접속형의 문법 정보를 표시하는 방법에 대하여 논
의하고자 한다.

접속형토들은 안맺음토 '-었-'과 '-겠-', '-더-'와의 결합 제약에 따라,
'-더-'와 결합하는 것(Ⅰ부류), '-었-'과 '-겠-'만 결합하는 것(Ⅱ부류),
'-었-'만 결합하는 것(Ⅲ부류), '-었-', '-겠-', '-더-'가 결합하지 않는 것
(Ⅳ부류)으로 나누어 볼 수 있다. 각 부류에 해당하는 접속형토를 나열하면
다음과 같다.1)

---

* 최규수(2014), 「한국어 용언 접속형의 문법 정보 표시 방법」, 우리말연구 38, 우리말학회,
  45~71.
1) '-시-'와 '-었-', '-겠-', '-더-'는 분포가 꽤 다르다. '-시-'는 거의 모든 맺음토와 아무
  런 제한 없이 결합하지만, '-었-', '-겠-', '-더-'는 맺음토의 종류에 따라 통합 제약이
  있다. 이 글에서는 논의의 편의상 용언형의 기술에서 '-시-'를 제외한다.

(1) 안맺음토와의 결합 제약에 따른 접속형토의 분류[2]
  I 부류 : -은데/는데, -으니
  II 부류 : -거늘, -거든, -건만, -고, -으나, -으니까, -으며, -으면,
    -으면서, -으므로, -지만
  III 부류 : -건대, -다가, -더라도, -더라면, -던들, -어도, -어야, -으
    나마, -으려니와, -을망정, -을뿐더러, -을지라도, -을지언
    정, -을진대
  IV 부류 : -게, -고(서), -고자, -도록, -어, -어서, -으러, -으려(고),
    -은들, -자(마자)

  이러한 자료를 바탕으로 한국어 용언 접속형이 가지는 문법 정보를 기
술하는 경우를 생각해 보자. 만일 접속형토와 결합하는 안맺음토만 고려
하여 기술한다면, 한국어의 용언 접속형의 정보 구조는, 접속형토의 부류
에 따라, 네 가지 유형이 있게 될 것이다.[3] 이러한 기술의 내용은 각 종류
의 문법 정보에 관한 양이 달라진다는 것을 의미한다. 예컨대 용언 접속
형(II)는 '-더-'에 관한 정보가 없고, 용언 접속형(IV)는 '-었-'과 '-겠-',
'-더-'에 관한 정보가 없게 된다. 그러나 이러한 방식은 문제가 있다고
생각하는데, 용언의 접속형이라면 어떤 종류의 것이라 하더라도, 동일한
양의 문법 정보를 포함하는 것이 바람직할 것이기 때문이다. 이 글에서는
먼저 이러한 문제를 살피고자 한다.
  그리고 이러한 문법 정보 표시 방법이 문법의 다른 부분들에 어떻게 관
련되는지를 간략히 살피고자 하는데, 접속형과 종결형의 문법 정보의 비
교, 융합형 접속형토의 형태소 분석, 접속형의 시제를 포함한 양태의 해

---

2) 이 글에서 어떤 부류에 속하는 것으로 기술한 어떤 접속형토가 다른 이들은 다른 부류에
  속하는 것으로 판단할지도 모르겠다. 그렇지만 이 글에서 논의하고자 하는 내용의 핵심
  은 그러한 것들에 의하여 그리 큰 영향을 받지는 않는다.
3) 용언 접속형의 유형은 접속형의 부류에 따라 명명하는데, 'I 유형의 용언 접속형'은 '용
  언 접속형(I)' 등으로 표시하기로 한다.

석, 접속형의 유형과 접속문의 유형, 접속형으로 형성된 구의 구조 등이
있다. 이 글에서는 이러한 문제들을 상세히 논의하기는 어렵지만, 적어도
이러한 문제와 관련된 쟁점들을 비교적 명확히 제시할 수는 있을 것이라
생각한다.

2. 접속형의 문법 정보 표시 방법

2.1. Ⅰ유형의 용언 접속형

2.1.1. 접속형토 가운데 '-더-'와 결합하는 것(Ⅰ부류)은 아주 적은데,
'-은데/는데, -으니'가 있다.

접속형토 '-은데/는데'는 '-었-', '-겠-', '-더-'가 모두 결합한다('-은
데'와 '-는데'는 형태적 변이형태이다).

(2) ㄱ. 대회는 다가오-**는데**, 허리는 갈수록 더 아파 온다.
　　ㄴ. 이제 좀 배워가는 것 같-**았는데**, 한 학기가 너무 일찍 지나가 버
　　　　려서 아쉬웠다.
　　ㄷ. 글은 써야-**겠는데**, 딱히 쓸 것도 없고.
　　ㄹ. 넓-**던데**, 꽃나무들이라도 많이 심었습니까?
　　ㅁ. 정말 힘들-**었겠는데**, 드디어 갚았구먼.
　　ㅂ. 작년에 복원 공사가 중이-**었던데**, 얼마 전 마쳤다고 한다.
　　ㅅ. 이건 김치랑 먹어야-**겠던데**, 김치가 없어서...
　　ㅇ. 우리 학교 재학생들 몇 명쯤은 가 보-**았겠던데**, 우리 학교는 왜
　　　　조용하지?

여기서 '-었-'과 '-겠-', '-더-'의 기능을 각각 [+과거], [+추정],
[+회상]이라고 하고,[4] 그것들이 실현되지 않은 영 형태소들의 기능을 각

각 [-과거], [-추정], [-회상]이라고 하자. 그러면 '-은데/는데'가 사용된 용언의 접속형들의 기능은 다음과 같이 표시할 수 있다.[5]

(3) ㄱ. V-은데/는데 :   <V, [-과거], [-추정], [-회상], 은데/는데>
    ㄴ. V-었는데 :   <V, [+과거], [-추정], [-회상], 는데>
    ㄷ. V-겠는데 :   <V, [-과거], [+추정], [-회상], 는데>
    ㄹ. V-던데 :   <V, [-과거], [-추정], [+회상], 은데>
    ㅁ. V-었겠는데 :   <V, [+과거], [+추정], [-회상], 는데>
    ㅂ. V-었던데 :   <V, [+과거], [-추정], [+회상], 은데>
    ㅅ. V-겠던데 :   <V, [-과거], [+추정], [+회상], 은데>
    ㅇ. V-었겠던데 :   <V, [+과거], [+추정], [+회상], 은데>

이러한 접속형토 '-은데/는데'의 모든 접속형들을 일반적으로 표시하면 다음과 같다.

$$(4) \quad \left\langle V, \begin{Bmatrix} [+과거] \\ [-과거] \end{Bmatrix}, \begin{Bmatrix} [+추정] \\ [-추정] \end{Bmatrix}, \begin{Bmatrix} [+회상] \\ [-회상] \end{Bmatrix}, 은데/는데 \right\rangle$$

'-으니'도, '-은데/는데'와 마찬가지로, '-었-'과 '-겠-', '-더-'과 결합할 수 있다.

(5) ㄱ. 그 길은 좋지 않-**으니**, 이 길로 가거라.

---

4) 안맺음토 '-었-'이나 '-겠-', '-더-' 등의 기능에 대한 다양한 주장들이 있다. 그렇지만 이 글은 논의의 초점이 안맺음토와 접속토가 결합한 용언형의 문법 정보의 표시 방법에 있기 때문에, 그러한 주장들에 영향을 크게 받지는 않는다. 그러나 안맺음토의 기능은, 용언의 접속형에 사용된 안맺음토가 뒤따르는 종결형과 관련하여 해석되는 것을 설명하는데 모순이 생기지 않게, 설정되어야 할 것이다.

5) 접속토 '-은데/는데'의 기능도 표시되어야 하지만, 이 글의 논의의 초점이 접속토와 결합하는 안맺음토로 실현되는 기능의 표시 방법에 있기 때문에, 접속토의 기능 표시는 생략한다.

ㄴ. 약속을 하-**였으니**, 가기 싫어도 갈 수밖에.

ㄷ. 무슨 말인지 잘 알-**겠으니**, 염려 마시라고 말씀 드려라.

ㄹ. 아빠가 돈 많은 여자를 보-**더니** 갑자기 머리가 좋아지고 있어!

ㅁ. 그 때가 마치 오늘 같은 날씨-**였겠으니**, 얼마나 답답했을지 짐작이 간다.

ㅂ. 오랜만에 운동을 하-**였더니**, 온몸이 쑤신다.

ㅅ. 그냥 보고는 모르-**겠더니**, 입고 나오니 잘 어울리고 예쁘더라.

ㅇ. 벨소리 울리기에 택배거니 하-**였겠더니**, yes24에서 주문한 책보다 cd가 더 빨리 오네.

그러므로 '-었-'과 '-겠-', '-더-'과 결합하는 '-은데/는데'와 '-으니'로 형성되는 용언 접속형의 정보 구조는 다음과 같이 일반적으로 나타낼 수 있다.

(6) 용언 접속형(Ⅰ)의 정보 구조

$$\left\langle V, \begin{bmatrix} +과거 \\ -과거 \end{bmatrix}, \begin{bmatrix} +추정 \\ -추정 \end{bmatrix}, \begin{bmatrix} +회상 \\ -회상 \end{bmatrix}, 접속형토(Ⅰ) \right\rangle$$

2.1.2. 이 글에서는 '-던데'를 안맺음토 '-더-'를 포함하는 두 개의 형태소로 분석하였다. 그런데 '-던데'를 더 이상 분석하지 않고, 한 개의 접속토로 분석할 수도 있다. '-더니'도 마찬가지로 분석할 수 있다. 만일 '-던데'와 '-더니'를 접속토로 분석한다면, 그것들은 겉으로 보기에는 Ⅱ부류와 차이가 없어 보인다. 그러나 그렇게 분석한다 하더라도, '-던데'와 '-더니'의 '-더-'가 [+회상]의 기능을 어느 정도 유지하고 있다는 점에서, Ⅱ부류와는 다르다. 이러한 문제에 대해서는 2.2에서 다시 논의하기로 한다.

2.1.3. 또 하나 고려해야 할 것은 Ⅰ부류 접속형토로 형성되는 용언 접

속형에서 '-었-'과 '-겠-'이 동시에 실현되는 경우가 매우 드물다는 것이다. 곧 다음과 같은 용언 접속형은 잘 사용되지 않는다.

(7) $\left\langle V, [+과거], [+추정], \begin{bmatrix} [+회상] \\ [-회상] \end{bmatrix}, 접속형토(I) \right\rangle$

이러한 현상은 다음에 논의될 II부류 접속형토의 경우에도 마찬가지인 듯하다.6) 곧 용언의 접속형에서는 어떤 경우이든 '-었겠-'이 실현되는 것은 그리 잘 사용되지는 않는다.

그러나 이 글에서는 'V-었겠(더)-접속형토'의 용언 접속형이 다른 접속형과 동등한 자격을 가지는 것으로 간주한다. 그러한 용언형이 잘 사용되는 것은 아니지만, '-었-'과 '-겠-'이 통합 관계를 형성하는 것이 일반적이기 때문이다. 이러한 용언 접속형이 잘 사용되지 않는 까닭은 접속형토의 의미적 특성 때문에 '-었-'과 '-겠-'이 동시에 실현되기 어려운 것에서 비롯된 것7)이라고 일단 해석해 두기로 한다.

2.2. II유형의 용언 접속형

2.2.1. '-었-'과 '-겠-'과만 결합하는 접속형토(II부류)는 '-거늘, -거든, -건만, -고, -으나, -으니까, -으며, -으면, -으면서, -으므로, -지만' 등이 있다.

(8) ㄱ. 이 정도의 체감 시간이면 평소라면 하루는 가-**왔겠거늘**, 이제

---

6) 예컨대 II유형의 '-면서'는 'V-았으면, V-겠으면'은 자연스럽게 사용되지만, 'V-았겠으면'은 자연스럽게 사용되지 않는다.

7) 문맥에 따라서는 '-었-'만으로 '-었겠-'이 실현된 의미를 충분히 표현할 수 있으며, 또 '-겠-' 대신에 '-을 것이-'라는 표현이 있다는 것도 하나의 까닭이 될 수 있을지도 모르겠다.

겨우 1시간이 지났을 뿐이라니…

ㄴ. 시험문제라 외워야 **했겠거든**, 잘 정리해 두었어야지.

ㄷ. 내 마음을 좀 알아주었으면 좋-**았겠건만**, 그녀는 그런 나의 바 람을 언제나 꺾어 놓았다.

ㄹ. 서로 얼굴도 많이 보-**았겠고**, 말도 몇 번 걸어 봤겠고.

ㅁ. 노동자다운 이미지-**였겠으나**, 다소 의미가 퇴색했다.

ㅂ. 그럼 아침에 출발하-**였겠으니까**, 불 안 껐으면 벌써 집에 불 났 었을걸?

ㅅ. 얼마나 고생이 많-**았겠으며**, 또한 얼마나 불면의 밤을 지새웠 을까?

ㅇ. 시험을 잘 보-**았으면**, 대학을 갔겠지만.

ㅈ. 서울도 많이 가 보-**았겠으면서**, 왜 부산이 신세계에요?

ㅊ. 신라는 당의 선진 문명을 받아들여야 하-**였겠으므로**, 당나라 문 헌을 우리말로 옮겨야 했을 것이다.

ㅋ. 그때는 음식의 유혹에서 벗어날 수 있-**었겠지만**, 언젠가는 먹게 될 듯.

이러한 자료를 바탕으로 '-었-'과 '-겠-'의 분포만 고려한다면, 이 접 속형토들이 형성하는 용언형은 다음과 같이 나타낼 수 있다.

(9) $\left\langle V, \begin{Bmatrix} [+과거] \\ [-과거] \end{Bmatrix}, \begin{Bmatrix} [+추정] \\ [-추정] \end{Bmatrix}, 접속형토(\mathrm{II}) \right\rangle$

그런데 접속형토(II)로 형성되는 용언의 접속형에는 '-더-'가 실현되지 는 않지만, [-회상]을 설정해야 한다. 그 까닭은 용언의 접속형은, 그것에 뒤따르는 용언의 '-더-'가 실현되면, 그것에 따라 해석되기 때문이다. 예 컨대 다음 문장에서 '보고'는 [-회상]이지만, 뒤따르는 용언 '보더라'[+회 상]에 따라 (상대적으로) [+회상]으로 해석된다는 것이다.[8] '보고'에 [-회

---

8) 이러한 해석에 대해서는 3장에서 다시 논의할 것이다.

상]의 자질을 설정하지 않고는 이러한 해석을 설명하기 어려울 것이다.

(10) 서로 얼굴을 **보고** $\begin{bmatrix} -과거 \\ -추정 \\ -회상 \end{bmatrix}$, 말을 걸어 **보더라** $\begin{bmatrix} -과거 \\ -추정 \\ +회상 \end{bmatrix}$.

이러한 분석을 받아들인다면, 접속형토(II)로 형성되는 용언 접속형의 정보 구조는 다음과 같이 표시할 수 있다.

(11) $\left\langle V, \begin{Bmatrix} [+과거] \\ [-과거] \end{Bmatrix}, \begin{Bmatrix} [+추정] \\ [-추정] \end{Bmatrix}, [-회상], 접속형토(II) \right\rangle$

그런데 위에 표시된 [-회상]은 [+회상]이 실현되지 않은 경우에 표시되는 [-회상]이 아니며, 모든 경우에 언제나 [-회상]인 자질이다. 그런 점에서, 위의 [-회상]은 접속형토(II)가 본질적으로 가지고 있는 자질이라고 할 수 있다. 그러므로 위의 구조는 다음과 같이 표시하는 것이 용언 접속형(II)의 문법 정보를 더 정확하게 나타내는 것이라 할 수 있다.

(12) 용언 접속형(II)의 정보 구조

$\left\langle V, \begin{Bmatrix} [+과거] \\ [-과거] \end{Bmatrix}, \begin{Bmatrix} [+추정] \\ [-추정] \end{Bmatrix}, 접속형토(II)[-회상] \right\rangle$

2.2.2. 앞에서도 말했듯이, '-던데'와 '-더니'를 더 이상 분석하지 않고, 각각 한 개의 접속토로 분석할 수도 있다.[9] 그런데 이것들을 접속토로 분석하더라도, 그것이 포함하고 있는 '-더-'는 여전히 [+회상]의 자질을 가

---

9) '-더니'에 관하여, 송재영·한승규(2008)에서는 한 개의 형태소로 분석하고, 송재목(2011)에서는 '-더-'와 '-니'라는 두 개의 형태소로 분석한다. '-더니'에 대한 앞선 연구는 송재목(2011)을 참고하기 바란다.

진다.

그런데 이렇게 분석할 때, '-더-'가 안맺음토로는 '실현되지 않기 때문에, (13)ㄱ처럼 안맺음토의 자질 [-회상]을 표시해야 할 것 같다. 그러나 이러한 표시는 안맺음토의 기능으로 표시된 [-회상]과 맺음토의 기능으로 표시된 [+회상]과 모순되기 때문에 받아들일 수 없다. 이러한 경우는 '-던데'와 '-더니'로 형성되는 용언의 접속형은 맺음토에 이미 [+회상]을 가지기 때문에, 안맺음토의 기능으로서는 (13)ㄴ처럼 그러한 자질에 대한 값을 가지고 있지 않은 것으로 표시해야 할 것이다.

(13) ㄱ. $^{*}\left\langle V,\ \left\{\begin{matrix}[+과거]\\[-과거]\end{matrix}\right\},\ \left\{\begin{matrix}[+추정]\\[-추정]\end{matrix}\right\},\ [-회상],\ 접속형토(\mathrm{II})[+회상]\right\rangle$

ㄴ. $\left\langle V,\ \left\{\begin{matrix}[+과거]\\[-과거]\end{matrix}\right\},\ \left\{\begin{matrix}[+추정]\\[-추정]\end{matrix}\right\},\ [\bigcirc회상],\ 접속형토(\mathrm{II})[+회상]\right\rangle$

그러면 안맺음토의 기능으로 표시된 [○회상]은 아무런 의미를 가지지 않기 때문에, 삭제할 수 있다. 따라서 '-던데'와 '-더니'의 정보 구조를 다음과 같이 나타낼 수 있다.

(14) 용언 접속형(I)('-던데'와 '-더니')의 정보 구조

$\left\langle V,\ \left\{\begin{matrix}[+과거]\\[-과거]\end{matrix}\right\},\ \left\{\begin{matrix}[+추정]\\[-추정]\end{matrix}\right\},\ 접속형토(\mathrm{I})[+회상]\right\rangle$

이러한 정보 구조는 용언 접속형(II)의 정보 구조와 '회상'의 자질 값이 다르다.

만일 '-던데'와 '-더니'를 이렇게 분석한다면, '-던데'와 '-더니'는 I부류 접속형토로 분류되고, '-은데/는데'와 '으니'는 II부류 접속형토로 분류된다. 곧 '-던데'와 '-은데/는데'로 형성된 용언 접속형의 정보 구조

는 각각 다음과 같이 표시된다.

(15) '-던데'(Ⅰ부류 접속형토)로 형성된 접속형

ㄱ. V-던데 : 　　　　<V, [-과거], [-추정], 던데[+회상]>

ㄴ. V-었던데 : 　　　<V, [+과거], [-추정], 던데[+회상]>

ㄷ. V-겠던데 : 　　　<V, [-과거], [+추정], 던데[+회상]>

ㄹ. V-었겠던데 : 　　<V, [+과거], [+추정], 던데[+회상]>

(16) '-은데/는데'(Ⅱ부류 접속형토)로 형성된 접속형

ㄱ. V-은데/는데 : 　　<V, [-과거], [-추정], 은데/는데[-회상]>

ㄴ. V-었는데 : 　　　<V, [+과거], [-추정], 는데[-회상]>

ㄷ. V-겠는데 : 　　　<V, [-과거], [+추정], 는데[-회상]>

ㄹ. V-었겠는데 : 　　<V, [+과거], [+추정], 는데[-회상]>

'-더-'와 '-은데'로 분석하거나, '-던데'를 한 개의 형태소로 분석하거나 간에, 그것들로 형성되는 용언 접속형의 정보의 내용은 변함이 없다. '-더-은데'의 정보나 '-던데'의 정보가 동일하다는 것이다.

그러나 이것들은 문법화의 측면에서 보면 차이가 있다. 만일 '-더-'와 '-은데'가 융합하면서 '-던데[+회상]'이 '-던데[-회상]'로의 변화가 일어난 것으로 본다면, 접속형에서 Ⅰ부류가 사라진 것이 된다. 실제로 그럴 가능성이 충분해 보이기도 한다. '-더-'를 포함한 형식인 '-던들'과 '-더라도'의 경우에 이미 '-더-'가 [+회상]의 자질을 잃은 것으로 보인다. 그리고 '-던데'와 '-더니'의 경우에도 [+회상]의 자질이 남아 있는 용법도 있는 반면에, [+회상]의 자질이 거의 사라진 용법도 보인다. 이러한 사실을 고려한다면, '-던데'와 '-더니'도 이미 문법화가 상당히 진전된 과정에 놓여 있는 형식들로 볼 수도 있을 것이다.[10]

---

10) 앞선 연구에서 이것들을 달리 분석하는 것도 그런 까닭에서 비롯된 것으로 볼 수도 있겠다. 물론 이 글에서는 일단 문법화가 시작되기 이전의 형식으로 보고, 분석한 것이다.

2.3. Ⅲ유형의 용언 접속형

'-었-'만 결합하는 접속형토(Ⅲ부류)는 '-건대, -다가, -더라도, -더라면, -던들, -으나마, -어도, -어야, -으려니와, -으면서, -을망정, -을뿐더러, -을지라도, -을지언정, -을진대' 등이 있다.

(17) ㄱ. 모든 일이 잘 되리라 단언하-**였건대**, 사람 일이란 모르는 것이다.
ㄴ. 내일까지 맑-**았다가**, 모레부터는 흐려져 비가 오겠다.[11]
ㄷ. 한 시각만 늦-**었더라도**, 적이 뒷산에 올라왔을 뻔했다.
ㄹ. 차라리 듣지 않-**았더라면**, 이렇게 괴롭지는 않을텐데.
ㅁ. 그들이 스스로 개혁을 주도해 가-**았던들** 이런 일은 없었을 것이다.
ㅂ. 개인적 용도로 쓰지 않-**았어도**, 뇌물성이 부인되지는 않는다
ㅅ. 서로 인내하고 양보하면서 타협점을 찾-**았어야** 했다.
ㅇ. 좋지는 않-**았으나마**, 아쉬운 대로 요긴하게 잘 썼다.
ㅈ. 유난히 춥기도 하-**였으려니와**, 눈은 왜 그리 많이 오는지.
ㅊ. 그 꽃잎은 이울기는 하-**였을망정**, 낙화는 아닙니다.
ㅋ. 조금 민들-**었을뿐더러**, 식구들 왔을 때 다 나누어줘서요.
ㅌ. 초대를 안 받-**았을지라도**, 남의 집 생일에는 잊지 않고 찾아가는 홍선인지라….
ㅍ. 그는 긴장은 하-**였을지언정**, 충분히 준비된 모습이었다.
ㅎ. 이미 포악하여 네 오른뺨을 때리-**었을진대**, 왼뺨을 내놓은들 때리지 못하랴.

접속형토(Ⅲ)은 '을'을 포함하고 있지 않는 것과 '을'을 포함한 것으로 나눌 수 있는데, 이것들을 각각 접속형토(Ⅲ-1)과 접속형토(Ⅲ-2)라고 하기로 하자.

---

11) 인터넷의 웹문서에서 '-겠다가'라는 형식이 자주 발견되는데, 잘못 사용한 것으로 판단된다.
   (ⅰ) ㄱ. 인문 고전을 읽어야-**겠다가**, 저자 때문에 안 읽을 것 같다.
   ㄴ. 조만간 사야-**겠다가** 찍어 놓은 책이라 더 반가웠다.

먼저 접속형토(Ⅲ-1)을 분석하면, 이 유형의 용언 접속형의 정보 구조는, '-겠-'이 실현되지 않아 항상 [-추정]으로 표시되기 때문에, 다음과 같이 표시할 수 있다.

(18) $\left\langle V,\ \left\{\begin{matrix}[+과거]\\[-과거]\end{matrix}\right\},\ [-추정],\ 접속형토(Ⅲ)[-회상]\right\rangle$

그런데 접속형에서 어떤 안맺음토의 기능에 관한 정보가 항상 '-'로 실현되는 것은 접속형토의 고유한 자질로 볼 수 있기 때문에, 용언 접속형(Ⅲ)의 구조는 다음과 같이 정리할 수 있다.

(19) 용언 접속형(Ⅲ)의 정보 구조

$\left\langle V,\ \left\{\begin{matrix}[+과거]\\[-과거]\end{matrix}\right\},\ 접속형토(Ⅲ)[-추정,\ -회상]\right\rangle$

그런데 접속형토(Ⅲ-2)에서 '을'이 추정의 의미를 가지고 있는지 그렇지 않은지에 따라 조금 달리 분석될 것이다. 만일 '을'에 추정의 의미를 유지하고 있다고 본다면, '-던데'와 동일한 방식으로 (20)의 ㄱ과 ㄴ의 추론을 거쳐, ㄷ과 같이 나타낼 수도 있을 것이다.

(20) ㄱ. $^{*}\left\langle V,\ \left\{\begin{matrix}[+과거]\\[-과거]\end{matrix}\right\},\ [-추정],\ 접속형토(Ⅲ)[+추정,\ -회상]\right\rangle$

ㄴ. $\left\langle V,\ \left\{\begin{matrix}[+과거]\\[-과거]\end{matrix}\right\},\ [○추정],\ 접속형토(Ⅲ)[+추정,\ -회상]\right\rangle$

ㄷ. $\left\langle V,\ \left\{\begin{matrix}[+과거]\\[-과거]\end{matrix}\right\},\ 접속형토(Ⅲ)[+추정,\ -회상]\right\rangle$

그러나 접속형토(Ⅲ-2)에서 '을'이 추정의 의미를 가지지 않은 것으로 본다면, 이러한 분석은 받아들이기 어려울 것이다. 이 글에서는 일단 이 '을'들이 추정의 의미를 가지지 않는 것으로 보고, 논의를 계속하기로 한다. 이렇게 본다면, 접속형토(Ⅲ)을 두 종류로 나눌 필요가 없게 된다.

2.4. Ⅳ유형의 용언 접속형

'-었-', '-겠-', '-더-'와 결합하지 않는 접속형토(Ⅳ부류)로는 '-게, -고서, -고자, -다시피, -도록, -어서, -으러, -으려(고), -은들, -자(마자)' 등이 있다.

(21) ㄱ. 해 주지 말고 혼자서도 하-**게** 해.
ㄴ. 그는 장가를 가-**고(서)**, 사람이 달라졌다.
ㄷ. 남의 윗사람이 되-**고자** 하는 자는 남을 섬겨야 한다.
ㄹ. 그는 연구실에서 살-**다시피** 했다.
ㅁ. 나무가 잘 자라-**도록** 거름을 주었다.
ㅂ. 내 손을 잡-**아**, 느낌이 왔다.
ㅅ. 그는 워낙 성실한 사람이-**어서** 뭘 해도 성공할 것이다.
ㅇ. 그는 요즈음 뱀을 잡-**으러** 다닌다.
ㅈ. 싹이 돋-**으려(고)** 하는지 흙 속에서 파란 것이 보인다.
ㅊ. 좁-**은들** 어떠며, 넓-**은들** 어떤가?
ㅋ. 그는 나를 보-**자(마자)**, 대뜸 화부터 냈다.

접속형토(Ⅳ)로 형성되는 용언 접속형은 '-었-'과 '-겠-'이 결합하지 않기 때문에, 항상 [-과거]와 [-추정]으로 표시된다. 그리고 이것들은 접속형토(Ⅳ)의 고유한 자질로 볼 수 있기 때문에, 용언 접속형(Ⅳ)의 정보 구조는 다음과 같이 표시된다.

(22) 용언 접속형(Ⅳ)의 정보 구조
〈*V*, 접속형토(Ⅳ)[-과거, -추정, -회상]〉

3. 문법 정보 표시 방법의 의의

이제 이상과 같은 용언 접속형의 유형의 논의가 문법의 여러 부분들에 어떻게 관련되는지 살펴보기로 한다. 여기서 논의하고자 하는 것은, 제기된 어떤 문제들을 해결하기보다는 그런 문제들의 특성을 이해하고 규정하는 그런 논의이다.

3.1. 접속형과 종결형의 문법 정보

이제까지 논의한 용언 접속형의 정보 구조를 종합하여 제시하면, 다음과 같다.

(23) 용언 접속형의 문법 정보 유형

ㄱ. $\left\langle V, \left\{ \begin{matrix} [+과거] \\ [-과거] \end{matrix} \right\}, \left\{ \begin{matrix} [+추정] \\ [-추정] \end{matrix} \right\}, \left\{ \begin{matrix} [+회상] \\ [-회상] \end{matrix} \right\}, 접속형토(Ⅰ) \right\rangle$

ㄴ. $\left\langle V, \left\{ \begin{matrix} [+과거] \\ [-과거] \end{matrix} \right\}, \left\{ \begin{matrix} [+추정] \\ [-추정] \end{matrix} \right\}, 접속형토(Ⅱ)\ [-회상] \right\rangle$

ㄷ. $\left\langle V, \left\{ \begin{matrix} [+과거] \\ [-과거] \end{matrix} \right\}, 접속형토(Ⅲ)\ [-추정, -회상] \right\rangle$

ㄹ. $\langle V, 접속형토(Ⅳ)\ [-과거, -추정, -회상] \rangle$

이러한 용언 접속형의 유형은, 최규수(2012)에서 제시된 용언 종결형의 유형과 거의 비슷한데, 종결형의 유형에서는 (23)ㄷ의 종결형토(Ⅲ)이 [+추정]이라는 것만 다르다. 그런 차이가 나게 된 것은 '-을X' 용언형 가운데, 종결형에서는 '을'이 '추정'의 의미를 그대로 유지하는데 비하여, 접속형에서는 '추정'의 의미를 유지하지 못한 것으로 판단했기 때문이다.

용언 종결형과 접속형, 전성형에는 모두 안맺음토가 결합되지만, 그 결합 양상은 조금씩 다르다. 문법에서는 맺음토의 종류에 따른 그러한 차이들을 명확히 기술할 필요가 있을 것이다.

3.2. 융합형 접속형토와 형태소 분석

앞에서 '-던데'(와 '-더니')에 관한 용언 접속형의 분석에서 다음과 같이 논의하였다. 이 글에서는 '-던데'를 '-더-'와 '-는데'라는 두 개의 형태소로 분석하였으나, 이것을 한 개의 형태소로 볼 수도 있다. 그러나 어떻게 분석하든지 간에, '-던데'를 가진 접속형의 정보의 질과 양은 동일하게 표시된다.

'-던데'를 두 개의 형태소로 분석하는 경우의 접속형의 정보 구조는 (24)ㄱ과 같고, 한 개의 형태소로 분석하는 경우의 접속형의 정보 구조는 (24)ㄴ과 같다. 곧 (24)ㄱ에서는 [+회상]이 안맺음토의 기능으로 표시되었고, (24)ㄴ에서는 맺음토의 기능으로 표시되었는데, 그것을 제외한 나머지 정보는 동일하다.

> (24) '-던데'로 형성되는 접속형의 정보 구조
>
> ㄱ. $\left\langle V, \begin{Bmatrix} [+과거] \\ [-과거] \end{Bmatrix}, \begin{Bmatrix} [+추정] \\ [-추정] \end{Bmatrix}, [+회상], -ㄴ데(Ⅰ) \right\rangle$ 또는
>
> ㄴ. $\left\langle V, \begin{Bmatrix} [+과거] \\ [-과거] \end{Bmatrix}, \begin{Bmatrix} [+추정] \\ [-추정] \end{Bmatrix}, -는데(Ⅰ)[+회상] \right\rangle$

이러한 정보의 기술은 다음과 같이 일반적으로 정리할 수 있다(최규수 2012 참조).

> (25) 용언형에서 문법적 기능이 실현되는 방식
> 어떤 동일한 문법적 기능이 안맺음토로 실현될 수도 있고 맺음토로

실현될 수도 있다.

이러한 방법은 특히 융합으로 형성된 문법 형태소를 분석하고 기능을 기술하는 데 일관성 있는 설명 방법을 제공할 것이라 생각한다. 사실 (25)은 (26)에서 당연히 추론되는 것이니, 전혀 특이한 내용을 표현한 것은 아니다.

> (26) 문법 기능과 형태소의 대응 관계
> 두 개 이상의 문법적 기능이 (융합으로 형성된) 한 개의 형태소로 실현되는 경우가 있다.

(26)과 같은 것은 보편 문법에서 당연하게 받아들여지는 것이지만, 사실 한국어 형태론의 형태소 분석 작업에서 자주 간과되는 것이기도 하다.

3.3. 접속형의 양태의 해석

3.3.1. 이 글에서는 안맺음토 '-었-'과 '-겠-', '-더-'의 기능을 각각 [+과거]와 [+추정], [+회상]으로 설정하고 논의를 진행해 왔다. 그러나 이들 형태소의 기능에 대해서는 다른 주장들이 많이 있다. 그런데 어떤 주장을 펼치든지 간에, 용언의 접속형에 나타나는 양태[12]을 충분히 잘 해석할 수 있어야 한다고 생각한다.

접속형의 양태에 대한 해석은 종결형의 양태와 밀접하게 관련되어 있기 때문에, 접속형과 종결형이 결합하는 경우들에 따라 살펴야 한다. 여기서는 일단 이 글에서 설정한 양태를 그대로 받아들이면서, 접속형과 종결형의 [+과거]/[-과거]만 고려해 보기로 한다.

---

12) 이 글에서는 안맺음토가 나타내는 기능들을 '양태'(modality)라 하기로 한다.

3.3.2. 이 문제에 대한 논의의 출발점으로 김정대(1999)의 논의를 보기로 한다. 김정대(1999 : 78-79)에서는 접속문을 시제 현상에 따라 (27)과 같이 분류하고, (28)의 예를 제시했다.

(27) ㄱ. A유형 : [VP₁] T₁] + [[VP₂] T₂]

ㄴ. B유형 : [VP₁ + VP₂] T

ㄷ. C유형 : [VP₁] + [[VP₂] T]

ㄹ. D유형 : 형상화 불가능

(28) ㄱ. [남편은 밭을 갈]았고 [아내는 씨를 뿌리]었다.

ㄴ. [영이가 학교에 가서 돌이를 만나]았다.

ㄷ. 순이가 잠자리를 잡으려고 [잠자리채를 들]었다

ㄹ. 돌이가 모자를 썼다가 벗을 것이다.

김정대(1999)의 이러한 접속문의 분류는 '-었-'이 실현된 경우에는 T를 설정하고, '-었-'이 실현되지 않은 경우에는 T를 설정하지 않은 것이다.[13] 이러한 김정대(1999)의 논의는 다음과 같은 문제점이 있음을 지적할 수 있다.

첫째, '-었-'이 실현되지 않은 경우에도 시제가 없는 것으로 해석해서는 안 된다는 것이다. 시제는 [+과거]와 [-과거]의 대립으로 이루어지는 것이며, 이러한 대립은 종결형에서나 접속형에서도 마찬가지이다. 달리 말하자면, [+과거]만 존재하는 시제 범주는 생각하기 어렵다는 것이다. 둘째, '-었-'이 실현되기도 하고 실현되지 않기도 하는 '-고' 따위의 접속형과 '-었-'이 아예 실현되지 않는 '-어서' 따위의 접속형을 구별하지 않았다는 것이다.

---

13) 허철구(2010)에서도 이런 경우에 시제소가 없다고 보았다.

(29) ㄱ. 남편은 밭을 {갈았고, 갈고}, 아내는 씨를 뿌렸다.
　　ㄴ. 영이가 학교에 {*갔어서, 가서}, 돌이를 만났다.

　이러한 분석의 결과, 먼저 동일한 접속형토 '-고'가 '갈았고'에서는 A
유형에, '갈고'에서는 B유형에 속하게 된다. 그리고 '-었-'과 관련하여 실
현 방식이 다른 '갈고'와 '가서'가 B유형에 속하게 된다. 그러나 이러한
분석은 안맺음토의 실현 방식을 기준으로 보면, 받아들이기 어려운 것이
다. 이러한 분석에서는 접속형토 '-고'는 [+과거]/[-과거]에 다 쓰일 수
있으나, '-어서'는 항상 [-과거]에만 쓰일 수 있다는 것을 드러내지 못하
기 때문이다.

　한국어 용언 접속형의 문법 정보를 표시하는 방법에 대한 이 글의 논의
에 따르면, 이러한 문제점은 발생하지 않는다. 이 글에서는 한국어 양태
해석과 관련된 접속문의 유형은 김정대(1999)의 A유형 한 개밖에 설정할
필요가 없는데, 대강 다음과 같이 표시할 수 있다.

　　(30) 접속문의 시제 구조
　　　　[$_s$ [$_s$ … V-접속형[α과거]] [$_s$ … V-종결형[β과거]]]
　　　　(α와 β는 + 또는 – 값이다.)

　그러면 접속형과 종결형의 시제형은 다음과 같이 표시된다.[14]

　　(31) ㄱ. 남편은 밭을 갈았고[+과거] 아내는 씨를 뿌렸다[+과거].
　　　　ㄴ. 남편은 밭을 갈고[-과거], 아내는 씨를 뿌렸다[+과거].

　　(32) ㄱ. 돌이가 모자를 썼다가[+과거], 벗을 것이다[-과거].

---

14) 이 글의 논의에 따르면, '갈고, 쓰다가, 가서, 잡으려고' 모두 [-과거]이지만, '갈고, 쓰다
가'는 안맺음토로 실현된 [-과거]이고, '가서, 잡으려고'는 맺음토에 표시되는 [-과거]이
다. 여기서는 이 둘을 구별하지 않고 표시하였다.

ㄴ. 돌이가 모자를 쓰다가[-과거], 벗을 것이다[-과거].

(33) ㄱ. 영이가 학교에 가서[-과거], 돌이를 만났다[+과거].
ㄴ. 영이가 파리를 잡으려고[-과거], 파리채를 들었다[+과거].

그리고 접속형의 시제는 종결형의 시제와 관련하여 해석된다. 접속형이 [-과거]인 경우에는 종결형의 시제인 사건시를 기준으로 해석되고, 접속형이 [+과거]인 경우에는 종결형의 시제를 기준으로 해석되거나 발화시를 기준으로 해석된다.[15]

3.3.3. 만일 접속형토를 '-겠-'과 '-더-'의 실현되지 않는 접속형의 경우에도, 김정대(1999)에서처럼 그러한 기능이 없는/표시되지 않는 것으로 분석한다면, 문제는 좀 더 복잡해진다. '-었-'이 실현되는 방식과 '-겠-'이 실현되는 방식과 '-더-'가 실현되는 방식이 접속형토의 유형에 따라 조금씩 다른데, 만일 '-었-'과 '-겠-', '-더'를 한꺼번에 고려하여 김정대(1999)의 방식대로 접속문의 구조를 분석하게 되면 아주 많은 경우의 수를 설정해야 할 것이다.

3.4. 접속형의 유형과 접속문의 유형

3.4.1. 맺음토들에서 동음이의인 형식들이 있는데, 이러한 것들은 유형에서 차이가 나기도 한다. '-고'가 그러하다. '-고서'가 '-고'로 실현되기도 하는데, 그 결과 본래 '-고'인 것(Ⅱ부류)와 '-고서'에서 비롯된 '-고'(Ⅳ부류)의 두 종류가 있게 된다. 이 두 개의 '-고'는 당연히 다른 문법 현상

---

15) (31)과 (32)에서 ㄱ과 ㄴ은 의미 차이가 있을 수 있다. 그런데 그러한 의미 차이는 기준 시점의 차이에서 비롯되는 것으로 생각된다.

을 보인다. 다음 문장에서 ㄱ의 '-고' 접속형은 Ⅱ유형이고, ㄴ의 '-고' 접속형은 Ⅳ유형16)이다.

    (34) ㄱ. 영이는 공부를 {하고, *하고서} 철수는 노래한다.
         ㄴ. 그들이 손을 {잡고, 잡고서} 노래한다.

이러한 두 개의 '-고'는 의미 해석의 차이가 있다. 예컨대 (34)ㄱ의 '하고'를 (35)ㄴ처럼 '했고'와 교체하더라도 그 의미는 거의 차이가 없다.

    (35) ㄱ. 영이는 공부를 하고, 철수는 노래했다.
         ㄴ. 영이는 공부를 했고, 철수는 노래했다.

그런데 (34)ㄴ의 '잡고'를 (36)ㄴ처럼 '잡았고'와 교체하게 되면 다른 상황을 나타내는 표현이 되어, 그 의미가 상당히 달라진다.17)

    (36) ㄱ. 그들이 손을 잡고 노래했다.
         ㄴ. 그들이 손을 잡았고 노래했다.

이처럼 용언 접속형은 용언의 종류나 문맥에 따라 다른 유형으로 분류될 수 있다. 접속형의 논의에서는 유의해야 할 것이라 생각되어, 간략히 언급해 둔다.

3.4.2. 용언의 접속형 또는 접속문의 유형은 두 가지 기준에 따라 분류할 수 있다. 하나는 이 글에서와 같이 접속형토와 결합하는 안맺음토가 실현되는 방식에 따라 분류하는 것이고, 다른 하나는 접속형토의 기능에

---

16) 박소영(2000)에서 논의한 양태의 '-고'는 Ⅳ유형을 형성하는 '-고'이다.
17) 박소영(2000)의 방식대로 설명하자면, (25)에서 '잡고'의 '-고'는 양태의 '-고'이고, '잡았고'의 '-고'는 대등 접속의 '-고'이다.

따라 분류하는 것이다.

접속형토의 기능에 따른 접속형 또는 접속문의 분류 기준에 대해서는 김영희(1988, 2001)에서 상세히 논의하고 있다. 접속문은 보통 대등 접속문과 종속 접속문으로 나누는데, 이러한 접속문의 분류는 이 글의 접속형의 유형과 상관관계가 없다. 예컨대, 김영희(1988, 2001)의 접속문의 유형과 이 글의 용언형의 유형의 몇 가지 예를 대응시키면, 다음과 같다.

(37) 접속형의 유형과 접속문의 유형의 관계

접속문의 유형	접속형토	접속형의 유형
등위 접속문	-고, -으며	Ⅰ부류
	-거나, -는지	Ⅱ부류
	-다가	Ⅲ부류
	-으락 -으락	Ⅳ부류
종속 접속문	-은데/는데	Ⅰ부류
	-으면, -지만	Ⅱ부류
	-어야	Ⅲ부류
	-고서, -어서	Ⅳ부류

3.4.3. 이제 한국어 접속문에서 용언 접속형으로 구성되는 앞 절과 용언 종결형으로 구성되는 뒤 절의 통합 관계에 대한 문제를 간략히 정리해 두기로 한다.[18)]

접속문의 구성에서 앞 절과 뒤 절이 통합할 때 앞 절의 상황과 뒤 절의 상황이 어떤 논리적/의미적 관계로 통합된다. 그리고 앞 절과 뒤 절의 상황은 각각 접속형과 종결형의 구성에 따라 결정되는데, 접속형과 종결형은 용언의 어간과 안맺음토와 접속형토/종결형토로 구성된다. 따라서 접

---

18) 접속문의 앞 절이 둘 이상 겹쳐 나타나는 경우가 있는데, 이러한 접속문의 구조는 용언 접속형이 실현되는 양상이 꽤나 복잡하다. 예컨대, '-면' 용언형은 Ⅱ부류이지만, '-수록' 용언형 앞에서는 '-었-'이나 '-겠-'이 실현되지 못한다. 이 글에서는 논의의 편의상 용언 접속형이 한 개만 나타나는 경우에 한정하여 논의한다.

속형과 종결형의 상황은 용언 어간의 유형이 다르거나, 접속형토/종결형토의 유형이 다르거나, 안맺음토의 기능들이 달라지면 다른 상황들을 구성한다. 그런데 접속문의 앞 절과 뒤 절이 적절한 논리적/의미적 관계를 형성하지 못하면, 그 접속문은 비문법적인 문장이 구성된다. 이를 다음과 같이 대강 정리할 수 있다.

첫째, 접속형과 종결형의 용언 어간의 의미 차이로 적절하거나 적절하지 않는 문장이 형성된 경우 :

> (38) ㄱ. 여름이 [와서], 날씨가 [덥다].
> ㄴ. 집에 일찍 [들어가서], 푹 [쉬어라].

> (39) ㄱ. *여름이 [와서], 푹 [쉬어라].
> ㄴ. *집에 일찍 [들어가서], 날씨가 [덥다].

둘째, 접속형토의 의미 차이로 적절하거나 적절하지 않는 문장이 형성된 경우 :

> (40) 네가 {가면, *갈지라도}, 나도 간다.

셋째, 동일한 접속형에서 안맺음토의 차이로 적절하거나 적절하지 않는 문장이 형성된 경우 :

> (41) ㄱ. 너도 {마셨고, 마시고}, 나도 마셨다.
> ㄴ. 시험을 잘 {보았으면, *보면}, 대학을 갔겠지만.

이런 경우에, '-더-'를 함께 고려하면 더욱 더 복잡한데, '-더-'가 어떤 일에 대한 인식의 주체 및 인식하는 시점과 관련하여 해석되기 때문으로 보인다.

(42) ㄱ. 철수가 영이에게 {*다가갔으니, *다가가더니, 다가갔더니, 다가가
        니}, 영이는 얼굴을 붉혔다.
     ㄴ. 철수는 영이에게 {*다가갔으니, 다가가더니, *다가갔더니, *다가
        가니}, 영이의 손을 잡았다.

넷째, 접속형토와 종결형토의 차이로 적절하거나 적절하지 않는 문장이
형성된 경우19) :

(43) ㄱ. 아이가 잠을 {*자서, 자니까} 조용히 [해라].
     ㄴ. 배가 {*아파서, 아프니까} 병원에 [가자].
     ㄷ. 철수가 {*원해서, 원하니까} 내가 [양보하마].
     ㄹ. 비가 {*와서, 오니까} 우산을 [살까요]?

이상의 논의를 간추리면 다음과 같다. 접속문의 앞 절과 뒤 절이 결합
하여 적절하거나 적절하지 않은 문장이 형성되는 데는 기본적으로는 접
속문의 앞 절과 뒤 절의 통합이 논리적/의미적 관계에 따라 결정되는데,
이러한 관계를 실현하는 데는 접속형과 종결형을 구성하는 여러 성분들
이 복합적으로 작용한다.

3.5. 접속형으로 형성된 구의 구조

이제 접속형의 유형에 대한 이 글의 논의가 한국어 절의 구조를 X'-계
층으로 분석한 최근의 변형 문법의 논의와 어떻게 양립될 수 있는지를 간
략히 검토해 보기로 한다.
  앞선 연구를 단순하게 정리한다면, 용언 접속형으로 구성되는 형식을
부사절로 보는 주장과, 뒤의 문장이나 동사구에 이어지는 절로 보는 주장

---

19) 윤평현(2005 : 173)에서 따온 것인데, 표시하는 방법을 조금 조정하였다.

이 있다. 그리고 그 범주를 변형 문법으로 표현하면, 앞의 주장은 안긴 문
장(CP)으로, 뒤의 주장은 이어진 문장의 앞 절(ConjP)로 분석할 것이다. 어
떻게 분석하든지, 모든 통사 구조를 X'-계층으로 분석하는 변형 문법에서
는 한국어의 맺음토와 안맺음토를 통사 구조의 중심어(핵)으로 분석한
다.[20] 이러한 문법에서는 문장이나 접속형토를 포함한 형식의 구조를 다
음과 같은 방식으로 분석한다. α와 β, γ는 안맺음토이고, δ는 맺음토/접속
형토이고, T와 G, F는 안맺음토의 문법 범주이다.[21]

(44) 단순화한 CP/ConjP의 구조

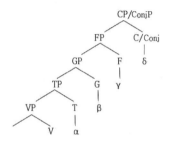

용언형을 가진 절의 구조를 (44)의 구조로 기술하는데, 만일 α와 β, γ이
항상 동일한 방식으로 실현되면 문제가 없을 것이다. 그런데 이 글의 논
의에 따르면, α와 β, γ는 용언형의 유형에 따라서 형태소로 아예 실현되
지 않는 경우도 있고,[22] 형태소로 실현되었다 하더라도 각각 +값이나
-값을 가진 형태소로 실현되는 방식이 다르다. 그리고 용언의 맺음토 δ는
그 부류에 따라 각각 다른 값을 가진 안맺음토와 결합한다는 제약이 있

---

20) 전통적인 방식이라면 안맺음토를 용언 어간의 일부로 처리하거나, 맺음토의 일부로 처
   리할 수 있다.
21) 논의를 단순하게 하기 위하여, X'의 층위는 생략하였다. 안맺음토의 범주 이름은 양태
   자질의 이름으로 필자가 임의로 붙인 것이다.
22) 이런 경우에는 α와 β, γ에 T와, G, F의 자질의 값을 설정할 수 없다. T와, G, F 자체를
   비워 두는 것으로 처리해야 할지도 모르겠다.

다. 게다가 용언의 맺음토가 융합형인 경우에는 안맺음토의 기능과 맺음
토의 기능을 동시에 가진다. 모든 용언형을 (44)와 같이 분석하는 변형 문
법에서는 이러한 것들을 일관되게 설명할 수 있는 방법을 제시해야 할 것
이다.

4. 마무리

이제까지 한국어 용언 접속형의 문법 정보를 표시하는 방법을 살폈는
데, 다음과 같은 네 유형으로 종합된다.

(45) 용언 접속형의 문법 정보 유형 (=23)

ㄱ. $\left\langle V, \begin{Bmatrix} [+과거] \\ [-과거] \end{Bmatrix}, \begin{Bmatrix} [+추정] \\ [-추정] \end{Bmatrix}, \begin{Bmatrix} [+회상] \\ [-회상] \end{Bmatrix}, 접속형토(\mathrm{I}) \right\rangle$

ㄴ. $\left\langle V, \begin{Bmatrix} [+과거] \\ [-과거] \end{Bmatrix}, \begin{Bmatrix} [+추정] \\ [-추정] \end{Bmatrix}, 접속형토(\mathrm{II}) [-회상] \right\rangle$

ㄷ. $\left\langle V, \begin{Bmatrix} [+과거] \\ [-과거] \end{Bmatrix}, 접속형토(\mathrm{III}) [-추정, -회상] \right\rangle$

ㄹ. $\langle V, 접속형토(\mathrm{IV}) [-과거, -추정, -회상] \rangle$

이상의 용언 접속형의 유형에 대한 논의가 문법의 다른 분야들에 어떻
게 연관되는지를 살폈는데, 접속형과 종결형의 문법 정보의 비교, 융합형
접속형토의 형태소 분석, 접속형의 시제를 포함한 양태의 해석, 접속형의
유형과 접속문의 유형, 접속형으로 형성된 구의 구조 등에 관한 문제의
특성을 간략히 논의했다.

참고 문헌

김영희(1988), 「등위 접속문의 통사 특성」, 한글 201, 한글학회, 83-117.

김영희(2001), 「이른바 대립 접속문의 구조적 유형」, 한글 253, 한글학회, 195-233.

김영희(2003), 「내포 접속문」, 한글 261, 한글학회, 173-206.

김정대(1999), 「한국어 접속문에서의 시제구 구조」, 언어학 24, 한국언어학회, 75-108.

김정대(2004), 「한국어 접속문의 구조」, 국어국문학 138, 국어국문학회, 121-152.

김종록(2004), 「선어말어미 통합형 접속어미의 사전표제어 분석」, 어문학 84, 한국어문학회6, 39-73.

김지홍(1998), 「접속 구문의 형식화 연구」, 배달말 23, 배달말학회, 1-78.

박소영(2000), 「양태의 연결어미 '-고'에 대한 연구」, 언어학 26, 한국언어학회, 167-197.

백낙천(2008), 「국어 접속문의 시제 해석과 관련된 몇 가지 문제」, 새국어교육 79, 한국국어교육학회, 499-521.

서민정(2007), 「'토'의 통어적 기능을 위한 문법 체계」, 언어과학 14-3, 한국언어과학회, 43-61.

송재목(2011), 「'-더니'와 '-었더니'」, 국어학 60, 국어학회, 33-67.

송재영·한승규(2008), 「연결 어미 '-더니' 연구」, 국어학 53, 국어학회, 177-198.

송창선(2006), 「현대국어 선어말어미 '-더-'의 가능 연구」, 언어과학연구 39, 언어과학회, 55-93.

양정석(2007), 「국어 연결어미절의 통사론-핵계층 이론적 분석과 프롤로그 구변」, 배달말 40, 배달말학회, 33-97.

유현경(1986), 「국어 접속문의 통사적 특질에 대하여」, 한글 191, 한글학회, 77-104.

윤평현(2005), 『국어의 접속어미 연구』, 박이정.

이정훈(2008), 「한국어 접속문의 구조」, 생성문법연구 18, 한국생성문법학회, 115-135.

최규수(2012), 「한국어 용언 종결형의 문법 정보 표시 방법」, 한글 295, 한글학회, 5-34

최동주(1994), 「국어 접속문에서의 시제현상」, 국어학 24, 국어학회, 45-86.

최웅환(2002), 「국어 접속문의 통사적 표상에 대한 연구」, 언어과학연구 23, 언어과학회, 225-248.

최재희(1997), 「국어 종속 접속의 통사적 지위」, 한글 238, 한글학회, 119-144.

허철구(2010), 「국어의 '-고' 접속문의 구조와 해석」, 한국어학 47, 한국어학회, 261-293.

황화상(2008), 「'-어서, -니까'의 의미 기능과 후행절 유형」, 국어학 51, 국어학회, 57-88.

Pollard, Carl & Ivan A. Sag (1987), *Infomation-based Syntax and Semantics*, CSLI.

융합 형식을 포함한 용언 종결형의 분석 (1)*
― '-을X, -는X, -던X' 형식을 중심으로

1. 들어가기

한국어 용언의 맺음토(어말어미)는 융합 형식으로 된 것들이 많은데, 종결형토의 예를 들면 다음과 같은 것들이 있다.

    (1) ㄱ. -을걸, -을게, -을래, -을지; -을까
        ㄴ. -는다, -는걸, -는구나, -는지; -는가, -느냐
        ㄷ. -던걸, -더구나, -던지; -던가, -더냐

이 형식들은 통시적으로는 둘 이상의 형태소로 구성된 것인데, 그것들이 융합의 과정을 거쳐 현재는 한 개의 맺음토로 기능하는 것들이다.[1] 그런데 이 형식들이 안맺음토(선어말어미)가 가지는 기능을 포함하고 있음을 중시하여, 이것들을 공시적으로도 둘 이상의 형태소로 분석할 수도 있을

* 최규수(2014), 「융합 형식을 포함한 용언형의 분석-'는X, 을X, 던X'를 중심으로」, 한글 305, 한글학회, 171-197.
1) 이것들이 포함하고 있는 '을, 는, 던' 등은 겉으로 보기에는 관형사형토와 꼴이 같지만, 분포를 보면 관형사형토와 조금 다르다.

것이다. 이러한 점을 고려할 때, 이 형식들에 관한 문제의 초점을 다음과 같이 정리할 수 있다.

> (2) 융합 형식으로 된 용언토 분석의 문제
>   ㄱ. 한 개의 형태소인가, 둘 이상의 형태소의 복합체인가?
>   ㄴ. 이 형식들의 기능을 어떻게 기술할 것인가?

이 글에서는 이러한 문제를 다루고자 하는데, 다음과 같은 점을 유의하고자 한다. 하나는 (2)ㄱ의 문제에서 명시적인 기준을 제시해야 한다는 것이다. 다른 하나는 (2)에서 ㄱ의 문제와 ㄴ의 문제를 구별해야 한다는 것이다.

이 글에서는 이러한 점에 유의하면서, '-을X'와 '-는X', '-던X'의 '을'과 '는' 또는 '느', '더'[2] 등을 안맺음토(선어말어미)로 분석할 수 있는지를 검토하고자 한다. 아울러 이것들이 맺음토와 통합된 용언형들의 구조와 기능을 어떻게 기술해야 할 것인지에 대한 문제를 살핀다.

2. 안맺음토의 설정 기준

2.1. 한국어 용언형은 어간과 토(어미)로 구성되고, 토는 다시 안맺음토와 맺음토로 구성된다. 그런데 '-을X' 용언형과 '-는X' 용언형, '-던X' 용언형을 구성하는 '을'과 '-는', '더'를 한 개의 형태소로 분석한다면, 그것들은 안맺음토로 보아야 한다. 따라서 '을'과 '는', '더'를 안맺음토로 분석

---

2) 이 글에서는 형태적 단위임을 표시할 경우에는 '-'을 사용하고, 형태적 단위가 아니거나 형태적 단위로 확정되지 아니한 형태임을 표시할 경우에는 '-'을 사용하지 않는다. 예컨대, '-을'로 표시하는 것은 '을'이 맺음토임을 표시하지만, '을'로 표시하는 것은 '을'이 형태(소)의 자격을 가진 것이 아니라는 것이다. 다만, 아래의 (11)과 같은 성분 구조 표시에서는 '-'을 표시하지 않았다.

하기 위해서는 먼저 용언형의 구조와 안맺음토의 체계를 살펴야 한다.

어떤 종류의 언어 형식이든지 간에, 그것의 값은 다른 언어 형식과의 계열 관계와 통합 관계 속에서 정해진다. 형태소 분석에서도 당연히 이러한 관계를 충분히 고려해야 한다. 따라서 용언형을 구성하는 용언토를 분석하는 기준을 다음과 같이 말할 수 있다.

(3) 용언토를 분석하는 기준
　　용언토들의 계열 관계와 통합 관계를 충분히 설명할 수 있어야 한다.

어간 '예쁘-'와 종결형토 '-다/라'를 공유하는 용언형을 예를 들어 살피기로 한다. 먼저 '예뻤다'와 '예쁘다'를 대조하면, '-었-'이 실현되거나 실현되지 않거나에 따라 앞의 형식은 [+과거]의 형식이 되고 뒤의 형식은 [-과거]의 형식이 되었다. '예쁘겠다'와 '예쁘더라'를 '예쁘다'와 대조하면, '-겠-'과 '-더-'가 있고 없음에 따라 각각 [+추정]/[-추정]의 형식이 되거나 [+회상]/[-회상]의 형식이 된다. 곧 '-었-'이나 '-겠-', '-더-'의 안맺음토들은 그것이 실현되지 않는 것과 계열 관계를 형성한다. 그리고 '-었-'이나 '-겠-', '-더-'가 둘 이상 실현되는 경우를 고려한다면, 둘 이상의 자질들이 통합적으로 실현되는 것으로 생각할 수 있다.

그러면 용언 어간 '예쁘-'와 종결형토 '-다/라'를 공유하는 용언형의 안맺음토의 문법 정보는 다음과 같이 표시할 수 있다.[3]

(4) ㄱ. 예쁘다　　　　[-과거, -추정, -회상]
　　ㄴ. 예뻤다　　　　[+과거, -추정, -회상]
　　ㄷ. 예쁘겠다　　　[-과거, +추정, -회상]

---

3) 용언형은 '-었-'과 '-겠-', '-더-'가 모두 실현되는 것, '-었-'과 '-겠-'이 실현되는 것, '-었-'만 실현되는 것, 어느 것도 실현되지 않는 것의 네 유형으로 나누어진다. 이 예의 용언형은 '-었-'이나 '-겠-', '-더-'가 모두 실현되는 경우이다. 이러한 안맺음토의 문법 정보를 표시하는 방법에 대해서는 최규수(2012)에서 논의하였다.

ㄹ. 예쁘더라   [−과거, −추정, +회상]

ㅁ. 예뻤겠다   [+과거, +추정, −회상]

ㅂ. 예뻤더라   [+과거, −추정, +회상]

ㅅ. 예쁘겠더라   [−과거, +추정, +회상]

ㅇ. 예뻤겠더라   [+과거, +추정, +회상]

이상에서 보면, '−었−'이나 '−겠−', '−더−' 등의 안맺음토는 다음의 특징을 가진다는 것을 알 수 있다. 첫째, 안맺음토는 그것이 실현되거나 실현되지 않거나에 따라 문법 자질의 값이 대립한다. 둘째, 그것이 실현되거나 실현되지 않거나에 관계없이, 용언형 전체의 문법 유형에 영향을 주지 않는다. 이러한 안맺음토의 특징을 고려하여, 맺음토 앞에서 분리 가능한 어떤 언어 형식이 안맺음토인지 아닌지를 결정하는 기준을 다음과 같이 설정할 수 있다.

(5) 안맺음토임을 확인하는 기준4)

용언의 맺음토 앞에 놓인 분리 가능한 어떤 언어 형식은 다음의 조건을 충족시키면 안맺음토이다.

(i) 문제의 형식은 그것이 실현되지 않은 것과 문법 자질의 값이 대립한다.

(ii) 문제의 형식이 실현된 용언형은 그것이 실현되지 않은 용언형과 동일한 유형의 문법 자질을 공유한다.

(5)에서 문제의 형식은 '−었−'이나 '−겠−', '−더−'이고, 그 형식이 실현되지 않은 것은, 굳이 형태소로 표현하자면, '−었−'이나 '−겠−', '−더−'에 각각 대립하는 영(∅) 형태소들이다. 그런데 논의에 따라서는 문제의 형식과 계열 관계를 형성하는 것이 영 형태소가 아닌 것이 있을 수 있다. 그런 경우를 포함하려면, '그것이 실현되지 않은' 것은 '그것과 계열 관계를 형

---

4) 물론 여기서 문제되는 형식은 안맺음토인지 아닌지 의심되는 형식이다.

성하는 어떤 형식(이 실현된)'으로 바꾸어야 한다.

(6) 안맺음토임을 확인하는 기준 (수정한)
용언의 맺음토 앞에 놓인 분리 가능한 어떤 언어 형식은 다음의 조
건을 충족시키면 안맺음토이다.
(ⅰ) 문제의 형식은 그것과 계열 관계를 형성하는 어떤 형식과 문법
자질의 값이 대립한다.
(ⅱ) 문제의 형식이 실현된 용언형은 그것과 계열 관계를 형성하는
어떤 형식이 실현된 용언형과 동일한 유형의 문법 자질을 공유
한다.

2.2. 이 글에서는 이상의 기준에 따라, '-을게, -을까; -는다, -느냐;
-던걸, -던가' 등의 '을, 는, 더' 등을 안맺음토로 분석할 수 있는지 어떤
지를 검토하기로 한다.[5]

그런데 이러한 문제를 제기하는 것은 사실 문제를 지나치게 단순화한
것이 아닌가 생각된다. 사실 용언형의 어떤 형태를 안맺음토로 분석할 것
인가 분석하지 않을 것인가 하는 문제는 결국 용언형의 구조와 기능을 어
떻게 기술할 것인가 하는 문제와 밀접하게 관련되어 있다. 그리하여 이
글에서는 어떤 형태를 안맺음토로 분석할 것인가 하는 문제를 검토하면
서, 다음과 같은 점을 함께 고려하는 것이 바람직하다고 생각한다.

(7) 용언형 분석에서 고려해야 할 것
문제의 형식을 안맺음토로 분석하는 것이 더 나은가, 아니면 맺음토
의 일부로 분석하는 것이 더 나은가?

5) 이 글의 논의의 초점은 종결어미를 구성하는 어떤 형태를 형태소(안맺음토나 맺음토)로
분석하는 기준이 무엇인가 하는 것이다. 따라서 분석의 결과는 그 기준에 따라 자동적으
로 도출되는 것이기 때문에, 분석 결과는 그리 중요하지 않다. 이 글의 요지는 형태소에
관한 논의에서는 먼저 형태소 분석의 기준이 명시적으로 제시되어야 하고, 형태소 분석
은 그러한 기준에 따라 검증되어야 한다는 것이다.

먼저 그것을 안맺음토로 분석하는 근거를 명확히 해야 한다. 그렇게 분석하는 명확한 근거가 없다면, 그렇게 분석할 필요가 없을 것이다. 명확한 근거가 있다 하더라도, 그러한 분석이 문법 체계에 미치는 영향을 고려해야 한다. 그런데 그러한 분석이 근거가 명확하고 문법 체계와 양립한다 하더라도, 꼭 그렇게 분석해야 한다는 것은 아니다. 그것을 안맺음토로 분석함으로써 설명할 수 있는 것을 안맺음토로 분석하지 않고도 충분히 설명할 방법이 있을 수 있기 때문이다. 이런 경우에는 안맺음토로 분석하는가 분석하지 않는가의 문제가 아니라, 어떤 분석을 선택할 것인가 하는 문제가 된다.

3. '-을X' 용언형의 분석

3.1. 다음 예를 보면, 'V-겠다'는 'V-을걸'과 의지6)나 추정 등의 의미를 공유하고 있다는 것을 알 수 있다. 또 안맺음토 '-었-'과 결합한 'V-았겠다'와 'V-았을걸'에서도 동일한 관계가 유지된다는 것을 알 수 있다.

> (8) ㄱ. 나는 영화를 {보겠다, 볼걸}.　　　　　(의지)
> 　　 ㄴ. 영이는 영화를 {보겠다, 볼걸}.　　　　(추정)
>
> (9) ㄱ. *나는 영화를 {보았겠다, 보았을걸}.
> 　　 ㄴ. 영이는 영화를 {보았겠다, 보았을걸}.

이상을 보면, '을'을 안맺음토 '-겠-'과 마찬가지로 안맺음토로 분석할 수도 있어 보인다. 그러나 어떤 형태가 특정한 기능을 가진다고 해서 그

---

6) '-을걸'이 가진 후회의 의미는 '어떤 의지가 있는데, 그것이 실현되지 않음'에서 비롯되는 것으로 해석할 수 있다.

것을 항상 한 개의 형태소로 분석할 수 있는 것은 아니다. 어떤 형태를 한 개의 형태소로 설정하기 위해서는 그것과 관련된 계열 관계와 통합 관계를 충분히 고려해야 한다.

3.2. '-을X' 용언토 가운데, 먼저 서술형토 '-을걸, -을지, -을게' 등의 '을'을 안맺음토로 분석할 수 있는지를 검토해 보기로 한다.

이 '을'들이 안맺음토로 분석할 수 있으려면, 먼저 이것들과 계열 관계를 형성하는 형태소를 설정할 수 있어야 한다. '을'과 계열 관계를 형성하는 형태소가 있는지를 확인하기 위하여, '을'을 포함한 형식과 대립되는 용언형을 검토해 보기로 한다.

(10) '-을X'와 '-는X' 용언형의 대비

A	B	C
잡을걸	잡았을걸	*잡겠을걸
잡는걸	잡았는걸	잡겠는걸
잡을지	잡았을지	*잡겠을지
잡는지	잡았는지	잡겠는지

(10)에서 A열과 B열을 보면 '을'이 '는'과 계열 관계를 형성할 수 있을 듯 보인다. 만일 A열과 B열의 '-을걸'과 '-는걸'의 대립을 기초로 하여, '을'이 '는'에 대립하는 안맺음토라고 가정한다면, 예컨대 용언형 '잡았을걸'과 '잡았는걸'의 안맺음토의 문법 정보는 대강 (11)과 같이 나타낼 수 있을 것이다.[7]

---

7) '는X'는 '느'와 'ㄴX'로 분석해 볼 수도 있는데, 이러한 분석과 관련해서는 다음 장에서 논의된다.

(11) ㄱ. 잡았을걸 :   <잡, 았[+과거], 을[+추정], 걸>[8]
     ㄴ. 잡았는걸 :   <잡, 았[+과거], 는[-추정], 걸>

그런데 C열의 '잡겠는걸, 잡겠는지'에서 보면, '-는걸'의 '는'을 [-추정]
으로 설정할 수 없는데, 그 까닭은 '-겠-'의 [+추정]과 '는'의 [-추정]이
모순되기 때문이다.

(12) ㄱ. 잡겠는걸 :   *<잡, 겠[+추정], 는[-추정], 걸>
     ㄴ. 잡겠는지 :   *<잡, 겠[+추정], 는[-추정], 지>

이상에서 보면, '을X'의 '을'[+추정]에 대립하는 어떤 형태를 설정할 수
없고, 따라서 이 '을'을 안맺음토로 분석할 수 없다.

만일 '-을걸, -을지'의 '을'에 대응하는 안맺음토로 '는'을 설정할 수
없다면, '을'에 대응하는 영 형태소를 설정할 수 있을까? 그러나 그렇게
분석할 수도 없는데, '-을걸, -을지'의 '을'이 실현되지 않으면 (13)ㄴ처럼
용언형이 성립하지 않거나 (14)ㄴ처럼 다른 유형의 용언형으로 해석되기
때문이다.

(13) ㄱ. 영이는 토끼를 {잡을걸, 잡았을걸}.
     ㄴ. *영이는 토끼를 {잡∅걸, 잡았∅걸}.

(14) ㄱ. 영이는 토끼를 {잡을지, 잡았을지}.
     ㄴ. 영이는 토끼를 {잡∅지, 잡았∅지}.

---

8) '-겠-'과 '을'은 '의지'와 '추정'의 의미를 가지는데, 이 글에서는 이 둘을 묶어 '추정'으
   로 해 둔다. 그리고 '-었-'과 '-겠-', '-더-' 등의 안맺음토의 기능에 대해서는 많은 다
   른 주장들이 있다. 그런데 이 글의 논의의 초점은, 그것들이 용언형에서 차지하는 위치에
   있기 때문에, 그것들의 기능을 달리 설정한다 하더라도, 이 글에서 논의하고자 하는 문제
   는 그것에 영향을 받지 않는다.

이러한 문제는 맺음토의 체계에 관한 근본적인 문제와 관련되어 있다. 만일 '-을걸, -을지' 등의 '을'을 안맺음토로 분석한다면, '을' 뒤에 남은 '걸, 지' 등을 맺음토로 분석해야 한다. 그런데 '을'과 결합한 맺음토들은 항상 '을'(이나 '는'이)과 함께 사용되고, 단독으로는 사용되지 않는다. 혹시 사용되는 것처럼 보이더라도, 그것은 '을'과 결합하는 것들과 동음 관계에 있는 것으로 해석되는 것들이다. 따라서 '-을걸, -을지'의 '을'은 안맺음토로 분석하는 것이 아니라, 맺음토의 일부로 분석하는 것이 바람직할 것이다.

'-을게'의 경우에는 '을'과 대립하는 것으로 Ø를 설정할 수밖에 없는데, '서술'인 '잡을게'에서 '을'이 Ø로 실현되면 '명령'으로 해석된다. (15)ㄴ이 비문법적인 문장이 된 것은 명령형이 일인칭과 결합되었기 때문이다.

(15) ㄱ. 나는 토끼를 잡을게.　　(서술)
　　 ㄴ. *나는 토끼를 잡Ø게.　　(명령)

이상의 논의를 간추리면 다음과 같다. '-을X' 용언 서술형에서, '을'은 그것과 계열 관계를 형성하는 형태가 없고, 그것이 실현되지 않은 용언형은 그것이 실현된 용언형과 동일한 유형의 문법 자질을 공유하지 못하기 때문에, 안맺음토로 분석할 수 없다.

3.3. 이제 '-을까' 의문형토의 '을'을 안맺음토로 분석할 수 있는지를 살펴보기로 한다.9)

'-을까'의 '을'을 안맺음토로 보기 어려운 것은 '-을걸'의 '을'을 안맺

---

9) 예컨대, 고영근(1999 : 162)에서는 '할까'의 'ㄹ'을 안맺음토로 분석한다. 고영근·구본관 (2008 : 391)에서는 관형사형 '-을'을 안맺음토 '-리-'와 관형사형토 '-ㄴ'의 결합체인 '*-란'의 보충형으로 보았다.

음토로 보기 어려운 까닭과 같다. 먼저 (16)을 보면 '을'은 '는'과 계열 관계를 형성하는 것 같이 보인다.10)

> (16) ㄱ. 잡았을까 :　　　<잡, 았[+과거], 을[+추정], 까>
> 　　 ㄴ. 잡았는가 :　　　<잡, 았[+과거], 는[-추정], 가>

이렇게 본다면, '는'은 '을'[+추정]에 대립하는 [-추정]의 기능을 가지는 것으로 보아야 한다. 그러나 '잡겠는가'의 '겠'[+추정]과 '는'[-추정]의 통합을 설명할 수 없게 된다.

> (17)　잡겠는가 :　　　*<잡, 겠[+추정], 는[-추정], 가>

그렇다고 '-을까'의 '을'과 계열 관계를 형성하는 것으로 영 형태소를 설정할 수도 없다. 왜냐하면, '-을까'의 '을'이 삭제되면, 한국어에는 없는 '-으까'라는 맺음토를 설정해야 하고, 그 결과 잘못된 용언형이 형성되기 때문이다.11)

> (18) ㄱ. 잡을까 :　　<잡, 을[+추정], 까>
> 　　 ㄴ. *잡∅으까 :　*<잡, ∅[-추정], 으까>

> (19) ㄱ. 잡았을까 :　　<잡, 았[+과거], 을[+추정], 으까>
> 　　 ㄴ. *잡았∅으까 :　*<잡, 았[+과거], ∅[-추정], 으까>

이상을 보면, '-을까'의 '을'을 안맺음토로 분석할 아무런 이유가 없으

---

10) '-을까'의 '까'는 '가는가'의 '가'의 음성적 변이 형태로 생각할 수 있다.
11) '잡을까, 잡았을까'를 '잡으까, 잡았으까'로 말하는 사람이 있다. 이렇게 '을'이 삭제된 형식들이 삭제되지 않은 형식과 의미가 동일하다는 것을 보면, 이들 '을'이 ∅와 대립하지 않는다는 것을 알 수 있다.

며, 안맺음토로 분석하는 경우 문제점만 발생한다. 따라서 '-을까'를 한 개의 맺음토로 분석하는 것이 바람직하다.

3.4. 이상에서 '-을걸, -을지, -을게, -을까' 등과 같이 '을'을 안맺음토로 분석할 수 없으며, '을'은 뒤에 오는 맺음토의 일부로 분석하는 것이 바람직함을 논의하였다.

그런데 이렇게 분석할 때 한 가지 남은 문제가 있다. 이 '을'들은 안맺음토 '-겠-'과 [+추정]의 의미를 공유한다는 것이다. 이를 문법 정보를 중심으로 보면, [+추정]이라는 문법 정보가 '-겠-'이라는 안맺음토로 실현되기도 하고, '을'이라는 맺음토의 일부로도 실현된다는 것이다. 이러한 것에 유의하여, 최규수(2012 : 186)에서는 다음과 같이 가정하였다.

(20) 용언형에서 문법 정보가 실현되는 방식
　　ㄱ. 한국어의 모든 용언형은, 안맺음토가 실현되든지 실현되지 않든지 간에, 안맺음토가 가지는 모든 문법 정보를 가져야 한다.
　　ㄴ. 어떤 동일한 문법적 기능이 안맺음토로 실현될 수도 있고 맺음토로 실현될 수도 있다.

용언형에서 문법 정보가 실현되는 방식에 대한 이러한 태도는 형태소 분석에서 암암리에 가정되어 온 '한 기능-한 형태'라는 생각을 깨뜨리는 것이다. 그렇지만 다른 기능을 가진 둘 이상의 형태소가 융합하여 형성된 융합 형식에서는 한 개의 형태소가 둘 이상의 문법 정보를 가진다는 것은 당연한 것이기도 하다.

이러한 가정에 따라, '을X' 용언 종결형들의 문법 정보는 다음과 같이 표시할 수 있다.[12]

---

12) 이러한 방식은 '잡수시다, 주무시다' 등의 분석에서도 설명력을 가진다. 이들 용언형들에서 보면, 안맺음토 '-시-'[+주체높임]의 기능이 어간에 실현되는 경우인데 이 용언

(21) ㄱ. 잡았을걸 :   <잡, 았[+과거], 을걸[+추정]>
    ㄴ. 잡을게 :   <잡, 을게[+추정]>
    ㄷ. 잡았을까 :   <잡, 았[+과거], 을까[+추정]>

그리고 '-을걸'이라는 맺음토로 형성되는 용언형의 일반적인 구조는 다음과 같이 표시된다.

$$(22) \quad \left\langle V, \begin{Bmatrix} 있 \ [+과거] \\ \emptyset \ [-과거] \end{Bmatrix}, 을걸 \ [+추정] \right\rangle$$

'-을게'로 형성되는 용언형의 문법 정보의 실현 방식은 '-을걸' 용언형의 문법 정보의 실현 방식과 조금 다르다. '-을걸' 용언형은 '-었-'이 실현되거나 실현되지 아니하여, [+과거]나 [-과거] 형식으로 해석된다. 하지만, '-을게' 용언형은 '-었-'이 실현되는 일이 없지만, 항상 [-과거]로 해석된다. 이렇게 안맺음토로는 실현되지 않으면서, 안맺음토의 기능으로 해석되는 문법 정보는 맺음토가 가지는 것으로 표시한다. 예컨대 용언형 '잡을게'의 [-과거] 정보는 맺음토 '-을게'가 가지는 것으로 표시한다는 것이다.

$$(23) \quad \left\langle V, 을게 \begin{bmatrix} -과거 \\ +추정 \end{bmatrix} \right\rangle$$

이렇게 '-을게'에 [-과거]를 표시하는 방법은 '-을게'에 [+추정]을 표시하는 방법과 기본적으로 다르지 않다.

형들의 구조는 형태와 기능을 일 대 일의 관계로 대응시키는 방식으로는 설명하기 어렵다.

4. '-는X'와 '-던X' 용언형의 분석

4.1. (24)에서 ㄱ의 예들은 '는/ㄴ' 또는 '느'를 포함하고 있다는 공통점이 있고, ㄴ의 예들은 '던' 또는 '더'를 포함하고 있다는 공통점이 있다.

(24) ㄱ. -는다, -는걸, -는구나, -는지; -는가, -느냐
ㄴ. -던걸, -더구나, -던지; -던가, -더냐; -더라

'는X'나 '던X' 용언형들은 그 분포나 기능이 아주 밀접하게 관련되어 있기 때문에, '는X'와 '던X'는 따로 떼어서 논의하기는 어렵다. 그러나 논의의 편의상, '는X' 용언형들을 중심으로 다루면서, '던X' 용언형들을 함께 논의하기로 한다. 이 장에서는 일단 '더'를 [+회상]을 나타내는 안맺음토로 가정하고 논의를 진행한다. 먼저 (24)ㄱ의 형태들이 형성하는 용언형의 구조를 분석하고, 그 다음에 (24)ㄴ처럼 '던'이나 '더'로 형성하는 용언형의 구조를 살피기로 한다.

앞서 연구에서 보면, 이러한 '는'이나 '느'를 안맺음토로 분석하는 논의도 있고, 맺음토의 일부로 분석하는 논의도 있다.[13] 이것들을 안맺음토로 보는 주장은 최현배(1987)에서 비롯되었는데, 고영근(1965)과 나진석(1971), 김차균(1980), 임홍빈(1984), 김성화(1989), 김종도(1990), 임칠성(1991)을 거쳐 고영근·구본관(2008)에까지 이어진다. 한편 남기심(1978)과 허웅(1983), 서정수(1986) 등에서는 '는'이나 '느'를 맺음토의 일부로 보았다.

여기서는 이러한 주장을 검토하고자 하는데, 다음과 같은 두 가지 점에 유의하고자 한다. 하나는 이 형태들을 논의할 때 변이 형태들을 함께 고려해야 한다는 것이고, 다른 하나는 '는'이나 '느'의 분포를 고려해야 한다는 것이다.

---

13) '는'이나 '느'에 대한 앞선 연구는 김종도(1999)에 잘 정리되어 있다.

'는/ㄴ' 또는 '느'를 포함하고 있는 형식들은 그것들과 관련되어 있는
형식들의 양상을 기준으로 세 가지 부류로 나눌 수 있다.

(25) '-는X'와 관련된 종결형 형태들의 유형

I 부류	-는구나, -구나
II 부류	-는다, -ㄴ다, -다, -라
III 부류	-는가, -은가, -ㄴ가; -는걸, -은걸, -ㄴ걸; -는지, -은지, -ㄴ지; -느냐, -으냐, -나

I 부류는 '는'이 실현되거나 실현되지 않음으로 분화된 부류이고, II부
류는 '는'과 'ㄴ'의 차이로 분화된 부류이다. III부류는 '는'과 '은', 'ㄴ'의
차이로 분화된 부류인데, '느'의 있고 없음의 차이로 분화된 부류라고도
할 수 있다.

4.2. 먼저 '는X' 용언형에서 I 부류의 '-는구나, 구나'의 '는'을 안맺
음토로 분석할 수 있는지를 살펴보자. 이 용언형들의 예를 들면 다음과
같다.

(26) '-는구나, -구나' 용언형들의 예

A	B	C	D
잡는구나	잡았구나	잡겠구나	잡더구나
주는구나	주었구나	주겠구나	주더구나
작구나	작았구나	작겠구나	작더구나
크구나	컸구나	크겠구나	크더구나

이것들을 보면, '-는구나'는 동사 어간과 결합하고, '-구나'는 형용사
어간과 '-었-', '-겠-', '-더-'와 결합한다. 이를 문법 정보의 측면에서 보
면, '-는구나'는 동사의 어간, 곧 [-과거, -추정, -회상]의 동사형에서만

나타나며, '-구나'는 그 밖의 환경에서 나타난다. 곧 '-는구나'와 '-구나' 는 형태적 환경에서 분포가 상보적이다. 따라서 분포로만 본다면 '-는구 나'와 '-구나'는 한 형태소의 변이 형태들로 분석된다. 이러한 분석에서는 '는'은 당연히 안맺음토로 분석되지 않으며, 맺음토의 일부이다.

그리고 '-는구나'의 '는'에 [-과거, -추정, -회상]이라는 것 외에는 다 른 어떤 문법 정보를 나타내는 것으로 보이지도 않는다. 곧 다음 문장에 서 '가는구나'의 '-는구나'와 '보았구나'의 '-구나', '밝구나'의 '-구나' 사 이에 특별한 의미의 차이가 없다고 판단된다는 것이다.

(27) ㄱ. 꽃잎처럼 현자는 그렇게 가는구나.
ㄴ. 정치인, 이들이 백성들을 우습게 보았구나.
ㄷ. 가는 해 오는 달이 더욱 밝구나.

이렇게 볼 때, '-는구나'의 '는'을 맺음토의 일부로 분석하는 것이 바람 직하다고 생각된다.

4.3. Ⅱ부류의 '-는다, -ㄴ다, -다, -라' 용언형들의 예를 들면 다음과 같다.

(28) '-는다/ㄴ다, -다, -라' 용언형들의 예

A	B	C	D
잡는다	잡았다	잡겠다	잡더라
준다	주었다	주겠다	주더라
작다	작았다	작겠다	작더라
크다	컸다	크겠다	크더라

'-는다, -ㄴ다, -다, -라'는 분포로만 보면, '-는다'와 '-ㄴ다'는 음성 적 환경에서 분포가 상보적이며, '-는다/ㄴ다, -다, -라'는 형태적 환경에

서 분포가 상보적이다. '-는다/ㄴ다'는 동사 어간 뒤에 나타나고, '-라'는 '-더-'의 뒤에 나타나고, 그 밖의 환경에서는 '-다'가 나타난다. 따라서 분포로만 본다면, 이것들은 한 형태소의 변이 형태들로 분석된다. 이러한 분석에서는 '는/ㄴ'은 당연히 안맺음토로 분석되지 않으며, 맺음토의 일부이다.

그런데 '는다/ㄴ다'의 '는' 또는 '느'를 안맺음토라고 하는 주장이 있는데, 이에 대해 먼저 검토해 보기로 한다. 다음의 예를 보면, '-는다/ㄴ다' 동사형은 어떤 안맺음토도 나타나지 않은 동사형이나 형용사형과 어떤 의미 차이가 있어 보인다.

(29) ㄱ. 아침 꽃을 저녁에 {줍는다, 줍다}.
ㄴ. 너의 눈물을 닦아 {준다, 주다}.
ㄷ. 물이 차다.

이 형식들은 안맺음토의 기능만 고려한다면, 모두 다음과 같은 정보를 공유하는 것으로 분석된다.

(30) <V, [-과거], [-추정], [-회상], 다>

따라서 이러한 정보만으로는 '줍는다'라는 형식의 문법 기능을 '줍다'나 '차다'라는 형식의 문법 기능과 구별해 주지 못한다. 따라서 '-는다'는 어떤 안맺음토도 나타나지 않은 '-다'와는 구별되는 어떤 기능을 가지고 있다고 가정해 볼 수 있다. 그러면 '-는다/ㄴ다'의 '는/ㄴ'의 기능이 무엇인가는 것이 문제가 될 것이다.

이 '-는다/ㄴ다'의 '는/ㄴ'은 현재[-과거]나 [-추정]이나 [-회상]이 아닌 것은 확실하다. 앞에서도 보았듯이, '는/ㄴ'은 [-과거, -추정, -회상의 자리에 나타나기 때문이다. 분포를 기준으로 말하자면, '잡는다'는 한편으로

는 '잡았다, 잡겠다, 잡더라' 등과 대립하면서, 다른 한편으로는 '잡다'와
대립한다. 따라서 '는/ㄴ'의 기능은 [+과거, +추정, +회상]에 대립하지만,
[-과거, -추정, -회상]에 더해지는14) '다른 어떤 정보'라 할 수 있다. 여기
서 일단 '는/ㄴ'의 문법 기능이 무엇인가에 대한 판단을 유보하고, 일단은
'다른 어떤 정보'를 [+α]로 가정하고 논의를 진행하기로 한다.

만일 '-는다/ㄴ다'의 '는/ㄴ'이 [+α]의 기능을 가진 안맺음토로 분석한
다면, '-는다/ㄴ다' 용언형은 (31)의 ㄱ 또는 ㄴ의 형태소들로 분석해 볼
수 있다.

(31) ㄱ. 잡-는-다; 주-ㄴ-다
ㄴ. 잡-느-ㄴ다; 주-∅-ㄴ다

그러면 '-는다/ㄴ다' 용언형의 안맺음토의 문법 정보는 (32)ㄱ이나 (32)
ㄴ과 같이 분석될 것이다.

(32) ㄱ. $\left\langle \text{동사 어간, 는/ㄴ} \begin{bmatrix} -\text{과거, } -\text{추정, } -\text{회상} \\ +\alpha \end{bmatrix}, \text{다} \right\rangle$

ㄴ. $\left\langle \text{동사 어간, 느/∅} \begin{bmatrix} -\text{과거, } -\text{추정, } -\text{회상} \\ +\alpha \end{bmatrix}, \text{ㄴ다} \right\rangle$

그런데 '-는다/ㄴ다'의 '는/ㄴ'이나 '느/∅'를 안맺음토 분석할 때, 다음
과 같은 문제가 있다. 안맺음토 '는/ㄴ' 또는 '느/∅'은 (33)의 용언형에서
나타나는 안맺음토 '-었-'이나 '-겠-'이나 '-더-'와의 관계를 설명할 수
있어야 한다.

---

14) 위의 (30)은 '줍다'와 '주다'의 안맺음토의 문법 정보를 나타내는 것이다. 따라서 '줍다'
와 '주다'의 안맺음토의 문법 정보는 '줍는다'와 '준다'의 안맺음토의 문법 정보를 포섭
한다.

$$(33) \left\langle V, \begin{Bmatrix} 엇\ [+과거] \\ \varnothing\ [-과거] \end{Bmatrix}, \begin{Bmatrix} 겟\ [+추정] \\ \varnothing\ [-추정] \end{Bmatrix}, \begin{Bmatrix} 더\ [+회상] \\ \varnothing\ [-회상] \end{Bmatrix}, 다/라 \right\rangle$$

그러한 관계를 표시하기 위해서는 (32)의 용언형과 (33)의 용언형의 정보를 하나의 용언형으로 통합해야 하는데, 그러한 통합 과정을 설정할 수 있는가 하는 것이다.[15]

그런데 이 글에서 가정한, 용언형에서 문법 정보가 실현되는 방식을 받아들인다면, 그러한 문제는 발생하지 않는다. 이 분석에 따르면, '는/ㄴ'이나 '느'를 맺음토의 일부로 분석하고, 그것들이 가지는 문법 정보 [-과거, -추정, -회상, +α]도 맺음토가 가지게 된다. 그러면 이 용언형들은 다음과 같이 기술된다.

$$(34) \left\langle 동사\ 어간,\ 는다/ㄴ다 \begin{bmatrix} -과거,\ -추정,\ -회상 \\ +\alpha \end{bmatrix} \right\rangle$$

만일 '-는다/ㄴ다' 용언형을 이상과 같이 분석하면, 물론 '-는다/ㄴ다'는 '-다/라'와는 다른 맺음토로 구별된다.

4.4. 이제 '-는다/ㄴ다'의 문법 기능에 대하여 조금 더 살펴보기로 한다. 앞에서 가정한 '다른 어떤 정보(=α)'는 대강 다음과 같은 것을 추측해 볼 수 있다.

먼저, '-는다/ㄴ다'가 동사에만 실현된다는 점을 고려하면, 그것의 문법 기능을 [+동작]이라 할 수 있다. 이러한 가정은 '-는다/ㄴ다'가 형용사에는 실현되지 않는다는 점에서는 설득력이 있을 수 있다. 그러나 동

---

15) 아마도 그러한 통합을 기술하기 위한 다른 여러 가지 대안을 생각해 볼 수는 있을 것이지만, 이 글에서는 이 문제를 더 이상 논의하지 않는다.

사에는 '-는다/ㄴ다'가 실현되지 않아도 '동작'으로 해석된다는 점에서 문제가 있다.

그렇다면 '-는다/ㄴ다'가 [+진행]을 나타내는 상을 나타내는 것이라 할 수 있지 않을까? 그런데 이러한 가정도 '는다/ㄴ다'[+진행](=[+완료])에 계열 관계를 형성하는 형식을 설정하기 어렵다는 문제가 있다. 만일 안맺음토 '-었-'이 단독으로 사용된 '주었다' 같은 용언형이 (문맥에 따라) [+완료]의 기능을 가진다고 한다면, '준다[-완료]'가 '주었다[+완료]'와 대립하는 것으로 생각해 볼 수 있다.16)

(35) ㄱ. ⟨주, ㄴ다 $\begin{bmatrix} -과거, & -추정, & -회상 \\ -완료 & & \end{bmatrix}$⟩

ㄴ. <주, 었[+완료], 다>

'-는다/ㄴ다'의 기능을 이렇게 분석하는 것은 최현배(1937)와 나진석 (1971)에서 '-는/ㄴ-'이나 '-느-'를 '현재 진행'[이적 나아감]으로 분석한 것이나, 남기심(1978)에서 '-는다/ㄴ다'를 '미완료'로 분석한 것과 부분적으로 동일하다.

4.5. 이제 Ⅲ부류의 종결형 형태를 보기로 한다. '는가, 은가, ㄴ가' 용언형들의 예를 들면 다음과 같다.17)

---

16) 물론 '준다[-완료]'에 대립하는 '주었다'는 '준다'가 [-과거]인 것과 마찬가지로 [-과거] 이어야 한다. 그런데 이러한 논의가 성립하려면, '-었-'의 기능을 [+과거]로 해석되는 경우와 [-과거, +완료]로 해석되는 경우로 나누어야 한다. 이 문제는 한국어의 상과 시제의 체계와 관련되어 있는 매우 복잡한 문제이기 때문에, 여기서는 더 이상 다루지 않는다.

17) '-는걸, -은걸/ㄴ걸; -는지, -은지/ㄴ지; -느냐, -으냐/-냐' 등은 기본적으로 '는가, 은 가/ㄴ가' 용언형들과 동일한 방식으로 분석된다.

(36) '-는가, -은가/ㄴ가' 용언형들의 예

A	B	C	D
잡는가	잡았는가	잡겠는가	잡던가
주는가	주었는가	주겠는가	주던가
작은가	작았는가	작겠는가	작던가
큰가	컸는가	크겠는가	크던가

이 용언형들은 몇 가지 다른 방식으로 분석될 수 있는데, 이 글의 논점에 따라 '는'이나 'ㄴ'를 안맺음토로 분석할 수 있는가 하는 문제부터 살펴보기로 한다.

'-는가, -은가, ㄴ가'는 분포로만 보면, '는가'와 'ㄴ가'는 음성적 환경에서 분포가 상보적이며, '-는가'와 '은가/ㄴ가'는 형태적 환경에서 분포가 상보적이다. '-은가'는 형용사 어간이나 '-더-' 뒤에 나타나고, '-는가'는 그 밖의 환경에 나타난다. 따라서 분포로만 본다면, 이것들은 모두 한 형태소의 변이 형태들이라 할 수 있다.

그런데 이 용언형들에서 'ㄴ'를 안맺음토로 분석할 수 있는지를 검토해 보자. 먼저 이 'ㄴ'를 안맺음토라고 가정할 때, '-ㄴ-'는 (37)과 같은 동사형에서는 '-더-'와 계열 관계를 형성하는 것으로 분석할 수 있다. 그러면 '-ㄴ-'의 문법 정보는 [-회상]이 된다.

(37) '-는가, -은가/ㄴ가'와 '-던가' 용언형(동사)의 대비

	A	B	C
동사	잡는가 잡던가	잡았는가 잡았던가	잡겠는가 잡겠던가

그리고 이 동사형들을 형태소로 분석하면 다음과 같다(논의의 편의상 '-었-'이나 '-겠-'이 실현되지 않은 [-과거]나 [-추정]은 표시하지 않았다).

(38) ㄱ. 잡는가 : 　　　　<잡, 느[-회상], ㄴ가>
　　ㄴ. 잡던가 : 　　　　<잡, 더[+회상], ㄴ가>
　　ㄷ. 잡았는가 : 　　　<잡, 았[+과거], 느[-회상], ㄴ가>
　　ㄹ. 잡았던가 : 　　　<잡, 았[+과거], 더[+회상], ㄴ가>
　　ㅁ. 잡겠는가 : 　　　<잡, 겠[+추정], 느[-회상], ㄴ가>
　　ㅂ. 잡겠던가 : 　　　<잡, 겠[-추정], 더[+회상], ㄴ가>

그런데 (39)와 같은 형용사형에서는 조금 다르다. 형용사형 B열과 C열은 동사형과 동일하므로 문제가 없다. 그러나 [-과거, -추정]의 형용사형에서는 [-회상]이 '-느-'로 실현되지 않는다.

(39) '-는가, -은가/ㄴ가'와 '-던가' 용언형(형용사)의 대비

	A	B	C
형용사	작은가 작던가	작았는가 작았던가	작겠는가 작겠던가
	큰가 크던가	컸는가 컸던가	작겠는가 크겠던가

[-과거, -추정]의 형용사형에서는 '-느-'에 대응하는 것들이 'Ø'로 실현된다.

(40) ㄱ. 작은가 : 　　　<작, Ø[-회상], 은가>
　　ㄴ. 작던가 : 　　　<작, 더[+회상], ㄴ가>
　　ㄷ. 큰가 : 　　　　<크, Ø[-회상], ㄴ가>
　　ㄹ. 크던가 : 　　　<크, 더[+회상], ㄴ가>

이렇게 '-느-'를 안맺음토로 분석하면, '-더-'에 대립하는 안맺음토[-회상]으로 가정한 형태소를 '-느-'와 'Ø'라는 형태적 변이 형태의 집합으로 구성된다. 그리고 맺음토 '-은가'와 '-ㄴ가'는 음성적 변이 형태이다.

4.6. 이상에서 '-는X'의 안맺음토 '-느-'[-회상]와 맺음토 '-ㄴX'로 분석하는 것을 검토해 왔다. 그런데 '-는X'를, 한 개의 맺음토로 분석할 수도 있다. 그러면 '잡는가'와 관련된 용언형들은 다음과 같이 분석할 수 있다.

(41) ㄱ. 잡는가 :   <잡, 는가[-회상]>
     ㄴ. 잡았는가 :   <잡, 았[+과거], 는가[-회상]>
     ㄷ. 잡겠는가 :   <잡, 겠[+추정], 는가[-회상]>
     ㄹ. 작은가 :   <작, 은가[-회상]>
     ㅁ. 큰가 :   <크, ㄴ가[-회상]>

이러한 분석은 동일한 어떤 문법 정보가 안맺음토로 실현될 수도 있고 맺음토로 실현될 수 있다는 가정을 받아들인다면, 아무런 문제가 없다. 다만, '-는가'를 맺음토로 분석할 때는, 이 맺음토는 '-는가, -은가 -ㄴ가'라는 변이 형태의 집합으로 구성된다고 기술해야 한다. '-은가'와 'ㄴ가'는 음운적 변이 형태이고, '-는가'와 '-은가/ㄴ가'는 형태적 변이 형태이다.

그런데 이렇게 '는가/은가/ㄴ가'를 [-회상]의 기능을 가진 맺음토로 분석할 때, '-던가'의 분석에서 한 가지 문제가 발생한다. '-던가' 용언형에서 '-더-'[+회상]과 'ㄴ가'[-회상]의 문법 정보가 서로 충돌하게 되는 것이다.

(42) 잡던가 : *<잡, 더[+회상], ㄴ가[-회상]>

이 문제를 해결하는 방법으로 두 가지 방법이 있다. 하나는 '-ㄴ가'를 [-회상]으로 표시해야 하는 것과 그렇지 않은 것의 두 가지 종류로 나누는 것인데, 너무나 임의적이라 받아들이기 어렵다. 다른 하나는 안맺음토

'-더-'[+회상]을 포함하고 있는 '-던가'를 한 개의 맺음토로 분석하는 것이다. 이렇게 보면, '-던가' 용언형과 그것에 대립하는 '-는가/은가/ㄴ가' 용언형을 예컨대 다음과 같이 분석할 수 있다.

(43) ㄱ. 잡던가 :   <잡, 던개[+회상]>
     ㄴ. 잡는가 :   <잡, 는개[-회상]>

이 방법은 단순하면서도, 앞에서 '을X' 용언형과 '는X' 용언형을 한 개의 맺음토로 분석하는 것과 동일한 방식이기에 아무런 문제가 없다고 생각된다.

5. 마무리

이 글에서는 '-을까, -는구나, -는다/ㄴ다', '-는가/은가/ㄴ가'에서, '을'과 '는'(이나 '느')를 안맺음토로 분석해야 하는지 아니면 맺음토의 부분으로 분석해야 하는지를 살폈다. 이를 위하여, '을'과 '는'(이나 '느') 등과 안맺음토 '-었-'과 '-겠-', '-더-'와의 계열 관계와 통합 관계를 관찰하였다. 이 글의 논의를 간추리면 다음과 같다.

'-는구나'의 '는'은 분포나 기능으로 볼 때 안맺음토로 분석할 까닭이 없기 때문에, 맺음토의 일부로 보아야 한다.

'-을까'와 '-는다/ㄴ다', '-는가/은가/ㄴ가'의 '을'과 '는'(이나 '느')의 문법 기능은 각각 다음과 같다.

(44) ㄱ. '-을까'의 '을' : [+추정]
     ㄴ. '-는다'의 '는' : [-과거, -추정, -회상, -완료]
     ㄷ. '-는가'의 '느' : [-회상]

이 가운데, '을'은 안맺음토로 분석할 근거가 없기 때문에, 맺음토의 일부로 분석해야 한다. '-는다/ㄴ다'의 '는'(이나 '느')도 안맺음토로 분석하면 해결하기 어려운 문제점이 발생하기 때문에 맺음토의 일부로 분석해야 한다. '-는가/은가/ㄴ가'의 '느'는 안맺음토로 분석할 수 있으나, 맺음토의 일부로 분석하는 것이 간결하다. 그리고 '-는가'를 맺음토로 분석한다면, 그것에 대립하는 안맺음토 '-더-'[+회상]을 포함하고 있는 '-던가'도 하나의 맺음토로 분석할 수 있다. 그리고 이 맺음토들의 문법 정보는 안맺음토가 가질 문법 정보를 포함하는 것으로 다음과 같이 표시할 수 있다.

(45) ㄱ. V-을까 : <V, 을까[+추정]>

  ㄴ. V-는다 : <V, 는다[-과거, -추정, -회상, -완료]>

  ㄷ. V-는가 : <V, 는가[-회상]>

  ㄹ. V-던가 : <V, 던가[+회상]>

참고 문헌

고영근(1965), 「현대국어의 서법 체계에 대한 연구」, 국어연구 15.(고영근(1999)에 다시 수록함.)

고영근(1999), 『국어 형태론 연구』(증보판), 서울대학교 출판부.

고영근·구본관(2008), 『우리말 문법론』, 집문당.

김기혁(1993), 「국어 선어말어미와 종결어미의 연속성-때매김 어미와 종결어미를 중심으로」, 한글 221, 한글학회, 107-156.

김성화(1989), 「현재 시제의 무표항과 의미 기능」, 한글 204, 한글학회, 39-70.

김종도(1990), 「미완료 표지 '-는-'에 대하여」, 한글 209, 한글학회, 123-140.

김종도(1999), 「영형태소의 현재 시제 표지 설정에 대하여」, 한글 245, 한글학회, 79-113.

김차균(1980), 「국어 시제 형태소의 의미-회상 형태소 {더}를 중심으로」, 한글 169, 한글학회, 263-298.

나진석(1971), 『우리말 때매김 연구』, 과학사.

남기심(1978), 『한국어 문법의 시제 문제에 관한 연구』, 탑출판사.

서정수(1986), 「국어 시상 형태의 의미 분석 연구」, 문법연구 3, 문법연구회(탑출판사), 83-158.

임동훈(2010), 「현대국어 어미 '느'의 범주와 변화」, 국어학 59, 국어학회, 3-44.

임칠성(1991), 「시제어미 {느}에 대하여」, 한국언어문학 29, 한국언어문학회, 469-486.

임홍빈(1984), 「선어말 '-느-'의 실현성 양상」, 목천 유창균 박사 환갑 기념 논문집. 형설출판사.

최규수(2012), 「한국어 용언 종결형의 문법 정보 표시 방법」, 한글 295, 한글학회, 5-34.

최규수(2014), 「한국어 용언 관형사형과 명사형의 문법 정보 표시 방법」, 한글 304, 한글학회, 5-31.

최현배(1937/1978), 『우리말본』, 정음사.

허 웅(1983), 『국어학』, 샘문화사.

융합 형식을 포함한 용언 종결형의 분석 (2)*
—'-니X, -디X, -리X' 용언형을 중심으로

1. 들어가기

1.1. 이 글에서는 '리'와 '디' 등을 포함한 형식들에서, '리'와 '디'를 안
맺음토로 분석해야 하는지, 아니면 그것들을 포함한 전체 형식을 하나의
토로 분석해야 하는지에 관한 문제를 살피고자 한다.[1]

> (1) ㄱ. -습니다, -습디다, -습니까, -습디까[2]
> ㄴ. -리라, -리다, -리까

(1)의 분석과 관련된 문제는 '더'와 맺음토가 결합하여 형성된 '디'와
'데', '-리라, 리다'에서 '다, 라'가 생략되어 형성된 '리'와도 관련되어 있
으므로, 이것들을 함께 고려해야 한다.

---

* 최규수(2015), 「융합 형식을 포함한 용언형의 분석 (2)-'니X, 리X, 디X'를 중심으로」, 우
리말연구 42, 우리말학회, 35-60.
1) 이 글에서는 형태적 단위임을 표시할 경우에는 '-'을 사용하고, 형태적 단위가 아니거나
형태적 단위로 확정되지 아니한 형태임을 표시할 경우에는 '-'을 사용하지 않는다.
2) 이것들의 변이형으로 '-ㅂ니다, -ㅂ디다, -ㅂ니까, -ㅂ디까'가 있는데, 이 글에서는 논의
의 편의상 '-습니다, -습디다, -습니까, -습디까'로만 표시한다.

한편, (1)의 형식들에 '으오'와 '사오'가 결합한 다음과 같은 형식들도 있다. 이것들은 예스러운 표현들인데, 이 글에서는 이것들도 함께 분석해 보고자 한다.

    (2) ㄱ. -으옵니다, -으옵디다, -으옵니까, -으옵디까
       ㄴ. -사옵니다, -사옵디다, -사옵니까, -사옵디까

    (3) ㄱ. -으오리라, -으오리다, -으오리까, 으오리
       ㄴ. -사오리다, -사오리까, -사오리

1.2. 최규수(2014)에서는 한국어에서 용언토를 분석하는 기준과 안맺음 토를 확인하는 기준을 다음과 같이 제시하였다.[3]

    (4) 용언토를 분석하는 기준
       용언토들의 계열 관계와 통합 관계를 충분히 설명할 수 있어야 한다.

    (5) 안맺음토임을 확인하는 기준
       용언의 맺음토 앞에 놓인 분리 가능한 어떤 언어 형식은 다음의 조
       건을 충족시키면 안맺음토이다.
       (i) 문제의 형식은 그것과 계열 관계를 형성하는 어떤 형식과 문법
           자질의 값이 대립한다.
       (ii) 문제의 형식이 실현된 용언형은 그것과 계열 관계를 형성하는
           어떤 형식이 실현된 용언형과 동일한 유형의 문법 자질을 공유
           한다.

그런데 한국어에서 맺음토임이 분명한 것이 실현되지 않는 용언형의 맺음토를 관찰할 때, 한국어의 맺음토는 어간과 결합하여 적절한 용언형

---

3) 이 글의 '용언토, 맺음토, 안맺음토'라는 용어는 허웅(1983)의 용어에서 '씨끝'을 '토'로 표현한 것이다. 이것들은 각각 학교문법의 '어미, 어말어미, 선어말어미'에 대응한다.

을 형성할 수 있다. 이러한 사실에서 다음과 같은 것을 추론할 수 있다.

(6) 맺음토임을 확인하는 기준[4]
맺음토는 단독으로 어간과 결합하여 적절한 용언형을 형성할 수 있다.

이 글에서는 이상과 같은 기준으로, '리'와 '디'를 포함한 용언형의 구조를 논의하기로 한다. 이 글의 논의의 초점은 앞에서 제시한 용언토를 분석하는 기준에 따라, '습'이나 '리', '디' 등을 포함한 용언형의 형태소 분석의 결과 또는 가능성을 검증해 보고자 하는 것이다. 따라서 '습'이나 '리', '디' 등을 안맺음토로 분석하는가 아니면 맺음토의 한 성분으로 분석하는가 하는 분석의 결과는 이차적인 문제임을 밝혀 둔다.

2. '-니X'와 '-디X' 용언 종결형

'-습니다, -습디다, -습니까, -습디까'는 역사적으로 다음과 같은 과정을 거쳐 형성된 것으로 생각할 수 있다(정언학 2006 : 319).

(7) ㄱ. -습ᄂ이다 > -습니다
ㄴ. -습ᄂ잇가 > -습니까
ㄷ. -습더이다 > -습디다
ㄹ. *-습더잇가 > -습디까

이러한 변천 과정을 간단히 정리하면 다음과 같다. 본래 [+객체 높임]을 나타내던 '-습-'은 [+상대 높임]으로 바뀌고, 본래 [+상대 높임]을 나

---

4) 이렇게 일반화할 수 있는지에 대해서는 면밀한 검토가 필요할 것이다. 그렇지만 이 글에 서는 일단 이렇게 가정하고 논의를 진행한다.

타내던 '-이-'는 '-ᄂ-' 및 '-더-'와 융합하면서 그 기능을 잃게 되었다. 그 결과 '니'와 '디'가 계열 관계를 형성하게 된 것이다.

이러한 변천 과정을 고려한다면, 위의 형식들에서 '니'와 '디'를 안맺음 토로 분석할 수 있을 것이다. 그러면 '-디-'는 [+회상]의 기능을 가진 것 으로, '-니-'는 '-디-'에 대립하는 [-회상]의 기능을 가진 것으로 분석할 수 있다.5)

> (8) ㄱ. -습[+상대 높임]-니[-회상]-대[서술]
> ㄴ. -습[+상대 높임]-니[-회상]-까[의문]
> ㄷ. -습[+상대 높임]-디[+회상]-대[서술]
> ㄹ. -습[+상대 높임]-디[+회상]-까[의문]

그런데 이렇게 분석한다면, '-습-'도 당연히 안맺음토로 분석해야 하는 데, '-습-'에 대립하는 안맺음토 '-∅-'를 설정해야 한다. 그렇다면 'V-습니다'와 'V-습디다'의 구조는, 안맺음토를 형태소로 표시하면 (7)과 같이, 문법 기능으로 표시하면 (8)과 같이 표시할 수 있을 것이다.

> (9) $\left\langle V, \begin{Bmatrix} 습 \\ ∅ \end{Bmatrix}, \begin{Bmatrix} 디 \\ 니 \end{Bmatrix}, 다 \right\rangle$

> (10) $\left\langle V, \begin{Bmatrix} [+상대 높임] \\ [-상대 높임] \end{Bmatrix}, \begin{Bmatrix} [+회상] \\ [-회상] \end{Bmatrix}, 대[서술법] \right\rangle$

그런데 이러한 분석은 다음과 같은 문제가 있다. 첫째, 안맺음토로서의 '-습-'의 지위에 관한 것이다. '-습-'이 안맺음토라 한다면, 앞의 용언토 분석의 기준을 충족시켜야 하는데, 그렇지 않다.

---

5) 고영근(1999 : 154)에서는 이렇게 분석한다. 그리고 고영근·구본관(2008 : 177-181)에서 는 '-습니다'의 '습'과 '니'를 안맺음토로 분석한다.

(11) ㄱ. *질문이 연달아 터져 나왔**니다**.
     ㄴ. *질문이 연달아 터져 나왔**다다**.

둘째, '-니-'와 '-디-'가 '-습-' 뒤에만, 또는 '-습-'과 결합한 형태로
만 사용된다는 것이다. 안맺음토의 실현이 다른 안맺음토의 실현에 제약
을 받는다는 것은 '-었-, -겠-, -더-'와 같은 안맺음토가 실현되는 환경
에 비추어 이례적이라 하겠다.

셋째, 한국어의 상대 높임은 기본적으로 맺음토(종결형토)로 실현되는데,
'-습-'은 안맺음토로 실현된다는 것이다. 이와 관련하여 '-습-'이 [+상대
높임]인데, 이것과 결합한 '-다'는 [-상대 높임]의 형식이라는 것도 문제
가 될 수 있다.6)

'-습니-다'와 '-습디-다'로 분석해 볼 수도 있겠다. 이러한 분석은
위의 첫째와 둘째의 문제는 생기지 않는다. 이러한 분석에서 '-습니-'와
'-습디-'의 문법 기능은 복합적으로 표시된다. 그러나 셋째의 문제는 여
전히 남는다.7)

(12) ㄱ. '-습니-' : [+상대 높임, -회상]
     ㄴ. '-습디-' : [+상대 높임, +회상]

'-습니까'와 '-습디까'는 '-습니다'와 '-습디다'를 '습'이나 '습니', '다'

---

6) 곧 다음과 같은 표시를 허용되지 않는다는 것이다.
   (i) *<V, 습[+상대 높임], 니, 다[-상대 높임]>
7) 허철구(2007 : 331)에서는 이상과 같이 분석할 때의 문제점을 다음과 같이 지적하고 있다.
   "이 점에서 '-습니다'의 구체적인 등재 단위가 '습,니,다'인지, '습니,다'인지, '습니다'인
   지 하는 문제에서 '-다'를 꼭 분석해 낼 이유가 없고, '습'의 분포가 다른 선어말어미와
   달리 매우 제한적이라는 점에서 '-습-'이 독자적인 형성소가 될 수 없으며, '습니' 역시
   '-다'와 '-까' 앞에만 분포하는 점에서 이미 독자적인 형성소가 아니라고 볼 여지는 충분
   한 것이다. 또 '습,느,이,다'로 분석할 경우 '습,느,이'가 갖는 상호간의 심한 의존성도 분
   석의 장애 요인이다. 즉 '습,느,이' 중 어느 하나라도 생략될 수 없는데, 이러한 어미 간의
   상호 의존성은 다른 어미들에서는 볼 수 없는 매우 특이한 현상인 것이다."

로 분석할 때의 문제점에 더하여, '까'가 맺음토로 분석하기 어렵다는 문제점도 있다.[8] 만일 '-습니까'와 '습디까'의 '까'가, '*보까, *만나까' 등에서 보듯이, 위에서 제시한 맺음토임을 확인하는 기준'에 합치하지 않기 때문에, 맺음토로 분석할 수 없다.

이러한 문제를 해소하려면, '-습니다'와 '-습디다'를 한 개의 형태소로 분석하면 된다. 이렇게 분석하면 이 형태소의 문법 기능은 다음과 같이 복합적으로 표시된다.[9]

> (13) ㄱ. '-습니다' : [−회상, −상대 높임, 서술]
> ㄴ. '-습디다' : [+회상, +상대 높임, 서술]

2.2. 이상의 분석을 간추리면 다음과 같다. '-습니다'와 '-습디다'의 계열 관계와 통합 관계를 고려한다면, 이것들은 각각 '-습-니-다'와 '-습-디-다'로 분석할 수 있고, 안맺음토 '-니-'[−회상]과 '-디-'[+회상]가 대립하는 것으로 볼 수 있다. 그러나 안맺음토와 맺음토를 확인하는 기준을 고려한다면, 이러한 분석은 문제점이 발생한다. 이러한 문제점을 해소하려면, '-습니다'와 '-습디다'를 각각 한 개의 맺음토로 분석해야 한다. 그런데 이렇게 분석한다면, 이 맺음토들은 한 개의 형태소가 세 개의 문법 기능을 가진 것으로 보아야 한다.

---

8) 장경희(2010 : 59)의 주 13)에서는 '-습니까'와 '-습디까'에서 '까'가 독립적인 형태소로 기능하는 일이 없기 때문에 이 형식들을 한 개의 어미(용언토)로 분석해야 한다고 지적하였다. 그리고 '-습니다'와 '-습디다'도 '-습니까'와 '-습디까'에 평행하기 때문에 한 개의 어미로 분석해야 한다고 하였다.
그리고 장윤희(2012 : 82)에서는 다음과 같이 설명하였다. "'-습/읍니다'는 하나의 종결어미로 재구조화한다. 기원적으로는 '-ᄂ-'를 포함하고 있으면서도 '-습/읍니다'가 형용사에도 통합하는 사실은 이러한 재구조화가 완성되었음을 잘 보여준다. 또한, 기원적으로 화자 겸양의 '-습-'과 관련된 요소를 포함하고 있는 이 어미에 다시 '-ᄂ-'으로 기원한 화자 겸양의 '-사오-, -오-'가 더 통합하여 '사웁니다, 웁니다'가 나타날 수 있는 현상 역시 '-습니다'가 기원적인 요소와는 별개의 형태소로 굳어졌음을 말해 준다."
9) 이러한 표시 방법에 대해서는 최규수(2014)를 참조하시오.

한 개의 형태소가 둘 이상의 문법 기능을 담당하는 것은 융합 형식에서 흔히 나타나는 현상이다. '-더-'와 맺음토가 융합하여 형성된 맺음토로 '-데'와 '-디'가 있다.

(14) ㄱ. 그이가 말을 아주 잘 하데.
ㄴ. 그 친구는 아들만 둘이데.
ㄷ. 고향은 하나도 변하지 않았데.

(15) ㄱ. 배가 그렇게 고프디?
ㄴ. 동네 어른도 오셨디?

'-디'와 '-데'는 [+회상]과 서술법/의문법이라는 두 개의 문법 기능을 가지는 것이지만, '-습디다'와 '-습디까'와는 달리, 두 개의 형태소로 분리되지 않는다. 그리하여 '-디'와 '-데'는 안맺음토의 기능인 [+회상]의 기능을 포함하는 한 개의 맺음토로 분석할 수밖에 없다.

'-습니다, -습니까; 습디다, -습디까'를 한 개의 맺음토로 분석하는 것은 '-디'와 '-데'를 한 개의 맺음토로 분석하는 것과 기본적으로는 다르지 않을 것이다.

참고로, '-데'와 '-디'의 문법 정보는 다음과 같이 표시할 수 있을 것이다.

(16) ㄱ. '-데' : [+회상, +/-상대 높임, 서술][10]
ㄴ. '-디' : [+회상, -상대 높임, 의문]

2.3. '-습니다, -습니까; 습디다, -습디까; -데, -디'의 분석은 공시태와 통시태가 동시에 관련되어 있다. 역사적으로 볼 때, 둘 이상의 형태소가

---

10) 상대 높임의 등급은 계단 대립으로 구성되어 있으므로, +/- 값으로는 표시하기 어렵다. 그러나 이 글에서는 이 문제는 논의의 초점에서 벗어난 것이기에, 더 이상 논의하지 않고, 일단 +/- 값으로 표시해 두기로 한다.

융합의 과정을 거쳐 한 개의 형태소로 굳어지는 경우에, 특정한 공시태에서 한 개의 형태소가 둘 이상의 기능을 가질 수 있다는 것이다. 그러나 특정한 시기의 공시태 속에 그보다 앞선 시기의 공시태의 형태나 기능을 어느 정도 반영하고 있다고 하더라도, 그 형태를 분석할 때는 특정한 시기의 공시태의 체계와 구조 안에서 분석해야 한다. 이에 대한 것은 다음과 같은 말로 요약할 수 있다.

> (17) 분석의 결과는 공시적인 것이 아니라 통시적인 현상들도 뒤섞여 있을 수 있지만 형성의 과정에는 오직 공시적인 현상만이 있을 뿐이다. (허철구 2007 : 326)

특정한 형태가 둘 이상의 공시태에서 동일하게 유지하는 경우에도 다른 공시태 속에서는 다른 지위를 차지하기 때문에, 달리 분석되어야 한다. 그런데 하물며 형태가 달라지고 그것의 분포가 달라지는 경우야 말할 것도 없을 것이다.

3. '-리X' 용언 종결형

이제 '리'를 포함한 용언 종결형을 살피기로 한다.

> (18) ㄱ. -리다, -리라, -리까, -리
> ㄴ. -오리라, -오리다, -오리까, -오리

이들 '리'는 모두 안맺음토 '-겠-'과 동일한 기능을 가지고 있다. 따라서 이것들을 안맺음토로 분석할 수 있을 듯도 하다. 그러나 이것들을 '리'의 분포와 기능을 고려한다면, 이것들을 안맺음토로 분석하면, 몇 가지 문제점이 발생한다. 다음에서는 이러한 문제점을 검토하고, '리'를 포함한 위의 형식들을 한 개의 맺음토로 분석해야 함을 논의한다.

먼저, '-리라'와 '-리다', '-리', '-리까'가 모두 '리'를 공유하지만, 의미와 분포에서 차이를 밝혀 그것들을 한 개의 맺음토로 보아야 함을 살핀다.

3.1. '-리라'

3.1.1. '-리라'는 동사와 형용사와 결합하고, 또 '-었-'과 결합할 수 있다.

(19) ㄱ. 빛 바랜 추억이 되어 그대를 마주하리라.
　　 ㄴ. 나는 돌아가리라.
　　 ㄷ. 오늘 할 일은 무슨 일이 있어도 마치리라.

(20) ㄱ. 밤은 고요하리라.
　　 ㄴ. 저 아이가 철수이리라.
　　 ㄷ. 설이 지나면 물가가 오르리라.
　　 ㄷ. 누군가에게 빌려주고 못 받으리라.

(21) ㄱ. 그에 대해 하고 싶은 말은 많았지만 참았으리라.
　　 ㄴ. 산행에다 계곡 물놀이로 행복감은 더했으리라.

'-리라'는 추정이나 의향의 의미를 가진다. (19)처럼 주어가 1인칭이고 [-과거]와 함께 사용될 때는 의향으로 해석되고, (20)처럼 주어가 1인칭이 아니거나 (21)처럼 [+과거]와 함께 사용될 때는 추정으로 해석된다.

그리고 (22)에서 보듯이, 추정으로 해석되는 경우에는 1인칭 주어와는 공기하지 않는다.[11]

(22) ㄱ. *나는 영화를 보았으리라.

ㄴ. 영이는 영화를 보았으리라.

'-리라'에 대한 이상의 예들을 보면, 'V-리라'는 'V-겠다'와 거의 동일하게 사용된다는 것을 알 수 있다. 따라서 '-리라'의 '리'를 안맺음토로 분석할 수도 있을 것이다. 다만 '-리-'는 '-겠-'과는 달리, '-더-'와 결합하지 못한다.

(23) 영이는 영화를 {보겠더라, *보리더라}.   (추정)

이상의 논의12)를 받아들인다면, 용언형 'V-리라'는 다음과 같은 구조로 분석할 수 있을 것이다.13)

$$(24) \left\langle V, \begin{Bmatrix} 리 \\ \varnothing \end{Bmatrix}, 라 \right\rangle$$

이러한 구조를 안맺음토의 정보를 중심으로 표시하면 다음과 같다. 이 표시에서 '-라'에 안맺음토의 문법 정보인 [-회상]을 표시한 것은 'V-리라'가 항상 [-회상]으로만 쓰이는 것을 나타낸 것이다.14)

---

11) (22)ㄱ과 같은 문장은 말할이 자신이 자신의 과거에 한 일을 자기 자신이 추정하는 표현이다. 그런데 자신의 과거는 자신이 기억하고 있는 일로서 상기하는 것이지 추정하는 것은 아니라는 점에서, 이 문장이 이상하게 느껴지는 것이라고 판단된다. 그런데 자신의 일을 객관화하는 어떤 상황이 주어진다면, 그런 표현이 쓰일 수도 있을 것이다. 만일 그렇다면, (22)ㄱ의 문법성은 인식상이나 화용상의 문제에서 비롯된 것으로 보인다.

12) 고영근·구본관(2008 : 177-181)에서는 '-리라'의 '리'를 안맺음토로 분석한다.

13) 용언형은 용언 어간과 토로 구성되므로, V이 아니라 Vstem으로 표시되어야 할 것이다. 다만 이 글에서는 표시의 간소화를 위하여 용언 어간을 'V'로 표시하기로 한다.

14) 이 표시에서 '추정'과 '의향'의 의미를 묶어 '추정'으로 표시하기로 한다. '리라'가 인칭이나 시제에 따라 추정이나 의향으로 해석되는 것을 형태론과 통사론 또는 의미론에서 어떻게 다루어야 하는지에 대해서는 많은 논의가 필요할 것이지만, 이 글에서는 이 문제에 대해서 더 이상 논의하지 않는다.

(25) $\left\langle V, \begin{Bmatrix} \text{리 [+추정]} \\ \varnothing \text{ [−추정]} \end{Bmatrix}, \text{라 [−회상]} \right\rangle$

3.1.2. 'V-리라'를 위와 같이 분석하는 것은 것으로 보기에는 아무런 문제가 없는 듯 보인다. 그렇지만 '-리-'가 실현되지 않는, 곧 '-∅-'가 실현된 경우를 고려하면 해결되지 않은 문제가 있다. 안맺음토 '-라'의 형태를 인정한다면, '-리-'가 실현되지 않는 경우에는, 다른 유형의 문장이 형성된다.

(26) ㄱ. 꽃이 필 때 맞춰 꼭 가 **보리라**.　　(서술)
　　 ㄴ. 꽃이 필 때 맞춰 꼭 가 **보라**.　　 (명령)

(27) ㄱ. 그 사람이 도둑**이리라**.　　　　(서술)
　　 ㄴ. ^{??}그 사람이 도둑**이라**.　　　　(서술)

이러한 현상은 들어가기에서 제시한 안맺음토를 확인하는 기준의 (4ⅱ)를 어기게 된다. 또 '-리다'의 '다'와 '리라'의 '라'의 관계를 설명하기도 어렵다.[15]

이러한 문제를 해결하기 위하여, 맺음토 '-라'의 변이형을 생각해 볼 수 있다 예컨대, '보리라'와 '도둑이리라'에 대립하는 형식을 각각 '본다, 도둑이다'로 간주하는 것이다.

(28) ㄱ. 꽃이 필 때 맞춰 꼭 가 **보리라**.
　　 ㄴ. 꽃이 필 때 맞춰 꼭 가 **본다**.

---

15) 장경희(2010 : 60)에서는 다음과 같은 이유를 들어, '-리라'가 공시적으로 한 개의 맺음토로 분석하였다. "그런데 선행 요소가 선어말어미 '-리-'라면 후행요소인 '-다'를 설명할 수 없고, 후행 요소가 종결어미 '-다'라면 선행요소인 '-리-'를 설명할 수 없어 문제가 된다. 선어말어미 '-리-'와 종결어미 '-다'의 통합체는 '-리라'로 실현되기 때문이다. 따라서 이는 공시적으로는 설명하기 어려운 언어 형식인 것이다."

(29) ㄱ. 그 사람이 도둑**이리라**.

　　ㄴ. 그 사람이 도둑**이다**.

곧 '-리라'의 '-라'를 '-는다/-ㄴ다/다/라'의 변이 형태로 분석한다는 것이다.16) 그런데 이렇게 보면, '-리라'를 '-리다'와 비교할 때 문제가 발생한다. 형태로만 본다면, '-리라'와 '-리다'의 '-라'와 '-다'는 수의적 변이 형태17)로 분석해야 하겠지만, '-리라'와 '-리다'는 상대 높임의 등급이 다른 형태이기 때문에 그렇게 볼 수 없다.

3.1.3. 이런 까닭으로, 이 글에서는 '-리라'를 한 개의 안맺음토로 분석해야 한다고 본다.18) 만일 그렇게 분석한다면, 용언형 'V-리라'는 다음과 같이 분석될 것이다. '-디라'와 다른 안맺음토의 통합 제약은 맺음토 '-리다'에 안맺음토의 정보를 부과한 것이다.19)

(30) <V, 리라[+추정, -회상, -상대 높임]>

3.2. '-리다'

3.2.1. 이제 '-리다'에 대하여 살펴보기로 한다. '-리다'는 동사와 결합

---

16) '-는다/ㄴ다'의 '는/ㄴ'의 형태론적 지위에 대한 논의는 최규수(2014)를 참고하시오. 최규수(2014)에서는 '-는다/ㄴ다'를 한 개의 맺음토로 분석한다.

17) '-리다'와 '-리라'의 '다'와 '라'는, 어원적으로 본다면, 본래는 형태적 변이 형태였다. 곧 '-라'는 '-리-'와 '-러-'의 뒤에 높이고, '-다'는 그 밖의 형태적 환경에 쓰이는 것이었다. 이에 대하여, 장윤희(2005 : 326)에서는 '-리라'는 중세 국어의 형식이 현대 국어에서도 그대로 굳어진 것이고, '-리다'는 '-리이다'의 변화형이라 하였다.

18) 허웅(2000 : 166-1167)에서는 '리'를 한편으로는 한 개의 안맺음토로 제시하면서도, 다른 한편으로는 '리'와 맺음토와 융합한 형식이 한 개의 맺음토로 되어 가는 경향이 있다고 하였다.

19) 'V-리라'는 '해라'체인데, 'V-리다'에 비하여 상대 높임의 등급이 낮다.

하고, 또 '-었-'과도 결합한다. 그런데 '리다'는, '리라'와 달리, 형용사와
는 결합하지 못한다.

> (31) ㄱ. 집에 들어가는 길, 어디서고 한잔 하리다.
> ㄴ. 그대의 빈 가슴을 문화라는 이름으로 채워 주리다.
> ㄷ. 그걸 꼭 내가 잡으리다.
> ㄹ. 당신을 믿어 보리다.

> (32) ㄱ. 내일이면 물건이 도착하리다.
> ㄴ. 이 일에는 그가 적임자이리다.

> (33) ㄱ. 물건이 도착했으리다.
> ㄴ. 그 일에는 그가 적임자이었으리다.

> (34) ㄱ. *밤은 고요하리다.
> ㄴ. *다시 만나면 내가 푸르리다.

'-리다'는 추정이나 의향의 의미를 가진다. (31)처럼 주어가 1인칭이고
[-과거]와 함께 사용될 때는 의향(이나 다짐, 약속)으로 해석되고,[20] (32)처럼
주어가 1인칭이 아니거나 [+과거]와 함께 사용되면 추정으로 해석된다.
그리고 (35)에서 보듯이, 추정으로 해석되는 경우에는 1인칭 주어와는
공기하지 않는다.

> (35) ㄱ. 그걸 꼭 내가 {잡으리다, *잡았으리다}.
> ㄴ. 당신을 믿어 {보리다, *보았으리다}.

---

20) 이 글에서는 '의향, 다짐, 약속'의 의미를 묶어, '의향'으로 나타내고자 한다. 의향을 나
타내는 '-리다'는 명령형토나 약속의 의미를 나타내는 서술형토 '-마, -을게'와 분포가
거의 일치한다.

만일 '-리다'의 '리'를 안맺음토로 분석한다고 가정해 보자. 그러면 'V-리다'의 구조는 다음과 같이 분석될 것이다.

(36) $\left\langle V, \begin{Bmatrix} 리 \\ \varnothing \end{Bmatrix}, 다 \right\rangle$

(37) $\left\langle V, \begin{Bmatrix} [+추정] \\ [-추정] \end{Bmatrix}, 다 \right\rangle$

3.2.2. 그런데 이러한 분석은 다음과 같은 문제가 있다. '-리다'의 '-리-'에 대립하는 안맺음토가 실현되지 않았을 때, 곧 '-리-'가 실현되지 않았을 때, 비문법적인 문장이 된다. 이러한 문제는 '-리라'의 '리'를 안맺음토로 분석했을 때의 문제와 동일한 문제이다. 그것은 곧 들어가기에서 제시한 안맺음토를 확인하는 기준의 (4ⅱ)를 어기게 된다는 것이다.

(38) ㄱ. 그걸 꼭 내가 **잡으리다**.
　　 ㄴ. *그걸 꼭 내가 **잡다**.

이러한 문제를 해결하기 위하여, 맺음토 '-다'의 변이형을 생각해 볼 수 있다. 예컨대, '잡으리다'에 대립하는 형식을 '잡는다'로 간주하는 것이다.

(39) ㄱ. 그걸 꼭 내가 **잡으리다**.
　　 ㄴ. 그걸 꼭 내가 **잡는다**.

곧 '-리다'의 '-다'를 '-는다/-ㄴ다/다/라'의 변이 형태로 분석한다는 것이다. 그런데 이렇게 보면, 왜 동일한 형태의 '-리-' 다음에 '-다'와 '라'가 교체되어 쓰이는가 하는 것이다.

3.2.3. 이상과 같은 문제점을 해소하려면, '-리다'를 한 개의 맺음토로 분석하면 된다. 그러면 용언형 'V-리다'의 구조를 다음과 같이 분석할 수 있다. '-디다'와 다른 안맺음토의 통합 제약은 맺음토 '-리다'에 안맺음토의 정보를 부과한 것이다. 이러한 '-리다'는 '-리라'와 동일한 정보를 공유하지만, 상대 높임의 등급에서 차이가 있다.

(40) <V, 리라[+추정, -회상, +상대 높임]>

3.3. '-리까'

'-리까'는 분포와 의미를 고려하면, '-리라'의 의문형으로 판단된다.[21] '-리까'는 동사와 형용사와 결합하고, 과거형과도 결합한다.

(41) ㄱ. 기어코 가신다면 내 어이 잡으리까?
ㄴ. 조국의 이름으로 어딘들 못 가리까?
ㄷ. 어찌 그 아름다운 소리를 내게 하리까?

(42) ㄱ. 사랑하면 뭔들 싫으리까?
ㄴ. 님을 닮으려 애를 쓴들 어찌 님만큼 푸르리까?
ㄷ. 황금에 무심하면 마음이 검으리까?
ㄹ. 어찌 큰 뜻을 잊고 다른 일로 흐르리까?
ㅁ. 고목 나무에 꽃은 언제 피리까?

(43) ㄱ. 가까운 동네에 동포가 있을 줄이야 뉘 알았으리까.?
ㄴ. 국민들의 땀과 고통을 그 얼마나 주었으리까?
ㄷ. 그 글을 공주께 올릴 마음이 어찌 간절치 않았으리까?

---

21) 그러나 '-리라'와 '-리까'는 상대 높임의 등급이 다르다.

'-리까'는 추정이나 의향의 의미를 가진다. (41)처럼 주어가 1인칭이고 [-과거]와 함께 사용될 때는 의향으로 해석되고, (42)처럼 주어가 1인칭이 아니거나 (43)처럼 [+과거]와 함께 사용될 때는 추정으로 해석된다.

이 '-리까'의 '리'는 '-리라'와 '-리다'의 '리'와 동일한 까닭으로 안맺음토로 분석할 수 없고, 맺음토로 분석해야 한다(이에 더하여, '-리까'의 '까'도 맺음토의 자격이 없다). 그러면 '-리까'의 문법 정보는 다음과 같이 표시될 수 있을 것이다.

(44) <V, 리까[+추정, -회상, 의문, +상대 높임]>

3.4. '-리'

'-리'는 분포상으로 보아, '-리라'와 '-리까'와 동일하며, 그 의미도 동일한 방식으로 사용된다.[22]

(45) ㄱ. 모든 것 두고 떠나리.
ㄴ. 명주같은 손을 어찌 놓으리.
ㄷ. 그대들이여 어찌 이 몸을 지나쳐 갈수 있으리.
ㄹ. 어찌 안 예쁘다 할 수 있으리.
ㅁ. 봄 되면 이 정원 더욱 아름다우리.
ㅂ. 소나무 다 자라 탑이 오히려 작으리.

(46) ㄱ. 시간이 아쉬움을 충분히 달래주었으리.
ㄴ. 무한리필 아니었으면 내 너의 멱살을 잡았으리.
ㄷ. 그때는 더욱 희었으리.
ㄹ. 그날의 꿈은 마치 호접몽이었으리.

---

22) '리' 용언형은 주로 혼잣말에 사용된다.

(47) ㄱ. 어찌 내가 이런 일을 하리?

　　ㄴ. 그 진노의 위력에 누가 당신 앞에 서있으리?

　　ㄷ. 어찌~ 무심코 지나칠 수가 있으리?

　　ㄹ. 그런 사람이 무슨 애국자이리?

이 '-리'의 용법은 '-리라'와 '-리까'에 대응한다. 그러나 상대 높임의 등급은 다르다. 이러한 문법 정보를 다음과 같이 표시할 수 있다.

(48) $\left\langle V, \text{리} \left[+\text{추정}, - \text{회상}, \begin{Bmatrix} \text{서술} \\ \text{의문} \end{Bmatrix}, -\text{상대높임} \right] \right\rangle$

4. '으오/사오'와 결합한 용언 종결형

4.1. 앞에서 살핀 '-습니다, -습디다, -습니까, -습디까; -리라, -리다, -리'에 '으오'나 '사오'가 결합한 형식들이 있다.

(49) ㄱ. -으옵니다, -으옵니까; -으옵디다, -으옵디까

　　ㄴ. -사옵니다, -사옵니까; -사옵디다, -사옵디까

(50) ㄱ. *-으오리라, -으오리다, -으오리까, -으오리

　　ㄴ. *-사오리라, -사오리다, -사오리까, *-사오리

역사적으로 보면, '으오'와 '사오'는 같은 계통의 형태들이다. 그리고 (49)의 형식들은 '으오/사오'와 '습/ㅂ'이 겹친 형태인데, 이 두 부류의 형태들도 같은 계통의 형태들이다.

이것들은 본래 객체 높임을 나타내었는데, 현재는 상대 높임을 나타낸다. 이 글에서는 (49)와 (50)에서, ㄱ과 ㄴ이 상대 높임의 정도에서 어떤

차이가 있는지, 또 '으오/사오'가 쓰인 형식과 그렇지 않은 형식이 높임의 정도에서 어떤 차이가 있는지 하는 문제에 대해서는 논의하지 않는다.[23] 여기서는 다만 이 형식들이 사용된 용언형을 어떤 구조로 분석해야 하는지에 대하여 논의하고자 한다.

4.2. 먼저 '으오/사오'와 '-습니다/ㅂ니다, -습니까/ㅂ니까, -습디다/ㅂ디다, -습디까/ㅂ디까'가 결합한 용언형을 살피기로 한다.

　(51) ㄱ. 오늘은 하늘이 더욱 높으옵니다.
　　　 ㄴ. 언젠가는 그이가 돌아올 것을 믿으옵니다.
　　　 ㄷ. 어디서 그런 이야기를 들었사옵니까?
　　　 ㄹ. 저 아이의 병세가 그토록 깊으옵니까?
　　　 ㅁ. 저기 있는 나으리보다 지휘가 높사옵니까?
　　　 ㅂ. 그 사람은 무엇을 읽으옵니까?

　(52) ㄱ. 그이가 나의 손을 잡으옵디다.
　　　 ㄴ. 우물이 너무 깊으옵디다.
　　　 ㄷ. 냇물이 그렇게 깊으옵디까?
　　　 ㄹ. 물이 그렇게 깊사옵디까?

　앞에서 '-습니다/ㅂ니다, -습니까/ㅂ니까, -습디다/ㅂ디다, 습디까/ㅂ디

---

23) 이 문제에 대해서는 장윤희(2012 : 82)의 주 26)에 미루기로 한다. "'-사옵니다, -옵니다' 서태룡(1993), 정언학(2006)에서는 "중가형", 윤용선(2006)에서는 "강화형"으로 보았다. 그런데 이들 종결형은 청자 높임의 종결어미로 굳어진 '-습/옵니다'에 화자 겸양의 '-사오-/-오-'가 통합한 것이므로 "중가형"이라는 용어는 적절하지 않은 듯하다. 종결어미의 통시적 변화 과정에서 청자 높임의 요소에 화자 겸양의 요소가 더해지면 결과적으로 상대를 더 높이는 효과가 나타난다는 사실을 확인한 바 있으므로 "강화형"이라는 용어가 더 적절할 수 있다. 만일 이들을 "강화형"으로 부른다면 이전 시기의 '-옵느이다, -옵쇼서, -옵시오' 등등의 종결형도 모두 "강화형"이라고 해야 할 것이다. 그러나 이러한 현상을 특별한 현상으로 명명하기보다는 청자 높임 요소에 화자 겸양 요소가 더해지면 결과적으로 청자 높임의 효과가 커진다고 일반화하여 말하는 편이 나을 듯하다."

까'를 '습/ㅂ'을 한 개의 용언토로 분석하는 문제점을 검토하고, '습/ㅂ'을 그 뒤에 오는 형태들과 묶어 한 개의 용언토로 분석해야 함을 살폈다. 이러한 분석에 의거한다면, 이 형식들과 '으오/사오'가 결합한 형식들은 일단 다음과 같이 분석해 볼 수 있다.[24]

　　(53) ㄱ. -으오/사오-ㅂ니다
　　　　ㄴ. -으오/사오-ㅂ니까
　　　　ㄷ. -으오/사오-ㅂ디다
　　　　ㄹ. -으오/사오-ㅂ디까

　실제로 '으오/사오'의 분포와 계열 관계 및 통합 관계를 보면, 그것을 하나의 용언토로 볼 수 있다. 곧 들어가기에서 제시한 용언임을 확인하는 기준에 정확히 부합한다.

　그런데 '으오/사오'의 기능을 고려하면, 다음과 같은 문제가 있다. 이 형식은 이 글에서 맺음토의 일부로 분석한 '습/ㅂ'과 계통이 같은데, 상대 높임을 나타내는 형식이 하나는 안맺음토로 실현되고, 다른 하나는 맺음토의 일부로 실현된다는 것을 받아들이기 어렵다. 그리고 문장에서 상대 높임은 맺음토로 실현되는 것이 일반적인데, '으오/사오'는 안맺음토로 실현되는 것도 문법의 체계에 부담이 된다.

　이런 점을 고려한다면, '으오/사오'를 다음과 같이 맺음토의 일부로 분석하는 것이 바람직할 수도 있겠다.

　　(54) ㄱ. -으옵니다/사옵니다
　　　　ㄴ. -으옵니까/사옵니까
　　　　ㄷ. -으옵디다/사옵디다
　　　　ㄹ. -으옵디까/사옵디까

---

24) 고영근·구본관(2008 : 177-181)에서는 '-으오/사오'를 안맺음토로 분석한다.

4.3. 다음에는 '으오/사오'와 '-리다, -리까, -리'와 결합한 형식을 살피기로 한다('-으오리라'와 '-으오리'는 쓰이지 않는 것으로 보인다).

> (55) ㄱ. 이제부터는 오직 당신의 뜻을 좇으오리다.
> ㄴ. 제가 일을 맡아 하오리다.
> ㄷ. 오늘은 일찍 가오리다.
> ㄹ. 말없이 고이 보내 드리오리다.
>
> (56) ㄱ. 그것이 이보다는 크오리다.
> ㄴ. 그 나무는 남쪽 지방에 많으오리다.
> ㄷ. 당신의 뜻을 따르겠사오리다.
>
> (57) ㄱ. 아 누구를 탓하오리까?
> ㄴ. 숨이 기울면 기다림도 끝이 아니오리까?
> ㄷ. 밥을 좀 먹사오리까?
> ㄹ. 요놈의 봄바람을 뉘 잡사오리까?
> ㅁ. 세상 끝에는 무슨 징조가 있사오리까?

이 예들에서 다음의 형식들에서 체계상으로는 '오/사오'를 안맺음토로 분석하는 데 아무런 문제가 없다.

> (58) ㄱ. -으오리다/사오리다
> ㄴ. -으오리까/사오리까

그런데 현대 한국어에서 상대 높임이 일반적으로 종결형토로 실현된다는 것을 고려한다면, '으오/사오'를 안맺음토로 분석하기 어려운 점이 있다. 앞서 논의한 '-습니다'와 '-습디다'의 분석에서 '습'을 안맺음토로 분석하기 어려운 까닭 가운데 하나와 동일한 까닭이다. 또 '으오/사오'가 '습'과 동일한 계통의 형식이라는 점도 고려한다면, 더욱 더 그러하다. 따라서 이 글에서는 위의 형식들을 한 개의 맺음토로 분석하는 것이 바람직하다고 생각한다.

4.4. 이상과 같은 분석에서 한 가지 더 고려해야 할 것이 있다. 이 글에서 논의한 '리'와 '다', '습/ㅂ', '으오/사오'이 과거 어느 시기의 한국어에서는 한 개의 안맺음토로 쓰였는데, 현대 한국어의 체계에서는 안맺음토의 자격을 잃어버리거나, 안맺음토로서의 자격이 의심스럽게 변화한 것들이다. 그런데 그것의 기능을 보면, '리'와 '다'의 기능은 거의 그대로 남아 있으나, '리'는 '-겠-'으로 대체되었고, '습/ㅂ'과 '으오/사오'의 기능은 객체 높임에서 상대 높임으로 그 기능이 바뀌었다. 또 그런 변화의 과정에 계통이 같은 '습/ㅂ'과 '으오/사오'가 통합된 형식으로 실현되기도 한다. 곧 이러한 형식들은 과거 어느 시기의 공시태가 현대 한국어의 공시태에 화석처럼 남아 있는 형식들이라는 것이다.

이를 간추린다면, 한 공시태가 다른 공시태로 바뀌면서, 앞의 공시태의 일부가 흔적을 남김으로써, 결과적으로는 두 공시태가 부분적으로 겹쳐 실현되었다는 것이다. 이전의 공시태가 현대의 공시태에 남아 있는 흔적은 다음과 같은 예들에서도 확인해 볼 수 있다.

(59) ㄱ. 웬 낯선 사람이 찾으오이다.

ㄴ. 날씨는 맑으오이다.

ㄷ. 오직 임의 뜻을 좇으오리이다.

ㄹ. 감사히 받사오리이다.

(60) ㄱ. 이제 누구를 믿으오리이까?

ㄴ. 이 나무는 제가 심으오리이까?

ㄷ. 여긴들 왜 그런 약초가 없으오리이까?

ㄹ. 이제 누구를 믿사오리이까?

ㅁ. 제가 이것을 받사오리이까?

문제는 이러한 두 공시태가 부분적으로 겹쳐 있을 때, 그러한 용언형을 어떤 기준을 세워 분석해야 하는가이다. 이를 해결하는 데는 두 가지 방식을 생각해 볼 수 있겠다.

하나의 방법은 두 공시태를 인정하는 방식인데, 그것은 이전의 공시태라고 판단되는 것들은 이전의 공시태의 체계로 분석하고, 현재의 공시태는 현재의 공시태로 분석하는 방식이다. 물론 이 경우에는 현대 공시태에 남아 있는 이전의 공시태가, 체계상 매우 불안정한 상태라는 것을 고려해야 한다. 왜냐하면 문제의 형식들 이전의 공시태에서 쓰인 경우에는 그 공시태 안에서 일정한 체계를 이루고 있었으나, 현재의 공시태에 반영될 때는 이전의 공시태의 체계가 이미 상실된 상태에서 현재의 공시태에 매우 불안정한 위치를 차지하고 있다는 것이다.

다른 하나의 방식은 그러한 형식들을 현대의 공시태의 체계 안에서 분석하는 것이다. 이 경우에는 그것들이 이전의 공시태의 체계 안에서 차지했던 문법적 지위를 완전히 무시하고, 순순히 현태의 공시태의 체계만을 고려하여 분석하는 것이다.

이 글에서는 두 번째 방식을 채택하여 분석해 본 것이다. 그런데 문제의 형식들을 어떻게 분석하든지 간에, 이러한 사실을 분명하게 명시하고 분석해야 할 것이라 생각한다.

5. 마무리

이 글은 '-습니다, -습디다, -습니까, -습디까; -리라, -리다, -리까'와 같은 복합 형식에서 '습, 니, 디, 리' 등을 안맺음토로 분석해야 하는지 아니면 그것들이 결합한 형식 전체를 한 개의 맺음토(종결형토)로 분석해야 하는지에 대하여, 안맺음토의 설정 기준에 따라 살폈는데, 간추리면 다음과 같다.

분포나 기능으로 볼 때, '-습니다, -습디다, -습니까, -습디까; -리라, -리다, -리까'의 '습, 니, 디, 리' 등은 안맺음토로 분석하면 그러한 것들이 쓰인 용언형의 구조 분석에서 많은 문제점이 발생한다. 따라서 이 글에서는 이것들을 맺음토의 일부로 분석하고 그것들이 가지는 기능을 맺음토에 부여하였다. 그리고 이것들이 사용된 용언형의 문법 정보를 다음과 같이 표시하였다.

(62) ㄱ. V-습니다 : <V, 습니다[-회상, +상대 높임]>
ㄴ. V-습디다 : <V, 습니다[+회상, +상대 높임]>
ㄷ. V-리라 : <V, 리라[+추정, -회상, -상대 높임]>
ㄹ. V-리다 : <V, 리다[+추정, -회상, +상대 높임]>
ㅁ. V-리까 : <V, 리까[+추정, -회상, 의문, +상대 높임]>
ㅂ. V-리 : $\left\langle V, \text{리}\left[+\text{추정}, -\text{회상}, \begin{Bmatrix} \text{서술} \\ \text{의문} \end{Bmatrix}, -\text{상대높임}\right]\right\rangle$

참고 문헌

고영근(1999), 『국어 형태론 연구』(증보판), 서울대학교 출판부.

고영근·구본관(2008), 『우리말 문법론』, 집문당.

김기혁(1993), 「국어 선어말어미와 종결어미의 연속성-때매김 어미와 종결어미를 중심으로」, 한글 221, 한글학회, 107-156.

김병건(2011), 「서술법 씨끝의 변화 유형 연구-근대국어를 중심으로」, 한말연구 28, 한말연구학회, 5-24.

서민정(2007), 「'토'의 통어적 기능을 위한 문법 체계」, 언어과학 14-3, 한국언어과학회, 43-61.

서민정(2009), 『토에 기초한 한국어 문법』, 제이앤씨.

이익섭·임홍빈(1983), 『국어 문법론』, 학연사.

이유기(2012), 「서술문 종결형식의 변천 과정」, 국어사연구 14, 국어사학회, 29-62.

장경희(2010), 「언어 화석의 확인과 공시적 처리 방안」, 한국어학 48, 한국어학회, 45-76.

장윤희(2005), 「현대국어 문법 요소와 통시적 정보」, 국어학 45, 국어학회, 313-336.

장윤희(2012), 「국어 종결어미의 통시적 변화와 쟁점」, 국어사연구 14, 국어사학회, 63-99.

정언학(2006), 「통합형 어미 "-습니다"류의 통시적 형성과 형태 분석」, 국어교육 121, 한국어교육학회, 317-356.

최규수(2014), 「융합 형식을 포함한 용언 종결형의 분석-'-을X, -는X, -던X' 형식을 중심으로」, 한글 305, 한글학회, 171-197.

허철구(2007), 「어미의 굴절 층위와 기능범주의 형성」, 우리말연구 21, 우리말학회, 323-350.

허 웅(1975), 『15세기 국어 형태론』, 샘문화사.

허 웅(1987), 『국어 때매김법의 변천사』, 샘문화사.

허 웅(1995/2000), 『20세기 우리말의 형태론』, 샘문화사.

제2부

격조사와 보조조사의 문법 정보

용언의 논항 구조와 격 표시*

1. 들어가기

한국어 문법은, 간단히 말하자면, 한국어의 언어 자료에 대한 이론적 모형이라 할 수 있다. 따라서 한국어 문법은 일차적으로 한국어 자료의 철저한 분석에 기초해야 한다.

물론 한국어 문법도 보편 문법의 한 부분이기 때문에, 보편 문법의 틀 안에서 논의되어야 한다. 그러나 보편 문법이란 것도, 기본적으로 세계의 여러 언어 자료들의 해석에 바탕을 두므로, 적어도 일차적으로는 그러한 언어 자료들의 분석에 기초하고 있다. 보편 문법에서 매개변수를 설정하는 것도 그러한 분석의 결과 얻어지는 언어 유형적 특성들을 문법 이론에 반영하기 위함일 것이다. 이러한 배경에서, 보편 문법을 수립하기 위한 일차적 자료의 해석이라는 관점에서 한국어 자료의 특징을 고려할 필요가 있다. 최근의 한국어 문법에서 보면, 주로 보편 문법의 관점에 서서 한국

---

* 최규수(2009), 「용언의 논항 구조와 관련된 몇 가지 문제」, 우리말연구 24, 우리말학회, 87-114.

어 자료를 처리해 온 경향이 있었다고 판단되기 때문이다.[1]

이 글에서는 이러한 관점에서 한국어 논항 구조와 관한 몇 가지 문제를 '격 표지'[2]의 표시를 중심으로 논의하고자 한다. 이 글에서 논의할 내용을 정리하면 다음과 같다.

> (1) ㄱ. 격 표지는 원칙적으로 명사(구)에 붙는 것인가?
> ㄴ. 동사의 논항을 어떤 방식으로 예측하는가?
> ㄷ. 주어와 목적어는 무엇이며, 어떤 방식으로 확인하는가?
> ㄹ. 격 표지는 항상 실현되어야 하는가?

이상의 문제들은 한국어 문법에서 기본적인 것들인데, 한국어 용언의 논항 구조와 관련된 논의에서는 이러한 질문에 대한 특정한 대답을 어느 정도 당연한 것으로 전제하고 있는 것이기도 하다.

2. 격 표지의 분포 문제

2.1. 허웅(1983)에서는 체언토(토씨)의 분포에 대하여 다음과 같이 논의하였다.

> (2) 임자씨에 붙는 것이 원칙이지만, 반드시 그런 것이 아니어서 어찌씨

---

1) 보편 문법이 비교적 충분히 확립되어 있는 언어학적인 관점에서는 이러한 생각이 너무 소박하다는 비판도 있을 수 있겠다. 그러나 비록 소박한 생각이라 할지라도, 한국어 문법 연구에서 적어도 한 번쯤은 꼭 생각해 보아야 할 것이라 생각된다.
2) '산을, 강에서'의 '-을'과 '-에서'의 범주가 단어인가 아닌가, 단어이면 어떤 범주인가 등에 대하여 많은 논의가 있었으며, 그 논의들에 따라 많은 이름들로 불렸다. 그러한 논의들과는 별도로, 이것들이 '격'을 나타내는 것이라는 것에는 대체로 동의한다. 이 글에서는 단어의 여부에 관해서는 중립적인 입장을 취할 목적으로, 그 범주들을 가리키는 용어를 '격 표지'라 하기로 한다.

에도 붙고, 풀이씨에도 붙고, 또 이은말이나 마디(월)에도 붙을 수 있
다. (허웅 1983 : 125)

이에 대하여, 격 표지를 중심으로 정리해 보기로 한다. 한국어의 격 표
지는 (3)과 같은 용언과 비교적 자유로이 결합한다.

(3) ㄱ. V-음/기
　　ㄴ. V-으냐/느냐, V-은가/는가

이러한 용언들이 쓰인 예들로는 다음과 같은 것들이 있다.

(4) ㄱ. [보상대책을 어떻게 마련하느냐]가 더 중요하다.
　　ㄴ. [그것이 어려우냐 쉬우냐]를 따지지 않고.
　　ㄷ. 상황은 [어떻게 받아들이느냐]에 따라 다른 것.
　　ㄹ. [끝내기까지 계산을 할 수 있느냐]로 승패가 결정된다.

(5) ㄱ. [누가 먼저 오는가]가 문제이다.
　　ㄴ. [막대기에 던져 어느 편이 많이 꽂았는가]를 겨루는 놀이.
　　ㄷ. [학습 결과에서 효과가 있는가]에 초점이 맞추어져 왔다.
　　ㄹ. [물속에서 가재가 살고 있는가]로 판단했다고 한다.

2.2. 이러한 격 표지의 분포를 고려하면서, 체언토가 "임자씨에 붙는
것이 원칙"이라는 허웅(1983)의 말을 검토해 보기로 한다.

품사를 기준으로 보면, 'V-음/기'와 'V-으냐/느냐, V-은가/는가'에는 여
러 종류의 격 표지들이 결합한다. 따라서 한국어에서 격 표지가 용언과
결합한 것은, 비전형적이거나 주변적인 문법 현상이 아니라, 체언과 결합
한 것과 거의 동등하게 다루어야 하는 문법 현상으로 보아야 할 것이다.

그런데 영어와 같은 유럽어의 경우에는 절과 문장에 격 표지가 결합하

는 현상은 찾아보기 어렵다. 이러한 것을 고려한다면, 한국어에서 절이나 문장에 격 표지가 결합하는 것은 한국어의 주요한 특징의 하나로 보아야 한다고 생각된다. 이를 다음과 같이 정리할 수 있다.

(6) 한국어의 격 표지는 구뿐만 아니라, 절과 문장과도 결합한다.

2.3. 이제 (7)의 '물속에서 살고 있는가'의 범주를 생각해 보자.

(7) [물속에서 가재가 살고 있는가]로

앞선 연구에서, 격 표지와 결합한 '물속에서 살고 있는가'를 문장(이나 절)로 보지 않은 논의들이 있고, 또 이것을 '명사 상당어'라 하기도 했다.[3] 이러한 논의는 허웅(1983)의, 격 표지가 "임자씨에 붙는 것이 원칙"이라는 것을 지키려 한 결과라고 짐작된다.

그런데 인용절에 대한 많은 논의들에서 인용격 표지가 결합한 문장을 절로 간주한다.[4]

(8) [그런 걸 다 아느냐]고 하시며, 자세하게 알려주었어요.

그런데 (8)에서 격 표지 '-고'가 결합한 문장을 절이라 한다면, (7)에서 격 표지 '-로'가 결합한 문장도 절이라 할 수 있다. 이 문제의 성격을 분명히 하기 위하여, '명사절'이란 용어의 용법을 이해할 필요가 있다.

명사절에서 'V-음/기'를 명사형이라 부른 것은 그것에 여러 격 표지가

---

3) '명사 상당어'를 설정할 때 가장 큰 문제는 문법(의 용어) 체계에서 어떤 지위를 차지하는 지 매우 불분명하다는 것이다.

4) 인용문에 쓰인 '-이라고, -고'의 범주적 특성에 대해서는 다양한 논의들이 있지만, 이 글 에서는 이것들을 격 표지로 보며, 또 그 앞의 문장을 인용절로 본다. 이러한 견해에 대한 더 이상의 논의는 최규수(2007)을 참고할 것.

자유로이 결합할 수 있기 때문이고, 'V-음/기'로 형성된 절을 명사절이라 한 것은 그 절이 체언과 같은 역할을 하기 때문이다. 곧, 명사형이나 명사절이란 용어는 결국 '여러 격 표지가 자유로이 결합할 수 있다'는 것을 기준으로 붙인 이름임을 알 수 있다.

이상의 논의에 따르자면, (7)과 (8)에서 '-로'와 '-고'가 결합한 문장도, 그것이 절이라면 '명사절'일 것이며, 그것이 문장이라면 '명사문장'으로 보는 것이 논리적으로 타당할 것이다.[5)]

2.4. 격 표지가 용언과 결합한다는 것은 한국어 문법에서 당연한 사실이다. 그런데도 여기서 이것을 새삼스레 강조하는 것은, 한국어 격 표지를 논의한 앞선 연구에서 문장이나 절과 결합한 격 표지를 거의 고려하지 않았다고 생각되기 때문이다.

3. 격 표지의 표시 문제

3.1. 결합가는 어떤 단어가 가지는, 그 단어와 결합하는 논항의 수와 범주적 특성에 관한 정보를 말한다. 문법에서 결합가 자질을 설정하는 것은 다음과 같은 목적을 위해서다.

(9) 어떤 통사적 구성의 논항 구조는 중심어[핵]에 의하여 예측된다.

여기서 먼저 유의하고자 하는 것은 (9)가 언어 자료에 대한 경험적 관찰에 의해서 파악된 단어의 속성이라는 것이다. 따라서 경험적 관찰에 의하여 수립된 어떤 단어의 논항 구조를 결정하는 경험적 기준이 중요할 것

---

5) 정렬모(1946)에서는 인용절(문장)을 '모형명사'라 하였다.

이다. 여기서는 이 문제에 대하여 논의하고자 한다.

먼저, 결합가의 규정에서, (9)의 진술 이외에 다음의 진술이 추가되어야 한다.

(10) 하나의 단어는 하나 이상의 논항 구조를 가진다.

한국어에서 체언과 관형사, 부사, 감탄사 등의 결합가는 비교적 단순하다. 그러나 용언의 경우에는 상대적으로 복잡한데, 하나의 용언이 둘 이상의 논항 구조를 가지는 일이 많기 때문이다. 예컨대, '만나다'와 '만들다'는 둘 이상의 논항 구조를 가진다.

(11) ㄱ. 나는 반가운 사람을 만났다.
　　 ㄴ. 나는 토요일에 동창들과 만난다.

(12) ㄱ. 그는 나무로 책상을 만들었다.[6]
　　 ㄴ. 영국은 홍콩을 식민지로 만들었다.
　　 ㄷ. 그는 상대를 꼼짝 못하게 만들었다.
　　 ㄹ. 그는 부하들을 명령에 무조건 복종하도록 만들었다.

3.2. 이제 논항 구조에서 논항의 범주에 대하여 생각해 보기로 한다. 먼저, 논항의 범주는 다음과 같이 말할 수 있다.

(13) 논항의 범주는 중심어의 결합가 정보에 의하여 예측된다.

그런데 보통 (13)을 바탕으로 하여, (14)도 당연한 것으로 받아들이는

---

6) (12)의 ㄱ과 ㄴ을 비교하면, 논항 구조에서 어순도 고려해야 함을 알 수 있다. 한국어의 어순은 비교적 자유롭다고 알려져 있다. 그러나 '만들다'에 쓰인 '-로'와 같이 두 가지 의미를 가지고 있는 경우이거나, 특수한 구조에서 어순이 중요한 역할을 한다. 이 글에서는 이에 대하여 더 이상 논의하지 않는다.

경향이 있는 것으로 생각된다.7)

　(14) 논항의 표시에서 범주의 형식은 표시하지 않아도 된다.

　그러나 (13)으로부터 (14)가 도출되는 것은 아니다. 이에 관해서, 논항의 범주가 용언인 경우와 체언인 경우로 나누어 살핀다.

　먼저 범주가 용언인 경우인데, 이 경우는 논항이 절이나 문장일 경우이다. 예컨대 (12)ㄷ은 논항의 하나로 '꼼짝 못하게'를 가지는데, 이 논항은 용언의 형식이 '못하고'나 '못하니' 등이 아니라, '못하게'이어야 한다. 따라서 어떤 용언의 논항 구조에서, 용언이 논항인 경우에는 그 용언의 형식에 관한 정보를 표시해야 한다.

　(15) 만들다 : < ..., CP[게] >

　논항이 체언인 경우에도 이와 마찬가지로 체언의 형식인 격 표지가 표시되어야 한다. '만들다'의 논항 구조를 체언과 용언의 형식을 모두 표시하면 다음과 같이 나타낼 수 있다.

　(16) 만들다 : < NP[가], NP[를], CP[게] >

　물론 하나의 논항 구조를 가진 용언의 경우에는 논항인 체언의 형식이 그 용언의 결합과 정보에 의하여 쉽게 예측될 것이다. 그런데 '채우다'와 같이 둘 이상의 논항 구조를 가진 경우는 조금 복잡하다.

---

7) 초기의 변형문법에서는 격 표지는 (기저구조에서 표시되는 것이 아니라) 변형에 의하여 부가되어 표층구조에서 실현되는 것으로 보았다(이에 대해서는 뒤에 다시 논의한다). 최근에도, 예컨대, 유승섭(2002)에서는 동사 '주-'의 주요 범주 자질과 하위 범주 자질을 '[-N, +V] NP1, NP2'로 표시하여, 논항에 격 표지를 표시하지 않았다.

(17) ㄱ. 영이가 상자에 사과를 채운다.
    ㄴ. 영이가 사과로 상자를 채운다.

이상의 예를 바탕으로 '채우다'의 논항 구조를 다음과 같이 설정할 수 있다.

(18) ㄱ. < NP[가], NP[에], NP[를] >
    ㄴ. < NP[가], NP[로], NP[를] >

한국어 문법에서 어떤 서술어가 논항으로 'NP에'를 취하는가 아니면 'NP로'를 취하는가 하는 문제는 아주 중요하다. 그런데 논항의 범주의 형식이 표시되지 않으면 어느 논항 구조에 속하는 범주의 형식인지 판단하기 어렵기 때문이다. 곧, '채우다'의 논항 구조에서 격 표지를 제거한다면, '채우다'의 일반적인 논항 구조는 (19)처럼 표시될 수밖에 없는데, (19)에서는 논항의 하나가 'NP에'인지 'NP로'인지 전혀 예측할 수 없다는 것이다.

(19) < NP, NP, NP > 채우다.

이상에서, 용언의 논항의 범주는 반드시 그 범주의 형식이 표시되어야 하며, 따라서 격 표지도 당연히 표시되어야 함을 논의하였다. 그런데 이상의 논의는, 통사적 구성이 둘 이상의 어휘소(단어)의 결합체가 아니라, 어절(단어의 구체적인 형식)들의 결합체라는 아주 단순한 것에서 당연히 추론되는 것이다.

(20) 통사적 구성은 어절과 어절의 결합체이다.

한국어에서 어절은, 용언의 경우에는 용언의 어간에 어미들이 결합하여 형성되고, 체언의 경우에는 체언(의 어간)에 체언토가 결합하여 형성된다. 그리고 체언토는 여러 종류가 있지만, 용언의 결합가로 예측되는 것은 격 표지이다. 따라서 어절의 형식을 드러내는 격 표지는 (용언의 어미와 함께) 용언의 논항의 중요한 정보로서 반드시 표시되어야 하는 것이다.

이상의 논의에서 보면, 앞선 연구에서 격 표지는 용언의 결합가에 의해 예측되므로 용언의 논항 구조에서 표시하지 않아도 된다는 논의들은 받아들이기 어렵다. 그리고 그러한 논의들은 (20)과 같은 기본적인 사실을 의도적이든 비의도적이든 무시하고 있는 데서 비롯된다고 볼 수 있다.

최근의 변형 문법에서는 격 표지 가운데, 이른바 어휘격 표지를 후치사로 보고 후치사구의 중심어로 분석하고 있다. 이러한 관점에서는 어휘격 표지가, 논항의 범주의 형식으로서, 당연히 논항 정보에 포함되어야 한다.[8]

3.3. 용언의 논항 정보에 격 표지를 표시하지 않아도 된다는 생각에는 격 표지가 실현되지 않는 경우에도 그것을 쉽게 예측할 (또는 복원할) 수 있다는 생각에 바탕을 두고 있기도 하다.

그런데 하나 이상의 논항 구조를 가진 용언의 경우에는, 격 표지가 실현되지 않을 때 그 논항의 격 표지가 무엇인지 전혀 예측할 수가 없다. '가다'와 '만나다'의 경우가 그러하다.

(21) ㄱ. 영이가 학교에 간다.
ㄴ. 영이가 학교로 간다.
ㄷ. 영이가 학교를 간다.

---

8) 변형 문법에서는 대개, 주격과 대격, 소유격 등의 이른바 구조격 표지들은 여전히 논항의 정보에서 제외한다. 그러나 이 글에서는 구조격 표지들도 논항 정보에 포함되어야 한다고 보는데, 이에 대해서는 4장에서 논의된다.

(22) ㄱ. 영이가 철수와 만난다.
ㄴ. 영이가 철수를 만난다.

위의 (21), (22) 문장들과 다음 (23)의 문장들을 비교해 보자. (23)에서 '학교∅'의 '∅'가 '-에'와 '-로', '-를' 가운데 어느 것에 대응하는 것인지, 그리고 '철수∅'의 '∅'가 '-와'와 '-를' 가운데 어느 것에 대응하는 것인지 전혀 예측할 방법이 없다.

(23) ㄱ. 영이가 학교∅ 간다.
ㄴ. 영이가 철수∅ 만난다.

이상의 논의는 일반적으로는 다음과 같이 정리할 수 있겠다.

(24) 어떤 논항에 둘 이상의 격 표지가 실현될 수 있으면, 어떤 격 표지가 실현되지 않은 것인지 예측할 수 없다.

그리고 둘 이상의 논항을 취하는 용언에서, 각 논항에 하나의 격 표지만 실현될 수 있는 경우라도, 둘 이상의 논항들에 동시에 격 표지가 실현되지 않는 경우에는 어느 논항에 어떤 격 표지가 대응하는지 예측할 수 없다. 다음의 예를 보자.

(25) 영이는 철수만 좋아한다.

위 문장은 격 표지가 실현되어 있지 않은데, '영이는'과 '철수만'에는 어떤 격 표지가 대응하는지를 어떻게 예측할 수 있을까? 먼저 (26)의 문장의 ㄱ으로 예측할 수 있겠다. 그런데 주제문의 특성에 따라, ㄴ으로 예측할 수도 있다.[9] 결국은, (25)에서 실현되지 않은 격 표지를 정확히 예측할 수 없다는 결론이 도출될 수밖에 없을 것이다.

(26) ㄱ. 영이가 철수를 좋아한다.
ㄴ. 철수가 영이를 좋아한다.

여기서 한 가지 유의할 것이 있다. (26)과 같이 주어와 목적어가 의미상으로 다른 유형의 경우에는, 주어와 목적어가 쉽게 예측된다. 그러나 이러한 예측은 통사적인 문제가 아니라 의미론적이거나 인식론적인 근거에서 비롯된 것이다.

(27) 영이는 사과만 좋아한다.

(28) ㄱ. 영이가 사과를 좋아한다.
ㄴ. '사과가 영이를 좋아한다.

이상에서 보면, 용언의 논항에서 격 표지가 실현되지 않은 경우에, 그 격 표지가 무엇인지 예측할 수 있다는 논의는 받아들이기 어렵다. 이러한 논의를 다음과 같이 정리할 수 있다.

(29) 용언의 논항 정보는 격 표지에 관한 정보를 포함해야 한다.

물론 용언에 따라 논항의 격 표지에 관한 정보를 예측할 수 있는 경우도 있다. 그러나 예측할 수 있는 경우도, 예측할 수 없는 경우와 마찬가지로 다루어야 한다는 것을 고려해야 할 것이다.

3.4. 한국어 문법 연구에서 논항 구조의 논항에 격 표지를 표시해야 하

---

9) 여기서는 복원할 수 있는 격 표지만 고려한다.

는가 그렇지 않는가 하는 문제는 변형 문법에서 기저 구조와 표층 구조의 두 층위를 설정한 것과도 관련이 있다고 생각된다. 한국의 초기 변형 문법에서는 대체로 격 표지가 기저 구조에서는 존재하지 않고, 변형에 의하여 부가되는 것으로 보았다. 그런데 이러한 초기 한국의 변형 문법의 논의는 문제가 있다고 판단된다.

변형 문법에서는 어휘가 기저 구조의 마지막 교점에 삽입되고, 삽입되는 어휘는 격 표지를 가진 형식이라는 것을 고려한다면, 어떤 언어에서든지 기저 구조에 격 표지가 표시되어야 한다는 것은 당연한 일이다. 사실 변형 문법에서 격을 표층 구조의 문제로 처리한 것은, 격 표지가 기저 구조에서 실현되지 않는다는 것이 아니라,[10] 표층 구조에서 예측할 수 있는 성질의 것이라는 뜻에서 그렇게 한 것이다.

최근의 변형 문법에서는 이른바 어휘격들은, 영어의 전치사에 대응하는 것(후치사)으로 본다. 따라서 격 표지는 기저 구조에 표시되고, 논항 구조의 논항에도 당연히 격 표지가 표시되는 것이다.

한 가지 덧붙인다면, 표층 구조만을 인정하는 문법 이론에서는 한 개의 층위만 있는 체계로 구성되어야 할 것이다. 그리고 그런 이론에서는, 논항 구조에서 격 표지는 당연히 표시되어야 할 것이다.

3.5. 이제 논항의 격 표지의 표시와 관련하여, 격과 격 표지의 관계를 보기로 한다.

한국어에서 격은 보통 주격, 대격, 관형격, 부사격을 설정한다. 여기서 기능(격)과 격 표지의 관계를 보면, 먼저 주격 표지는 '-이/가'이고, 대격 표지는 '-을/를'이고, 관형격 표지는 '-의'로서, 주격과 대격, 관형격은 각

---

10) 영어는 체언에서 격 표지를 분리하여 표시할 방법도 없다. 한국어의 체언도 영어와 같은 성질을 가졌다면, 아마도 여기서 다루고 있는 이런 종류의 문제는 발생하지 않았을 것이다.

각 한 개의 형식에 대응한다. 따라서 이것들은 논항의 표시에서 격을 표시하든지, 격 표지를 표시하든지 문제가 없다. 예컨대 '보다'의 논항 구조를 (30)의 ㄱ으로 표시해도 되고, ㄴ으로 표시해도 될 것이다. 격에서 항상 일정한 격 표지를 예측할 수 있기 때문이다.

(30) ㄱ. < NP[nom], NP[acc] >
　　 ㄴ. < NP[가], NP[를] >

그런데 부사격 표지는 '-에, -에게, -으로, -와' 등의 여러 개의 형식에 대응한다. 여기서 부사격과 부사격 표지의 수의 '일 대 다'의 대응 관계는 논항의 격 표지의 표시에서 문제가 된다. 만일 부사격을 논항으로 선택하는 어떤 용언의 논항 구조에서, (31)과 같이 부사격을 표시한다고 하자. 그러면 (31)은 (32)의 여러 부사격 표지를 집합적으로 나타내게 된다.

(31) < ..., NP[adv] >

(32) ㄱ. < ..., NP[에] >
　　 ㄴ. < ..., NP[에게] >
　　 ㄷ. < ..., NP[으로] >
　　 ㄹ. < ..., NP[와] >

여기서 (31)과 같이 부사격을 설정하여 논항 구조를 설정하는 것은, 부사격의 외연이 너무 넓고, 너무 많은 정보를 담고 있기 때문에, 정보성이 너무 떨어진다. 이러한 문제를 해결하기 위해서는, 결국 부사격을 하위분류하여 표시할 수밖에 없다.[11] 그러면 예컨대 김광희(1998 : 222)에서처럼, 부사격을 논항으로 취하는 용언의 논항 구조를 (33)과 같이 표시할 수 있

---

11) 허웅(1983)에서처럼 부사격을 '위치격, 방편격, 공동격' 등으로 나누어도 궁극적으로는 문제가 해결되지 않는다.

을 것이다.

> (33) ㄱ. < ..., NP[adv, 에] >
> ㄴ. < ..., NP[adv, 에게] >
> ㄷ. < ..., NP[adv, 으로] >
> ㄹ. < ..., NP[adv, 와] >

그런데 (33)의 '에, 에게, 으로, 와' 등은 격을 표시하는 것이 아니다. 따라서 (33)을 주격과 대격, 관형격과 동일한 방식으로 표시하기 위해서는, 다시 말하자면, (33)의 각 격 표지의 기능의 차이를 격에 반영하기 위해서는 'adv1, adv2, ...' 등과 같이 격을 하위분류해야 할 것이다. 이러한 것을 반영하면, (33)은 (34)로 수정해야 할 것이다.

> (34) ㄱ. < ..., NP[adv1] >
> ㄴ. < ..., NP[adv2] >
> ㄷ. < ..., NP[adv3] >
> ㄹ. < ..., NP[adv4] >

그런데 이와 같이 논항 구조에서 어차피 어떤 방식으로든 격 표지에 관한 정보를 명시해야 한다면, 최근의 변형 문법에서와 같이, 격 표지들을 체언에서 분리하여 그것들에 독립된 통사 범주(후치사)를 부여하는 것도 하나의 방법일 것이다.

만일 그렇게 처리하게 되면, 부사격을 하위분류해야 하는 번거로움이 사라지게 된다. 그 까닭은 그런 경우에는 용언이 어떤 논항을 선택할 때, 체언의 격의 형식이 아니라, 후치사의 형식에 의존하기 때문이다.[12] 그러

---

12) 영어에서 용언이 전치사구를 선택하는 것과 동일한 방식으로 후치사를 선택하게 된다. 물론 이 경우에는 한국어에는 후치사가 격의 정보를 가진다는 약정을 하거나, 한국어에는 격이 없는 것으로 가정해야 할 것이다.

면 (34)는 (35)와 같은 방식으로 표시될 것이다.

(35) ㄱ. < ..., PP[에] >
　　 ㄴ. < ..., PP[에게] >
　　 ㄷ. < ..., PP[으로] >
　　 ㄹ. < ..., PP[와] >

3.6. 용언의 논항이 절이나 문장일 때도 격 표지를 후치사로 보는 것이 설명이 간명하다.

(36) ㄱ. 이 일이 잘 되고 못 되기는 [너 하기]에 달렸다.
　　 ㄴ. [내가 알기]로는 그는 결코 좋은 사람이 아니다.

(37) ㄱ. [끝내기까지 계산을 할 수 있느냐]로 승패가 결정된다.
　　 ㄴ. 영이는 [나중에 만나!]라고 했다.

(36)과 (37)의 '에'와 '으로', '라고'를 체언의 일부로 보는 것과 동일한 방식으로 처리한다면, 그것들이 용언과 결합한 전체 구조를 용언구로 간주해야 한다.

(35) ㄱ. < ..., VP[에] >
　　 ㄴ. < ..., VP[으로] >
　　 ㄷ. < ..., VP[라고] >

그런데 이렇게 보기는 어렵다고 생각되는데, 그 까닭은 다음과 같다. 첫째, 격 표지의 통사적 정보를 용언의 논항인 절이나 문장에 투사해야 하는데, 꽤 복잡한 장치가 필요할 것이다. 둘째, 체언과 결합하는 격 표지와의 분포의 동일성을 포착하기 어렵다. 꼭 같이 격 표지가 결합한 형식인데, 하나는 명사구(NP)이고, 다른 하나는 동사구(VP)로 표시되기 때문이다.

이러한 문제는 격 표지를 절이나 문장과 결합하는 후치사로 처리하면, 쉽게 처리할 수 있다. 그렇게 처리하면, 명사구, 명사절, 문장과 결합하는 격 표지의 분포의 동일성을 (39)와 같은 방식으로 쉽게 확보할 수 있게 된다.

$$(39) \quad PP \to \begin{Bmatrix} NP \\ CP \end{Bmatrix} + P$$

4. 주어와 목적어의 확인 문제

4.1. 3장에서 용언의 논항 정보는 격 표지에 관한 정보를 포함해야 함을 논의하였는데, 주격과 대격의 경우도 마찬가지라고 생각된다.

주격 및 대격은 두 가지 방식으로 실현된다. 하나는 주격 및 대격이 그것으로만 실현되는 경우이고, 다른 하나는 주격 및 대격이 다른 격과 교체될 수 있는 경우이다.[13]

(40) ㄱ. **영이가 영화를** 본다.

(41) ㄱ. {**영이가, 영이의**} 손이 예쁘다.
　　ㄴ. 책을 {**영이를, 영이에게**} 주었다.

앞선 연구에서는 주격 및 대격으로만 실현되는 성분을 주어와 목적어

---

13) 유동석(1998), 김영희(1999), 김기혁(2002), 이영헌(2003) 등에서 격 교체와 관련하여 '-이/가'와 '-을/를'이 두 번 이상 나타나는 현상에 대한 논의가 있었다.

로 보고, 다른 격 표지와 교체되는 주격 및 대격으로 표지된 성분을 주어
와 목적어로 보지 않는 경향이 있다. 이 글에서는 주격과 대격으로 표지
된 어떤 성분이든지 주어와 목적어로 설정해야 하고, 주격 표지와 대격
표지도 논항 구조의 논항에 표시되어야 함을 논의한다.

4.2. 주어와 목적어의 정의에 대하여 생각해 보기로 하자. 전통 문법에
서는 주어와 목적어를 기능과 의미에 기초하여 정의하였다. 예컨대 최현
배(1978 : 748-751)에서는 다음과 같이 정의하였다.

(42) ㄱ. 임자말(主語) : 월의 임자(主體, 主題)가 되는 조각을 이름.
    ㄴ. 부림말(目的語) : 남움직씨가 월의 풀이말이 될 적에, 그 움직
       임이 부리는(使用)하는 또는 지배하는 목적물(目的物)을 나타
       내는 말.

그런데 이러한 정의는 내포와 외연의 양 측면에서 불충분하다. 먼저 임
자말의 정의에서 '임자'가 무엇을 가리키는지 알 수 없는데, 거의 동어반
복이기 때문이다. 목적어의 정의는 좀 더 구체적이지만, 그러한 정의로써
포괄하지 못하는 많은 목적어들이 있다. 따라서 이것들을 위해서 또 다른
설명들이 필요할 것이다.[14]

모든 정의는 그 정의에 부합하는 모든 문법 현상들을 포괄해야 할 뿐만
아니라 그것들만을 포함해야 한다. 그런데 의미와 기능에 기초한 전통 문
법의 주어와 목적어의 정의는 그 외연이 너무 넓거나 너무 좁아 정의로서
적합하지 못한 것이다.

사실 전통 문법에서도 주어와 목적어가 어떤 성분을 가리키는지는 명
확하게 알고 있다. 다만 주어와 목적어에 대한 정의로서 그것들을 제대로

---

14) 예컨대 홍종선·고광주(1999)에서는 목적어의 의미역을 13가지로 기술하고 있다.

포괄하지 못할 뿐이다. 전통 문법에서, 비록 명시적으로 표현되지는 않았
지만, 주어와 목적어는 다음과 같은 것을 가리킨다.

> (43) 주어와 목적어의 정의
> ㄱ. 주어는 주격 표지가 실현된 성분을 말한다.
> ㄴ. 목적어는 대격 표지가 실현된 성분을 말한다.

그리고 전통 문법에서는 주격 표지와 대격 표지가 실현되지 않았을 때
도 주어와 목적어를 정확히 지적해 낸다. 그 까닭은 주격 표지로 복원될
수 있는 성분을 '주어'라 하고, 대격 표지로 복원될 수 있는 성분을 '목적
어'라 생각했기 때문이라는 것을 쉽게 유추해 낼 수 있다.

> (44) ㄱ. **영이Ø** 예쁘다.
> ㄴ. 영이가 **영화Ø** 본다.

또 최현배(1978)에서는 주격 표지로 대치할 수 있는 '-는'을 주격 표지
로 보았다. 이러한 것을 고려하더라도, 암암리에 (43)의 정의를 설정하고
있다는 것을 짐작할 수 있다.

> (45) **그 학생은** 잘못을 뉘우쳤다.

사실 주어와 목적어에 대한 정의의 기준으로 이러한 형식적 기준 외에
는 명확한 기준이 있을 수 없다. 이런 점에서 보면, 최현배(1978)의 주어와
목적어에 관한 (42)의 정의는, (43)의 정의에 대한 구체적인 설명으로 판단
해야 할 성질의 것이다.

변형 문법에서는 문장 구조의 분석에서 더 이상 기능과 의미에 기초하
지 않으며, 철저하게 범주에 바탕을 두었다. 그리고 구조 분석에서는 기능

적 개념인 주어와 목적어를 형식에 기초하여 정의하였다. 곧, 주어와 목적어를 성분 구조에서 그것들이 차지하는 위치에 따라 정의한 것이다. 초기의 변형 문법에서는 다음과 같이 정의한다.15)

(46) ㄱ. 주어 : S에 직접 관할되는 NP
    ㄴ. 목적어 : VP에 직접 관할되는 NP

그런데 이러한 정의마저도, 사실상 주어가 주격 표지로 실현된 성분이고, 목적어가 대격 표지로 실현된 성분이라는 것을 전제하고 있는 것으로 판단된다. 사실 위 정의에서 나타난 주어와 목적어의 위치는, 각각 주격 표지가 실현된 성분과 대격 표지가 실현된 성분이 나타나는 자리이기 때문이다.

그런데 영어의 변형 문법에서 이렇게 자리를 정해놓은 것은 영어는 단어(성분)의 순서가 엄격히 정해져 있기 때문에, 주어와 목적어가 차지하는 순서상의 위치를 계층적 구조상의 위치로써 표시하기 위한 것이다. 그런데 한국어에서는 그러한 문장에서 주어와 목적어가 차지하는 위치가 엄격하게 정해져 있지 않기 때문에, (46)처럼 정의해야 할 필요까지는 없을 것이라고 생각된다.16)

---

15) 최근의 변형 문법에서는 통사 범주를 조정함으로써 주어와 목적어의 정의가 달라지지만, 기본적인 것은 동일한 생각에 바탕을 두고 있다.

16) 변형 문법에서는 주격과 대격, 관형격을 '구조격'이라 하고, 그 밖의 격을 '어휘격'이라 하여 구별하는 경향이 있다. 이에 대하여 최근의 변형 문법에서는 구조격은 체언의 일부이고, 어휘격은 후치사로 다루고 있다.
그런데 이러한 논의에서 격 표지가 형태론과 통사론의 두 측면을 구별하여 논의할 필요가 있다고 생각된다. 문장에서 주어와 목적어, 관형어는 다른 성분들에 비하여 특별한 지위를 차지하는 것은 틀림없다. 그러나 그 사실로부터 형태론에서도 이른바 구조격 표지들의 범주를 다른 격 표지들의 범주를 달리 규정해야 한다는 결론이 도출되는 것은 아니다. 형태론의 측면에서 보면, 이른바 구조격과 어휘격을 구별할 특별한 근거는 없다고 판단된다. 주어와 목적어, 관형어의 특별한 지위는 통사론에서 고려하면 되는 것이지, 격 표지의 범주로 구별해야 할 성질의 것이 아니라고 판단되기 때문이다.

4.3. 이제 다른 격 표지와 교체되는 주격 표지와 대격 표지를 가진 성분이 주어와 목적어가 아니라는 주장을 검토하기로 한다. 만일 이러한 주장이 성립하려면, 먼저 다음에 쓰인 '-이/가'와 '-을/를' 성분이 주어와 목적어가 아니라는 것을 논증해야 한다.

> (47) ㄱ. {**영이가, 영이의**} 손이 예쁘다.
> ㄴ. 책을 {**영이를, 영이에게**} 주었다.

그런데 앞선 연구에서는 이에 대해 명시적으로 논의하지 않았다. 주격과 대격 표지가 다른 격 표지와 교체된다는 것 자체를 그 이유로 들 수 있으나, 논리적으로 받아들이기 어렵다.

사실 다른 격으로 교체된 주격 표지과 대격 표지를 가진 성분을, 다른 격과 교체되지 않는 것과 마찬가지로, 주어와 목적어로 충분히 해석할 수 있다.[17]

주어의 경우, (47)에서 '영이가'는 '손이 예쁘다'라는 용언절의 주어로 보면 해결된다.

목적어의 경우에는 조금 더 논의가 필요하다. 목적어를 취하는 동사를 타동사라 하는데, 다른 격 표지와 교체되는 대격 표지로 실현된 성분을 취하는 용언을 타동사라 할 수 있겠는가 하는 문제가 있을 수 있다. 그런데 타동사가 '목적어를 취하는 동사'로 정의되고, 목적어는 다시 '대격 표

최규수(2000), 우순조(2006)에서도 구조격과 어휘격을 구분할 통사적 근거가 없다고 주장하였다.

17) 앞선 연구에서, 다른 격 표지와 교체되는 주격 표지와 대격 표지를 포함하여, 이것들을 '주제화' 또는 '초점화' 표지로 보기도 한다. 그런데 이것들을 '주제화' 또는 '초점화' 표지로 분석하려면, 다음과 같은 문제점을 해결해야 한다. 만일 이들 '-이/가', '-을/를'이, 격 표지가 아니라, '주제화' 또는 '초점화' 표지라고 한다면, 그것들을 보조조사와 같은 것으로 분석해야 하는데, 그것들이 보조조사의 특징에 부합하는지를 살펴야 한다. 그런데 이것들은 보조조사의 특징인, 분포가 자유롭고, 그 기능이 용언의 논항 구조의 형성과 관련이 없다는 것에 부합하지 않는다는 문제가 있다.

지가 실현된 성분'을 가리킨다고 진술한다면, 그리고 하나의 동사가 둘 이상의 문형을 가질 수 있다는 것을 고려한다면, 하나의 동사가 타동사와 자동사로 쓰이는 것은 자연스럽게 받아들일 수 있다. 예컨대, '만나다'는, "영이를 만나다"에서는 타동사로, "영이와 만나다"에서는 자동사이다. 이와 마찬가지로, '가다'의 경우, '-에' 성분을 취하면 자동사이고, '-를' 성분을 취하면 타동사이다. '주다'의 경우는, 하나의 목적어를 취하는 타동사일 수도 있고, 두 개의 목적어를 취하는 타동사일 수도 있다.

복잡한 문장에서 격이 교체되는 다음의 예도 마찬가지로 해석된다.

(48) ㄱ. 철수는 영이{가, 를} 바보라고 생각한다.
　　 ㄴ. 나는 그 영화{를, 가} 보고 싶다.

(48)에서, ㄱ은 복합문의 형성에서, '영이가'는 안긴문장의 주어로, '영이를'은 안은문장의 목적어로 분석하면 아무런 문제가 없다. ㄴ의 경우는 조금 복잡하다. '영화를'은 안긴문장의 목적어로 분석된다. 그런데 '영화가'는 '보고'와 '싶다'가 결합하여 하나의 용언으로 재구조화된 '보고 싶다'가 형성하는 문장의 주어로 볼 수 있다. 여기서 '보고 싶다'는 '그립다, 무섭다' 등과 같은 계열을 형성하게 될 것이다.

4.4. 이상의 논의를 간추리면 다음과 같다. 한국어에서 주어와 목적어를 확인하는 데는 주격 표지와 대격 표지가 결정적이기 때문에, 용언의 논항에는 주격 표지와 대격 표지가 표시되어야 한다. 그리고 다른 격 표지와 교체되는 주격 표지와 대격 표지로 실현된 것들도 주어와 목적어로 충분히 분석할 수 있다.

5. 격 표지 실현의 필수성 문제

5.1. 용언의 논항의 격 실현의 문제는 '-이-'의 문법적 성격을 논의하는 자리에서 많이 논의되었다.[18] 예컨대, 시정곤(1994 : 284)에서 보면, '-이-'가, 단어(나 어근)이 아니라, (통사적) 접사라는 증거의 하나로 다음을 들고 있다.

(49) 왜 '-이(다)'는 선행 명사구에 격을 배당할 수 없는가?

이러한 문제 제기는 '-이-'가 용언이라는 주장에 대한 반론으로 제기한 것이다. 그런데 (49)는 다음과 같은 주장을 전제하고 있다고 판단된다.

(50) 용언의 모든 논항은 반드시 격 표지가 실현되어야 한다.

여기서는 한국어의 다른 자료들을 고려할 때, (50)의 진술이 항상 참인 것으로 가정할 수 없다는 것을 논의하고자 한다.[19] 만일 이 진술이 참이 아니라면, 어떤 종류의 용언의 논항에는 격이 배당되지 않는 경우가 있을 수 있고, 만일 그렇다면 (49)의 문제 제기 자체가 문제가 될 수 있기 때문이다.

5.2. 한국어 체언이나 용언의 논항 가운데는 격이 실현되지 않거나, 임의적으로 실현되는 경우가 있다.

---

18) '이다'의 문법범주와 그 앞의 성분의 격 실현의 문제에 대한 앞선 연구에 대한 상세한 논의는 목정수(1998, 2006), 양정석(1996, 2001)과 김의수(2002) 등을 참조할 것.
19) 물론 위의 주장은 변형 문법의 이론적 가정에서 기인한다. 그런데 서론에서 언급했듯이, 언어자료들을 설명하기 위하여 이론이 존재하는 것이기 때문에, 특정한 이론이 명백해 보이는 특정한 언어자료를 제약할 수는 없다고 생각한다. 굳이 변형 문법적 방식으로 설명한다면, 격 실현의 매개변수로 설명되어야 할 성질의 것으로 생각된다.

다음에서 '대회'의 논항인 '맥주 마시기'에는 '-의'가 실현될 수 있으나, 실현되지 않는 것이 자연스럽다. 그리고 '싫다'의 논항인 '학교에 가기'에는 '-가'가 실현될 수 있는데, 실현되는 것이 자연스러운지 그렇지 않은 것이 자연스러운지 결정하기 어렵다. 그리고 '있다'의 논항인 '수'에도 '-가'가 실현될 수 있으나, 역시 '-가'가 실현되는 것이 자연스러운지 그렇지 않은 것이 자연스러운지 결정하기 어렵다.[20]

(51) ㄱ. [맥주 마시기] 대회.
ㄴ. 나는 [학교에 가기] 싫다.

(52) 나는 [그것을 할 수] 있다.

형식동사의 논항으로 쓰이는 형식명사나 절에는 보통은 격 표지가 실현되지 않는데,[21] 이들 예에서 실현될 수 있는 어떤 격 표지도 가정하기 어렵다.

(53) ㄱ. 동생이 [돌아온 성] 싶다.
ㄴ. 그가 [떠난 듯] 하다.

(54) ㄱ. 나도 [한 번 해 볼까] 싶다.
ㄴ. 영이가 [시집을 가는가] 보다.

5.3. 이상의 논의에서 보면, 한국어 용언의 논항이 격 표지를 취하지 않

---

20) 이러한 예들은 최재희(1999)에서 논의된, 격 표지들이 생략되어 실현되지 않는 것들과는 차이가 있다.
21) 최재희(1996 : 206-207)에서는 의존명사가 격조사 생략 형태로만 나타나는 까닭은 다음과 같이 설명하고 있다. "이러한 현상은 의존동사의 불완전성을 보충해 주는 기능으로서 통사론적 구성이 형태론적 구성으로 문법화되어 가는 특성에서 연유한다고 보고자 한다."

는 경우가 많기 때문에, 용언의 논항에는 반드시 격 표지가 실현되어야
한다는 가정은 받아들이기 어렵다는 것을 알 수 있다. 따라서 한국어 문
법에서는 격 표지가 실현되지 않은 논항이 있다는 것을 받아들이는 것이
자연스럽다고 판단된다.

6. 마무리

이 글에서는 한국어 논항 구조와 관련된 문제들을 논항의 격 표지의 표
시를 중심으로 살폈는데, 간추리면 다음과 같다.

첫째, 한국어의 격 표지는 체언뿐 아니라, 용언(절이나 문장)에도 붙을 수
있다. 그런데 격 표지에 관한 앞선 연구에서는 용언에 붙는 격 표지를 거
의 고려하지 않았는데, 용언에 붙는 격 표지도 한국어 문법에서 충분히
고려해야 한다.

둘째, 한국어 논항 구조에서 논항의 격 표지를 명시해야 한다. 그리고
부사격의 기능과 표지가 '일 대 다'의 대응 관계를 보이는 문제를 간명하
게 해결하기 위해서는, 격 표지의 범주를 후치사로 보는 것이 바람직하다.

셋째, 한국어의 주어와 목적어를 정의하거나 확인하는 데는 주격 표지
와 대격 표지가 결정적이기 때문에, 주격과 대격의 표지도 용언의 논항
구조에 명시해야 한다. 그리고 주격 표지와 대격 표지도 부사격 표지와
동일한 범주로 처리되어야 한다.

넷째, 한국어에서 모든 용언의 논항에 격 표지가 꼭 실현되어야 하는
것은 아니며, 격 표지가 실현되지 않아야 하는 경우도 있음을 한국어 문
법에서 고려해야 한다.

참고 문헌

김광희(1998), 「동사의 범주위계와 자질제약을 통한 국어 논항 구조 문법의 수립에 관한 연구」, 국어학 31, 205-245.

김기혁(2002), 「국어 문법에서 격과 의미역할」, 한국어학 17, 한국어학회, 45-70.

김영희(1999), 「사격 표지와 후치사」, 국어학 34, 31-58.

김영희(2004), 「논항의 판별 기준」, 한글 266, 139-167.

김의수(2002), 「형식동사 '이다'의 문법」, 언어연구 38(3), 879-905.

김제열(1999), 「'하다' 구문의 형성 과정에 대한 고찰」, 한글 246, 157-191.

목정수(1998), 「한국어 격조사와 특수조사의 지위와 그 의미-유형론적 접근」, 언어학 23, 47-78.

박한기(2001), 「주격 교체 구문의 의미」, 한글 251, 233-260.

손인호(1995), 「국어 조사 '을/를'의 실현 조건」, 한글 228, 159-179.

시정곤(1994), 『국어의 단어형성 원리』, 국학자료원.

안명철(1995), 「'이'의 문법적 성격 재고찰」, 국어학 25, 29-49.

안주호(2006), 「현대국어 '싶다' 구문의 문법적 특징과 형성과정」, 한국어 의미학 10, 371-391.

양정석(1996), 「'-이다' 구문과 재구조화」, 한글 232, 99-122.

양정석(2001), 「'이다'의 문법범주와 의미」, 국어학 37, 337-390.

연재훈(1996), 「문법 관계 교체 구문의 연구-장소 보어 교체 구문과 소유주 인상 구문을 중심으로」, 한글 232, 147-181.

우순조(1995), 「내포문과 평가구문」, 국어학 26, 59-98.

우순조(2006), 「한국어 조사 기술과 관련된 쟁점과 대안-표지 이론적 관점에서」, 우리말연구 18, 177-213.

우형식(1994), 「동사의 결합가 기술에 대한 방법론적 접근」, 한글 225, 83-108.

유동석(1998), 「국어의 격 중출 구성에 대하여」, 국어학 31, 307-337.

유승섭(2002), 「국어 내포 구문의 논항 구조」, 한글 256, 163-190.

유승섭(2004), 「국어 겹목적어 구문의 격 점검 현상」, 한글 263, 63-93.

이남순(1987), 「국어의 부정격과 격표시」, 홍대논총 19, 홍익대학교, 145-166.

이남순(1998), 「격표시의 비실현과 생략」, 국어학 31, 국어학회, 339-360.

이영헌(2003), 「한국어 중격구조와 논항」, 언어학 11-1, 89-110.

임동훈(2004), 「한국어 조사의 하위 부류와 결합 유형」, 국어학 43, 119-154.

정렬모(1946), 『고등국어문법』, 역대한국문법대계 ①61, 탑출판사.

최규수(2000), 「자리토씨의 형태론과 통어론에 대하여」, 우리말연구 10, 우리말학회, 83-103.

최규수(2007), 「학교문법의 문장의 성분과 짜임에 대한 비판적 검토」, 한글 275, 165 -192.

최재희(1996), 「국어 의존동사 구문의 통사론-싶다, 보다, 하다'를 중심으로-」, 한글 232, 183-210,

최재희(1999), 「국어의 격 표지 비실현 양상과 의미 해석」, 한글 245, 49-78.

최현배(1937^7=1978), 『우리말본』, 정음사.

최호철(1996), 「국어의 의미격 설정에 대하여」, 한글 232, 123-145.

한정한(1993), 「'하-'의 조응적 특성과 통사정보」, 국어학 23, 215-238.

허 웅(1983), 『국어학』, 샘문화사.

홍종선·고광주(1999), 「'-을' 논항의 의미역 체계 연구」, 한글 243, 141-176.

보조조사의 의미 (1)*

1. 들어가기[1]

1.1. 보조조사들은 한 무리의 의미 부류를 이루고 있는 것으로 가정한다면, 각 보조조사의 의미는 보조조사들의 전체적인 의미 체계 속에서 파악할 수 있을 것으로 기대할 수 있다. 그러면 보조조사들의 전체적인 의미 체계를 구성하는 일정한 범위의 자질들이 있고, 각 보조조사의 의미는 각 이루는 자질들의 값들의 차이로 변별되는 것으로 파악할 수 있다. 그리고 그 자질들은 각 보조조사들의 대립적인 상관관계를 충분히 설명할 수 있도록 설정되어야 할 것이다.

이런 관점에서 보면, 앞선 연구들에 다음과 같은 문제점이 있음을 알 수 있다. 먼저, '대조, 포함, 배타, 선택, 한정, 영역'(박기덕 2001), '선택, 한정, 수량화, 극단 예시, 불만 표시, 양보 · 허용' 등(홍사만 2003)이나 '선택,

---

* 최규수(2009), 「전제와 함축에 기초한 보조조사의 의미 분석 (1)」, 한글 284, 한글학회, 133-164.

1) 이 논문의 내용은 최규수(1991, 2004)에서 보조조사 '는'과 '도'와 '만'의 의미 분석에 사용된 방법을 보충하고 수정하여, 다른 보조조사의 의미 분석에까지 확대하여 적용한 것이다.

불택, 정도, 다행, 양보, 강조' 등(홍윤혜 2007)의 자질을 설정했는데, 이것들이 어떤 관계를 형성하는지 분명하지 않다. 곧 이것들이 하의관계 또는 대립관계에 있는지, 아니면 다른 어떤 관계에 있는지 등이 분명하지 않다. 예컨대, '포함, 배타, 한정' 등은 '선택'을 전제로 하는 개념이며, '선택'은 '배타' 또는 '불택'과 상대적인 개념인 것으로 판단되는데, 이러한 것을 충분히 고려하고 있지 않다고 생각된다. 그 다음에는, 각 자질들도 분명하게 정의되어야 하는데, 그런 자질들에 대한 실제 기술을 보면, 그 자질들의 외연이 분명하게 명시되어 있지 않다.

이러한 문제점은 각 보조조사들의 의미를 개별적으로 기술한 많은 앞선 연구에서도 발견된다. 예컨대, 허웅(1983)에서는 '도'와 '만'과 '조차'를 각각 '무엇과 무엇이 한가지임, 무엇에 대한 무엇의 단독·한정, 무엇에 무엇의 덧보탬'으로 기술했는데, 여기서 '무엇'이 무엇을 가리키는지 명확하지 않고, '한가지임, 단독, 한정, 덧보탬'이란 용어의 외연도 명확하지 않다.

1.2. 이 글에서는 이러한 문제점을 유의하면서, 보조조사의 의미를 전제와 함축에 기초하여 분석하여, 그들의 관계를 파악하고자 한다.

보조조사의 의미 체계를 세우기 위해서는 무엇보다도 보조조사의 전체 목록을 확정하는 일이 전제되어야 한다.[2] 그러나 이 글에서 그러한 작업을 하는 것은 이 글의 범위에서 벗어나는 일이기 때문에, 일단 한정된 보조조사를 대상으로 연구하기로 한다. 이 글에서 다루는 보조조사들은 다음과 같다.

　　(1) 도, 만, 조차, 마저, 이라도, 이나마

---

2) 예컨대, 이원근(1997)과 같은 논의가 필요할 것이다.

이 글의 연구 대상으로 이것들을 선정한 까닭은 다음과 같다. 첫째, 그것들은 분명히 보조조사로 간주되는 것들이다. 둘째, 그것들의 의미가 전제와 함축에 기초하여 비교적 쉽게 파악되며, 그것들 사이의 관계도 비교적 분명하게 파악될 수 있는 것들이다.

위의 보조조사들을 제외한 나머지 보조조사들도 이 보조조사들과 같은 방식으로 분석될 수 있을 것이라고 기대한다. 그렇지만, 이들 보조조사에 대한 연구는 다른 기회로 미루기로 한다.

2. 전제 및 함축과 조사의 의미

2.1. 전제는 문장의 전제(논리적, 의미론적 전제)와 말할이의 전제(화용론적 전제)로 나누어지는데(이익환 1985 : 209-210), 이 글에서는 말할이의 전제를 가리킨다. 기본(1979)에서는 말할이의 전제를 다음과 같이 정의하고 있다.

> (2) (말할이의) 전제
>   들을이가 이의를 제기하지 않고 받아들일 것이라고 생각하는 말할
>   이의 가정. (T. Givón 1979 : 50)

이에 따르면, 전제는 말할이의 발언의 내용에 대하여, 들을이가 부정하지 않거나 부정할 수 없는 종류의 정보이다. 따라서 전제는 어떤 문장에 대한 부정문을 분석함으로써 파악될 수 있다. 예컨대, 다음 문장의 전제를 보기로 하자. (3)에서 ㄱ이 "영이는 무엇을 보았느냐?"라는 물음에 대한 대답으로 사용되고, ㄴ이 ㄱ에 대한 부정으로 사용되었다면, (3)의 ㄱ과 ㄴ은 (4)를 전제한다.

(3) ㄱ. 영이는 **영화를** 보았다.

  ㄴ. 영이는 **영화를** 보지 않았다.

(4) 영이는 **무엇을** 보았다. (영이가 본 어떤 사물이 있다.)

  (3)의 문장들이 (4)의 내용을 전제하고 있는 것에 대하여, 물음과 대답이라는 문맥에서 분석하면 다음과 같다.

(5) 가 : 영이는 **무엇을** 보았느냐?

  나 : 영이는 **영화를** 보았다.

  (5)의 물음과 대답은 다음과 같이 풀어 쓸 수 있다. 자연스러운 대화에서는 (5가)의 말할이는 다음과 같은 것을 가정하고 있다. 먼저 '영이가 무엇을 보았다'가 참이다(전제). 그리고 '무엇'은 말할이가 가정하고 있는 어떤 사물들의 집합(선택 영역), 예컨대 {영화, 연극, 오페라}[3] 가운데 어느 사물을 가리킨다. (5가)의 말할이는, 이러한 가정 아래, 그 어느 사물이 무엇인지를 몰라 그것을 들을이에게 물은 것이다. 이러한 그 물음에 대하여 (5나)의 말할이는, 보통의 문맥에서는 (5가)의 말할이의 가정을 받아들이면서,[4] 선택 영역 가운데서 '영화'를 선택하여 가리킨 것이다. 이를 다음과 같이 표시할 수 있다.

---

3) 선택 영역은 이론상으로는 거의 무한하겠지만, 특정한 발화에서는 그 수는 아주 제한될 것이다. 예컨대, 중국 음식점에서 "너는 무엇을 먹을래?"라고 했을 때, '무엇'에 포함될 음식의 종류는 아주 제한되어 있고, 평소의 식습관이나 가격이나 취향 등을 고려한다면 더 제한될 수 있을 것이다.

4) 들을이가 말할이의 전제를 거부하는 경우도 있을 수 있고, 들을이가 안다고 말할이가 잘 못 알고 있는 경우도 있을 수 있고, 들을이가 모른다는 것을 말할이가 알고 있으면서도 받아들이라고 강요하는 경우도 있을 수 있다.

(6) 가 : ㄱ. 영이가 X를 보았다. (전제)

　　　 ㄴ. X는 선택 영역 {영화, 연극, 오페라} 가운데 있다.

　　　 ㄷ. X에 포함되는 것은 무엇인가? (초점)

　　 나 : X에 포함되는 것은 {영화}다.

이때, 선택 영역 {영화, 연극, 오페라} 가운데서, 문장 (6나)의 한 성분으로 선택된 '영화'를 '선택항'이라 하고, {연극, 오페라}를 '나머지항'[5])이라 하자.

여기서 "영이가 X를 보았다."가 참이 되는 경우는 'X={영화}'이거나 'X={영화, 연극}' 등의 여러 가지 경우가 있을 수 있는데, 그러한 명사항들의 집합을 '범위'라고 하기로 하자. 그러면 (5가)의 말할이는 그 범위 속에 무엇이 포함되는지를 물은 것이고, (5나)의 말할이는 그 범위 속에 포함되는 사물로 '영화'를 선택하여 대답한 것이다.

말할이의 전제는 자연스러운 담화의 문맥에서는 부정되지 않는다. (5)에서 말할이(가)의 물음에 대한 말할이(나)의 대답에 대하여, (6)의 말할이(다)가 부정할 수도 있다. 이때 부정의 내용은, (7)의 (다ㄱ)에서처럼 범위에 포함되는 선택항이 잘못 선택되었음을 지적하거나, (다ㄴ)에서처럼 새로운 선택항이 선택되어야 함을 주장하고 있다. 그러나 (7)의 (가)나 (나), (다)의 전제는 동일하게 유지된다.

(7) 가 : 영이는 **무엇을** 보았느냐?

　　 나 : 영이는 **영화를** 보았다.

　　 다 : ㄱ. 아니, 영이는 **영화를** 보지 않았다.

　　　 ㄴ. 아니, 영이는 **연극을** 보았다.

---

5) '나머지항'은 양인석(1973)의 자매항(sister member)에 해당하는 개념이다. 윤재원(1989 : 112)에서는 자매항을 다음과 같이 정의하였다. "자매항은 담화상의 범위에 속한 원소 중, 문제의 보조조사의 선행어로 실현된 것이 아니면서, 해당 문장의 언명 내용에 직접적으로 관련되고 있는 요소이다."

2.2. 이러한 전제의 분석은 격조사와 보조조사의 의미적 특성의 차이를 드러내는 데 유용하게 이용될 수 있다.

먼저 격조사의 경우를 보자. (5)에서 물음과 대답의 초점인 '무엇을'이나 '영화를'에는 격조사가 쓰였는데, 이러한 격조사는 전제와 초점의 해석에서 선택항만 관여할 뿐 나머지항은 비관여적이다. 곧 격조사가 결합한 성분에 대한 정보의 해석에서, 선택 영역의 어떤 요소가 선택항으로 선택되었다는 것에 관심이 있을 뿐이지, 선택항을 제외한 나머지항에 대해서는 관심을 두지 않는다는 것이다.[6]

그런데 보조조사가 결합한 성분의 정보의 해석에는, 직관적으로 보아, 선택항과 관련된 정보뿐만 아니라 나머지항에 관한 정보도 관여한다는 것을 알 수 있다. 이러한 사실은 보조조사가 쓰인 문장의 부정문을 관찰하면 잘 드러난다.

먼저 보조조사가 쓰인 문장의 부정문은 단순히 부정의 형식으로 표현한다고 성립되지 않는다. 곧 (8)의 부정이 (9)로 해석되지 않는다는 것이다.

(8) 영이는 **영화만** 보았다.

(9) 영이는 **영화만** 보지 않았다.   (—(8))

직관적으로 볼 때, (8)은 (10)을 전제하는 것이 아니라, (11)을 전제하는 것으로 판단된다. 그것은 (8)을 부정한다고 해서 (11)이 부정되지는 않는 것을 보면 알 수 있다.

(10) 영이는 **무엇만** 보았다.

---

6) 곧, 격조사가 결합한 성분은 '선택 지정'의 정보를 가진다는 것이다. 여기서는 목적격조사의 예만 보였는데, 주격조사를 포함한 모든 격조사들이 '선택 지정'의 정보를 가진다.

(11) 영이는 **영화를** 보았다.

이를 물음과 대답에서 확인해 보기로 하자.

(12) 가 : 영이는 **영화만** 보았느냐?
　　나 : ㄱ. 그래, 영이는 **영화만** 보았다.
　　　　ㄴ. 아니, 영이는 **영화만** 본 것이 아니다.
　　　　ㄷ. 아니, 영이는 **연극도** 보았다.

(12)에서 말할이(가)의 물음에 대한 말할이(나)의 대답에서, ㄱ은 긍정의 대답이고, ㄴ은 부정의 대답이다. 그리고 ㄷ은 ㄴ의 부정의 대답을 다시 긍정의 정보를 담은 것으로 바꾼 대답이다. 곧, 내용상으로 보면, ㄷ은 ㄱ을 부정한 내용의 일부로 판단된다는 것이다.

여기서 먼저, 어느 경우의 대답에서도 '영이가 영화를 본' 일은 부정되지 않기 때문에, (8)이 (11)을 전제한다는 것을 알 수 있다. 그리고 (12)에서, ㄷ의 대답은 선택항 '영화'에 '만'이 결합한 것을 다른 선택항 '연극'에 '도'가 결합한 것을 대치하는 것으로 표현한 것이다. 그런데 ㄷ의 '연극도'의 '연극'은 ㄱ의 경우에서는 나머지항으로 해석되던 것이, ㄷ에서는 선택항으로 선택된 것이다. 이를 보면, '만'의 전제와 초점은 부분적으로 '도'의 정보와 관련되어 있으며, 보조조사 '도'와 '만'이 선택항과 나머지항의 관계에 따라 서로 긴밀하게 연관되어 해석된다는 것을 알 수 있다.

2.3. 보조조사의 해석에는 이상과 같은 전제에 더하여, 다음과 같은 종류의 함축도 고려되어야 한다.[7)]

---

7) 이 글에서 전제는 진리조건적으로 해석되는 의미의 일부분이지만, 함축은 진리조건적 의미와는 무관한 말할이의 태도에 관한 것을 가리킨다. '함축'에 대한 다양한 주장들에 대

(13) 함축

특정한 문맥에 의해서 추론되는 말할이의 예상과 바람, 의지 등과
같은 것.

예컨대, '이나마'가 쓰인 (14)는 기본적으로 (15)의 ㄱ을 전제하며, 또
ㄴ을 함축한다고 생각된다.

(14) 영이는 그 **영화나마** 보았다.

(15) ㄱ. 영이는 그 영화를 보았다.
ㄴ. 영이는 '그 영화를 본 일'이 만족스럽지 않다.[8]

3. '도'와 '만'

3.1. 격조사가 쓰인 문장의 부정문은 용언 앞에 '안'이나 아니'를 붙이
거나, 용언에 '-지 않-'을 결합하여 성립된다.

(16) ㄱ. 영이는 **영화를** 보았다.
ㄴ. 영이는 **영화를** 안 보았다.
ㄷ. 영이는 **영화를** 보지 않았다.

한 논의는 이익환(1985)에 미루고, 이 글에서는 보조조사들의 의미를 기술하는 데 필요한
함축의 내용을 간략히 제시하고, 논의를 계속해 나가기로 한다.

8) 한 심사자는 (14)의 함축이 "영이는 그 영화를 본 일이 전체적으로 만족스럽지 않으나 그
렇게 한 것은 부분적으로 다행스럽게 생각한다."라고 지적하였다. 심사자가 제안한 함축
의 내용은 (15)ㄴ의 함축을 함의한다. 그런데 이 논문의 목적이 보조조사들의 의미적 공
통점과 차이점을 체계적이고 명시적으로 제시하고자 하는 데 있다는 것을 고려한다면,
이 논문에서는 전체적인 의미에 제한하여 보조조사들의 의미 차이를 보여주는 것으로도
충분하다고 생각한다.

그런데, 보조조사 '도'와 '만'이 쓰인 문장의 부정은 조금 다르다. 예컨대, '도'와 '만'이 쓰인 문장은 단순히 용언 앞에 '안'을 붙이거나, '-지 않다'를 결합한다고 해서 부정문이 형성되는 것이 아니다.

(17) ㄱ. 영이는 **영화도** 보았다.
　　 ㄴ. 영이는 **영화만** 보았다.

(18) ㄱ. 영이는 **영화도** 안 보았다.　((17)ㄱ의 부정이 아님)
　　 ㄴ. 영이는 **영화만** 안 보았다.　((17)ㄴ의 부정이 아님)

이를 보면, 보조조사 '도'와 '만'이 쓰인 문장의 부정은 좀 복잡한 양상을 띤다는 것을 알 수 있다.

먼저 '도'가 쓰인 문장의 부정은 '도' 성분이 '는' 성분으로 교체되고, 이를 다시 긍정의 대답으로 바꾸어 말할 때는 '도' 성분이 다른 선택항과 결합한 '만' 성분으로 교체된다. '만'이 쓰인 문장의 부정은 보조조사의 교체가 아니라, 다른 문장의 구조를 선택한다. 그리고 이를 다시 긍정의 대답으로 바꾸어 말할 때는 다른 선택항과 결합한 '도'로 교체한다.

(19) 가 : 영이는 **영화도** 보았느냐?
　　 나 : ㄱ. #아니, **영화도** 안 보았다.
　　　　 ㄴ. 아니, **영화는** 안 보았다.
　　　　 ㄷ. 아니, (영화는 안 보고) **연극만** 보았다.

(20) 가 : 영이는 **영화만** 보았느냐?
　　 나 : ㄱ. #아니, **영화만** 안 보았다.
　　　　 ㄴ. 아니, **영화만** 본 것은 아니다.
　　　　 ㄷ. 아니, (영화만 본 것이 아니라) **연극도** 보았다.

이러한 물음과 대답의 상황에서, '도'와 '만'이 쓰인 문장의 전제와 초점은 다음과 같이 해석된다. 먼저 이러한 상황에서 {영화, 연극}[9]과 같은 선택 영역을 가정한다.

(19)의 물음은 선택 영역에 있는 나머지항이 범위에 포함되어 있다고 전제하고, 선택항이 범위에 포함되는지를 물은 것이다. (20)의 물음은 선택항이 범위에 포함되어 있다는 것을 전제하고, 나머지항이 범위에서 배제되었는지를 물은 것이다. 이를 일반적으로 정리하면 다음과 같다.[10]

(21) '도'와 '만'의 전제와 초점

	전제	초점
도	나머지항 포함	선택항 포함
만	선택항 포함	나머지항 배제

'도'와 '만'이 긍정과 부정에서 서로 교체되어 쓰이는 것은 '도'와 '만'의 전제와 초점의 관계에서 비롯된다. 이것을 살피기 위하여, 보조조사가 쓰인 문장과 그것의 부정을 긍정의 형식으로 바꾸어 표현한 문장을 비교해 보면 알 수 있다.

먼저 '도'가 쓰인 문장과 그것의 부정인 문장의 관계를 살펴보자.

(22) ㄱ. 그래, 영이는 **영화도** 보았다.
ㄴ. 아니, 영이는 **연극만** 보았다.   ((22)ㄱ의 내용 부정)

---

9) 선택 영역에 포함되는 참여자의 수는 담화 상황에 따라 정해지면, 둘 이상일 수 있다. 그렇지만 아래의 분석에서는 논의의 간명함을 위하여 선택 영역의 참여자를 두 개만 설정하기로 한다. 그러나 참여자의 수를 몇 개로 설정하든지 논의의 결과는 변하지 않는다.
10) '도'와 '만'은 대립적으로 사용되기 때문에, 이 둘은 겹쳐 쓰일 수 없다. 그런데 "올해만도 삼천 대가 팔렸대."와 같은 문장에서 보면, 보조조사 '만'과 '도'가 겹치는 것처럼 보인다. 그러나 이 문장의 '만'은 '이틀 만에'의 '만'과 같이 일정한 기간을 나타내는 의존 명사로 판단된다. 이 '만'은 그것이 덧붙는 명사의 종류에 제약을 받는데, 보조조사는 원칙적으로 그런 제약을 받지 않기 때문이다.

(22)ㄱ은 나머지항 '연극'이 범위에 포함됨을 전제하고, 선택항 '영화'가 범위에 포함됨을 주장하는 것이다. 그런데 그것을 부정한다는 것은 선택항 '영화'가 범위에서 배제됨을 주장하는 것이다. 이러한 부정의 내용은 선택항 '연극'이 범위에 포함됨을 전제하고, 나머지항 '영화'가 범위에서 배제됨을 주장하는 (22)ㄴ의 내용과 동일하게 된다. 이를 그림으로 나타내면 다음과 같다.

(23) [영이는 영화도 본다]의 부정 도식[11]

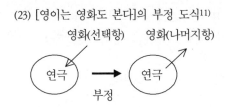

이제 '만'이 쓰인 문장과 그것의 부정인 문장의 관계를 살펴보자.

(24) ㄱ. 그래, 영이는 **영화만** 보았다.
　　ㄴ. 아니, 영이는 **연극도** 보았다.　　　　((24)ㄱ의 내용 부정)

(24)ㄱ은 선택항 '영화'가 범위에 포함됨을 전제하고, 나머지항 '연극'이 범위에서 배제됨을 주장하는 것이다. 그것을 부정한다는 것은 '연극'이 범위에 포함됨을 주장하는 것이다. 이러한 부정의 내용은 나머지항 '영화'가 범위에 포함됨을 전제하고, 선택항 '연극'이 범위에 포함됨을 주장하는 (24)ㄴ의 내용과 동일하게 된다. 이를 그림으로 나타내면 다음과 같다.

---

11) 이 도식에서 'O'는 '영이가 본 X'가 참이 되기 위하여 X에 포함되는 사물의 집합인 범위를 말한다.

(25) [영이는 영화만 본다]의 부정 도식

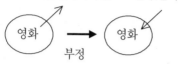

이러한 '도'와 '만'의 관계를 간단히 정리하면 다음과 같다.

(26) ㄱ. ⌐영이는 **영화도** 보았다. → 영이는 **연극만** 보았다.
  ㄴ. ⌐영이는 **연극만** 보았다. → 영이는 **영화도** 보았다.

3.2. 이제 부정문에 쓰인 '도'와 '만'을 살핀다.

(27) ㄱ. 영이는 **영화도** 보지 않았다.
  ㄴ. 영이는 **영화만** 보지 않았다.

(27)에서, ㄱ은 '영이가 보지 않은 것'의 범위에 나머지항이 포함됨을 전제하고, 선택항인 '영화'가 그 범위에 포함됨을 주장하고 있다. 결국 ㄱ은 '영이가 본 것'에 포함되는 것이 한 개도 없음을 주장하는 것이다. 그리고 ㄴ은 '영이가 보지 않은 것'의 범위에 선택항인 '영화'가 포함됨을 전제하고, 나머지항이 그 범위에서 배제됨을 주장하고 있다. 결국 ㄴ은 '영이가 본 것'에 '영화'가 배제되고, 나머지항이 그것에 포함됨을 주장하는 것이다. 따라서 (27)의 ㄱ과 ㄴ은 각각 (28)의 ㄱ과 ㄴ과 동일한 의미를 공유한다.

(28) ㄱ. 영이는 **아무것도** 보지 않았다.
  ㄴ. 영이는 영화를 제외한 **모든 것을** 보았다.

부정문이나 부정의 의미를 가진 용언이 쓰인 문장에서, '도'가 선택항이 단 하나의 사물을 가리키거나 빈 집합의 사물을 가리키는 명사항과 결합하여, '극단'의 의미를 갖게 되는 것도 이상과 같은 '도'가 가지는 전제와 초점에서 비롯된다고 할 수 있다.

(29) ㄱ. **한 사람도** 가지 않았다.
ㄴ. **아무도** 가지 못했다.

(30) ㄱ. **하나도** 보지 못했다.
ㄴ. **아무것도** 보지 못했다.

(31) ㄱ. **한 사람도** 없었다.
ㄴ. **아무도** 없었다.

3.3. (32)의 문장에 쓰인 '도'는 이상에서 본 '도'의 전제와 초점에서 조금 멀어 보인다.

(32) ㄱ. **달도** 밝다.
ㄴ. **잘도** 가는구나.

그러나 이러한 '도'도 위와 같은 방식으로 해석해 볼 수 있다는 점에서, '도'의 기본적 의미에서 벗어나지 않는다. 곧, (32)의 문장들에서 '도'가 쓰인 선택항과 관련되는 나머지항을 상황에 따라 긍정적이거나 부정적인 어떤 상태에 놓여 있는 발화자의 마음과 관련하여 해석해 볼 수 있다는 것이다.[12] 예컨대, (32)ㄱ을 말할이의 내적인 발화인 '내 마음이 밝다'의 '내 마음'과 견주어 생각해 볼 수 있다. 그러면 (32)ㄱ에서 선택항인 '달'

---

12) 목정수(1998 : 32)의 주 29에서는 '도'가 "화자의 정감을 표현하는 데 적극적으로 사용된다."고 하였다.

에 대응하는 나머지항은 '내 마음'이 될 것이다.

4. '조차'와 '마저'

4.1. '조차'와 '마저'는 기본적으로 '도'의 전제와 초점을 공유한다.[13]

> (33) ㄱ. 영이는 **영화조차** 보았다.
>   ㄴ. 영이는 **영화마저** 보았다.

이러한 것은 '조차'와 '마저'가 쓰인 물음에 대하여, 그것을 부정하는 대답으로 쓰인 문장에서, '조차'와 '마저'를 '도'와 대치해 보면 알 수 있다.

> (34) 가 : **영화조차** 보았느냐?
>   나 : ㄱ. #아니, **영화조차** 보지 않았다.
>   ㄴ. #아니, **연극조차** 보았다.
>   ㄷ. 아니, **연극만** 보았다.
>
> (35) 가 : **영화마저** 보았느냐?
>   나 : ㄱ. #아니, **영화마저** 보지 않았다.
>   ㄴ. #아니, **연극마저** 보았다.
>   ㄷ. 아니, **연극만** 보았다.

'조차'와 '마저'가 '도'와 결합하여 쓰이는 것도 그러한 까닭에서 비롯된다.

---

13) '조차'와 '마저'의 앞선 연구에 대해서는 성기철(1997)을 참고할 것.

(36) ㄱ. 영이는 영화조차{도, *만} 보았다.
     ㄴ. 영이는 영화마저{도, *만} 보았다.

4.2. '조차'의 전제와 초점은 '도'와 동일한데, 나머지항이 범위에 포함되어 있다는 것을 전제하고, 초점은 선택항이 범위에 포함되는가 하는 것이다.

(37) ㄱ. 법무부장관은 그 어떤 책임 있는 **행동도** 하지 않고,
     ㄴ. 총리는 **면담조차** 거부하고,
     ㄷ. 경찰은 잠깐의 행진과 정리 **집회도** 용납하지 않는다.

곧, (37)에서 '조차'를 '도'와 교체할 수도 있으나, 만일 교체하게 되면 미묘한 의미의 차이가 생기게 된다. 이러한 의미의 차이는 '조차'는 '도'가 가지지 않은 어떤 함축을 내포하고 있음에서 비롯된다.

(37)' ㄴ. 총리는 **면담도** 거부하고,

(37)ㄴ과 (37)'ㄴ에서, '면담조차'와 '면담도'는 둘 다 다른 것(나머지항)이 '총리가 거부하는 것'(범위)에 포함되어 있음을 전제하고, '면담'(선택항)이 그 범위에 포함됨을 주장하는 것이다. 그런데 '면담조차'는 '면담'이 범위에 포함되지 않음을 예상하거나 기대했다는 것을 함축한다. 그리고 그러한 함축과 사실이 다르게 나타난 결과, '뜻밖'이나 '실망'을 나타내게 된다. 여기서 예상의 어긋남은 '뜻밖'으로, 기대의 어긋남은 '실망'에 대응하게 된다.[14] 이를 다음과 같이 정리할 수 있다.

---

14) 성기철(1997)과 나은영(1997)에서는 '조차'와 '마저'를 '까지'와 같은 부류로 묶었는데, 이 문제는 다른 기회에 논의하기로 한다.

(38) '조차'의 전제와 초점, 함축

	전제	초점	함축	함축 결과
조차	나머지항 포함	선택항 포함	선택항이 범위에 포함되지 않음을 예상하거나 기대함	뜻밖/실망

다음의 예들도 위와 같이 해석할 수 있다.

(39) ㄱ. 가시나무에**조차** 장미꽃이 핀다.
　　ㄴ. 여름 휴가는 당신이 여자란 사실**조차** 잊게 만든다.
　　ㄷ. 이미 이름**조차** 낯선 사람들이 많았다.
　　ㄹ. 뱃살은 나의 영혼**조차** 무겁게 한다.
　　ㅁ. 협상**조차** 미끼로 이용하는 것은 비겁한 행동이다.

(39)에서, ㄱ은 '가시나무에 장미꽃이 피지 않음'을 예상하며, ㄴ은 '여름 휴가가 여자란 사실을 잊지 않기'를 예상한다. 그리고 ㄷ은 '사람들의 이름'이 '낯설지 않기'를 기대하고, ㄹ은 '뱃살이 나의 영혼을 무겁게 하지 않기'를 기대하며, ㅁ은 '협상을 미끼로 이용하지 않기'를 기대한다. 그런데 실제는 그러한 말할이의 예상이나 기대와 어긋나, '뜻밖'이나 '실망'을 나타내는 것이다.

부정문에 쓰인 '조차'도 긍정문과 같은 방식으로 해석되지만, 조금의 추론이 필요하다.

(40) ㄱ. 행정기관은 실태**조차** 파악하지 않았다.
　　ㄴ. 박선생에게 변명의 기회**조차** 주어지지 않았다.
　　ㄷ. 왜 남자는 기억**조차** 못하고 여자는 두고두고 아파하는가?
　　ㄹ. 그렇게 모든 것은 날아갔지만, 나는 울지**조차** 못했다.
　　ㅁ. 그 문서는 목록에서 보이지**조차** 않았다.

(40)에서, ㄱ은 '실태'가 '행정기관이 파악하지 않은 것'에 포함되지 않기를 기대하는데, 이것을 긍정의 표현으로 바꾸어 말한다면, '실태'가 '행정기관이 파악한 것'에 포함되기를 기대한 것이다. 결과적으로는 '행정기관이 실태를 파악하기'를 기대한 것이다. ㄴ과 ㄷ도 이와 같은 방식으로 해석된다.

그런데 (40)의 ㄹ과 ㅁ은 '조차'가 의존용언의 앞에 쓰인 경우이다. ㄹ은 '(내가) 울기'가 '내가 못한 것'에 포함되지 않기를 기대한 것으로 해석된다. 이를 긍정의 표현으로 바꾸어 말한다면, '(내가) 울기'가 '내가 한 것'에 포함되기를 기대한 것인데, 결국은 '내가 울기'를 기대한 것이다. ㄹ은 의존용언 앞에 쓰인 '조차'가 피동사와 결합했다는 점에서 의미 해석의 측면에서 보면 특이하게 보인다. ㄹ을 그대로 해석한다면, '목록에서 보이기'가 '그 문서가 아니한 것'에 포함되지 않기를 기대한 것으로 해석되는데, '그 문서가 아니한 것'이란 표현의 의미가 수용하기 어려운 것으로 생각되기 때문이다. 만일 ㄹ을 긍정문으로 바꾼다면 다음과 같다.

(40)' ㅁ. (영이는) 그 문서를 목록에서 보지**조차** 않았다.

그러면 (8)'ㅁ은 '그 문서를 목록에서 보기'가 '영이가 하지 않은 것'에 포함되지 않기를 기대한 것으로 해석된다. 그리고 이를 긍정의 표현으로 바꾸어 표현하면 '그 문서를 목록에서 보기'가 '영이가 한 것'에 포함되기를 기대한 것으로 해석된다.

부정의 의미를 가지고 있는 용언으로 구성된 '조차'도 부정문에 쓰인 것과 마찬가지 방식으로 해석된다.

(41) ㄱ. 초침과 분침은 물론 숫자**조차** 없는 시계.
　　 ㄴ. 기본에 대한 비판정신의 잣대**조차** 모르는 자들.
　　 ㄷ. 지금의 아픔이 여러분께 너무 죄송해서 아파할 수**조차** 없다.

ㄹ. 가난하다고 꿈**조차** 가난할 수는 없다.
ㅁ. 더 이상 지칠 수**조차** 없는 나의 마음과 눈물.

부정문이나 부정의 의미를 가진 문장에 쓰인 '조차'는 선택항이 범위에 포함되지 않기를 기대한다는 것을 함축하며, 그 결과 '실망'의 의미를 가지게 된다.

4.3. '마저'는 기본적으로는 '조차'와 동일한 함축을 공유하는 것으로 생각된다. 대부분의 문맥에서, '마저'는 큰 의미 차이 없이 '조차'와 교체될 수 있기 때문이다.

그런데 '마저'는, '선택항이 범위에 포함되지 않기를 기대한다'는 함축을 가질 뿐만 아니라, 이에 더하여 '선택항이 나머지항(의 집합)에 포함됨을 예상하거나 기대한다'는 함축을 가지는 것으로 판단된다. 그런데 사실은 이러한 기대와 어긋나기 때문에, '뜻밖'이나 '실망'의 뜻을 드러낸다. 그리고 '조차'와 마찬가지로, 예상의 어긋남은 '뜻밖'으로, 기대의 어긋남은 '실망'에 대응된다.[15] 결과적으로 보면, '마저'는 '조차'의 의미를 더 강조한다는 것이다. 이를 다음과 같이 정리할 수 있다.

(42) '마저'의 전제와 초점, 함축

	전제	초점	함축	함축 결과
마저	나머지항 포함	선택항 포함	선택항이 나머지항의 집합에 포함됨을 예상하거나 기대함	뜻밖/실망

다음 문장들은 선택항이 나머지항의 집합에 포함됨을 예상했는데, 사실

---

15) 김수진(2007)에서는 '마저'가 '부정 지향성'의 의미뿐만 아니라, '긍정 지향성'의 의미도 가질 수 있음을 지적하였다.

은 그러한 예상에 어긋나 '뜻밖'의 의미를 가진다.

> (43) ㄱ. 실천의 에너지**마저** 주입시켜 주는 자기계발서.
> ㄴ. 이제는 모기**마저** 그립다.
> ㄷ. 올 여름 무더위**마저** 얼린다.
> ㄹ. 소심한 주인공**마저** 바꾸어놓는 독특한 가면들.
> ㅁ. 시도 때도 없이 광자**마저** 야단이다.

예컨대, (43)에서 ㄱ은 선택항인 '실천의 에너지'가 '자기계발서가 주입시켜 주는 것'에 포함되지 않을 것으로 예상했으나, 실제로는 '자기계발서가 주입시켜 주는 것'에 포함되었다는 함축을 담고 있다. 그런데 말할이의 그러한 예상과 사실이 어긋나 '뜻밖'이나 '실망'의 의미를 갖게 된 것이다.

다음 문장들은 선택항이 나머지항들의 집합에 포함되기를 기대했는데 사실은 그러한 기대에 어긋나 '실망'의 의미를 가진다.

> (44) ㄱ. 농심, 너**마저** 국민을 기만하다니.
> ㄴ. 결국 죄를 숨긴 것 같아 죄책감**마저** 듭니다.
> ㄷ. 인터넷에 접속할 시간**마저** 여의치 않다.
> ㄹ. 대환대출을 했는데 그것**마저** 연체 중입니다.
> ㅁ. 추억**마저** 도태된 동네 사진관.

예컨대 (44)에서, ㄱ은 '농심(너)'이 '국민을 기만하지 않는 것'에 포함되기를 기대했으나, 실제로는 '국민을 기만하는 것'에 포함되었다는 함축을 담고 있다. 그런데 말할이의 그러한 기대치와 사실이 어긋나 '뜻밖'의 의미를 갖게 된 것이다.

부정문이나 부정의 의미를 가진 문장에 쓰인 '마저'도 기본적으로는 위와 같은 방식으로 해석된다.

(45) ㄱ. 한국엔 주류 음악시장**마저** 없다.

ㄴ. 사랑을 할 권리**마저** 빼앗지 마세요.

(45)에서, ㄱ은 '주류 음악시장'이 '한국에 있는 것'에 포함되기를 기대하고 있는데, 실제로는 '한국에 없는 것'에 포함되어 있음을 함축한다. ㄴ의 부정문은 (45)'와 같은 상황이 일어나지 않기를 기대하고 요청하는 문장이다. (45)'ㄴ은 '사랑을 할 권리'가 '(누가) 빼앗지 않는 것'에 포함되기를 기대하고 있는데, 실제로는 '(누가) 빼앗는 것'에 포함됨을 함축하고 있다.

(45)' ㄴ. (누가) 사랑을 할 권리**마저** 빼앗는다.

결과적으로, (45)의 ㄴ은 '나는 누가 사랑의 권리를 빼앗지 않기를 기대하는데, 사랑의 권리를 빼앗아 나를 실망시키지 말라'는 요청으로 해석된다.

4.4. '조차'와 '마저'에 대한 전제와 초점, 함축을 종합하여 정리하면 다음과 같다. 간략히 요약하면, '마저'는 '조차'의 의미를 강조하는 뜻을 가진다고 할 수 있다.

(46) '조차'와 '마저'의 전제와 초점, 함축

	전제	초점	함축	함축 결과
조차	나머지항 포함	선택항 포함	선택항이 범위에 포함되지 않음을 예상하거나 기대함	뜻밖/실망
마저			선택항이 나머지항의 집합에 포함됨을 예상하거나 기대함	

그리고 예상의 어긋남은 '뜻밖'에 대응하고, 기대의 어긋남은 '실망'에 대응하게 된다. 부정문이나 부정적인 의미를 가진 문장에 쓰인 '조차'와 '마저'는 기대에 어긋나 '실망'으로 해석될 것이다.

5. '이라도'와 '이나마'

5.1. '이라도'와 '이나마'[16]는 전제와 초점, 함축은 다음과 같다.

> (47) ㄱ. 영이는 사과**라도** 먹었다.
> ㄴ. 영이는 사과**나마** 먹었다.

만일 '이라도'와 '이나마'가 결합한 명사항의 선택 영역으로 {사과, 수박}을 가정한다면, (47)은 '영이가 먹은 것'(범위)에서 나머지항인 '수박'이 제외된다는 것을 전제한다. 곧, (47)은 (48)을 전제한다는 것이다. 그리고 (47)의 초점은 '영이가 먹은 것이 사과'라는 것이다.

> (48) 영이는 수박을 먹지 않았다.

물음과 대답에서 이러한 사실을 확인할 수 있다.

> (49) 가 : 영이는 사과**라도** 먹었느냐?
> 나 : ㄱ. 그래, 사과**라도** 먹었다.

---

16) 홍윤혜(2007)에서는 '이라도'의 분포를 '이나', '이나마'와 대치할 수 있는 경우와 없는 경우를 살폈다. 이 글에서처럼 '이라도'와 '이나마'에 한정한다면, 이 둘을 서로 대치할 수 있는 경우와 대치할 수 없는 경우로 나눌 수 있을 것이다. 이 글에서는 이러한 것을 구체적으로 다루지는 않았지만, 이러한 용법의 차이를 충분히 설명할 수 있다고 생각한다. 그리고 '이나마'와 '이나'와 서로 대치할 수 있는 경우도 있고 대치할 수 없는 경우도 있는데, '이나마'와 대치할 수 있는 '이나'의 용법은 '이나마'와 같을 것이다.

ㄴ. #아니, 사과**라도** 못 먹었다.

ㄷ. 아니, 사과**도** 못 먹었다.

(50) 가 : 영이는 사과**나마** 먹었느냐?

　　나 : ㄱ. 그래, 사과**나마** 먹었다.

　　　　ㄴ. #아니, 사과**나마** 못 먹었다.

　　　　ㄷ. 아니, 사과**도** 못 먹었다.

(49)와 (50)에서, '이라도'와 '이나마'를 초점으로 하는 물음에 대한 부정의 대답으로 '도'가 쓰였다. 그런데 ㄷ에 쓰인 '도'는 둘 다 '영이가 못 먹은 것'에 나머지항이 포함될 뿐만 아니라, 선택항이 포함됨을 주장하고 있다. 그런데 '영이가 못 먹은 것'에 나머지항에 포함된다는 것은 결과적으로 '영이가 먹은 것'에 나머지항이 배제됨을 나타낸다. 이렇게 '이라도'와 '이나마'의 물음에 대한 부정의 대답으로 쓰인 '도'의 전제와 초점을 고려한다면, '이라도'와 '이나마'가 나머지항의 배제를 전제하며, 선택항이 범위에 포함되는가 하는 것이 초점이 된다는 것을 알 수 있다.

'이라도'와 '이나마'는 이러한 전제 및 초점과 함께, 말할이가 기대한 것이 선택항(여기서는 '사과')이 아니라, 나머지항(여기서는 '수박')이라는 것을 함축하고 있다. 그런데 사실이 그러한 기대에 어긋나, 결국 말할이가 만족하지 못하는 상황을 표현하게 된다.

5.2. 직관적으로 볼 때, '이라도'는 말할이가 다른 선택항이 범위에 포함되기를 기대하지만, 선택항을 수용한다는 것을 나타낸다. 그러나 그러한 수용은 결국 말할이의 기대에 어긋나기 때문에, 만족스럽지 못함을 표현하게 된다.

(51) '이라도'의 전제와 초점, 함축

	전제	초점	함축	함축 결과
이라도	나머지항 배제	선택항 포함	다른 선택항이 범위에 포함되기를 기대하지만, 선택항을 수용함	불만족

다음 문장들은 이러한 전제와 초점, 함축에 따라 잘 해석될 수 있는 문장들이다.

(52) ㄱ. 바다 사진**이라도** 보았다.
　　 ㄴ. 미완성 표준**이라도** 없는 것 보다는 낫다.
　　 ㄷ. 시원한 아이스크림**이라도** 사가지고 갈까요?
　　 ㄹ. 꿈속**이라도** 만나고만 싶어 꿈을 초청해 보려고 한다.
　　 ㅁ. 가공식품**이라도** 천연식품 못잖다.

예컨대, (52)ㄱ은 '보는 것'(범위)에서 '바다 사진'을 제외한 사진들(나머지항)이 배제됨을 전제하고, '바다 사진'(선택항)이 그 범위에 포함됨을 의미한다. 이에 더하여, 말할이는 '바다 사진'이 아닌 다른 사진들을 보기를 기대하지만, '바다 사진'을 보는 것을 (어쩔 수 없이) 수용한다. 그러나 그러한 수용은 말할이의 처지에서 보면 만족스럽지 못한 일로 해석될 수밖에 없다.

아래의 문장들은 선택항이 선택 영역의 적은 한 부분을 나타내며, 나머지항이 선택 영역의 대부분을 나타내는 것들이다.

(53) ㄱ. 전체 해석이 불가능하다면 일부 해석**이라도** 부탁해요.
　　 ㄴ. 넓은 세상 한 귀퉁**이라도** 보기.
　　 ㄷ. 한 걸음**이라도** 즐겁게, 한 입**이라도** 흐뭇하게!
　　 ㄹ. 마음에 드는 한 구석**이라도** 찾으려고 헤맨다.
　　 ㅁ. 조금**이라도** 싸게 사는 방법을 소개해보겠다.

이 문장들에 쓰인 '이라도'는, 선택 영역의 대부분을 차지하는 나머지 항이 선택되기를 기대하지만, 선택 영역의 적은 한 부분을 선택항으로 선택한 것을 수용한다는 것을 표현한 것이다. 물론 그러한 수용은 말할이의 처지에서 보면 만족스럽지 못한 일이 될 것이다.

다음 문장들은 '이라도'와 결합한 명사항인 선택항에 대응하는 나머지 항을 분명하게 설정하기 어려운 것들이다. 그러나 이러한 문장들도 위와 같은 방식으로 해석해 볼 수 있을 것이다.

(54) ㄱ. 공상과학**이라도** 분수가 있지.
ㄴ. 넓은 공간**이라도** 거뜬하다.
ㄷ. 같은 양말**이라도** 남보다 오래 신는 비결.
ㄹ. 금방**이라도** 비가 내릴 것 같은 하늘.
ㅁ. 내가 술 먹고 난동**이라도** 부린 것인가?

(54)에서, ㄱ은 '공상과학이 아닌 다른 것이라면 몰라도,' ㄴ은 '좁은 공간이 아닌,' ㄷ은 '다른 양말이 아닌,' ㄹ은 '금방이 아닌,' ㅁ은 '다른 일이 아닌' 등의 의미를 내포하는 것으로 볼 수 있다. 이렇게 본다면, '공상과학, 넓은 공간, 같은 양말, 금방, 난동'은 선택항이 되고 '그것들이 아닌 것'은 나머지항이 되는데, (8)의 문장들은 '그것들이 아닌 것'을 범위에서 제외된다는 것을 전제하고 있다고 가정할 수 있다.

5.3. '이나마'는, 기본적으로는 '이라도'와 전제와 초점, 함축을 공유한다. 그런데 '이라도'가 '선택항이 범위에 포함됨'을 그대로 수용함을 나타낸다면, '이나마'는 그것을 수용할 뿐만 아니라 다른 선택의 여지가 전혀 없음을 나타낸다. 결과적으로, '이나마'는 '이라도'의 의미를 강조하는 의미가 있다. 이를 다음과 같이 정리할 수 있다.

(55) '이나마'의 전제와 초점, 함축

	전제	초점	함축	함축 결과
이나마	나머지항 배제	선택항 포함	다른 선택항이 범위에 포함되기를 기대하지만, 선택의 여지가 없음.	불만족

다음 문장들은 이러한 전제와 초점, 함축에 따라 충분히 해석할 수 있다.

(56) ㄱ. 답답해서 이런 글이나마 썼다
ㄴ. 흔적이나마 살릴 길 없나?
ㄷ. 당신은 물러나서 재산이나마 지켜라.

(56)에서, ㄱ은 '쓴 것에 이런 글 이외의 것이 포함되지 않음'을 전제하고, ㄴ은 '살릴 것에 흔적 이외의 것이 포함되지 않음'을 전제하고, ㄷ은 '지킬 것에 재산 이외의 다른 것이 포함되지 않음'을 전제한다. 그리고 각 문장은 '쓴 것'에 다른 글이 포함되고, 다른 살릴 것이 있고, 다른 지킬 것이 있기를 기대하지만, 그럴 가능성이 없음을 함축한다.

아래의 문장들은 선택항이 선택 영역의 적은 한 부분을 나타내며, 나머지항이 선택 영역의 대부분을 나타내는 것들이다.

(57) ㄱ. 부디 읽어봐 주시고 작은 관심이나마 부탁을 드립니다.
ㄴ. 부족한 소견이나마 몇 자 적습니다.
ㄷ. 소폭이나마 상승세를 이어가고 있다.
ㄹ. 이 시를 읽으면 약간이나마 힘이 납니다.
ㅁ. 임시방편이나마 도로포장 좀 해주세요

이 문장들에 쓰인 '이나마'는, 선택 영역의 대부분을 차지하는 나머지

항이 선택되기를 기대하지만, 선택 영역의 적은 한 부분을 다른 선택의
여지가 없이 선택항으로 선택한 것을 표현한 것이다. 물론 그러한 어쩔
수 없이 이루어진 선택은 말할이의 처지에서 보면 당연히 만족스럽지 못
한 일이 될 것이다.

  5.4. '이라도'와 '이나마'에 대한 전제와 초점, 함축을 종합하여 정리하
면 다음과 같다.[17]

  (58) '이라도'와 '이나마'의 전제와 초점, 함축

	전제	초점	함축	함축 결과
이라도	나머지항 배제	선택항 포함	다른 선택항이 범위에 포함되기를 기대하지만, 선택항을 수용함	불만족
이나마			다른 선택항이 범위에 포함되기를 기대하지만, 다른 선택의 여지가 없음.	

6. 마무리

  이 글에서는 보조조사 '도'와 '만', '조차', '마저', '이라도', '이나마'의
의미를 살폈는데, 그것들이 쓰인 문장의 전제와 초점을 선택항과 나머지
항이 범위에 포함되는가 배제되는가에 따라 해석하고, 그 문장을 사용하
는 말할이의 함축을 살폈다.

  '도'는 범위에 나머지항이 포함됨을 전제하고, 초점은 선택항이 포함되

---

17) 홍윤혜(2007)에서는 '이라도'와 '이나마'가 '그것이라도 있으니 다행'이라는 의미를 가지
고 있다고 하였으나, 이러한 의미의 '다행'은 기본적으로 불만족을 내포하고 있다.

는가 하는 것이다. '만'은 범위에 선택항이 포함됨을 전제하고, 초점은 나머지항이 포함되는가 하는 것이다.

　'조차'와 '마저'의 전제와 초점은 '도'와 같은데, 곧, 범위에 나머지항이 포함됨을 전제하고, 초점은 선택항이 포함되는가 하는 것이다. '조차'와 '마저'는 '도'의 전제와 초점에 더하여, 다음의 함축을 가진다. '조차'는 선택항이 범위에 포함되지 않음을 예상하거나 기대함을 함축하고, '마저'는 선택항이 나머지항의 집합에 포함되기를 기대한다. 그런데, '조차'와 '마저'는 사실이 예상과 어긋나면 '뜻밖'으로 해석되고, 기대에 어긋나면 '실망'으로 해석된다.

　'이라도'와 '이나마'는 범위에 나머지항이 배제됨을 전제하고, 초점은 선택항이 포함되는가 하는 것이다. 그리고 다른 선택항이 범위에 포함되기를 기대함을 함축하는데, '이라도'는 그러한 상황을 수용하는 데 비하여, '이나마'는 다른 선택의 여지가 없다는 것을 나타낸다. 그러한 함축의 결과, '이라도'와 '이나마'는 만족스럽지 못함을 드러낸다.

　이상과 같은 보조조사의 의미 분석 방법은 다른 보조조사들의 의미 분석에도 적용될 수 있을 것이라 생각한다. 그리고 '까지도' 등과 같이 보조조사가 겹치는 경우도 체계적으로 검토하여 살핀다면, 보조조사의 의미 체계의 전체적인 모습이 분명히 드러나리라 생각한다.

참고 문헌

김수진(2007), 「조사 '-마저'의 의미」, 우리말글 40, 우리말글 학회, 53-76.

김진호(2000), 『국어 특수조사의 통사·의미적 연구』, 도서출판 역락.

나은영(1997), 「'까지', '조차', '마저'의 의미 구조 분석」, 한국어학 6, 한국어학회, 211-226.

목정수(1998), 「한국어 조사 {가}, {를}, {도}, {는}의 의미체계」, 언어연구 18, 서울대학교 언어연구소, 1-49.

박기덕(2001), 「한국어 보조사 사용의 전제」, 언어와 언어학 26, 한국외국어대학교 언어연구소, 119-135.

박준경·박종철(1999), 「한국어 특수조사 '도'의 의미, 문맥적 기능 분석」, 한국정보과학회 언어공학연구회 학술발표 논문집, 324-331.

성기철(1997), 「보조조사 '까지, 마저'의 의미 특성」, 한국어교육 8, 국제한국어 교육학회, 49-72.

신호철(2001), 「시점과 특수조사의 상관성」, 어문학 73, 한국어문학회, 91-118.

유현조·이정민(1996), 「한국어 특수조사의 의미에 대하여」, 한국정보과학회 언어공학연구회 학술발표 논문집, 369-376.

윤재원(1988), 「국어 보조조사의 담화분석적 연구」, 영남대학교 박사학위논문.

윤재원(1993), 「보조조사 '까지, 조차, 마저'의 의미기능 규명을 위한 담화문법적 가설의 타당성 검증」, 논문집 14-1, 경성대학교, 7-22.

이원근(1997), 「우리말 도움토씨 연구」, 연세대학교 박사학위논문.

이익환(1985), 『의미론 개론』, 한신문화사.

최규수(1991), 「우리말 주제어 연구」, 부산대학교 박사학위논문.

최규수(2004), 「주제어와 대조 초점-어순 및 강세와 관련하여」, 우리말연구 15, 우리말학회, 149-172.

최웅환(2004), 「현대국어 조사 '도'의 문법적 역할」, 우리말글 31, 우리말글 학회, 137-156.

최재웅(1998), 「한국어 특수조사 '-만'-형식의미론적 분석」, 한국어 의미학 3, 한국어의미학회, 41-65.

홍사만(2002), 『국어 특수조사 신연구』, 도서출판 역락.

홍윤혜(2007), 「보조사 '-(이)라도'의 의미와 분포적 특성-'-(이)나'와 '-(이)나마'와의 비교를 중심으로」, 한국어교육 18-, 한국어교육학회, 487-506.

Givón, T. (1979), *On Understanding Grammar*. Academic Press.

Lee, Ik-Hwan (1979), 「Korean Particles *kkaci/mace* 'even' and Scope of Negation」, 언어 4-1, 25-52.

Yang, In-Seok (1973), 「Semantics of Delimiters」, *Language Research* 90-2, 84-121.

보조조사의 의미 (2)*
—'부터'와 '까지'

1. 들어가기

1.1. 이 글에서는 '부터'와 '까지'의 의미를 그것이 쓰인 문장의 전제와 함축에 기초하여 분석하고, '도'와 '만' 등의 다른 보조조사와의 통합을 살피고자 한다.

최규수(2009)에서는 '도, 만, 조차, 마저, 이라도, 이나마'를 분석하였는데, 거기서 논의된 방법론을 간추려 제시하면 다음과 같다. 먼저 말할이의 전제와 초점을 다음과 같이 정의한다.

> (1) 말할이의 전제와 초점
> 말할이의 전제는 문장(이나 발화)에서 들을이가 이의를 제기하지 않고 받아들일 것이라고 생각하는 말할이의 가정이고 (T. Givón 1979 : 50), 초점은 문장에서 중요한 정보를 나타내는 것으로서, 들을이가 이의를 제기할 수 있는 정보이다.

* 최규수(2011), 「전제와 함축에 기초한 보조조사의 의미 분석 (2)-'부터'와 '까지'를 중심으로」, 우리말연구 28, 우리말연구 175-203.

격조사와 보조조사의 의미는 이러한 전제와 초점, 함축에 기초하여 살필 수 있다. 그런데 격조사와 보조조사의 의미의 특징을 구별하기 위해서는 '선택항'과 '나머지항'의 개념이 필요한데, 선택항과 나머지항은 다음과 같이 정의된다.

> (2) 선택항과 나머지항
> 선택항은 문장에서 용언의 논항으로 선택된 어휘를 가리키고, 나머지항은 문장에서 용언의 논항으로 선택될 가능성이 있으나 선택되지 않은 어휘를 가리킨다.

예컨대, (3)은 "영이는 무엇을 보았느냐?"와 같은 물음에 대한 대답으로 사용될 수 있는데, 이때 (3)의 전제와 초점은 각각 (4)의 ㄱ과 ㄴ이다.

> (3) 영이는 영화를 보았다.

> (4) ㄱ. 영이는 무엇을 보았다.　　　((3)의 전제)
> ㄴ. 무엇=영화(를)　　　　　　　　((3)의 초점)

실제로 (3)은 (4)ㄱ의 '무엇'에 '영화'를 선택하여 형성된 것이다. 그리고 담화상황을 고려한다면, '무엇'은 {영화, 연극, 오페라} 등의 집합인데, (3)은 이러한 선택 영역 가운데 '영화'를 선택한 것이다. 이때, 집합 {영화, 연극, 오페라}를 '선택 영역'이라 하고, (3)에서 선택된 {영화}를 '선택항'이라 하고, 선택항에서 제외된 {연극, 오페라}를 '나머지항'이라 한다.

그리고 (3)의 참과 거짓을 따질 수 있는데, 이것은 다음과 같은 추론의 과정을 거쳐 판정된다. 먼저 (4)ㄱ의 '무엇'에 선택되어 참인 명제가 되는 어떤 명사항들의 집합을 생각할 수 있는데, 이 명사항들의 집합을 '범위'라고 하기로 하자. 그러면 (3)은 '영화'가 그 범위에 포함되면 참이 되고,

그 범위에 포함되지 않으면 거짓이 된다.

격조사와 보조조사를 이러한 관점에서 보면, 격조사가 초점인 문장에서는 '선택항이 범위에 포함되는가'[1]가 초점의 내용이 되며, 나머지항에 관한 정보는 비관여적이다. 그런데 보조조사가 초점인 문장에서는 선택항과 나머지항이 범위에 어떤 방식으로 포함되는가가 초점이 된다.

예컨대, (5)의 '영화'와 관련된 선택 영역을 {영화, 연극, 오페라}라 가정하기로 하고, 이 문장의 진리값을 따져 보기로 하자.

(5) 영이는 **영화만** 보았다.

먼저, (5)는 직관적으로 보아, '영이가 영화를 보았다'는 것은 전제하고 있다. 다시 말하자면, (5)의 문장을 발화하면서, 영이가 영화를 본 것을 부정할 수 없다는 것이다. 선택항을 중심으로 말하자면, 선택항인 '영화'가 범위에 포함되었음을 전제한다고 할 수 있다.

이 문장의 초점은 다음과 같이 설명된다. 만일 '영이가 본 것'(범위)이 {영화, 연극}이거나, {영화, 오페라}이면 (5)는 거짓이다. (5)가 참이 되는 경우는 '영이가 본 것'이 {영화}인 경우뿐이다. 이 경우는 나머지항인 '연극'과 '오페라'가 모두 범위에서 배제되는 것이다. (5)의 말할이는 바로 이것을 주장한 것이다. 따라서 (5)의 초점은 '나머지항이 범위에 배제된다'는 것이다.

1.2. 이 글에서는 먼저 '부터'와 '까지'를 이상과 같은 전제와 초점에 따라 분석하고자 하는데, 이 보조조사들은 '도, 만, 조차, 마저, 이라도, 이나마' 등과는 조금 다른 의미적 특성을 가진다.

그리고 이것들과 최규수(2009)에서 논의된 '도, 만, 조차, 마저, 이라도,

---

1) 이를 보통 '선택 지정'이라 한다.

이나마'가 통합된 (6)과 같은 형식의 의미를 살피고자 한다.

    (6) ㄱ. 부터 + {도, 만, 조차, 마저, 이라도, 이나마}
       ㄴ. 까지 + {도, 만, 조차, 마저, 이라도, 이나마}

  한 가지 유의할 것이 있다. 다음과 같은 문장의 '로부터'는 격조사 '에서'와 대치될 수 있는데, 이러한 '부터'는, 보조조사가 아니라, 격조사의 일부로 보아야 한다. (7)에서 '부터'를 삭제하면 비문법적인 문장이 되거나 전혀 다른 의미를 가진 문장이 된다.

    (7) ㄱ. 어떤 것들은 내부**로부터** 솟아나온다.
       ㄴ. 당신의 3차원적 현실**로부터** 4차원적 현실로.
       ㄷ. 누군가**로부터** 그의 얘기를 듣고 싶다.

2. 보조조사와 한정성

  2.1. 보조조사들이 체언과 결합할 때, '부터, 까지'가 결합하는 체언의 어휘적 특성은 '도, 만, 조차, 마저, 이라도, 이나마'가 결합하는 체언의 어휘적 특성과 조금 차이가 있다.

  '도, 만, 조차, 마저, 이라도, 이나마'는 '누(구), 무엇, 어디'와 같은 의문사와 결합할 수 없다.

    (8) ㄱ. *누구{도, 만, 조차, 마저, 이라도, 이나마} … ?
       ㄴ. *무엇{도, 만, 조차, 마저, 이라도, 이나마} … ?
       ㄷ. *어디{도, 만, 조차, 마저, 이라도, 이나마} … ?

그 까닭은 다음과 같이 설명될 수 있을 것이다. 의문사는 '비한정적'인 자질을 가지는데, 선택항과 나머지항의 범위 관계로 설명되는 앞의 보조조사들은 기본적으로 한정적인 특정한 선택항이 정해져 있어야 한다. 따라서 위의 보조조사들의 의미와 의문사의 의미가 양립할 수 없다.

보조조사 '도, 만, 조차, 마저, 이라도, 이나마'와 결합한 '누(구), 무엇, 어디'가 의문사로 해석되지 않는 경우도 있는데, 그런 경우에도 그것들은 '한정적'인 자질을 가지는 것으로 이해된다. 곧, '만, 조차, 마저'와 결합한 '누구, 무엇, 어디'는 말할이가 겉으로 표현하지는 않았지만 속으로는 확인할 수 있는 어떤 것을 가리키고 있으며, 말할이는 들을이도 그것을 확인할 수 있을 것이라고 가정하면서 사용하는 경우이다. 이런 경우에는 이것들은 '한정적'으로 해석될 수 있다.[2]

  (9) ㄱ. **누구만** 유명하다고, 누구는 유명하다고 제발 말하지 마세요
      ㄴ. 그 **누구만** 다시 돌아오면 이깟 담배는 끊을 수 있는데.
      ㄷ. **어디만** 다녀오면 아프네요.

 (10) ㄱ. 그 **누구조차** 가까이 둘 수 없던 나처럼.
      ㄴ. 반드시 기억해야 할 그 **무엇조차** 함께 덮어버린다.
      ㄷ. 내 **어디조차** 닮은 것 하나 없다.

 (11) ㄱ. 그 **누구마저** 이미 없기 때문이다.
      ㄴ. 너를 잃게 되어, 또 다른 **누구마저** 잃을까 봐 두렵구나.
      ㄷ. 소중하다고 여겨지는 그 **무엇마저도** 놓을 수 있는 신앙이어야
         한다.

---

2) '한정성'은 보통 말할이와 들을이가 인식할 수 있는 대상을 가리키는데, 이 글에서는 '어떤 대상을 말할이와 들을이가 확인할 수 있다고 말할이가 가정한 것'을 가리킨다. 다소 논쟁의 여지가 있겠지만, 이 글에서는 한정성을 담화상황에 따라 달라질 수 있는 속성을 가진 것으로 해석한다.

'만, 조차, 마저'와 결합한 '누구, 무엇, 어디'는 의문문에 사용되더라도 여전히 한정적으로 해석된다.

(12) ㄱ. **누구만** 유명하다고 말합디까?
ㄴ. 그 **누구만** 다시 돌아오나요?
ㄷ. **어디만** 다녀왔습니까?

(13) ㄱ. 그 **누구조차** 가까이 둘 수 없습니까?.
ㄴ. 반드시 기억해야 할 그 **무엇조차** 함께 덮어 버릴까요?
ㄷ. 내 **어디조차** 닮지 않았나요?

(14) ㄱ. 그 **누구마저** 이미 없나요?
ㄴ. 또 다른 **누구마저** 잃어버리지 않을까요?
ㄷ. 소중하다고 여겨지는 그 **무엇마저도** 놓아야 할까요?

'도'와 결합한 '누구, 무엇, 어디'가 사용된 (15)의 문장은 '모든 X'가 사용된 (16)과 같은 문장을 부정하는 경우에 사용된다. 따라서 (15)의 '누구도, 무엇도, 어디에도'는 (16)의 '모든 X'에 대응하는 전칭적 표현에 대응하는 것으로 볼 수 있다.

(15) ㄱ. 진리는 **누구도** 독점할 수 없다.
ㄴ. 절실함은 그 **무엇도** 이뤄 낼 수 있다.
ㄷ. 내 안에 없는 것은 **어디에도** 없다.

(16) ㄱ. 진리는 **모든 사람**이 독점한다.
ㄴ. 절실함은 **모든 것**을 이뤄 낸다.
ㄷ. 내 안에 없는 것은 **모든 곳**에 있다.

'이라도'와 결합한 '누구, 무엇, 어디'는 '모든 X'와 같은 전칭적 체언으로 대치될 수 있다.

(17) ㄱ. **누구라도** 수정하여 이용하실 수 있습니다.

ㄴ. **무엇이라도** 만들어내는 상상력의 마술.

ㄷ. 그대 있는 곳 **어디라도** 난 항상 함께 하고 싶어요.

(18) ㄱ. **모든 사람이** 수정하여 이용하실 수 있습니다.

ㄴ. **모든 것을** 만들어내는 상상력의 마술

ㄷ. 그대 있는 **모든 곳에** 난 항상 함께 하고 싶어요.

이 글에서는, 전칭의 명사구가 한정적인지 비한정적인지는 논쟁의 여지가 있지만, '도, 이라도'와 결합한 '누구, 무엇, 어디'의 전칭성을 한정성으로 해석한다.

2.2. 그런데 '부터, 까지'은 한정적 체언과 결합할 뿐만 아니라, 의문사와 같은 비한정적 체언과도 결합한다. (19)와 (20)에서 '부터, 까지'가 결합한 체언은 '한정적'인 것으로 해석될 수 있다.

(19) ㄱ. **누구부터** 그렇게 하니까, 문제가 생길 수밖에.

ㄴ. **무엇부터** 생각하다 보니, 그렇게 되었다.

ㄷ. **어디서부터** 잘못되면, 그렇게 되게 마련이다.

(20) ㄱ. 누구랑 연애하더니 **누구까지** 이렇게 변했네.

ㄴ. 발만 보고도 **무엇까지** 보았다고.

ㄷ. 채워지지 않는 그 **무엇까지** 채워주고 있다.

그런데 '부터, 까지'와 결합하는 체언은, '도, 만, 조차, 마저, 이라도, 마저'와는 달리, '비한정적' 자질을 가진 의문사와 함께 사용된다.

(21) ㄱ. 우리나라 사람 전부 다 물에 빠지면 **누구부터** 구할 텐가?

ㄴ. 국민을 대표하는 정치인들은 **무엇부터** 해야겠습니까?

ㄷ. 붕어빵, **어디부터** 먹나요?

(22) ㄱ. 짧은 머리의 돌풍은 **누구까지**일까?

ㄴ. 우리에게 희생이 있다면 **무엇까지** 내어 놓을 수 있을까요?

ㄷ. **어디까지** 믿어야 할까?

2.3. 이렇게 '도, 만, 조차, 마저, 이라도, 이나마'와 결합한 체언이 한정적인데 비하여, '부터, 까지'가 한정적이거나 비한정적이라는 사실을 보면, 이 두 부류의 전제와 초점이 조금 다를 수 있다는 것을 쉽게 유추할 수 있다. 다음 장에서는 이러한 보조조사의 한정성을 유의하면서, '부터, 까지'의 의미를 전제와 초점에 근거하여 살피기로 한다.

3. '부터'와 '까지'의 의미

3.1. 먼저 '부터'가 사용된 다음의 물음과 대답을 검토해 보자.

(23) 가 : **누구부터** 갔니?

나 : **영이부터** 갔어요.

(23)에서, 말할이(가)는 '(누가) 간 사람'의 집합(범위)에 두 사람 이상[3]이 포함되어 있으며, 그들 사이에 순서가 있음을 전제한다. 예컨대 범위에 {영이}나 {철수}가 아니라, {영이, 철수}나 {영이, 철수, 기수} 등으로 구

---

[3] 선택항과 나머지항이 복수인 경우도 생각해 볼 수 있다. 그러나 그런 경우에는 복수 자체가 한 덩어리로 선택항이나 나머지항이 된다. 논의의 편의상 선택항과 나머지항이 단수의 체언인 경우만 예로 사용한다.

성되었음을 전제한다. 그러면 말할이(가)는 누가 '간 사람'(범위)의 시작점에 놓인 것인지를 물은 것이고, 말할이(나)는 선택항 '영이'가 시작점에 놓인다고 대답한 것이다. 이를 일반적으로 말한다면, 선택항 앞에는 범위에 속하는 나머지항이 없다는 것이다.

그리고 다음과 같은 물음과 대답을 보더라도, '부터'가 사용된 문장의 초점은 범위에 속한 항들의 순서에 관한 것임을 알 수 있다.

(24) 가 : 누구부터 갔어요? **영이부터** 갔어요?
　　나 : 예, **영이부터** 갔어요.
　　다 : 아니오, **철수부터** 갔어요.

(24)에서 범위를 {영이, 철수}로 가정한다면, (24나)에 대하여 부정하는 것은 '가는 행위'에 '영이'와 '철수'가 동시에 참여하지만, 그 일의 시작점에 놓인 행위자를 수정하는 것이다. 따라서 (24나)를 부정하려면, (24다)처럼 '영이' 대신에 '철수'를 대치하여 대답한다.

이상의 논의를 바탕으로, '부터'의 전제와 초점은 다음과 같이 정리할 수 있다.

(25) '부터'의 전제와 초점
　　ㄱ. 전제 : 범위가 $<x^*, a, b, y^*>$로 구성되어 있다.[4]
　　ㄴ. 초점 : 선택항 앞에는 범위에 속하는 나머지항이 없다.

다음과 같은 물음과 대답에서 '까지'의 전제와 초점을 살필 수 있는데, '부터'의 전제와 초점의 논의와 동일한 방식으로 해석된다.

---

4) '$<$ $>$'는 순서 있는 원소들의 집합을 가리키고, $<x^*>$와 $<y^*>$는 각각 $<$ $>$, $<1>$, $<1, 2>$ 등과 같이 0개 이상의 항이 되풀이됨을 가리킨다.

(26) 가 : 누구까지 갔니? **영이까지 갔니?**
　　 나 : 예, **영이까지** 갔어요.
　　 다 : 아니오, **철수까지** 갔어요.

'까지'의 전제는 '부터'의 경우와 동일하다. '까지'의 초점은 그 일의 참여자가 마지막이라고 주장하는 것이다. 일반적으로 말한다면, 선택항 뒤에는 범위에 속하는 다른 나머지항이 없다는 것이다.

(27) '까지'의 전제와 초점
　　 ㄱ. 전제 : 범위가 <x*, a, b, y*>로 구성되어 있다.
　　 ㄴ. 초점 : 선택항 뒤에는 범위에 속하는 나머지항이 없다.

3.2. '부터'와 '까지'의 초점을 '도, 만' 등의 초점과 마찬가지 방식으로 선택항과 나머지항의 관계로 살피면 다음과 같다.

'부터'는 시작점을 나타내고, '까지'는 마지막점을 나타낸다는 것은 '부터'와 '까지'가 결합한 선택항과 나머지항들 사이에 어떤 순서가 있음을 내포한다. 이러한 '부터'와 '까지'가 내포한 순서는 시간어와 결합한 경우에 잘 살필 수 있는데, 그것은 시간어에서 선택항과 나머지항의 순서 관계가 분명히 드러나기 때문이다.

(28) ㄱ. 영이는 **세 시부터** 공부했다.
　　 ㄴ. 영이는 **세 시까지** 공부했다.

(28)에서 '세 시부터'와 '세 시까지'와 관련된 시간의 선택 영역을 {두 시, 세 시, 네 시}로 가정하기로 하자. 그러면 (28)에서 시간과 관련된 선택항은 '세 시'가 되고, '두 시'와 '네 시'는 나머지항이 되는데, '두 시'는 선택항의 앞에 있는 '나머지항'(앞의 나머지항)이며, '네 시'는 선택항의 뒤

에 있는 '나머지항'(뒤의 나머지항)이다. 이러한 것을 그림으로 나타내면 다음과 같다.

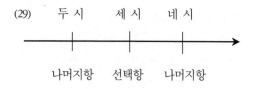

(29)　　두 시　　세 시　　네 시

나머지항　　선택항　　나머지항

이러한 상황에서, (28)의 ㄱ과 ㄴ의 주장은 각각 '영이가 공부한 기간'이 (30)의 ㄱ과 ㄴ이라는 것이다.

(30) ㄱ. <세 시, 네 시>
　　　ㄴ. <두 시, 세 시>

다시 말하자면 (28)의 ㄱ은 '영이가 공부한 기간'에서 앞의 나머지항인 '두 시'는 배제되고, 선택항인 '세 시'와 뒤의 나머지항인 '네 시'가 포함된다는 것을 주장하는 문장으로 해석된다. 그리고 ㄴ은 '영이가 공부한 기간'에서 뒤의 나머지항인 '네 시'는 배제되고, 선택항인 '세 시'와 앞의 나머지항인 '두 시'가 포함된다는 것을 주장하는 문장으로 해석된다.

그리고 '부터'는 뒤의 나머지항이 포함됨을 함의하고, '까지'는 앞의 나머지항이 포함됨을 함의한다는 것을 알 수 있다.

이상의 논의를 바탕으로 '부터'와 '까지'의 초점은 다음과 같이 정리할 수 있다.

(31) '부터, 까지'의 초점

	앞의 나머지항	선택항	뒤의 나머지항
부터	배제	포함	포함
까지	포함	포함	배제

3.3. 이상과 같이, '부터'와 '까지'가 초점으로 쓰인 문장의 진리값은 선택항과 (앞과 뒤의) 나머지항이 범위에 어떻게 포함되는가에 따라 결정된다. 이러한 것은 이것들이 쓰인 문장의 부정에 대하여 살펴보면 쉽게 확인할 수 있다. 먼저 '부터'의 초점을 보자.

(32) 가 : 영이는 언제부터 공부했어요? **세 시부터** 공부했어요?
　　　나 : 예, **세 시부터** 공부했어요.
　　　다 : 아니오, **세 시부터** 공부한 것이 아니어요.5)

(32)에서 (가)의 물음에 대하여 긍정하면 (나)로 대답하겠지만, 그것을 부정하면 (다)로 대답할 수 있다. 그런데 (다)를 긍정적 문장으로 바꾸어 표현한다면, 두 시부터 공부했다는 주장이거나 네 시부터 공부했다는 주장으로 바꾸어 볼 수 있다. 앞의 경우는 범위에서 배제되었던 앞의 나머지항을 범위에 포함시킨다는 주장이고, 뒤의 경우는 범위에 포함되었던 선택항을 범위에서 배제한다는 주장이다. 따라서 '부터'가 사용된 문장의 초점과 그 문장에 대한 부정은 다음과 같이 나타낼 수 있다.

(33) '부터'의 초점

	앞의 나머지항	선택항	뒤의 나머지항
긍정	배제	포함	포함
부정1	**포함**	포함	포함
부정2	배제	**배제**	포함

'까지'의 초점도, '부터'와 동일한 방식으로 추론할 수 있다.

(34) 가 : 영이는 언제부터 공부했어요? **세 시까지** 공부했어요?

---

5) '부터, 조차'와 함께 사용된 부정문에 대한 논의는 뒤에 다시 논의된다.

　　나 : 예, **세 시까지** 공부했어요.
　　다 : 아니오, **세 시까지** 공부한 것이 아니어요.

　(34)에서 (가)의 물음에 대하여 긍정하면 (나)로 대답하겠지만, 그것을 부정하면 (다)로 대답할 수 있다. 그런데 (다)를 긍정적 문장으로 바꾸어 표현한다면, 두 시까지 공부했다는 주장이거나 네 시까지 공부했다는 주장으로 바꾸어 볼 수 있다. 앞의 경우는 범위에 포함되었던 선택항을 범위에서 배제한다는 주장이고, 뒤의 경우는 범위에서 배제되었던 뒤의 나머지항을 범위에 포함한다는 주장이다. 따라서 '까지'가 사용된 문장의 초점과 그 문장에 대한 부정은 다음과 같이 나타낼 수 있다.

　(35) '까지'의 초점

	앞의 나머지항	선택항	뒤의 나머지항
긍정	포함	포함	배제
부정1	포함	**배제**	배제
부정2	포함	포함	**포함**

　3.4. '부터'와 '까지'가 시간어가 아닌 체언과 결합하는 경우도, 기본적으로는 시간어와 결합한 경우와 동일한 방식으로 해석된다. 그런데 일의 종류에 따라 시간어와 같이 순서가 분명히 정해져 있는 것이 있고 그렇지 않은 경우도 있다.
　야구 경기에서 몇 회의 공격이나 수비, 또는 몇 번 타자의 공격 등의 일에는 회나 타자의 순서가 정해져 있다. 이런 경우에는 선택항과 관련된 앞의 나머지항이나 뒤의 나머지항이 무엇인지 본래부터 정해져 있기 때문에, 쉽게 확인할 수 있다.

　(36) ㄱ. 3회는 **7번 타자부터** 공격한다.

ㄴ. 롯데와 한화의 경기는 방금 **8회까지** 마쳤다.

이런 경우에는 선택항과 앞, 뒤의 나머지항의 순서를 바꿀 수 없다. 곧, (36)ㄱ에서 선택항인 '7번 타자'의 앞의 나머지항이 '8번 타자'일 수는 없고, (36)ㄴ의 선택항인 '8회'의 뒤의 나머지항이 '7회'일 수는 없다는 것이다. 따라서 (36)ㄱ은 선택항인 '7번 타자'가 '3회에 공격하는 사람'(범위)에 포함되고, 앞의 나머지항인 '6번 타자'가 그 범위에서 배제된다는 주장이다. (36)ㄴ은 선택항인 '8회'가 '경기가 마치는 회'(범위)에 포함되고, 뒤의 나머지항인 '9회'가 그 범위에서 배제된다는 주장이다.

그리고 보통의 경우에는 순서가 엄격히 정해져 있지 않다고 판단되는 다음의 일과 관련된 선택항과 앞, 뒤의 나머지항에도 일정한 순서가 매겨진 상황을 생각해 볼 수도 있다.

(37) ㄱ. 영이는 **영화부터** 보았다.
　　ㄴ. 영이는 **영화까지** 보았다.

(37)에서 '영화부터, 영화까지'와 관련된 사물의 선택 영역을 {영화, 연극, 오페라}로 가정하기로 하자. 그런데 무대가 하나밖에 없는 어떤 공연장에서, '연극'을 맨 먼저 상영하고, 그 다음에 시간적 순서에 따라 '영화'와 '오페라'를 공연하는 상황이 있을 수 있다. 이 경우는 시간적 순서에 따라 선택 영역의 원소들의 순서가 정해져 있기 때문에, 시간어의 경우와 거의 동일하다. 따라서 이 경우에는 예컨대, 다음과 같은 한 개의 순서밖에 정할 수밖에 없다.

(38)

이런 경우에는 선택항인 '영화'의 앞의 나머지항은 '연극'이고 뒤의 나머지항은 '오페라'가 될 것이다. 그리고 (37)의 ㄱ과 ㄴ의 초점은 각각 선택항과 앞, 뒤의 나머지항이 '영이가 본 것'(범위)에 어떻게 포함되는지 배제되는가 하는 내용이다.

그런데 (37)과 같은 일들에 관여하는 선택 영역의 원소들은 보통의 경우에는 일정한 순서가 미리 정해져 있는 것이 아니다. 따라서 선택 영역의 원소들이 어떤 순서로 되어 있는지 하는 것과는 관계없이, '부터'는 어떤 범위의 앞에 다른 나머지항이 없다는 것을 나타내고, '까지'는 어떤 범위의 뒤에 다른 나머지항이 없다는 것을 나타낸다.

그리고 '부터'의 경우에 범위에 포함되지 않은 앞의 나머지항이 있든지 없든지 관계가 없다. 곧 (39)에서 보듯이, '영화'가 시작점이면 충분하다는 것이다. (39)에서 범위에 포함되지 못한 ㄱ의 '연극' 이나 ㄴ의 '오페라'와 같은 앞의 나머지항이 있든지 없든지 간에 앞의 나머지항은 범위에서 배제되기 때문이다.[6]

> (39) ㄱ. <(연극,) 영화↦, 오페라>
> ㄴ. <(오페라,) 영화↦, 연극>

'까지'의 경우에도 범위에 포함되지 못한 뒤의 나머지항이 있든지 없든지 관계가 없다. 곧 (40)에서 보듯이, '영화'가 마지막점이면 충분하다는 것이다. ㄱ의 '오페라'나 ㄴ의 '연극'과 같은 뒤의 나머지항이 있든지 없든지 간에 뒤의 나머지항은 범위에서 배제되기 때문이다.

> (40) ㄱ. <연극, ↦영화↤>(, 오페라)
> ㄴ. <오페라, ↦영화↤>(, 연극)

---

[6] '↦'과 '↤'는 각각 시작점과 마지막점을 강조하기 위하여 표시한 것이다.

4. '부터, 까지'와 부정문

4.1. 이제 '부터'와 '까지'가 사용된 문장의 부정과 부정문에 대하여 좀 더 살피기로 한다.

최규수(2009)에 따르면, 보조조사 '도, 만, 조차, 마저, 이라도, 이나마'가 사용된 문장의 경우에, 그 부정문은 '안 V'이나 'V-지 않-'에 의해 형성되는 것이 아니다. 예컨대, '만'이 사용된 (41)의 ㄱ에 대한 부정문은 ㄴ이 아니며, '도'가 사용된 (42)의 ㄱ에 대한 부정문도 ㄴ이 아니다.

> (41) ㄱ. 영이는 **영화도** 보았다.
>   ㄴ. 영이는 **영화도** 보지 않았다. (≠(41)ㄱ의 부정)

> (42) ㄱ. 영이는 **영화만** 보았다.
>   ㄴ. 영이는 **영화만** 보지 않았다. (≠(42)ㄱ의 부정)

'도'와 '만'이 사용된 (41)와 (42)의 ㄱ의 전제와 초점은 선택항인 '영화'를 포함한 선택 영역, 예컨대 {영화, 연극} 가운데, 선택항과 나머지항이 범위에 어떤 방식으로 포함되는가 하는 범위 관계에 따라 정해진다. 그리고 '도'와 '만'은 각기 고유한 범위 관계를 나타내기 때문에, 그것들이 사용된 그 문장들의 부정에서도 그 범위 관계에 적합한 보조조사를 선택해야 하는 것이다.

그래서 (43)과 (44)의 물음과 대답에서, (43다)와 (44다)의 ㄱ은 각각 (41나)와 (42나)에 대한 부정으로 적합하지 않은 것이다.

> (43) 가 : 영이는 **영화도** 보았어요?
>   나 : 예, 영이는 **영화도** 보았어요.
>   다 : ㄱ. [#]아니오, 영이는 **영화도** 보지 않았어요.

ㄴ. 아니오, 영이는 **연극만** 보았어요.

(44) 가 : 영이는 **영화만** 보았어요?

　　나 : 예, 영이는 **영화만** 보았어요.

　　다 : ㄱ. #아니오, 영이는 **영화만** 보지 않았어요.

　　　　ㄴ. 아니오, 영이는 **연극도** 보았어요.

보조조사가 사용된 문장의 부정은 보통 (43나)와 (44나)의 ㄴ처럼 다른 선택항을 선택하고 또 적합한 범위 관계를 나타내는 다른 보조조사를 사용하여 나타낸다. 그런데 보조조사가 사용된 문장을 군이 부정문의 형식으로 나타내려면, 보조조사의 범위 관계에 영향을 주지 않는 방식으로, 곧 (45)와 (46)의 방식으로 나타낼 수밖에 없다.

(45) ㄱ. 영이는 **영화도** 보았다.

　　ㄴ. 영이는 **영화도** 본 것이 아니다. (=(45)ㄱ의 부정)

(46) ㄱ. 영이는 **영화만** 보았다.

　　ㄴ. 영이는 **영화만** 본 것이 아니다. (=(45)ㄱ의 부정)

보조조사와 함께 '안 V'이나 'V-지 않-'이 사용된 부정문은 '안 V'이나 'V-지 않-'이 하나의 용언으로 사용된 문장처럼 해석된다. 곧 (47)의 문장들은 '보지 않았다' 대신에 '보았다'가 사용된 문장과 꼭 방식으로 해석된다. 일반적으로 말하자면, '안 V'이나 'V-지 않-'로 형성된 부정문에서 '도'와 '만' 성분은 'V'와 관련하여 해석되는 것이 아니라, 'V-지 않다'와 관련하여 해석된다.

(47) ㄱ. 영이는 **영화도** [보지 않았다].

　　ㄴ. 영이는 **영화만** [보지 않았다].

4.2. 그런데 '부터'와 '까지'가 사용된 문장의 부정의 양상은 '도'와 '만'이 사용된 문장의 부정의 양상과는 그 성질이 조금 다르다.

첫째, '안 V'이나 'V-지 않-'으로 형성된 부정문에 '부터'와 '까지'가 사용될 때, '부터'와 '까지'는 '도'와 '만'과 같은 방식으로 해석하기가 어렵다는 것이다.

(48) ㄱ. '영이는 **영화부터** [보지 않았다].
ㄴ. '영이는 **영화까지** [보지 않았다].

(48)에서, ㄱ과 ㄴ은 영화가 '보지 않은 것'의 시작점과 마지막점임을 주장하는 문장인데, 이 문장들은 의미적으로 받아들이기 어렵다. 그 까닭은 본 것이 없는데, 보지도 않은 것의 순서를 매기는 일이 성립할 수 없기 때문이다.

둘째, '도'와 '만' 등의 다른 보조조사들이 사용된 문장의 부정을 긍정의 형식으로 표현하고자 할 때는 적절한 범위 관계를 나타내는 다른 보조조사로 교체하여 나타낸다. 그런데 '부터'와 '까지'는 그것들이 사용된 문장의 부정을 긍정의 형식으로 나타내는 다른 방법이 없다.

이를 보면, '부터'와 '까지'가 쓰인 부정문은 '도, 만' 등의 보조조사가 쓰인 부정문과는 다르다는 것을 알 수 있다. '부터'와 '까지'가 사용된 (49)의 ㄱ과 ㄴ의 긍정문은 각각 (50)의 ㄱ과 ㄴ의 부정문에 대응한다.

(49) ㄱ. 영이는 **영화부터** 보았다.
ㄴ. 영이는 **영화까지** 보았다.

(50) ㄱ. 영이는 **영화부터** 보지 않았다.
ㄴ. 영이는 **영화까지** 보지 않았다.

이에 대하여 '부터'와 '까지'가 사용된 물음과 대답을 통하여 확인해 보면 다음과 같다.

> (51) 가 : 영이는 **무엇부터** 보았어요? **영화부터** 보았어요?
>   나 : 예, 영이는 **영화부터** 보았어요.
>   다 : ㄱ. 아니오, 영이는 **영화부터** 보지 않았어요.
>   ㄴ. 아니오, 영이는 **연극부터** 보았어요.

(51나)에서 선택 영역을 {영화, 연극, 오페라}라고 가정하자. 그러면 (51나)에서 ㄱ은 '영이가 본 것'의 범위에서 시적점이 '영화'임을 주장한 것이다. (51나)의 부정인 (51다)ㄱ은 단순히 '영화'가 시작점이 아니라고 주장한 것이며, (51다)ㄴ은 (시작점이 '영화'가 아니라는 것에 더하여) 시작점이 '연극'임을 주장한 것이다. (51다)ㄴ에서, '영화'는 '영이가 본 것'의 범위에 포함되거나 범위에서 배제되는 두 경우가 있을 수 있다.

> (52) 가 : 영이는 **무엇까지** 보았어요? **영화까지** 보았어요?
>   나 : 예, 영이는 **영화까지** 보았어요.
>   다 : ㄱ. 아니오, 영이는 **영화까지** 보지 않았어요.
>   ㄴ. 아니오, 영이는 **연극까지** 보았어요.

(52나)에서 선택 영역을 {영화, 연극, 오페라}라고 가정하자. 그러면 (52나)에서 ㄱ은 '영이가 본 것'의 범위에서 마지막점이 '영화'임을 주장한 것이다. (52나)의 부정인 (52다)ㄱ은 단순히 '영화'가 마지막점이 아니라고 주장한 것이며, (52다)ㄴ은 (마지막점이 '영화'가 아니라는 것에 더하여) 마지막점이 '연극'임을 주장한 것이다. (52다)ㄴ에서, '영화'는 '영이가 본 것'의 범위에 포함되거나 범위에서 배제되는 두 경우가 있을 수 있다.

5. 다른 보조조사와의 통합 관계

5.1. 먼저 '부터, 까지'와 '도, 만'의 결합을 살핀다.

(53) ㄱ. 영이는 영화**부터도** 보았다.
ㄴ. 영이는 영화**부터만** 보았다.

(54) ㄱ. 영이는 영화**까지도** 보았다.
ㄴ. 영이는 영화**까지만** 보았다.

(53)과 (54)에서, '부터도, 까지도'와 '부터만, 까지만'은 '부터'와 '까지'의 의미와 '도'와 '만'의 의미가 단순히 결합한 것으로 생각되지는 않는다. 오히려 이것들은 의미론적으로 볼 때, 다음과 같이 분석되는 것으로 판단된다.

(55) ㄱ. 영이는 [[영화부터]도] 보았다.
ㄴ. 영이는 [[영화부터]만] 보았다.

(56) ㄱ. 영이는 [[영화까지]도] 보았다.
ㄴ. 영이는 [[영화까지]만] 보았다.

곧, (53)과 (54)에서, '도'와 '만'과 관련된 선택항이, '영화'가 아니라, '영화부터'와 '영화까지'라는 것이다. 다음과 같은 물음과 대답에서 그러한 것을 확인할 수 있다.

(57) 가 : 영이는 **영화부터도** 보았느냐?
나 : ㄱ. #아니, **영화부터도** 안 보았다.
ㄴ. 아니, **영화부터는** 안 보았다.
ㄷ. 아니, (영화부터는 안 보고) **연극부터만** 보았다.

(58) 가 : 영이는 **영화부터만** 보았느냐?

　　나 : ㄱ. #아니, **영화부터만** 안 보았다.

　　　　ㄴ. 아니, **영화부터만** 본 것은 아니다.

　　　　ㄷ. 아니, (영화부터만 본 것이 아니라) **연극부터도** 보았다.

(59) 가 : 영이는 **영화까지도** 보았느냐?

　　나 : ㄱ. #아니, **영화까지도** 안 보았다.

　　　　ㄴ. 아니, **영화까지는** 안 보았다.

　　　　ㄷ. 아니, (영화까지는 안 보고) **연극까지만** 보았다.

(60) 가 : 영이는 **영화까지만** 보았느냐?

　　나 : ㄱ. #아니, **영화까지만** 안 보았다.

　　　　ㄴ. 아니, **영화까지만** 본 것은 아니다.

　　　　ㄷ. 아니, (영화까지만 본 것이 아니라) **연극까지도** 보았다.

이제 '부터도, 부터만, 까지도, 까지만'이 사용된 문장의 전제와 초점을 살피기로 한다.

최규수(2009)에 따르면, '도'와 '만'의 전제와 초점은 다음과 같다.

(61) '도'와 '만'의 전제와 초점

	전제	초점
도	나머지항 포함	선택항 포함
만	선택항 포함	나머지항 배제

이러한 '도'와 '만'을 기준으로 보면, '영화부터도, 영화까지도, 영화부터만, 영화까지만'의 선택 영역은 '영화부터'와 '영화까지'와 관련된 'X부터'와 'X까지'이다. 그러면 '부터도, 부터만, 까지도, 까지만'이 사용된 문장의 전제와 초점은 다음과 같이 설명될 수 있다.

먼저 '부터도'와 '부터만'이 쓰인 문장을 보기로 한다.

(62) ㄱ. 영이는 영화**부터도** 보았다.
　　ㄴ. 영이는 영화**부터만** 보았다.

(62)에서 '영화부터도' 및 '영화부터만'의 '영화부터'와 관련된 선택 영역을 {영화부터. 연극부터}라고 가정하자. 그러면 (62)ㄱ은 '영이가 연극부터 보았다'가 참임을 전제하고, '영이가 영화부터 보았다'가 참이라고 주장한다. (62)ㄴ은 '영이가 영화부터 보았다'가 참임을 전제하고, '영이가 연극부터 보았다'가 거짓이라고 주장한다.

'까지도'과 '까지만'이 사용된 문장의 전제와 초점도 기본적으로 동일한 방식으로 설명된다.

(63) ㄱ. 영이는 영화**까지도** 보았다.
　　ㄴ. 영이는 영화**까지만** 보았다.

(63)에서 '영화까지도' 및 '영화까지만'과 관련된 선택 영역을 {영화까지. 연극까지}라고 가정하자. 그러면 (63)ㄱ은 '영이가 연극까지 보았다'가 참임을 전제하고, '영이가 영화까지 보았다'가 참이라고 주장한다. (63)ㄴ은 '영이가 영화까지 보았다'가 참임을 전제하고, '영이가 연극까지 보았다'가 거짓이라고 주장한다.

다음의 '부터도, 부터만'과 '까지도, 까지만'도 이상과 같은 방식으로 해석할 수 있다.

(64) ㄱ. 무상의료, 지금**부터도** 가능하다.
　　ㄴ. 저 개인**부터도** 더 열심히 하도록 노력하겠습니다.
　　ㄷ. 보증서 제출**부터도** 가능합니다.

(65) ㄱ. 오후 5시 30분**부터만** 통화가 가능합니다.
　　ㄴ. 2007년 1학기**부터만** 올리면 됩니다.

ㄷ. 서비스 기간만료 1개월 전**부터만** 가능합니다.

(66) ㄱ. 협상에선 말, 사과, 감정**까지도** 계획한다.

ㄴ. 우정은 변해가는 모습**까지도** 받아들이는 것.

ㄷ. 너의 눈물은 내 가슴 속 차가운 얼음**까지도** 녹인다.

(67) ㄱ. 버스정류장**까지만** 데려다 주십시오.

ㄴ. 조폭 영화가 여기**까지만** 만들어졌으면 한다.

ㄷ. 일주일 전**까지만** 해야 하나요?

(64)ㄱ은 '무상의료가 다른 시간부터 가능하다'가 참임을 전제하고, '무상의료가 지금부터 가능하다'가 참임을 주장한다. (65)ㄴ은 '2007년 다른 학기부터 올린다'가 참임을 전제하고, '2007년 1학기부터 올린다'가 참임을 주장한다. (66)ㄷ은 '너의 눈물이 차가운 얼음이 아닌 다른 것까지 녹인다'가 참임을 전제하고, '너의 눈물이 차가운 얼음까지 녹인다'가 참임을 주장한다. (67)ㄱ은 '버스정류장이 아닌 다른 장소까지 데려다 준다'가 거짓임을 전제하고, '버스정류장까지 데려다 준다'가 참임을 주장한다.

5.2. '부터, 까지'와 '조차, 마저, 이라도, 이나마'의 결합을 살피기로 한다.

그런데 '조차, 마저, 이라도, 이나마'의 해석에는 '도, 만'의 의미 해석에서 논의된 전제와 초점에 더하여, 다음과 같은 종류의 함축도 고려해야 한다.[7]

(68) 함축

특정한 문맥에 의해서 추론되는 말할이의 예상과 바람, 의지 등과 같은 것.

---

7) '조차, 마저, 이라도, 이나마'의 전제와 초점, 함축은 최규수(2009)의 논의에 따른다.

먼저 '부터, 까지'와 '조차'의 결합을 보자. '조차, 마저'의 전제와 초점, 함축은 다음과 같다.

(69) '조차'와 '마저'의 전제와 초점, 함축

	전제	초점	함축	함축 결과
조차	나머지항 포함	선택항 포함	선택항이 범위에 포함되지 않음을 예상하거나 기대함	뜻밖/실망
마저			선택항이 나머지항의 집합에 포함됨을 예상하거나 기대함	뜻밖/실망

'조차'와 '마저'의 전제와 초점은 '도'와 동일하다. 그렇지만 '도'는 별다른 함축을 가지지 않는데 비하여, '조차'와 '마저'는 (69)와 같은 함축을 가진다. 따라서 '부터조차, 부터마저, 까지조차, 까지마저'는, 이상과 같은 함축을 제외하고는, '부터도, 까지도'와 동일하게 해석된다.[8]

(70) ㄱ. 이쪽과 자릿수**부터조차** 다르네요.
ㄴ. 사소한 것**부터조차** 아티스트의 감성으로 다가갈 수가 없다.
ㄷ. 많은 종교들이 지금**까지조차** 성차별을 정당화해 왔다.

(71) ㄱ. 섹시한 남편**까지마저** 늘 함께해 주고.
ㄴ. 그의 정신 상태**까지마저** 바뀌어 버렸다.
ㄷ. 한국이라는 나라가 어떤 위치에 있는가에**까지마저** 부정하는 추세입니다.

(70)ㄱ은 '자릿수부터'가 '이쪽과 다른 것'(범위)에 포함되지 않음을 예상하거나 기대했는데, 그렇지 않아 뜻밖이거나 실망한다는 것을 나타낸다.

---

8) '부터마저'의 예는 잘 찾을 수 없는데, 아마 '부터'의 전제 및 초점과 '마저'의 함축이 서로 합치하기 어려운 점 때문에서 비롯된 것으로 생각된다.

(71)ㄴ은 '정신 상태까지'가 '바뀐 것'(범위)에 포함되지 않음을 예상하거나 기대했는데 그렇지 않아 뜻밖이거나 실망한다는 것을 나타낸다.

5.3. 이제 '부터, 까지'와 '이라도, 이나마'의 결합을 보자. '이라도, 이나마'의 전제와 초점, 함축은 다음과 같다.

(72) '이라도'와 '이나마'의 전제와 초점, 함축

	전제	초점	함축	함축 결과
이라도	나머지항 배제	선택항 포함	다른 선택항이 범위에 포함되기를 기대하지만, 선택항을 수용함	불만족
이나마			다른 선택항이 범위에 포함되기를 기대하지만, 선택의 여지가 없음.	불만족

'이라도'와 '이나마'의 전제와 초점은 '만'의 전제와 초점과 정반대이다. 'X부터라도'와 'X까지라도, X부터나마, X까지나마'의 나머지항은 각각 'X부터'와 'X까지'이다.

(73) ㄱ. 지금**부터라도** 한번쯤 돌아보십시오.
ㄴ. 아득한 저편**까지라도** 이어져 있을 거에요.
ㄷ. 네가 육지 근처**까지라도** 오면 되잖아.

(74) ㄱ. 책을 읽는 습관을 지금**부터나마** 실행해 나간다.
ㄴ. 우리 안의 차별적인 시선**부터나마** 사라져야 한다.
ㄷ. 만연체 졸필을 여기**까지나마** 읽어주신데 감사드린다.

(73)ㄱ의 '지금부터라도'는 선택항 '지금부터'가 아닌 나머지항 '다른 시간부터'가 '한번쯤 돌아보는 것'(범위)에 포함되기를 기대하지만, '지금

부터'가 그 범위에 포함되는 것을 수용한다는 것으로 해석된다. (74)ㄷ은 '여기까지나마'의 선택항 '여기까지'가 아닌 나머지항 '다른 곳까지'가 '졸필을 읽는 것'(범위)에 포함되기를 기대하지만, '여기까지'가 그 범위에 포함되는 것을 수용한다는 것으로 해석된다. 그리고 (73)ㄱ이나 (74)ㄷ 모두 그러한 상태가 불만족스러운 것으로 받아들여진다.

6. 마무리

이 글에서는 '부터'와 '까지'의 전제와 초점, '부터'와 '까지'가 사용된 부정문의 해석, '도, 만, 조차, 마저, 이나마, 이라도'과의 통합 관계에 대하여 논의했는데, 이를 간추리면 다음과 같다.

'도, 만, 조차, 마저, 이나마, 이라도'가 한정적 논항과 결합하는 데 비하여, '부터'와 '까지'는 한정적/비한정적 논항과 결합한다.

'부터'와 '까지'는 범위가 순서 있는 집합임을 전제하고 있다. 그리고 '부터'의 초점은 '선택항 앞에는 범위에 속하는 나머지항이 없다'는 것이고, '까지'의 초점은 선택항 뒤에는 범위에 속하는 나머지항이 없다는 것이다. 달리 표현하면, '부터'의 초점은 앞의 나머지항이 범위에서 배제된다는 것이고, '까지'의 초점은 뒤의 나머지항이 범위에서 배제된다는 것이다.

'부터'와 '까지'가 사용된 부정문의 초점은 두 가지로 해석된다. 하나의 해석은 '부터'와 '까지'의 부정의 초점은 둘 다 선택항이 배제된다는 것이다. 다른 하나의 해석은 '부터'의 부정의 초점은 앞의 나머지항이 범위에 포함된다는 것이고, '까지'의 부정의 초점은 뒤의 나머지항이 범위에 포함된다는 것이다.

'부터'와 '까지'가 사용된 긍정문에 대한 부정은 '도, 만, 조차, 마저, 이

나마, 이라도'과 다르다. '도, 만' 등이 사용된 문장에 대한 부정은 긍정문
에 사용된 보조조사들 대신에 적절한 다른 보조조사로 교체한 긍정문으
로 표현한다. 이에 비하여, '부터'와 '까지'가 사용된 문장의 부정은 부정
문으로 표현되며, '부터'와 '까지'를 그대로 유지한다.

　'부터, 까지'는 '도, 만, 조차, 마저, 이나마, 이라도'의 앞에 놓이는데,
'X부터, X까지'가 '도, 만, 조차, 마저, 이나마, 이라도'의 작용 범위에 든
다. 예컨대 '영이부터도'는 먼저 '영이부터'가 해석되고, 다시 '도'가 '영이
부터'와 관련하여 해석된다는 것이다.

참고 문헌

김진호(2000), 『국어 특수조사의 통사·의미적 연구』, 도서출판 역락.

나은영(1997), 「'까지', '조차', '마저'의 의미 구조 분석」, 한국어학 6, 한국어학회, 211-226.

박기덕(2001), 「한국어 보조사 사용의 전제」, 언어와 언어학 26. 한국외국어대학교 언어연구소, 119-135.

성기철(1997), 「보조조사 '까지, 마저'의 의미 특성」, 한국어교육 8, 국제한국어 교육학회, 49-72.

윤재원(1993), 「보조조사 '까지, 조차, 마저'의 의미기능 규명을 위한 담화문법적 가설의 타당성 검증」, 논문집 14-1, 경성대, 7-22.

이익환(1979), 「Korean Particles kkaci/mace 'even' and Scope of Negation」, 언어 4-1, 한국언어학회, 25-52.

이익환(1985), 『의미론 개론』, 한신문화사.

임동훈(2004), 「한국어 조사의 하위부류와 결합」, 국어학 43, 국어학회, 119-154.

정충경(2004), 「우리말 토씨의 겹침 연구」, 부산대학교 석사학위논문.

최규수(2009), 「전제와 함축에 기초한 보조조사의 의미 분석 (1)」, 한글 284, 한글학회, 133-164.

최동주(1997), 「현대국어 특수조사에 대한 통사적 고찰」, 국어학 30, 국어학회, 119-154.

홍사만(2002), 『국어 특수조사 신연구』, 도서출판 역락.

Givón, T. (1979), *On Understanding Grammar*. Academic Press.

보조조사의 의미 (3)*
—'는'과 '-이야'

1. 들어가기

1.1. 보조조사의 의미는 계열 관계의 정보와 통합 관계의 정보라는 두 가지 측면에서 생각할 수 있다. 계열 관계의 정보의 측면은 다음과 같은 것을 가리킨다. 예컨대 (1)에서,

> (1) ㄱ. 영이는 강도 보았다.
> ㄴ. 영이는 강만 보았다.

(1)의 '강도'와 '강만'의 '강'은 {나무, 산}과 대치할 수 있는데, (1)의 말할이는 {강, 바다, 나무} 등의 집합에서 '바다'나 '나무'가 아니라, '강'을 선택한 것이라고 생각할 수 있다. 여기서 {강, 바다, 나무}를 '선택 영역'[1]이라 하고, '강'을 '선택항', '나무, 바다'를 '나머지항'이라 하기로 하자.

---

* 최규수(2016), 「보조조사의 '는'의 의미 분석」, 우리말연구 44, 우리말학회, 27-55.
1) 선택 영역은 이론상으로는 볼 수 있는 대상을 가리키는 모든 명사가 선택될 수 있겠지만, 실제 담화상황을 고려한다면, 일정한 수의 집합으로 한정된다.

이때 (1)의 의미를 진리조건적 의미론의 관점에서 본다면, (1)의 의미는 그것이 참임을 충족시키는 조건에 따라 다음과 같이 해석해 볼 수 있다. 먼저 선택 영역에서 참인 명제를 형성하는 항들의 집합을 '범위'라고 할 때, (1)의 문장에서 '강'과 관련된 범위를 {강, 바다}라고 가정해 보자. 그러면 (1)ㄱ은 나머지항 '바다'가 범위에 포함됨을 전제하고, 선택항 '강'이 범위에 포함됨을 주장하는 것이다.[2] 그리고 (1)ㄴ은 선택항 '강'이 범위에 포함됨을 전제하고, 나머지항 '바다'가 범위에 포함되는가 하는 것을 주장하는 것이다. 여기서 선택항과 나머지항이 범위에 포함되는가 아니면 범위에서 배제되는가 하는 것을 '범위 관계'라 한다면, 보조조사의 의미는 범위 관계의 차이에 따라 구별된다고 할 수 있는데,[3] '는'의 의미도 이러한 범위 관계에 따라 살필 수 있다(보조조사의 의미를 명백히 나타내기 위하여, 아래에서는 계열 관계의 정보라는 용어 대신에 범위 관계의 용어를 사용하기로 한다).

통합 관계의 정보의 측면은 다음과 같은 것을 가리킨다. 예컨대 (2)에서,

> (2) ㄱ. [x 영이는] [y 강을] 보았다.
> ㄴ. [x 영이는] [y 강만] 보았다.
> ㄷ. [x 영이만] [y 강을] 보았다.

정보의 소통에서 X와 Y의 두 성분 가운데 어느 성분이 더/덜 중요한 정보를 전달하는지에 관하여 생각해 볼 수 있다. 어떤 문장의 성분이 중

---

[2] 이 글의 전제와 초점은 화용론적 관점에서 살핀 것이다. 이 글에서는 전제와 초점, 함축은 다음과 같이 정의한다.
"전제는 문장(이나 발화)에서 들을이가 이의를 제기하지 않고 받아들일 것이라고 생각하는 말할이의 가정이고(T. Givón 1979 : 50), 초점은 문장에서 중요한 정보를 나타내는 것으로서, 들을이가 이의를 제기할 수 있는 정보이다. 함축은 특정한 문맥에 의해서 추론되는 말할이의 예상과 바람, 의지 등과 같은 것이다." (최규수 2009, 2011).
[3] 최규수(2009, 2011)에서는 '도, 만, 조차, 마저, 이라도, 이나마, 부터, 까지'의 의미에 대하여 이러한 관점으로 살피고 있다.

요한 정보인가 덜 중요한 정보인가 하는 것은 생략할 수 있는가 그렇지 않은가 하는 기준에 따라 살필 수 있다.4) 한국어에서 서술어에 딸린 성분들은 중요한 정보는 생략할 수 없으며, 덜 중요한 정보는 생략할 수 있다.

이 글에서는 '는'의 의미에 대하여, 범위 관계의 정보와 통합 관계의 정보라는 두 측면에서 살피고자 한다. 그런데 이 글의 논의에서 다음과 같은 점을 강조해 두고자 한다. 하나는 범위 관계의 정보와 통합 관계의 정보는 구별하여 다루어야 한다는 것이고, 다른 하나는 '는'의 의미는 '도'와 '만' 등의 다른 보조조사들의 의미와의 관계 속에서 파악해야 한다는 것이다.

1.2. 앞선 연구에서는 '는'은 '주제' 또는 '대조'의 기능을 가진 것으로 논의되었다. 그런데 주제와 관련된 논의는 아주 복잡한데, 주제의 개념과 범위, 표지, 유형 등의 문제와 관련하여 많은 주장들이 있다.

다른 한편, '는'의 두 가지 의미 가운데 어느 것이 더 기본적인 것인지 등에 관하여 많이 논의되었다. 예컨대, 최동주(2012 : 54)에서는 "'은/는'은 화제 표지이며, '대조'는 가능한 화제의 영역 중 일부만을 화제로 삼을 때 생겨나는 문맥적 의미이다."라고 하였다. 그리고 박철우(2014 : 155)에서는 "'대조' 의미를 통합적인 단위를 전제하는 문법적 기능으로 수용할 수 없고, {는}의 본래적 의미를 '대조'로 전제하는 것이 적절하지 않"다고 하였다. 이들 논의는 '는'의 기본적 의미는 주제이며, 대조는 그것에서 파생된 의미로 본 것이다.

주제와 대조는 본질적으로는 구별하여 논의되어야 할 것이라는 주장도 있다. 예컨대 전영철(2012 : 172)에서는 "화제는 초점과의 상대적인 관계에

---

4) '중요한/덜 중요한' 정보는 성분들 사이에서 보이는 정보의 상대적인 중요성의 차이를 나타내는 것인데, '한정적/비한정적, 언급된/언급되지 않은, 알려진/안 알려진' 등과 같이 어휘 자체에 부여되는 정보와는 구별해야 한다.

의해 정의되는 정보"이며, "대조는 정보구조의 관점에서 화제-초점의 기능과는 구별되는 기능을 수행하는 것"으로 파악하고, '는'의 기능을 화제/초점의 기능과 대조의 기능이 독립적인 기반을 가진 것으로 설명하였다. 그리고 '는'의 기능을 화제 대조와 초점 대조의 두 기능으로 나누어 설명하고 있다. 김용범(2004)와 위혜경(2010)의 대조 주제에 관한 논의도 이러한 주장과 어느 정도 맞닿아 있다고 생각된다.

이 글에서는 주제와 대조의 개념이 기본적으로 다른 성질의 것이라는 전영철(2012)의 논의에 동의하고, '는'의 기능인 주제와 대조에 대하여 범위 관계의 정보와 통합 관계의 정보라는 두 측면으로 나누어 살피고자 하는 것이다.

2. '는'과 범위 관계의 정보

2.1. 보조조사와 범위 관계의 정보

앞에서 보조조사의 의미를 범위 관계의 정보로 파악했는데, 보조조사의 이러한 의미 특성은 격조사의 의미 정보와 대조하여 살펴보면 분명히 드러난다.

> (3) ㄱ. 영이는 강을 보았다.
> ㄴ. 영이는 강만 보았다.

먼저 (3)ㄱ에서 격조사가 결합한 성분인 '강을'의 의미가 어떻게 해석되는지를 보기로 한다. (3)ㄱ이 "영이는 무엇을 보았어요?"의 대답으로 쓰이는 경우를 가정해 보자. 그러면 (3)ㄱ은 '영이는 무엇을 보았다 (=영이가 본 무엇이 있다)'를 전제한다. 그리고 물음의 초점은 {강, 산, 나무} 등의

'선택 영역'가운데 '무엇'의 범위에 어느 것이 포함되는가 하는 것이며, 그 물음에 대하여 (3)ㄱ은 '강'이 범위에 포함됨을 주장한 것이다. 격조사의 이러한 의미를 '선택 지정'이라 한다. 이렇게 가정할 때, (3)ㄱ에서 '강'이 선택될 때 '산, 나무' 등의 나머지항은 말할이의 관심의 밖에 있다고 판단된다. 곧 격조사가 결합한 성분의 해석에는 나머지항은 관여하지 않는다는 것이다. 따라서 (3)ㄱ은 나머지항들이 범위에 포함되는지 그렇지 않은지에 대한 정보를 제공하지 않는다.

보조조사 '만' 성분을 포함한 (3)ㄴ은, 직관적으로 볼 때, (4)ㄱ이 참이라는 것을 전제하고, (3)ㄴ의 초점은 (4)ㄴ-ㄷ이 참인지 거짓인지를 확인하는 것이라는 것을 알 수 있다.

> (4) ㄱ. 영이는 강을 보았다.
> ㄴ. 영이는 산을 보았다.
> ㄷ. 영이는 나무를 보았다.

이와 같이, 보조조사의 의미는 선택항이나 나머지항이 범위에 어떤 방식으로 포함/배제되어 있는가를 나타내는 것이다. 따라서 보조조사가 결합한 성분이 사용된 문장의 진리값은 어떤 범위 관계가 정확히 반영되어 있는가에 따라 결정되는 것이다.

그리고 보조조사들의 의미 차이는 그러한 선택항과 나머지항이 각각 범위에 포함되는지 범위에서 배제되는지 하는 범위 관계의 차이를 나타내는 것이며, 보조조사들의 의미 체계는 그러한 범위 관계의 유형에 따라 이루어진다는 것이다.

2.2. '는'의 범위 관계의 정보

앞선 연구에서는 '는'을 주제와 대조의 기능을 가진 것으로 파악하고 있으나, 주제의 범위와 표지, 유형, 기능, 주제와 대조의 관계 등에 관한 문제에 관해서는 다양한 주장들이 있다. 그런데 주제에 관한 논의와 '는'에 관한 논의는 다른데, 간단히 말하자면, '는'에 관한 논의는 주제에 관한 논의의 부분에 해당하다는 것이다. 예컨대 주장에 따라서는 주제의 표지로는 '는' 이외의 형태도 있을 수 있으며, 어순 등과도 관련되어 있다.

이 글에서는 '는'의 기능과 관련된 문제에 초점을 맞추어 논의하기로 한다. 그리고 주제와 대조의 관계에 대해서는 3장에서 다시 논의하기로 하고, 여기서는 일단 '는'의 의미 정보를 앞에서 제시한 범위 관계에 따라 분석해 보기로 한다.

    (5) 영이는 강은 좋아한다.

먼저 (5)의 '강은'의 '는'의 의미를 살펴보자. 논의의 편의상, 위 문장의 '강'과 관련된 선택 영역을 {호수, 산}이라고 가정하자. 위 문장은 일반적으로 '영이가 호수나 산을 좋아하는지 좋아하지 않는지(전제) 모르겠지만, 영이가 강을 좋아하는 사실이라'(초점)는 것을 주장하는 것으로 해석된다. 이를 보면, '는'은 '호수, 산' 등의 나머지항이 범위에 포함됨을 전제하는지, 아니면 나머지항이 범위에서 배제됨을 전제하는지 명확하지 않다.5) 이러한 '는'은 선택항이나 나머지항이 범위에 포함됨을 전제하거나, 범위에서 제외됨을 전제하는 다른 보조조사와는 성질이 조금 다르다는 것을 알 수 있다. (5)에서 문장의 맨 앞에 놓인 '영이는'의 '는'의 범위 관계에

---

5) 말할이의 처지에서 보면, '영이가 산을 좋아하거나 좋아하지 않거나' 둘 가운데 어느 하나이겠지만, 어느 것을 선택하는지에 대한 판단을 유보하고 있다고 생각할 수 있다.

대한 정보도 기본적으로 '강은'의 '는'과 동일한 방식으로 해석되는 것으로 판단된다.

최규수(2009)에서는 보조조사들의 전제와 초점을 다음과 같이 정리하였다.[6]

(6) 보조조사의 전제와 초점

	전제	초점
만	선택항 포함	나머지항 배제
도, 조차, 마저	나머지항 포함	선택항 포함
이라도, 이나마	나머지항 배제	선택항 포함

'는'의 전제도 이상과 같은 다른 보조조사의 전제와 동일한 방식으로 살핀다면, '는'의 전제는 두 가지 경우로 나누어 생각할 수 있을 것이다. 하나는 나머지항이 범위에서 배제됨을 전제하는 경우('는₁')이고, 다른 하나는 나머지항이 범위에 포함됨을 전제하는 경우('는₂')이다. 이를 표로 보이면 다음과 같다.

(7) '는'의 전제와 초점

	전제	초점
는₁	나머지항 배제	선택항 포함
는₂	나머지항 포함	

그런데 '는'의 전제는 의문문과 서술문에서 조금 다른 양상을 보이는 것으로 보인다. 예컨대 의문문에 사용된 '는'은 위와 같은 두 개의 전제를 가지는 것으로 쉽게 알 수 있다.

---

6) 이 표의 '도, 조차, 마저'에서, '조차'와 '마저'의 의미는 '도'의 전제와 초점에 어떤 함축을 더한 것이다. '이라도'와 '이나마'도 각각의 함축을 가진다.

(8) "영이는 강은 좋아해요?"의 전제
　　ㄱ. 전제1 : 영이는 호수나 산을 좋아하지 않는다.
　　ㄴ. 전제2 : 영이는 호수나 산을 좋아한다.

　그런데 서술문에 사용된 '는'이 전제2를 가진 것으로 해석하기는 어려운 점이 있어 보인다. 이러한 문제가 있음에도 불구하고, 일단 '는'의 두 가지 전제에 대하여 살피기로 한다.
　'는'이 나머지항이 범위에서 배제됨을 전제하는 경우는 보통 '대조'라고 할 때의 용법이다. 이러한 '는'의 전제는 '는'과 '이라도'의 용법의 차이에서도 확인할 수 있다.

(9) ㄱ. 영이는 영화는 보았다.
　　ㄴ. 영이는 영화라도 보았다.

　'이라도'는 나머지항이 범위에서 배제됨을 전제한다. 그런데 함축적 의미의 차이를 제외한다면 별다른 의미의 차이 없이 '이라도' 대신에 '는'을 교체하여 사용되는 경우가 있다. 이런 경우의 '는'은, '이라도'와 마찬가지로, 나머지항이 범위에서 제외됨을 전제한다고 할 수 있다.
　'는'이 나머지항이 범위에 포함됨을 전제하는 경우는 다음과 같은 물음과 대답에서 확인할 수 있다.

(10) 가 : 영이는 영화는 보았어요?
　　나 : ㄱ. 아니오, 영화는 안 보았어요.
　　　　ㄴ. 아니오, 연극만 보았어요.

　(10가)의 물음에 대하여 (10나)의 ㄱ이나 ㄴ의 대답을 생각할 수 있는데, (10가)와 (10나)ㄱ에서는 '는'의 전제를 확인하기 어렵다. 그런데 (10

가)와 (10나)ㄴ에서는 '는'의 전제를 다음과 같이 추론할 수 있다. (10나)ㄴ
은 선택항 '연극'이 범위에 포함됨을 전제하는데, '연극'은 (10가)에서는
나머지항이다. 곧 (10나)ㄴ의 말할이는 (10가)에서 나머지항이 범위에 포
함됨을 전제하는 것으로 해석하고 대답한 것이다.

　이러한 의미로 해석되는 '는'은 '도' 성분으로 대치할 수 있으며, '는'
성분의 초점에 대한 물음에 대하여 아무런 전제의 변화 없이 '도' 성분으
로 표현할 수 있다.

> (11) 가 : 영이는 {영화는, 영화도} 보았어요?
>   나 : 예, 영화도 보았어요

여기서 '도'는 나머지항이 범위에 포함됨을 전제하는데, '도'와 별다른
의미 차이 없이 교체되는 '는'도 나머지항이 범위에 포함됨을 전제한다고
할 수 있다.

　이제까지 '는'의 두 가지 용법을 살폈는데 '는₁'은 '도'와 동일한 정보를
공유하고 있으므로, '는'의 고유한 의미로 삼기는 어려울 것이다. 다른 보
조조사들의 의미 체계를 고려한다면, 그것들과 전제에서 대립 관계를 보
이는 '는₂'의 용법이 '는'의 기본적 의미라 할 수 있을 것이다. 이렇게 본
다면, '는₂'는 '이라도, 이나마'와 전제와 초점을 공유하므로 한 부류로 묶
이는데, 이것들은 함축의 차이로 말미암아 달리 사용된다.

2.3. '이야'의 범위 관계의 정보

'이야'의 의미도 기본적으로는 '는'과 관련이 있다. 그렇지만 '이야'에
대하여 따로 논의할 것이 거의 없기 때문에 본격적으로 논의하기보다는,
추가로 간단히 정리해 두기로 한다. '이야'의 전제와 초점은 기본적으로

'는'과 동일하다. 아래의 예들에서, '이야'는 전제와 초점에서 별다른 차이 없이 '는'으로 교체할 수 있다는 것에서 그러한 사실을 추론할 수 있다.

(12) ㄱ. 그렇게 믿는 것이야 자유겠지만, 손바닥으로 해를 가리는 것밖엔 안 될 것이다.

ㄴ. 설혹 있다 하더라도 그것이야 감히 내 몫일 것인가.

ㄷ. 그런 정보쯤이야 경비원과 몇 마디 나누다보면 자연스럽게 알게 되는 것이다.

ㄹ. 하나 정성이야 남과 다르겠는가.

ㅁ. 동백이 그 지경이었으니 다른 꽃이야 말할 것도 없었다.

ㅂ. 그러나 어른들이야 어디 그럴 수 있는가?

다만, '이야'는 '는'과 동일한 범위 관계를 나타내지만, '강조하여 드러냄'의 함축을 더하여 나타낸다. 이상의 논의를 정리하면 다음과 같다.

(13) '는'과 '이야'의 전제와 초점, 함축

	전제	초점	함축	함축 결과
는	나머지항	선택항	-	-
이야	배제/포함	포함	드러냄	강조

3. '는'과 통합 관계의 정보

3.1. 보조조사와 통합 관계의 정보

통합 관계의 정보는 문장 성분 가운데 말할이가 꼭 전달해야 하는 중요한 정보인가 아니면 덜 중요한 정보인가를 나타내는 것이다. 곧 문장 성분들의 정보가 나타내는 상대적인 중요성을 나타내는 것이다. 이때 통합 관계의 중요한 정보는 보통 '초점'이라 한다. 이 글에서는 범위 관계의 초점과 통합 관계의 초점을 구별하기 위하여, 범위 관계의 초점과 통합 관계의 초점을 각각 '세로의 초점'과 '가로의 초점'이라 하기로 한다.

가로의 초점을 나타내는 것으로는 물음에서 의문사로 표현되는 성분이 있다. 의문사가 쓰이지 않는 문장은 문맥에서 추론할 수 있는데, 예컨대 의문사를 포함한 의문문에 대한 대답인 서술문에서 의문사에 대응하는 성분이 초점이다. 그런데 한국어에서 체언인 문장 성분은 격조사나 보조조사로 실현되는데, 격조사가 실현된 문장 성분과 보조조사가 결합한 문장 성분의 통합 관계의 정보는 조금 달리 해석된다.

격조사로 실현된 성분은 가로의 초점으로 사용되는 경우도 있고 비초점으로 사용되는 경우가 있는데, 가로의 초점으로 사용되는 경우는 생략할 수 없고, 비초점으로 사용되는 경우에는 문맥에 따라 생략할 수 있다.[7]

  (14) 가 : 누가 나무를 보았어요?
      나 : ㄱ. 영이가 Ø 보았다.
          ㄴ. [#]Ø 나무를 보았다.

  (15) 가 : 영이는 무엇을 보았어요?
      나 : ㄱ. Ø 나무를 보았다.
          ㄴ. [#]영이는 Ø 보았다.

그런데 보조조사 가운데 '도, 만, 조차, 마저, 이라도, 이나마'로 형성된 성분은 항상 가로의 초점이 된다.

---

7) 어떤 언어 형식의 정보를 확인하기 위하여 다른 어떤 언어 형식을 문맥으로 제시하는 경우에는 최소한 다음과 같은 조건 등을 고려해야 할 것이라고 판단된다.
   "어떤 언어 형식의 정보를 확인하기 위하여 물음과 대답의 짝을 사용할 때, 물음과 대답의 정보의 양과 질이 동일해야 한다."

(16) 가 : 영이도 나무를 보았어요?
　　　나 : ㄱ. 그래, 영이도 ∅ 보았다.
　　　　　 ㄴ. #그래, ∅ 나무를 보았다.

(17) 가 : 영이는 나무만 보았어요?
　　　나 : ㄱ. 그래, ∅ 나무만 보았다.
　　　　　 ㄴ. #그래, 영이는 ∅ 보았다.

　그러나 보조조사 '도, 만, 조차, 마저, 이라도, 이나마'로 형성된 가로의
초점은 격조사로 형성된 가로의 초점과는 성질이 좀 다르다.
　격조사로 표현된 초점은 둘 이상의 초점이 자연스럽게 겹쳐날 수 있다.

(18) 가 : 누가 무엇을 보았어요?　　(누, 무엇 = 의문사)
　　　나 : 영이가 나무를 보았다.

　그런데 보조조사 '도, 만, 조차, 마저, 이라도, 이나마'는 의문사와 결합
하지 못하고, 또 그것들로 형성된 초점은 의문사 성분과 통합될 수도 없
다.[8]

(19) ㄱ. *누구도 나무를 보았어요?　('누구' = 의문사)
　　　ㄴ. *영이는 무엇만 보았어요?　('무엇' = 의문사)

(20) ㄱ. ?누가 나무만 보았어요?　　('누' = 의문사)
　　　ㄴ. ?영이도 무엇을 보았어요?　('무엇' = 의문사)

---

8) '부터'와 '까지'로 형성된 초점은 '도, 만, 조차, 마저, 이라도, 이나마'로 형성된 초점과는
　다른 모습을 보인다. 곧 '부터'와 '까지'는 세로의 정보에서는 초점으로 사용되지만, 가로
　의 정보에서는 초점/비초점으로 사용된다. 이 글에서는 이에 대하여 더 이상 논의하지 않
　는다.

그리고 '도, 만, 조차, 마저, 이라도, 이나마' 성분들은 그것들끼리는 통합되기 어려운 경우가 있다.

(21) ㄱ. 영이도 나무만 보았다.
　　ㄴ. [?]영이도 나무도 보았다.
　　ㄷ. [?]영이만 나무도 보았다.
　　ㄹ. [?]영이만 나무만 보았다.

(22) ㄱ. [?]영이도 나무조차 보았다.
　　ㄴ. ^{??}영이도 나무라도 보았다.
　　ㄷ. ^{??}영이만 나무마저 보았다.
　　ㄹ. ^{??}영이만 나무나마 보았다.

그 까닭은 그것들이 가지는 세로의 초점의 특징으로 말미암아 꽤 복잡한 범위 관계의 해석의 과정이 필요하기 때문으로 보인다.[9] 그런데 '도'가 문장의 맨 앞에 사용된 (21)ㄱ이 허용되는 것은 범위 관계의 해석을 비교적 쉽게 처리할 수 있기 때문이라 생각된다.[10]

3.2. '는'의 통합 관계의 정보

3.2.1. 앞에서 '도, 만, 조차, 마저, 이라도, 이나마' 성분들이 의문사 성분과 통합할 수 없으며, 그것들끼리 통합하기 어렵다는 것을 살폈다. 그런

---

9) 이 문장들의 문법성 판단은 통사론적 문제로 말미암은 것이 아니라, 의미론적 문제로 말미암은 것이라는 뜻이다.

10) 보조조사 성분끼리 통합할 때, 보조조사의 부류의 종류와 어순이라는 요인이 문법성에 영향을 주는 것으로 보인다. 이 글에서는 보조조사의 부류를 '도, 조차, 마저'(Ⅰ부류)와 '이라도, 이나마'(Ⅱ부류), '만'(Ⅲ부류)로 나누었는데, 어떤 부류의 보조조사 성분들이 어떤 순서로 통합되는가에 따라 문법성이 달라진다는 것이다. 문법성에서 가장 자연스런 조합은 'Ⅰ부류+Ⅲ부류'인 것으로 보인다.

데 '는' 성분은 그러한 다른 보조조사들과는 조금 다른 양상을 보인다.

'는' 성분은, '도, 만, 조차, 마저, 이라도, 이나마' 성분과는 달리, 의문사와 통합된다.

> (23) ㄱ. ^{??}누가 나무는 보았어요?   ('누' = 의문사)
> ㄴ. 나무는 누가 보았어요?
> ㄷ. 영이는 무엇을 보았어요?   ('무엇' = 의문사)

그런데 '는' 성분이 의문사와 통합될 경우는 '는' 성분이 문장의 맨 앞이나 의문사의 앞에 놓인 경우에만 가능하다. 이러한 것은 문장의 맨 앞에 사용된 '는' 성분이 그 밖의 자리에 놓인 '는' 성분과는 기능이 다른 것임을 시사한다. 이에 대해서는 뒤에 다시 논의하기로 한다.

또 '는' 성분은 '도, 만, 조차, 마저, 이라도, 이나마' 성분과 자유로이 통합될 수 있다.

> (24) ㄱ. 영이는 나무도 보았다.
> ㄴ. 영이는 나무만 보았다.
> ㄷ. 영이는 나무는 보았다.

> (25) ㄱ. 영이는 나무조차 보았다.
> ㄴ. 영이는 나무마저 보았다.
> ㄷ. 영이는 나무라도 보았다.
> ㄹ. 영이는 나무나마 보았다.

그리고 '도, 만, 조차, 마저, 이라도, 이나마; 부터, 까지' 등의 보조조사는 문장의 어느 위치에 놓이더라도 그 통합 관계의 정보가 달리 해석되지는 않는다.

(26) ㄱ. 영이는 강{도, 만} 보았다.
　　 ㄴ. 강{도, 만} 영이가 보았다.

그런데 '는'은, 직관적으로 볼 때, 문장의 맨 앞에 놓인 경우와 그 밖의 위치에 놓인 경우에 통합 관계의 정보가 조금 달리 해석되는 것으로 보인다.

(27) ㄱ. 영이는 강은 보았다.
　　 ㄴ. 강은 영이가 보았다.

'는'의 이러한 특성을 보면, '는' 성분에 대한 통합 관계의 정보는 다른 보조조사와는 다르다는 것을 추론할 수 있다. 실제로 그런데 '는'으로 형성된 세로의 초점은 항상 가로의 초점이 되는 것은 아니다.

3.2.2. '는' 성분은 [+물음]의 체언(의문사)나 범위 관계의 초점과 통합되는 경우에는 항상 가로의 비초점으로 해석된다.[11]

(28) ㄱ. ₙ₉영화는 ₉누가 보았어요?　 ('누'=의문사)
　　 ㄴ. ₙ₉영이는 ₉무엇을 보았어요? ('무엇'=의문사)

(29) ㄱ. ₙ₉영이는 ₉영화도 보았어요?
　　 ㄴ. ₙ₉영화는 ₉영화만 보았어요?

이러한 것은 그러한 물음에 대한 대답을 살펴보면 금방 알 수 있다.

(30) 가 : 영화는 누가 보았어요?
　　 나 : ㄱ. 영화는 철수가 보았어요.

---

11) F는 Focus를 가리키고, NF는 Non-Focus를 가리킨다.

ㄴ. ∅ 철수가 보았어요.

ㄷ. #영화는 ∅ 보았어요.

(31) 가 : 영이는 무엇을 보았어요?

나 : ㄱ. 영이는 영화를 보았어요.

ㄴ. ∅ 영화를 보았어요.

ㄷ. #영이는 ∅ 보았어요.

(32) 가 : 영이는 영화도 보았어요?

나 : ㄱ. 예, 영이는 영화도 보았어요.

ㄴ. 예, ∅ 영화도 보았어요.

ㄷ. 아니오, 영이는 연극만 보았어요.

ㄹ. 아니오, ∅ 연극만 보았어요.

ㅁ. "아니오, 철수만 영화도 보았어요.

(33) 가 : 영이는 영화만 보았어요?

나 : ㄱ. 예, 영이는 영화만 보았어요.

ㄴ. 예, ∅ 영화만 보았어요.

ㄷ. 아니오, 영이는 연극도 보았어요.

ㄹ. 아니오, ∅ 연극도 보았어요.

ㅁ. "아니오, 철수만 연화만 보았어요.

[+물음]의 체언이나 범위 관계의 초점과 통합되는 경우에는 항상 가로의 비초점으로 해석되는 '는' 성분은 선택 지정이나 범위 관계의 초점 성분의 앞에 놓이는 것이 자연스럽다.

(28)' ㄱ. "F누가 NF영화는 보았어요?

ㄴ. "F무엇을 NF영이는 보았어요?

(29)' ㄱ. "F영화도 NF영이는 보았어요?

ㄴ. "F영화만 NF영이는 보았어요?

이상의 논의를 다음과 같이 정리할 수 있다.

(34) ㄱ. NF[는]. F[의문사∨범위 관계], V
ㄴ. ^{??}F[의문사∨범위 관계], NF[는]. V

이제 체언[-물음]의 격조사 성분과 통합되는 '는' 성분의 통합 관계의 정보를 보기로 한다.[12]

(35) ㄱ. 영화는 철수가 보았어요?
ㄴ. 영이는 영화를 보았어요?

이와 같이 한 문장에 의문사나 범위 관계의 초점이 없는 경우에는, '는' 성분과 다른 성분 사이의 통합 관계의 정보를 결정하기가 쉽지는 않은 것으로 보인다. 논의의 편의상, '는' 성분과 격조사 성분[-물음]가 통합된 경우에 해석 가능한 정보 구조를 다음과 같이 가정해 볼 수 있다.

(36) '는' 성분, 격조사 성분[-물음]의 가능한 정보 유형

	'는' 성분	격조사 성분
A	NF	F
B	F	NF
C	F	F
D	NF	NF

(36)의 문장의 정보 구조는 특정한 문맥만 주어진다면 모두 다 가능할 것 같아 보인다. 그런데 여기서 어떤 문맥에서 이 문장들의 어떤 정보 구조가 가장 자연스럽게 해석될 수 있는가 하는 측면에서 관찰해 보면, 자

---

12) 의문문이거나 평서문이거나 기본적으로 동일한 구조를 가지면 동일한 정보 구조를 가진다고 할 수 있는데, 이 글에서는 의문문을 대상으로 살피기로 한다.

연스럽게 해석되는 정보 구조의 상대적인 순위를 생각해 볼 수 있다.

(36)의 정보 구조를 A 유형과 B 유형의 정보 구조에 맞추어 해석해 보면 다음과 같은 내용으로 구체적으로 표현할 수 있다.

> (37) (33)의 A 유형의 해석
> ㄱ. 영화는 누가 보았어요? (영화는) 철수가 보았어요?
> ㄴ. 영이는 무엇을 보았어요? (영이는) 영화를 보았어요?
>
> (38) (33)의 B 유형의 해석
> ㄱ. 무엇을 철수가 보았어요? 연극을 철수가 보았어요? 영화는 (철수가) 보았어요?
> ㄴ. 누가 영화를 보았어요? 철수가 영화를 보았어요? 영이는 (영화를) 보았어요?

이 두 해석 가운데 A 유형의 해석이 자연스러우며, B 유형의 해석은 조금 억지스럽다. C 유형과 D 유형으로 해석하는 것은 더욱 더 어색한 해석이 필요하게 된다. 따라서 (36)의 정보 구조는 문장의 맨 앞의 '는' 성분을 가로의 비초점으로, '는' 아닌 성분을 가로의 초점으로 해석하는 것이 가장 자연스럽다고 할 수 있겠다.[13]

이제 '는' 성분이 겹친 경우의 정보 구조를 살펴보기로 한다.

> (39) 영이는 영화는 보았어요?

(39)의 정보 구조를 앞서와 같이 해석해 본다면, 다음과 같이 해석해 볼 수 있다.

---

13) 여기서 다음과 같은 것을 추론해 볼 수 있겠다. "뚜렷하게 드러나는 다른 가로의 초점이 없는 경우에는 보통 격조사 성분이 가로의 초점으로 해석될 가능성이 높다고 할 수 있다."

(40) (39)의 A 유형과 B 유형의 해석

   ㄱ. 영이는 무엇을 보았어요? (영이는) 연극을 보았어요? (영이는) 영
      화는 보았어요?

   ㄴ. 누가 연극을 보았어요? 철수가 연극을 보았어요? 철수가 영화는
      보았어요? 영이는 (영화는) 보았어요?

곧 '는' 성분이 겹친 문장의 정보 구조는 A 유형과 같이 해석하는 것이
자연스러우며, B 유형으로 해석하고자 한다면 그 문맥을 설정하기조차 어
렵다. 따라서 한 문장에서 '는' 성분이 두 개가 나타날 때, 문장의 맨 앞의
'는' 성분이 비초점으로 해석하고, 서술어의 앞에 나타나는 '는' 성분은
초점으로 해석하는 것이 자연스럽다.

  그런데 한 문장에 '는' 성분밖에 사용되지 않았을 경우에 '는' 성분의
통합 관계의 정보는 어떻게 해석해야 할까?

(41) 금정산은 높다.

(41)의 '는' 성분의 위치는 문장의 맨 앞이기도 하지만, 서술어 바로 앞
이기도 하다. 따라서 앞의 측면을 보면 비초점으로 해석하는 것이 가장
자연스러운 것이겠지만, 뒤의 측면을 보면 초점으로 해석할 수도 있을 것
이다.

  이제 '는' 성분에 관한 이상의 논의를 다음과 같이 간추릴 수 있다.

(42) '는' 성분의 통합 관계의 정보

   ㄱ. 서술어에 인접한 '는' 성분은 초점으로 해석된다.

   ㄴ. 문장의 맨 앞의 '는' 성분은, 다른 초점 성분이 있는 경우에는 비
      초점으로 해석된다. 그런데 다른 초점 성분이 없는 경우에는 초
      점으로 해석될 수 있다.

4. '는'과 주제, 대조의 관계

4.1. 주제와 대조의 개념

'는'은 보통 주제와 대조의 의미를 갖는다고 하는데, 여기서는 '는'과 주제 또는 대조의 관계를 분명히 해 두고자 한다. 이를 위하여 먼저 주제와 대조의 개념적 차이를 살핀다.

주제는 문장의 구조를 의사소통에 있어서의 정보를 기준으로 분석할 때의 한 성분을 가리킨다. 예컨대, 어떤 문장의 구조를 '주어(subject)-서술어(predicate)'라는 형식적 구조로 분석할 수도 있지만, '주제(topic)-설명(comment)'의 기능적 구조로 분석할 수도 있다. 한국어의 주제에 관한 논의는 어떤 형식을 갖춘 성분을 주제로 보는가에 따라, 그것의 기능, 표지, 유형에 관한 내용이 달라지기 때문에, 매우 다양한 양상으로 드러날 수밖에 없다. 예컨대 주제를 기능적으로는 "주제는 어떤 문장이 무엇에 관하여 말한다고 할 때 '무엇'에 해당하는 성분이다."라고 정의할 수 있다. 만일 주제를 이러한 기능을 중심으로 논의한다면, 어떤 표지를 가진 성분이 그러한 기능을 담당하는가 하는 것에 따라 다양한 주장이 있을 수 있다.

그러나 어떤 논의에서도 '는'이 주제의 표지와 관련하여 논의되었는데, '주제'와 관련된 어떤 논의든지 간에, 주제는 기본적으로 문장의 통합 관계의 정보 구조와 관련하여 논의되어야 하는 개념임에는 틀림이 없다.

'는'이 대조를 나타낸다고 할 때의 대조는 범위 관계의 정보와 관련된 개념이다. 곧 보조조사 '도'가 '이것과 저것과 한가지임(동일)'을 나타내고, '만'이 '단독·한정'을 나타내는 것처럼, '는'은 '서로 달라서 대비가 됨(대조)'를 나타내는 것이다. '는'과 '도, 만'에 대한 이러한 설명은 범위 관계의 정보를 나타내는 개념이다.

그런데 '는'을 포함한 모든 보조조사들은 본질적으로 통합 관계의 통사

구조와는 무관한 것이기 때문에, 주제를 어떻게 정의하는가에 따라, 적어도 이론상으로는, '는'을 포함한 모든 보조조사 성분들은 모두 주제로 사용될 수 있다. 그리고 그런 경우에는, 표지를 기준으로 주제의 이름을 붙인다면, '는' 주제, '도' 주제, '만' 주제 등으로 부를 수 있을 것이다. 또 의미를 기준으로 주제의 이름을 붙인다면, 대조 주제, 동일 주제, 한정 주제 등으로 부를 수 있을 것이다. 그런데 보통 보조조사들 가운데 '는'을 주제의 표지로 보기 때문에, '는' 주제 또는 대조 주제라 부를 수 있을 것이다.14)

4.2. 대조 주제

이제 '는'과 통합 관계의 정보의 관계를 보기로 한다. 앞에서 논의했듯이, 보조조사 '도, 만, 조차, 마저, 이라도, 이나마' 성분은 통합 관계의 정보 구조에서는 보통의 경우에는 항상 중요한 정보(초점)으로 해석된다. 그런데 대조의 '는' 성분은 이러한 보조조사와는 달리, 중요한 정보(초점)으로 해석되기도 하지만, 덜 중요한 정보(비초점)으로 해석되기도 한다.

> (43) 가 : 영이는 무엇을 보았어요?
> 나 : 영이는 강을 보았어요.
> 가 : 그래요? 그러면 영이는 나무는 보았는가요?
> 나 : 아니오, 영이는 나무는 보지 않았어요.

위의 문장에서 가로의 초점/비초점으로 보면, 문장의 맨 앞에 높인 '영이는'은 비초점이고, 그 밖의 위치에 놓인 '숲은'은 초점이다. 사실 대조의 '는'과 관련해서는 문장의 맨 앞이라는 위치는 특별한 의미가 있는 것

---

14) 이러한 주제의 이름은 '는' 이외의 다른 형식으로, 예컨대 격조사 '가'로 표지되는 다른 유형의 주제가 있을 수 있음을 함의한다.

같다.

> (44) ㄱ. ^{??}누가 나무는 보았어요?   ('누' = 의문사)
> ㄴ. 나무는 누가 보았어요?   ('누' = 의문사)

(44)의 통합 관계의 정보를 보면, ㄱ의 '나무는'은 항상 초점으로 해석되는 '도, 만' 등의 보조조사 성분과 마찬가지로 초점으로 해석되지만, ㄴ의 '나무는'은 비초점으로 해석된다. 곧 (44)의 대답으로 쓰인 문장의 통합 관계의 정보는 다음과 같다.

> (45) NF나무는 F영이가 보았다.

그런데 문장의 맨 앞 위치에 놓인 대조의 '는' 정보가 초점인지 비초점인지 분명하게 파악하기 어려운 경우도 있을 수 있다. 예컨대 (46)의 문장의 통합 관계의 정보 구조는 (47)의 세 가지 방식으로 해석될 수도 있을 것이다.

> (46) 영이는 나무를 보았다.

> (47) ㄱ. NF영이는 F나무를 보았다.
> ㄴ. F영이는 NF나무를 보았다.
> ㄷ. F영이는 F나무를 보았다.

여기서 대조의 '는'이 초점으로 해석되든지 비초점으로 해석되든지 간에 문장의 맨 앞에 놓인 것을 주제(대조 주제)라고 가정하기로 하자. 그러면 '는'의 기능인 주제와 대조는 다음과 같은 관계로 나타낼 수 있을 것이다.

(48) '는'의 기능인 주제와 대조의 관계

그리고 이 대조 주제는 '초점 주제'와 '비초점 주제'로 나누어야 할 것
이다.15)

4.3. 남은 문제들

이제 '는'과 주제, 대조의 관계에 대한 문제에 관한 남은 문제 두어 가
지를 살펴보기로 한다.

첫째, 주제의 개념과 범위에 관한 문제이다. 앞선 연구에서 보면, 주제
는 '는' 이외에 다른 형식으로 표현된다는 주장도 있는데, 주제에 관한 논
의는 그러한 형식들과의 관계도 고려해야 한다. 그런데 '는' 형식에 한정
한다 하더라도, 여러 종류의 '는' 성분 가운데 어떤 '는'을 주제로 간주하
는가 하는 것이 문제가 된다. '는' 성분을 문장에서 차지하는 위치와 통합
관계의 정보를 고려하면 다음의 네 가지로 나눌 수 있다.

(49) '는' 성분의 위치와 통합 관계의 정보

	문장의 맨 앞	그 밖의 위치
+초점	A	B
−초점	C	D

이 가운데 어느 '는' 성분을 주제로 간주하는가 하는 것이 문제가 될

---

15) 대조를 중심으로 분류하면, 주제 대조와 비주제 대조로 분류할 수 있겠다.

수 있다. 예컨대 최규수(1999)에서는 주제를 문장의 맨 앞에 놓인 [-초점]의 '는'인 C에 한정하고, [+초점]이거나 그 밖의 위치에 놓인 '는'은 대조라 하였다.

위혜경(2010)에서는 [+T, +F]의 자질을 가진 성분을 대조 주제, [+T -F]의 자질을 가진 성분을 일반 주제라 하고, 한국어에서 [-강세]의 '는'은 일반 주제, [+강세]의 '는'은 대조 주제라고 하였다. 그리고 "강세를 받는 '은/는'으로 표시되는 대조주제어는 위치와 상관없이 [+T, +F]의 의미자질을 갖는다."라고 하였다(위혜경 2010 : 56, 주 6). 이러한 위혜경(2010)의 논의에서 만일 '강세'를 '초점'으로 대치한다면, C는 일반 주제, A와 B는 대조 주제가 될 것이다.16)

그런데 이 글에서는 모든 '는' 성분은 대조이며, 문장의 맨 앞에 놓인 A와 C를 대조 주제17)라 하고, A를 초점 주제, C를 비초점 주제라 하였다.18)

이러한 주제의 범위에 관한 논의의 다양함은 주제와 대조, 초점 등의 개념과 그 표지를 어떻게 규정하는가에 하는 것에서 비롯된 것이다. 그런데 어떤 주장이든지 간에, 주제가 기능적으로 어떤 문장이 무엇에 관하여 말한다고 할 때 '무엇'에 해당하는 성분이며, 그 성분은 문장의 특정한 위치를 차지해야 한다는 것을 고려해야 할 것이라 판단된다. 예컨대 "한국어는 주제가 두드러진 언어이다."라고 할 경우에, '주어가 두드러지는 언어'에 대비되는 형상을 명시해야 한다는 것이다. 만일 그것을 명시하지 않는다면, 한국어 문법에서 주제에 관한 논의가 어떤 의의가 있는지 알기 어렵게 될 것이라 생각된다.

---

16) 위혜경 2010에서 D가 무엇에 속하는지에 대해서는 분명하지 않다.
17) 주제의 유형을 최규수(1999)에 따라 분류한다면, 주제는 '도입 주제'('가' 성분으로 시작하는 문장의 '가' 성분)과 '중심 주제'(=대조 주제)('는'성분으로 시작하는 문장의 '는' 성분)로 나누어진다.
18) B와 D는, 굳이 이름을 붙인다면, 비주제 대조라 할 수 있겠다.

둘째, 강세의 문법적 지위에 관한 문제이다. 위혜경(2010)과 전영철 (2013)의 논의를 보면, 초점이나 대조 등의 주요 자질에서 강세를 제시하고 있다. 그런데 이러한 논의는 한국어의 문법 기능과 정보 구조에서 형태와 강세가 차지하는 위치를 충분히 고려해야 할 것이다. 영어는 강세가 있고 없음에 따라 문법의 기능에 상당한 지위를 차지하지만, 한국어는 그렇지 않으며, 영어의 강세가 나타나는 기능은 한국어에서 격조사나 보조사 등에 대응한다는 것을 충분히 고려해야 한다는 것이다. 요컨대 한국어에서 차지하는 강세의 지위에 대한 유형론적 논의가 선행되어야 한다는 것이다.

5. 마무리

이 글에서는 보조조사 '는'의 의미에 대하여, 범위 관계의 정보와 통합 관계의 정보로 나누어 살폈다. '는'의 의미 정보에 대하여, 한편으로는 격조사의 의미 정보와 대비하고, 다른 한편으로는 '도, 만, 조차, 마저, 이라도, 이나마' 등의 다른 보조조사의 의미 정보와 대비하여, '는'의 고유한 의미 정보를 드러내고자 하였다. 간추리면 다음과 같다.

'는'의 범위 관계의 정보는 다음과 같다. '는'은 선택항이 범위에 포함됨을 주장하는 것인데, 나머지항이 (ⅰ) 범위에서 배제됨을 전제하거나, (ⅱ) 범위에 포함됨을 전제한다. 이 글에서는 이러한 '는'의 전제 가운데, 나머지항이 범위에서 배제됨을 기본적인 것으로 보았는데, 이러한 '는'의 용법을 보통 '대조'하고 한다. '이야'는 이러한 '는'의 전제와 초점을 공유하면서, 드러냄의 함축을 더하는데, 결과적으로는 '는'의 의미를 강조하는 것이다.

'는'의 통합 관계의 정보는 다음과 같다. (ⅰ) 서술어에 인접한 '는' 성분은 초점으로 해석된다. (ii) 문장의 맨 앞의 '는' 성분은, 다른 초점 성분이 있는 경우에는 비초점으로 해석된다. 그런데 다른 초점 성분이 없는 경우에는 초점으로 해석될 수 있다.

주제는 '주제-설명'과 같은 문장의 기능적 구조의 한 성분이며, '무엇에 관하여 말한다'고 할 때의 무엇을 가리킨다. '는' 성분이 문장의 맨 앞에 놓이면, 그것이 초점이든지 비초점이든지 간에, 주제로 해석된다.

참고 문헌

김길진(1985), 「국어 특수조사의 연구」, 경북대학교 박사학위논문.

김용범(2004), 「초점과 주제의 음성학적 관련성」, 언어와 정보, 8-1, 한국언어정보학회, 27-52.

김정란(2004), 「대조의 -는과 짝짓기 -는은 어떻게 다른가」, 언어과학 112-2, 63-76.

김정란(2009), 「대조표지의 연구」, 담화와 인지 16-3, 담화·인지언어학회, 47-64.

김진호(2000), 『국어 특수조사의 통사·의미적 연구』, 도서출판 역락.

박기덕(2001), 「한국어 보조사 사용의 전제」, 언어와 언어학 26, 한국외국어대학교 언어연구소, 119-135.

박철우(2003), 『한국어 정보구조에서의 화제와 초점』, 역락.

박철우(2014), 「'대조' 의미의 언어학적 성격-정보구조와 관련하여」, 한국어 의미학 45, 한국어 의미학회, 129-157.

시정곤(1997), 「'밖에'의 형태 통사론」, 국어학 30, 국어학회, 171-200.

신호철(2001), 「시점과 특수조사의 상관성」, 어문학 73, 한국어문학회, 91-118.

위혜경(2010), 「대조주제의 주제성과 초점성」, 언어와 정보 14-2, 한국언어정보학회, 47-70.

이범진(2009), 「정보구조상의 화제, 주제와 초점 -독어와 국어의 자료를 중심으로」, 독일언어문학 46, 한국독일언어문학회, 167-194.

이원근(1997), 「우리말 도움토씨 연구」, 연세대학교 박사학위논문.

임동훈(2012), 「'은/는'과 종횡의 의미 관계」, 국어학 64, 국어학회, 217-271.

전영철(2006), 「대조 화제와 대조 초점의 표지 '-는'」, 한글 274, 한글학회, 171-200.

전영철(2013), 「한국어의 제언문정언문 구별과 정보구조」, 국어학 68, 국어학회, 99-133.

최규수(1999), 『우리말 주제어와 임자말 연구』, 부산대학교 출판부.

최규수(2004), 「주제어와 대조 초점-어순 및 강세와 관련하여」, 우리말연구 15, 우리말학회, 149-172.

최규수(2009), 「전제와 함축에 기초한 보조조사의 의미 분석 (1)」, 한글 284, 한글학회, 133-164.

최규수(2011), 「전제와 함축에 기초한 보조조사의 의미 분석 (2)-'부터'와 '까지'를 중심으로」, 우리말연구 28, 우리말학회, 175-203.

최동주(1997), 「현대국어 특수조사에 대한 통사적 고찰」, 국어학 30, 국어학회, 119-154.

최동주(2012), 「'은/는'과 '이/가'의 출현양상」, 인문연구 65, 영남대학교 인문과학연구소, 25-58.

최웅환(2004), 「현대국어 조사 '도'의 문법적 역할」, 우리말글 31, 우리말글 학회, 137-156.

최재웅(1998), 「한국어 특수조사 '-만'-형식의미론적 분석」, 한국어 의미학 3, 한국어의미학회, 41-65.

홍사만(2002), 『국어 특수조사 신연구』, 역락.

허 웅(1995/2000), 『20세기 우리말의 형태론』, 샘문화사.

Givón. T(1979), *On Understanding Grammar*. Academic Press.

복합어의 성분 구조

어근과 어간의 개념*

1. 들어가기

1.1. 한국어 형태론에 관한 앞선 연구에서 보면, '어근/뿌리'와 '어간/줄기', '어기' 등의 용어가 다양한 용법으로 사용되고 있다. 사실 문법 용어는 한 체계 안에서 일관되게 사용한다면 그 체계 안에서는 문제가 발생하지 않는다. 그러나 동일한 용어를 다른 용법으로 사용하는 두 체계를 동시에 접하게 되는 경우에는 문제가 된다. 곧 동일한 문법 용어의 다른 용법은 학자들이 정보를 공유하는 데 상당한 부담이 될 수밖에 없을 것이다.

어근과 어간의 용법의 문제는 굴절법과 조어법의 관계, 나아가 형태론과 통사론의 관계를 어떻게 설정하는가 하는 문제와 관련되어 있다. 이 글에서는 이런 점에 유의하면서, 어근과 어간의 개념과 용법에 대하여 국어학사적 관점에서 검토하고자 하는 것이다.

---

* 최규수(2010), 「어근과 어간의 개념에 대한 국어학사적 검토」, 한글 290, 한글학회, 173-201.

이 글에서는 먼저 이 용어들이 다양한 용법으로 사용된 양상들을 살핀다 그리고 그러한 논의와 관련된 문제점을 분석하고, 그러한 문제점을 극복할 수 있는 대안을 검토한다.

1.2. 개화기 이후의 국어학사는 보통 전통 문법의 시대, 구조 문법의 시대, 변형 문법의 시대로 시대를 구분한다. 그런데 국어학사에서 특정한 시기와 특정한 문법 이론이 꼭 맞아떨어지지 않는 경우도 있고,[1] 또 특정한 문법에 두 문법 이론이 혼재되어 있는 경우도 있다.

이 논문에서는 형태론에서 어근과 어간의 개념과 용법을 각기 다른 방식으로 논의한 시기를 중심으로, 일단 1950년 이전, 1950년부터 1975년까지, 1975년 이후로 구분했다. 이 시기들은 대체로 각각 전통 문법과 구조 문법, 변형 문법이 우세한 시기에 대응한다.

2. 1950년 이전

2.1. 최현배(1930 : 73-77)의 논의로부터 출발해 보자. 최현배(1930)에서는 용언의 구조를 다음의 그림으로 표시하였다.

---

[1] 국어학사에서 시기와 문법 이론의 관계를 다음과 같이 나타낼 수 있는데, 국어학사를 시기별로 기술하는 것이 아니라 문법 이론에 맞추어 기술할 수도 있을 것이다.

전통 문법　　　■━━━━━━━━━━━━━━━━▶
구조 문법　　　　　　　■━━━━━━━━━━▶
변형 문법　　　　　　　　　■━━━━━━▶

그렇지만 각 시대의 연구는 문법 이론의 유형과는 무관하게 바로 앞선 시기의 문법으로부터 영향을 받을 수 있는데, 이러한 기술 방식에서는 그러한 영향 관계를 파악하기 어려운 점이 있다.

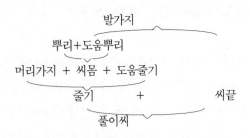

[그림 1] 최현배(1930)의 용언의 구조

최현배(1930)에서는 뿌리와 줄기를 다음과 같이 정의했다.

(1) 최현배(1930)의 어근과 어간의 정의
ㄱ. 어근 : 맨밑 생각의 씨(核). (75쪽)
ㄴ. 어간 : 풀이씨의 끝이 바꾸히지 아니하는 조각. (73쪽)

이 정의에서 보면, 최현배(1930)에서 뿌리는 형태소의 한 종류를 가리키고, 줄기는 풀이씨[용언]에서 씨끝을 제외한 나머지 부분을 가리킨다.

그리고 풀이씨의 줄기는 홋진(단순한) 것과 겹진(복잡한) 것이 있는데, 홋진(단순한) 풀이씨에서 뿌리는 곧 줄기가 된다고 했다.

(2) 많은 풀이씨는 뿌리가 곧 씨몸이 되고, 그것이 곧 줄기가 되나니, 보기를 들면, '가다, 오다, 크다, 높다'와 같으니라. (77쪽)[2]

이를 보면, 다음과 같은 사실을 알 수 있다. 첫째, 뿌리는 조어법의 개념으로 사용하고, 줄기는 굴곡법의 개념으로 사용했다.[3] 둘째, 뿌리는

---

[2] '가다, 오다, 크다, 높다'는 원문에서는 ' '로 표시된 것이 아니라 인용문으로 분리되어 있는데, 필자가 위와 같이 고쳤다.
[3] 물론 최현배(1930)를 비롯한 전통 문법에서는 조어법과 굴곡법을 명시적으로 구분하지 않았다. 그러나 문법 용어에 대한 정의를 보면, 조어법과 굴곡법에 대한 인식이 분명히 있었다는 것은 확실하다.

모든 단어에 적용되는 용어이고, 줄기는 용언에 한정하여 적용되는 용어이다.

단어 전체의 성분 구조의 분석에서 보면, 최현배(1930)는 단어의 구조를 계층적 구조로 파악했음을 알 수 있다. 여기서 최현배(1930)에서는 용언과 그 밖의 단어들을 구별하여 살펴야 한다. 최현배(1930)에 따르면, 용언은 줄기와 씨끝으로 구성되지만, 그 밖의 다른 단어들은 씨끝이 없기 때문에 줄기와 씨끝으로 구성된 것으로 보지 않았기 때문이다.

용언의 경우, 먼저 굴곡법에 따라 줄기와 씨끝으로 분석되고, 줄기는 다시 조어법에 따라 분석된다. 최현배(1930)에서 조어법에 참여하는 형식들을 형태소의 분류 체계에 대응하여 제시하면 다음과 같다.[4]

(3) 형태소에 대응하는 최현배(1930)의 단어의 성분

형태소		최현배(1930)의 형식
어근		뿌리, 도움뿌리A
접사	파생접사	머리가지, 도움뿌리B, 도움줄기
	굴절접사	씨끝

단순한 용언은 줄기는 한 개의 뿌리로 분석되는데, 복잡한 용언은 뿌리에 머리가지나 도움뿌리나 도움줄기가 결합한 것으로 분석된다. 이러한 조어법도 역시 계층적 구조로 분석했는데, 뿌리와 도움뿌리의 결합체를 씨몸으로 분석한 것을 보면 알 수 있다. 여기서 최현배(1930)의 씨몸의 분석은 조금 문제가 있다. 예컨대 최현배(1930)에서는 '첫사랑하-'에서 '사랑하-'를 씨몸으로 분석했는데, 이 말은 '[[첫사랑]하-]]'로 분석된다. 따라

---

4) 최현배(1930)에서는 도움뿌리의 예로서 '헛손질하시다, 발헤엄치시다'의 '질, 하, 염, 치'를 들었는데, '-질-, -염-'은 분명이 파생접사(도움뿌리A)이지만, '치-'는 어근(도움뿌리B)이며, '하-'는 어근이나 파생접사이다. 그리고 오늘날의 문법에서는 도움줄기를 당연히 굴절접사로 본다. 그런데 최현배(1930 : 76)에서는 도움줄기를 파생접사에 해당하는 머리가지와 동일한 지위를 가지는 것으로 분석했다.

서 최현배(1930)의 방식대로 말한다면, '뿌리+도움뿌리'가 씨몸으로 분석되는 경우도 있지만, '머리가지+뿌리'가 씨몸으로 분석되는 경우도 있다. 이렇게 최현배(1930)의 씨몸의 분석은, 비록 분석상의 오류가 발견되기는 하지만, 조어법을 계층적으로 분석했다는 점에서 큰 의의가 있다고 할 수 있다.

2.2. 이숭녕(1933)에서는 어근과 어간을 다음과 같이 구별하였다.

  (4) 이숭녕(1933)의 어근과 어간의 정의
    ㄱ. 어근 : 말의 대체의 뜻을 나타내는 불변의 부분이다.
    ㄴ. 어간 : 말의 활용어미를 제거하고 남는 나머지 부분이다.

  곧 단어는 기본적으로 어간과 활용어미로 이루어지는데, 어근은 그 어간의 핵을 구성하는 성분이라는 것이다. 이러한 것을 다음과 같은 그림으로 나타내었다.

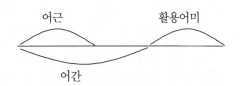

[그림 2] 이숭녕(1933)의 어근과 어간의 관계

  이러한 이숭녕(1933)의 논의를 다시쓰기 규칙으로 표시하면 다음과 같이 나타낼 수 있다.5)

---

5) 이숭녕(1957)은 종합적 체계로서, 단어를 어절로 정의한다.

(5) ㄱ. 단어 → 어간 + 활용어미

ㄴ. 어간 → … 어근 …

그런데 '눕-'과 같이 어근이면서 어간인 경우도 있다. 이숭녕(1933)의 [그림 1]의 방식으로 표시하면 다음과 같이 나타나는 경우이다.

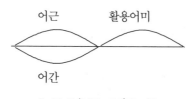

[그림 3] '어근=어간'인 경우

이숭녕(1933)에서는 '눕-'과 같이 어근이면서 어간인 경우를 설명하면서, 어간은 어떤 품사와 관련하여 '동사어간'이라고 하는 것이 좋다고 하였다. 곧 '눕-'은 어근이면서, 동사어간이라는 것이다. 그러면 '눕다' 등과 같은 동사의 구조는 다음과 같이 나타낼 수 있을 것이다.

(6) ㄱ. 동사 → 동사어간 + 활용어미

ㄴ. 동사어간 → … 어근 …

이상과 같은 논의에 따라 이숭녕(1933)에서 '어근'과 '어간'의 개념을 다음과 같이 수정하였다.

(7) 이숭녕(1933)의 어근과 어간의 정의 (수정)

ㄱ. 어근 : 어(語)의 대체의 뜻을 나타내는 부분이고, 품사의 여하를 관계치 않고 불변적 부분이다.

ㄴ. 어간 : 어(語)의 활용어미를 제거하고 남는 나머지 부분이고, 품사에 딸아 어간이 달은 것이다.

이러한 이숭녕(1933)의 논의를 간추리면, '어근'은 단어의 범주와 관계없이 단어의 핵이 되는 형태소를 가리키고, '어간'은 특정한 범주의 단어에서 굴절접사를 제외한 나머지 부분을 가리킨다는 것이다.

2.3. 이상에서 최현배(1930)와 이숭녕(1933)의 어근/뿌리와 어간/줄기에 대한 논의를 살폈는데, 거의 동일한 내용이다. 어근은 조어법의 용어로 사용하고, 굴절법의 용어로는 사용하지 않는다. 어간은 굴절법의 용어로 사용하고, 조어법에서는 사용하지 않는다. 그리고 어간은 그 정의상 당연히 굴절접사가 결합하는 단어에만 사용하고, 굴절접사가 결합하지 않는 단어에서는 사용하지 않는다.

그리고 단어의 성분 구조 분석에서 굴절법을 조어법보다 상위의 계층에 있는 것으로 분석한다. 한 가지 특기할 것은 최현배(1930)에서는 조어법도 계층적 구조로 분석하여, 어근의 상위 계층에 씨몸[어체(語體)]을 설정했다는 것이다.

2.4. 주시경(1910)은 분석적 체계로서 어간과 어미를 둘 다 단어로 보기 때문에, 단어 차원에서는 어간과 어미를 설정할 필요가 없다. 그런데 통사론의 성분 구조의 어절 단위를 보면, '이'와 '빗'이 각각 어간과 어미에 대응한다. 김두봉(1916, 1922)과 김윤경(1948)도 분석적 체계이지만, 어절 단위에서는 '몸'과 '빛'이 각각 어간과 어절에 대응한다.

정렬모(1946)에서는 굴절접사를 '빛'이라 했는데, 어간에 대응하는 단위는 없다. 그런데 정렬모(1948)에서 용언을 '몸갈이말'이라 하고, 그 밖의 품사를 '몸굳은 말'이라 한 것에서 유추한다면, '빛'에 대응하는 말로 '몸'을 생각해 볼 수 있다. 만일 그렇게 본다면, 어간과 어미는 각각 '몸'과 '빛'에 대응한다. 그리고 굴절접사가 결합하지 않는 관형사와 부사, 감동사도 빛을 가진 것으로 보았으며, 굴절접사가 실현되지 않은 명사도 두루빛을

가진 것으로 보았다. 이런 사실들로부터 다음과 같은 것을 유추해 볼 수
도 있을 것이다. 만일 정렬모(1946)에서 어간과 어미를 설정한다고 하면,
굴절접사가 실현되지 않는 단어도 어간과 어미를 설정하게 될 것이다.

굴절접사가 실현되지 않았음에도 빛을 가진다는 정렬모(1946)의 생각은
김두봉(1916, 1922)과 김윤경(1948)에서도 찾아 볼 수 있는데, 그들은 관형사
[언]와 부사[억], 감탄사[늑]를 모임씨로 묶었는데, 모임씨는 다음과 같이 정
의하고 있다.

> (8) ㄱ. 언씨와 억씨와 늑씨는 몸은 비록 난호아 풀 수 없으나, 뜻은 으
>   뜸씨와 토씨의 어울린 것이라고 풀 수 있으므로 이를 모임씨라.
>   (김두봉 1916 : 60, 1922 : 99)
>   ㄴ. 생각씨와 토씨가 가를 수 없이 굳어 붙은 (곧 토가 안 쓰이는) 씨
>   곧 모임씨가 있다. (김윤경 1948 : 35)

김두봉(1916, 1922)과 김윤경(1948)에서 모임씨를 설정한 것이나 정렬모
(1946)에서 관형사와 부사, 감탄사에 빛이 있다든지 격이 실현되지 않은 명
사에 두루빛을 설정한다든지 하는 논의에서 어간과 어미에 관하여 다음
과 같은 의의를 찾을 수 있다. 이들은 비록 단어의 성분 구조에서 어간과
어미를 설정하지는 않았지만, 만일 이들 논의에서 어간을 설정한다고 하
면, 굴절접사가 결합하지 않는 단어에서도 어간과 어미를 설정할 수 있는
가능성을 보여 준다.

3. 1950년부터 1975년까지

3.1. 이숭녕(1956)은 어간을 다음과 같이 정의하고 있다.

(9) 이숭녕(1956)의 어간의 정의
　　같은 말이 글을 엮을 때에 여러 모양으로 갈리는데, 그 가운데에서
　　가장 움직이지 않는 기본된 부분이다.

　이 정의에 따르면, 굴절접사가 결합하는 단어는 어간과 어미로 분석된다. 이숭녕(1956)은 종합적 체계이기 때문에, 용언뿐만 아니라 체언도 당연히 어간과 어미로 분석된다.

　그리고 이숭녕(1956)에서는 굴절접사가 결합하지 않는 단어인 '외, 잘' 등의 관형사와 부사도 어간과 어미로 분석했다. 이 경우에 관형사와 부사는 영(零, zero)의 어미를 가진 것으로 보았다. 또 "김 먹는다."에서와 같이 체언에 격이 실현되지 않았을 경우에도 영의 어미를 가진 것으로 분석한다.

　이숭녕(1956)의 어간의 논의에 대한 특징을 형태론의 체계와 관련하여 정리하면 다음과 같다. 어간은 굴절법에 사용되는데, 모든 단어를 어간과 어미로 분석된다. 이렇게 모든 단어를 어간과 어미로 분석하는 것은 정렬모(1946)에서 모든 단어가 빛을 가진 것으로 보는 것과 유사한 점이 있다.

　그런데 이숭녕(1956 : 32)에서는 조어법을 "새 어간을 형성함을 연구하는 학문"으로 정의하고, 다음과 같은 과정으로 설명하고 있다.

　(10) 어간(A) + 접미사 = 새 어간(B)

　조어법에 대한 이러한 설명을 보면, 어간을 정의할 때는 굴절법과 관련하여 정의했지만, 단어의 형성 과정을 기술하는 자리에서도 어간의 용어를 사용했음을 알 수 있다.

　3.2. 허웅(1975)에서는 굴절법과 조어법의 체계를 수립했는데, 굴절법과 조어법을 뿌리를 중심으로 체계를 세웠다.

(11) 허웅(1975)의 형태론의 체계

```
┌ 굴곡법 ·························· 뿌리* + 굴곡의 가지
└ 조어법 ┌ 파생법 ········ 뿌리 + 파생의 가지
        └ 합성법 ········ 뿌리 + 뿌리
```

여기서 굴절법을 어근[뿌리]과 관련하여 정의하는 것은 대체로 굴절법을 어간[줄기]과 관련하여 정의한 최현배(1930)와 이숭녕(1933, 1956)과는 다르다.

허웅(1975)에서는 조어법에서 어절의 핵을 '뿌리'라 하고, 굴곡법에서 '뿌리*'라 하였는데, '뿌리*'는 '조어법에서 형성된 말'을 가리킨다고 하였다. 그런데, 예컨대 허웅(1975)에서, 굴절법에서의 '뿌리*'는 조어법에서의 '뿌리'라는 용어와 같기 때문에 혼동이 생길 수 있다. '뿌리*'는 한 개의 실질 형태소[어근]일 수도 있고, 둘 이상의 어휘 형태소의 결합체일 수도 있기 때문이다. 따라서 체계와 용어상의 혼동을 피하기 위해서는 '뿌리*'에 해당하는 단위에 다른 이름을 붙일 필요가 있다. 허웅(1975)에서는 '뿌리*'를 복합어의 구조를 구체적으로 분석하는 자리에서는 '줄기'[어간]라고 하였다.6)

(12) ㄱ. 「어리미혹ᄒ다」는 풀이씨의 줄기가 합성된 비통어적 합성어이다. (허웅 1975 : 89)
ㄴ. 국어의 비통어적 합성어는 풀이씨에 국한되는데, 줄기 둘이 바로 연결되는 것이다. (허웅 1975 : 116)

이러한 줄기의 용법을 고려하면, 허웅(1975)에서 '뿌리*'는 결국 '줄기'를 가리키는 것을 알 수 있으며, 이숭녕(1956)과 마찬가지로 어간을 조어법을

---

6) 서정수(1971 : 14)에서도 어간을 이러한 용법으로 사용하였다. 곧 파생어의 형성 과정을 '[파생어 [어간] [파생접사]] 파생어'와 같이 표시했다.

기술하는 자리에서도 사용했음을 알 수 있다.

3.3. 이익섭(1975)에서는 어근과 어간을 위의 논의들과는 꽤 다르게 정의했다.

> (13) 이익섭(1975)의 어근과 어간의 정의
> ㄱ. 어근 : 단어의 중심부를 이루는 형태소이긴 하되, 늘 의존 형식이
>   어야 하고 또 굴절접사가 직접 결합될 수 없는 형태소
> ㄴ. 어간 : 굴절접사(어미)와 직접 결합될 수 있거나 아니면 그 단독
>   으로 단어가 될 수 있는 단어의 중심 부분.

이러한 정의에 따르면 어근은 '깨끗-, 소근-, 아름-' 등이고, 어간은 '집, 나무, 보-; 그, 아주, 아' 등이다.

먼저 어근에 대한 이익섭(1975)의 정의는 다른 연구에서보다 훨씬 더 제약적인데, 앞의 연구들에서는 어근이라고 한 '집, 머리, 벌써' 등이 어근이 아니고 어간이다. 반면에 어간은 훨씬 더 비제약적인데, 그것이 굴절법에 사용되었거나 조어법에 사용되었거나 관계없다. 곧 '웃는다, 웃긴다, 웃음, 우습다' 등에 사용된 모든 '웃-'이 어간이다.

이익섭(1975)에서는 어간은 굴절법과 관련하여 정의했다는 점에서는 최현배(1930)와 이숭녕(1933), 허웅(1975) 등의 정의와 크게 다르지 않다. 그런데 관형사와 부사, 감탄사도 어간으로 보았다는 점에서는 이숭녕(1933)의 견해와 유사한 점이 있다. 이러한 견해는 어간을 용언에 한정하여 논의한 최현배(1930)와 허웅(1975)과는 분명하게 구별된다.

그리고 어간을 굴절법과 조어법에서 함께 사용했다는 점도 앞선 연구와 꽤 다르다. 이숭녕(1956)에서도 조어법의 기술에서 어간을 사용하기는 했지만, 그것을 정의할 때는 굴절법과 관련하여 정의했다는 점에서 이익섭(1975)과는 구별된다. 그러한 차이는 이숭녕(1956)에서는 '굴절접사가 결

합된 형식에서 **굴절접사를 제거한** 언어 형식'으로 어간을 정의했지만, 이익섭(1975)에서는 '**굴절접사가 결합할 수 있는** 언어 형식'으로 정의한 차이에서 비롯된다.

　그런데 어근의 정의는 조어법과 관련하여 정의하지 않았다는 점에서 최현배(1930)와 이숭녕(1933), 허웅(1975) 등과 다르다. 이익섭(1975)에서는 어근을 '어간이 아닌 언어 형식'으로 정의한 것으로 보인다. 이익섭(1975)의 어간은 '단독으로 또는 굴절접사가 결합하여 어절을 형성할 수 있는 언어 형식'을 가리키는데, 어근은 '어떤 방식으로든 어절을 형성하지 못하는 언어 형식'이라는 것이다. 이러한 견해에서는 어절을 구성하는 모든 언어 형식은 어간 아니면 어근이 될 것이다. 그리고 이익섭(1975)에서는 어근과 어간을 묶어 '어기'란 용어를 사용했다.

　이익섭(1975)의 어근과 어간에 대응하는 언어 형식은 다음과 같다. 이익섭(1975)의 정의에서 보면 어근은 형태소인데, 예들을 보면 반드시 그렇지는 않다. 이익섭(1975)의 어근은 '나직, 분명' 등의 형태소의 복합체를 포함하고 있기 때문이다. 그리고 어간은 형태소이거나 형태소의 복합체이다. 이익섭(1975)의 어간의 정의를 그대로 따르자면, '깨끗하다, 웃기다'에서 '깨끗하-, 웃기-'도 어간이 될 것이기 때문이다.

　이러한 이익섭(1975)의 어근과 어간의 논의는 다음과 같은 문제점이 있다고 생각된다. 첫째, 형태소의 명칭에 관한 것인데, 이익섭(1975)에서는 한 개의 형태소를 가리키는 문법 용어가 없다는 것이다. 곧 어절을 형태소로 분석하고 분류할 때, 접사에 대응하는 형태소의 이름이 없다는 것이다. 어근이나 어간은 한 개의 형태소를 가리키기도 하고, 형태소의 복합체를 가리키기도 하기 때문이다.

　둘째, 조어법 용어의 체계에 관한 것이다. 조어법에서 보면, '아름답다, 사람답다'의 '아름-'이나 '사람'은 동등한 값을 가지며, '깨끗하다, 악하다, 보다'의 '깨끗-'과 '악', '보-'도 동등한 값을 가진다. 곧 '아름-, 깨끗-;

사람, 악, 보-'는 모두 어절의 중심이 된다. 따라서 이것들은 모두 동일한 형태 범주로 다루어야 하며, 동일한 용어로 지칭하는 것이 바람직할 것이다.

어떤 언어 형식이 단독으로나 굴절접사와 결합하여 어절을 형성하거나 형성하지 못한다는 것은 문법에서 중요한 것임에는 틀림없다. 그렇지만 그런 까닭으로 완전히 다른 문법 용어를 사용하는 것은 문제가 있다고 생각한다. 이 문제는 이것들이 조어법에서 동등한 값을 가진다는 것을 중시하여 일단 '어근'과 같은 동일한 용어를 사용하고, 어떤 차이가 있으면 그것에 따라 하위분류하여 이름을 붙이면 해결될 것이다.[7]

4. 1975년 이후

4.1. 남기심 · 고영근(1987)과 고영근 · 구본관(2008)에서는 각각 어근과 어간을 다음과 같이 정의했다.

(14) 남기심 · 고영근(1987)의 어근과 어간의 정의
ㄱ. 어근 : 복합어의 형성에 나타나는 실질 형태소. (185쪽)
ㄴ. 어간 : 활용어의 중심되는 줄기 부분. (125쪽)

(15) 고영근 · 구본관(2008)의 어근과 어간의 정의
ㄱ. 어근 : 파생이나 합성에서 의미상 중심이 되는 부분. (203-204쪽)
ㄴ. 어간 : 용언이 활용을 할 때 중심이 되는 줄기 부분, 다시 말해 활용에서 어미에 선행하는 부분.

---

7) 단독으로나 굴절접사와 결합하여 어절을 형성할 수 없는 형태소를 허웅(1975)에서는 '특수 뿌리'라 하였고, 고영근(1999 : 540)에서는 '불규칙적인 어근'이라 하였다.

이러한 정의는 어근은 조어법과 관련하여 정의하고, 어간은 굴곡법과 관련하여 정의했다는 점에서는 큰 차이가 없다. 그러나 이러한 정의는 어근을 복합어(합성어와 파생어)의 형성과 관련하여 정의했다는 점에서 앞의 연구와는 조금 다르다. 최현배(1930)와 이숭녕(1933), 허웅(1975)에서도 어근을 조어법과 관련하여 정의했지만, 단순어와 복합어를 가리지 않고 그 말의 중심 또는 핵 성분으로 정의했다. 이에 비하여, 남기심·고영근(1987)과 고영근·구본관(2008)에서는 조어법 가운데 복합어의 형성과 관련하여 정의했다는 것이다.

그런데 이상과 같이 어근을 복합어의 형성과 관련지어 정의하면, 단순어의 핵이 되는 성분을 어근이라 할 수 없는 문제점이 발생하게 된다.

그리고 어근을 남기심·고영근(1987)에서는 형태소의 종류로 파악했으나, 고영근·구본관(2008)에서는 형태소로 한정되어 있지 않다. 고영근·구본관(2008)에서 어근은 형태소뿐만 아니라, 형태소의 결합체도 포함하게 된다. 예컨대 '짓밟히다'에서 '밟-'도 어근이고 '짓밟-'도 어근이라 해야 한다는 것이다.[8]

4.2. 최형강(2009)에서는 어근은 파생법과 관련하여 다루고 어간은 굴절법과 관련하여 다루어야 한다고 주장했다.

> (16) 최형강(2009)의 어근과 어간의 정의
> ㄱ. 어근 : 파생접사와 결합하면서 실질적인 의미를 가진 부분. (42쪽)
> ㄴ. 어간 : 어미와 결합하면서 실질적인 의미를 가진 부분.

이러한 정의에 따르면, '웃기다'와 '웃다'의 어근과 어간은 다음과 같이

---

8) 이러한 어근의 용법은 허웅(1975)의 '뿌리*'의 용법에 해당하는 것인데, 접사와 함께 형태소의 한 종류를 가리키는 용어로는 적합지 않다고 생각된다.

설명된다. '웃기다'의 '웃-'은 어근이며, '웃다'의 '웃-'은 어근이 아니라 어간이다.

그런데 이러한 논의는 다음과 같은 문제점이 있다. '웃다'의 '웃-'과 '웃기다'의 '웃-'은 완전히 동일한 형태소이다. 그런데 왜 '웃기다'의 '웃-'은 어근인데, '웃다'의 '웃-'은 어근이 아닌가 하는 것이다. 이러한 문제는 어근을 파생어와 합성어에 초점을 맞추어 논의하다 보니 그렇게 되었다고 생각된다. 그러나 굴절법이 적용되는 범주에는 단순어나 파생어, 합성어가 동등한 자격을 가질 수밖에 없다. 따라서 복합어의 핵을 어근이라고 한다면, 단순어의 핵도 어근이라고 해야 한다.

그리고 고영근·구본관(2008)과 마찬가지로 어근에 형태소의 복합체도 포함하게 되는 문제도 발생한다.

4.3. 이익섭(1975)의 어근과 어간에 대한 논의는 이익섭·임홍빈(1985 : 117-118)과 허철구(1998 : 25-26, 주 27)에서도 그대로 받아들여진다. 이러한 어근의 용법은 구본관(1998 : 53-54, 주 24)에서도 찾아볼 수 있다.

5. 쟁점과 대안적 분석

5.1. 어근과 어간의 용법에 관한 앞선 연구들을 형태론의 체계와 관련하여 검토할 때, 문제의 쟁점을 다음과 같이 정리할 수 있다.

(17) 형태론에서의 어간과 어근의 용법의 문제
 ① (i) 어근은 보통 조어법에서 사용하는데, (ii) 굴절법에서도 사용할 수 있는가.
 ② (i) 어간은 보통 굴절법에서 사용하는데, (ii) 조어법에서도 사용할 수 있는가.

③ 굴절접사가 결합하지 않는 말에서 어근과 어간의 용법을 어떻게
사용하는가.

(17)의 ①과 ②의 물음에서 (i)은 보통 받아들이므로, (ii)가 문제가 될
것이다. 그런데 조어법은 보통 파생법과 합성법을 대상으로 하지만, 어근
과 어간의 문제를 올바로 다루기 위해서는 단순어도 고려해야 한다.

①(ii)의 문제는 주로 단순어의 성분 구조와 관련이 있다. 예컨대, '보
았다'에서 '보-'는 조어법에서 보면 어근이고, 굴절법에서 보면 어간이다.

(18) ㄱ. R (+ infl)
    ㄴ. Stem + infl

이때, 다음과 같은 문제를 제기할 수 있다. (18)에서 '보았다'의 '보-'는
굴절법에서 사용되었으므로 어근이 아니라, 어간이라고 해야 하는가. 아
니면 '보-'를 어근이라고 할 수 있는가.

이 문제에 대한 앞선 연구의 대답은 다음과 같다. 최현배(1930)와 이숭
녕(1933)에서는 어근이면서, 동시에 어간이다. 허웅(1975)에서는 굴절법의
정의에서는 어근(뿌리*)이며, 용언의 굴절법의 설명에서는 어간이다. 이익
섭(1975)과 남기심·고영근(1987), 고영근·구본관(2008)의 정의에서는 어간
이다. 최형강(2009)에서는 어간이다.

②(ii)의 문제는 복합어의 성분 구조와 관련되어 있다. 어떤 단어나 어
절이 두 개의 어휘 형태소로 구성된 경우는 그 구조를 어근과 어간의 범
주로 쉽게 파악할 수 있다. 예컨대 '검붉다'와 '잡히다'는 조어법으로는
각각 (19)의 ㄱ과 ㄴ으로 분석되고, 굴절법으로는 각각 (20)의 ㄱ과 ㄴ으
로 분석된다.

(19) ㄱ. R + R (+ infl)   (합성어)
     ㄴ. R + Der (+ infl)   (파생어)

(20) ㄱ. [[Stem [R + R]] + infl]
     ㄴ. [[Stem [R + Der]] + infl]

그런데 어떤 단어나 어절이 셋 이상의 어휘 형태소로 구성된 경우는 그 구조를 어근과 어간의 범주만으로는 쉽게 파악하기 어려운 점이 있다. 어떤 단어나 어절이 (21)의 형태소로 구성되어 있을 때, 그것의 구조는 계층적으로 두 개의 가능한 구조를 생각해 볼 수 있기 때문이다.

(21) R + R + Der (+ infl)

예컨대 '거짓말쟁이'와 '뱃놀이'는 둘 다 (21)과 같은 형태소로 되어 있다. 그렇지만 '거짓말쟁이'는 (22)ㄱ의 구조로 분석되고, '뱃놀이'는 (22)ㄴ의 구조로 분석된다.

(22) ㄱ. [[R + R] + Der]   (파생어)
     ㄴ. [[R + [R + Der]]   (합성어)

이때 '거짓말'(R+R)이나 '놀이'(R+Der)의 범주는 무엇일까. 보통 파생어를 '어근+파생접사'로 된 말로 정의하고, 합성어를 '어근+어근'으로 된 말로 정의하는 관례를 고려한다면, '거짓말쟁이'의 '거짓말'과 '뱃놀이'의 '놀이'를 어근이라 해야 할 것이다. 그런데 보통 어근을 접사에 대비되는 형태소의 한 종류를 가리키는 용어로 사용하는 것을 고려한다면, 어근의 결합체인 '거짓말, 붙잡-'을 어근이라 할 수 없다. 어근과 어간의 용법에 관한 문제에서는, 복합어의 성분 구조와 관련된 이러한 문제를 해결해야 할 것이다.

둘 이상의 어휘 형태소로 구성된 말의 R과 셋 이상의 어휘 형태소로 구성된 말의 R+R이나 R+Der의 범주에 대하여, 앞선 연구에서는 다음과 같이 논의했다. 이숭녕(1956)의 복합어의 설명에서는 모두 어간이다.[9] 허웅(1975)에서는 굴절법의 정의에서는 모두 어근(뿌리*)이며, 복합어의 형성 과정의 설명에서는 어간이다. 이익섭(1975)에서는 굴절접사가 결합할 수 있는 것은 모두 어간이다. 남기심·고영근(1987)과 고영근·구본관(2008)의 정의에서는 R은 어근이고, R+R이나 R+Der에 가리키는 용어는 불분명하다. 최형강(2009)에서는 R은 어근이다.

이제 (17)③의 문제를 살펴보기로 한다. 앞선 연구에서는 어간을 대체로 굴절법과 관련하여 정의했는데, 대부분의 연구에서 굴절접사가 결합하지 않는 관형사와 부사, 감탄사는 어간과 관련하여 논의하지 않았다. 그까닭은 어간을 굴절접사[어미]에 상대되는 개념으로 사용해 왔기 때문이다. 절충적 체계에서 체언에서도 어간의 개념을 사용하지 않았는데, 체언과 결합하는 굴절접사를 단어로 보았기 때문이다.

그런데 이숭녕(1956)과 이익섭(1975)에서는 굴절접사가 결합하지 않은 관형사와 부사, 감탄사도 어간이라 하였다. 이 문제도 해결 방법을 찾아야 할 것이다.

5.2. 이상에서 어근과 어간의 정의와 용법을 둘러싼 쟁점을 정리했는데, 이러한 문제들은 어절의 성분 구조의 계층적 특성으로 해결해야 한다고 생각한다. 어절의 성분 구조는, 먼저 조어법과 굴절법이 계층적으로 구성되고, 또 복합어의 성분 구조도 계층적으로 구성된다.

단어나 어절의 구조는 선조적으로 분석하면 어근과 파생접사, 굴절접사

---

9) 이숭녕(1956)에서는 어근을 설정하지 않았다.

로 분류되는 형태소들의 연쇄로 분석된다. 어근은 단어나 어절의 핵을 구
성한다. 굴절접사는 다른 말과의 통사적 관계를 형성하는 외적 구성에 관
여하고, 파생접사는 핵의 통사 범주를 변화시키는 내적 구성에 관여한다.
따라서 굴절법이 조어법보다 상위의 계층이 된다. 그리하여 단어나 어절
은 먼저 굴절법에 따른 어떤 성분들로 분석되고, 다시 조어법에 따라 어
떤 성분들로 분석된다.

이렇게 볼 때, 굴절법의 성분들과 조어법의 성분들의 종류와 명칭에 관
한 것이 어근과 어간, 어기에 관한 문제의 본질이다. 먼저 '잡다, 잡히다'
의 예를 들어 이 문제를 살펴보자. 논란이 되고 있는 범주를 A와 B, C로
표시하면, 이것들은 다음과 같이 분석될 것이다.

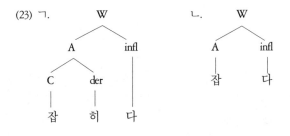

많은 학자들은 (23)ㄱ에서 A는 어간(줄기)이며, C는 어근(뿌리)이고, (23)
ㄴ에서 A는 어간이면서 어근이라고 한다. 이렇게 본 것은 어간은 계층적
구조에서 굴절접사(어미)와 관련하여 정의하고, 어근은 선조적 구조에서
단어나 어절의 핵(중심)이 되는 형태소로 정의한 것이다. 이러한 논의에 따
라, '잡다'와 '잡히다'의 선조적 구조와 계층 구조는 각각 다음과 같이
나타낼 수 있다.

(24) ㄱ. [root 잡]-[infl 다]
     ㄴ. [root 잡]-[der 히]-[infl 다]

(25) ㄱ. [[stem [root 잡]] infl 다]

ㄴ. [stem [[root 잡] der 히] infl 다]

5.3. 여기서 (23)에서 C인 '잡히-'의 '잡-'도 어간이라 할 수 있을까? 언뜻 생각하면 기이한 것 같아 보이지만, 어절이나 단어의 형성 과정을 고려한다면, 그것들도 어간이라 할 수 있다. 먼저 '잡-'(ㄴ의 V_1)은 한 개의 어근으로 구성된 동사이다. '잡히-'의 형성 과정을 다음과 같이 기술할 수 있다. '잡히-'(ㄱ의 V_2)는 동사 어간 '잡-'(ㄱ의 V_1)에 파생접사 '-히-'가 결합되어 형성된 것이다. 이상과 같은 '잡히다'의 형성 과정을 구조로 표시하면 다음과 같다.

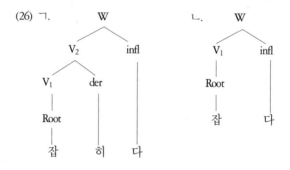

이러한 어근과 어간의 용법에 따르면, 어근과 어간은 다음과 같이 정의할 수 있다.

(27) 어근과 어간의 정의 (뒤에 수정됨)[10]

ㄱ. 어근 : 단독으로 또는 굴절접사와 결합하여 어절을 형성할 가능성이 있는 형태소

ㄴ. 어간 : 굴절접사와 결합하여 어절을 형성할 가능성이 있는 언어 형식

10) 이러한 어간의 정의는 이익섭(1975)의 어간의 정의와 거의 다르지 않다.

물론 조어법의 성분 구조도 계층적으로 분석해야 한다. (27)의 정의에 따르면, '헛걸음질'처럼 셋 이상의 형태소로 이루어진 것은 다음과 같이 분석할 수 있다.[11]

(28)

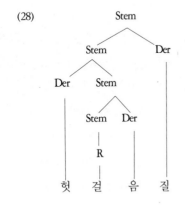

그런데 앞선 연구에서 (23)의 C를 (어근이면서 동시에) 어간으로 보기 어려웠던 것은 조어법(파생법과 합성법)을 논의할 때, 선조적 구조의 측면에서 단어나 어절을 분석하는 경향에서, 계층적 구조의 측면을 충분히 고려하지 않았던 것에서 비롯된 것으로 보인다.[12]

5.4. 이제 관형사, 부사, 감탄사와 같이 굴절접사가 결합하지 않는 것에 어간이란 용어를 사용할 수 있는지에 대하여 생각해 보기로 한다. 이 단어들은 굴절접사를 그 안에 포함하고 있는 것으로 볼 수도 있다. 실제로

---

11) (26)과 (28)에서 굴절접사와 결합한 어간과 파생접사와 결합한 어간은 성격이 조금 다르다. 굴절접사와 결합한 어간은 형태론에서는 어절의 성분이면서 통사론에서는 논항 구조의 핵이 되는 성분이지만, 파생접사와 결합한 어간은 형태론에서 조어법의 어기가 되는 성분이다.

12) 이익섭(1975 : 5-6)에서는 동일한 언어 형식을 가리키는데 어근과 어간을 동시에 사용하는 것은 '불편스러움'을 준다고 하였다. 그러나 어근과 어간을 위와 같이 정의한다면, '불편스러움'을 주지 않는다.

어간과 굴절접사가 결합한 형식이 문법화하여 한 단어로 굳어져 형성된 단어들도 있다.

(29) 다른, 바른, 갖은; 미처, 전혀, 행여, 결단코, 그리고, 그러나; 천만에.

그리고 통사 구조의 핵이 기본적으로 어절(이나 어절의 성분)임을 고려한다면, 어절의 성분은, 굴절접사가 결합하여 형성되는 어절이거나 그렇지 않은 어절이거나 간에, 그것들이 동일한 범주임을 나타내는 용어로 표현하는 것이 바람직할 것이다. 그리고 굴절법을, 특정한 어절을 제외할 것이 아니라, 모든 어절에 적용하여 일반적으로 설명하는 것이 바람직할 것이다.

이러한 문제점을 해결하기 위해서는, 굴절접사가 결합하지 않는 관형사와 부사, 감탄사도 어간을 가지는 것으로 보아야 할 것이다.[13] 그러면 어근과 어간은 (30)과 같이 정의되며, 어절은 (31)과 같은 두 종류로 나누어진다.

(30) 어근과 어간의 정의 (수정)
　ㄱ. 어근 : 단독으로 또는 굴절접사와 결합하여 어절을 형성할 가능성이 있는 형태소
　ㄴ. 어간 : 단독으로 또는 굴절접사와 결합하여 어절을 형성할 가능성이 있는 언어 형식

(31) 어절의 유형
　ㄱ. 어간만으로 구성된 것
　　관형사, 부사, 감탄사
　ㄴ. 어간과 굴절접사(어미)로 구성된 것
　　체언, 용언

---

13) 김일웅(1991 : 227)에서는 꾸밈씨, 이음씨, 느낌씨의 경우에는 그것이 맡는 통어 기능을 나타내는 Ø 표지가 있는 것으로 보고, 그것을 Ø 굴곡이라고 하였다.

5.5. 그런데 어근과 어간을 위와 같이 정의하면, '아름답다, 당하다, 깨끗하다' 등의 '아름-, 당-, 깨끗-' 등은 어절을 형성하지 못하므로 예외가 될 것이다. 그러나 이것들은 '영웅답다, 공부하다, 악하다'의 '영웅, 공부, 악'과 분포가 같으므로 어간으로 규정할 수 있다. 이렇게 어간으로 쓰일 자리에 놓였지만 어절을 형성하지 못하는 이러한 것들은 '특수 어간'(허웅 1975) 또는 '불규칙 어간'(고영근 1999)으로 처리해야 할 것이다. 그런데 동사에 불구동사를 설정하는 것에 맞추자면, '불구 어간'이라 하는 것이 더 나을 수도 있다고 생각된다.

그리고 의존명사와 의존 용언도 그 자체로는 어절을 형성하지 못하기 때문에, 어간을 설정하기 어려운 점이 있다.[14] 그러나 이것들이 단독으로 쓰이는 경우는 다음과 같이 생각할 수 있다. 먼저 의존명사와 의존 용언이 각각 관형어와 부사어의 수식을 받으며, 또 많은 의존명사와 의존 용언에서 그것들에 굴절접사가 결합한 형식이 자립명사와 자립 용언에 굴절접사가 결합한 형식과 거의 차이가 없다. 따라서 이러한 의존명사와 의존 용언은 그리 큰 문제없이 어간을 설정할 수 있을 것이다.

'법이다, 듯하다, 척하다' 등과 같이 의존명사와 의존 용언이 겹친 형식에 사용되는 의존명사 '법-, 듯-, 척-' 등은 조금 더 문제가 된다. 그것들은 굴절접사가 결합하지 않기 때문이다. 그러나 그것들도 관형사절의 수식을 받는다는 것과 다른 의존명사와의 평행을 고려한다면, 그 의존명사들도 어간을 설정할 있을 것이다.[15]

---

14) 앞선 연구에서 이 문제는 거의 고려되지 않았는데, 어근과 어간의 정의에서 반드시 고려해야 할 것이라고 생각된다.
15) 이 글의 논의에 따르면, 의존 용언과 굴절접사가 결합하지 못하는 의존명사의 어간도 '불구 어간'이라 할 수 있을 것이다.

6. 마무리

이 글에서는 어근과 어간의 개념과 용법에 대하여 국어학사적 관점에서 검토하여 문제점을 분석하고, 그러한 문제점을 해결할 수 있는 대안을 검토했다.

앞선 연구에서는 대체로 어근은 조어법과 관련하여 정의하고, 어간은 굴절법과 관련하여 정의했다. 어근은 초기에는 단순어와 복합어에 모두 적용했으나, 최근에는 어근으로 복합어에 한정하여 적용하는 논의가 있었다. 뒤의 논의에서는 단순어의 실질 형태소에 어근을 적용하지 못하는 문제점이 있으며, 둘 이상의 어휘 형태소로 구성된 성분을 어근으로 가리킬 수 없는 문제점이 있다. 어간은 대체로 굴절접사를 제외한 부분으로 정의했다. 그러한 정의는 어간을 굴절접사를 기준으로 한 것이기 때문에, 굴절접사가 결합하지 않는 단어에는 어간을 적용하지 못한다. 그런데 굴절법을 일반적으로 설명하기 위하여 굴절접사가 결합하지 않는 어절을 굴절법에 포함시켜 설명할 방법이 필요하다고 생각된다.

이러한 문제를 해결하기 위하여, 이 글에서는 다음과 같이 주장했다. 먼저 굴절법과 조어법에서 어절의 성분 구조를 계층적 구조로 분석하고, 형태소를 분석하는 것과 어절의 성분 구조를 분석하는 것을 구분한다.

그러한 논의를 바탕으로 어근과 어간을 다음과 같이 정의한다. 어근은 "단독으로 또는 굴절접사와 결합하여 어절을 형성할 가능성이 있는 형태소"로 정의하고, 어간은 "단독으로 또는 굴절접사와 결합하여 어절을 형성할 가능성이 있는 언어 형식"이다. 그리고 어절을 어간만으로 구성되는 것과 굴절접사가 결합하여 구성되는 것으로 나눈다. 어간을 이렇게 정의하면, 단독으로 어절을 형성하는 관형사와 부사, 감탄사도 어간을 설정할 수 있고, 또 복합어의 성분도 어간을 설정할 수 있다.

참고 문헌

고영근(1999), 『국어 형태론 연구』(증보판), 서울대학교 출판부.

고영근·구본관(2008), 『우리말 문법론』, 집문당.

김두봉(1916), 『조선말본』, 역대 한국문법 대계 ①22, 탑출판사.

김두봉(1922), 『깁더 조선말본』, 역대 한국문법 대계 ①23, 탑출판사.

김윤경(1948), 『나라말본』, 역대 한국문법 대계 ①54, 탑출판사.

김일웅(1991), 「낱말과 월성분」, 우리말 연구 1, 우리말연구회, 215-234.

남기심·고영근(1987), 『표준 국어문법론』, 탑출판사.

서정수(1971), 『국어 구조론』, 연세대학교 출판부.

안상철(1998), 『형태론』, 민음사.

이숭녕(1933), 「어간과 어근에 대하야」, 조선어문 6, 조선어학회, 37-39.

이숭녕(1956), 『고등국어문법』, 역대 한국문법 대계 ①61, 탑출판사.

이익섭(1975), 「국어 조어론의 몇 문제」, 동양학 5, 단국대학교 동양학연구소, 155-165.

이익섭·임홍빈(1983), 『국어문법론』, 학연사.

정렬모(1946), 『신편 고등국어 문법』, 역대 한국문법 대계 ①61, 탑출판사.

주시경(1910), 『국어 문법』, 역대 한국문법 대계 ①21, 탑출판사.

최규수(2006), 「형태론의 체계와 문법 용어 사용의 문제」, 우리말 연구 18, 우리말연구회, 143-176.

최규수(2007), 「복합어의 어기와 조어법 체계에 대하여」, 한글 277, 한글학회, 133-158.

최현배(1930), 『조선어의 품사 분류론』, 역대 한국문법 대계 ①44, 탑출판사.

최형강(2009), 「'형성소'와 '어근' 개념의 재고를 통한 '어근 분리 현상'의 해석」, 국어학 56, 국어학회, 33-60.

최형용(1999), 「국어의 단어 구조에 대하여」, 형태론 1-2, 박이정, 245-260.

최형용(2002), 「어근과 어기에 대하여」, 형태론 4-2, 박이정, 301-318.

허 웅(1975), 『우리 옛말본』, 샘문화사.

허 웅(2000), 『20세기 국어 형태론』, 과학사.

허철구(1998), 「국어의 합성동사 형성과 어기분리」, 서강대학교 박사학위논문.

Nida, E. A. (1978=1946[13]), *Morphology*. The University of Michgan Press.

복합어의 어기와 조어법 체계*

1. 들어가기

1.1. 허웅(1975 : 33)에서는 파생법과 합성법을 다음과 같이 기술하고
있다.

> (1) ㄱ. 파생법 : 뿌리 + 말 만드는 가지 (파생어)
> ㄴ. 합성법 : 뿌리 + 뿌리 (합성어)

이러한 기술은 복합어의 어기[1]를 어근이라는 형태소로 본 것이다. 이러
한 기술은, 복합어를 구성하는 어휘적 형태소의 수가 두 개인 경우에는,
큰 문제를 일으키지 않는다. 예컨대, '참꽃, 잡히다'는 파생어이고, '봄비,
붙잡다'는 합성어이다.

그러나 이러한 기술로는 '홑꽃잎, 첫날밤'과 같은 단어들은 설명하기

---

* 최규수(2007), 「복합어의 어기와 조어법 체계에 대하여」, 한글 277, 한글학회, 133-158.
1) 어기의 개념은 스펜서를 따른다. 스펜서는 어기를 "어떤 형태소라도 첨가될 수 있는 (굴
절, 파생, 합성) 부분"(전상범·김영석·김진형 공역 1994 : 19)으로 정의하였다.

어렵다. 이것들은 둘 다 '파생접사-어근-어근'이라는 세 개의 형태소로 구성되어 있는데, 두 개의 형태소의 결합만 기술하는 위의 체계에서는 설명하기 어렵기 때문이다. 또 위의 체계에서는 '눈엣가시, 두고두고, 잡아가다'와 같은 예도 설명하기 어려운데, 이것들은 '-에, -고, -아' 따위의 굴곡접사를 포함하고 있기 때문이다.

이것들을 직접성분으로 분석하면, '홑-꽃잎, 첫날-밤, 눈엣-가시, 두고-두고, 잡아-가다'로 분석된다. 따라서 '홑꽃잎'은 파생어이고, 나머지는 합성어이다. 그런데 여기서 '첫날, 꽃잎'은 형태소가 아니라, 형태소의 결합체라는 것도 문제이다. 따라서 복합어의 조어법을 어근과 파생접사만으로는 설명하기 어렵다는 것을 알 수 있다.

1.2. 이상의 문제들은 복합어의 어기와 조어법의 체계와 단위, 복합어의 굴곡접사의 처리 등의 문제 등이 관련되어 있다. 이 글에서는 이러한 문제들에 관한 앞선 연구들을 검토하고, 다음과 같이 주장하고자 한다.

복합어의 계층적인 구조를 설명하기 위해서는 조어법의 단위로 어근과 파생접사라는 형태소 이외에, 어절과 형태소 사이의 층위에 있는 어간이라는 단위를 추가로 설정해야 한다. 그러면 복합어의 어기는, 복합어의 직접성분의 범주를 기준으로 볼 때, 기본적으로는 어절[2]의 어간이다. 다만, 합성어의 어기는 어절인 경우도 있다. 그리고 조어법의 체계도 복합어의 직접성분의 범주에 따라 정립되어야 한다.

---

[2] 이 글에서 어절은 최소자립형식을 가리킨다. 보통 단어를 사용하지만, 단어의 외연이 다양하기 때문에, 비교적 중립적인 어절이라는 용어를 사용한다. 물론 어절이나 최소자립형식이란 용어의 외연도 관점에 따라 다를 수 있다. 그러나 이 글에서 논의의 대상으로 삼는 복합어는 항상 한 어절 또는 최소자립형식으로 쓰이기 때문에, 이렇게 사용해도 큰 문제가 발생하지는 않는다.

2. 앞선 연구의 검토

2.1. 여기서는 먼저, 전통문법과 구조문법, 변형문법에서 복합어의 어기와 조어법의 체계를 어떻게 다루었는지를 개관하고, 이 문제를 다룸에 있어 이 글에서 취하는 태도 또는 연구의 방향을 제시하기로 한다.

2.2. 대부분의 전통문법에서는 복합어의 어기는 단어로 본다. 먼저, 분석적 체계를 보자. 주시경(1910)에서는 '기몸박굼, 기몸헴, 기뜻박굼'이 조어법에 해당하는 부문인데, 대체로 기몸박굼과 기뜻박굼은 파생법, 기몸헴은 합성법에 대응한다.[3] 여기서 기몸박굼과 기몸헴의 예를 각각 들어보면 다음과 같다.[4]

(2) 기몸박굼의 엇본임과 억본움
검음 '검'은 엇몸이요, '음'은 그 '검'에 더하여 임몸으로 박구어 지게 하는 것이라. 그러함으로 '검음'이 임이라.
더하 억몸 '더'에 '하'를 더하여 움몸 되게 하는 것이라.

(3) 기몸헴의 임기의 몸
낫몸   한 낫의 기로 된 것. (본) 사람, 새, 고기, 돌, 흙, 불, 물
모힌몸   둘로붙어 둘 더 되는 기가 모히어 한 기의 몸으로 쓰이는
         것. (본) 물불

이상의 논의를 보면, 주시경(1910)에서는 복합어의 어기를 단어로 보았

---

3) 주시경(1910)의 기몸박굼에는 구조문법의 굴곡법에 해당하는 것들도 있는데, 주로 용언의 명사형과 관형사형, 부사형, 그리고 체언에 부사격조사가 결합한 것들이다. 이는 주시경(1910)의 품사론의 독특한 관점에서 비롯되는데, 주시경(1914)에서는 이러한 굴곡접사들을 모두 하나의 단어로 보았다.
4) 주시경(1910)의 인용에서, 맞춤법은 원문 그대로 두고, 띄어쓰기와 월점을 한글 맞춤법에 맞추어 고쳤다.

다는 것을 알 수 있다.

한편 주시경(1914)에서는 '늣 씨'를 설정하였다. 늣 씨는 '꾸민 씨'의 성분을 표시하기 위한 '>'라는 부호를 설명하는 자리에서 설정한 단위이다. 늣 씨를 표시한 (4)의 보기 따위를 참고하면, '꾸민 씨'는 주시경(1910)의 '모힌 몸'[복합어]에 해당하며, 따라서 늣 씨는 복합어의 한 성분을 가리킨다는 것을 알 수 있다.

> (4) > 이는 벌잇이니 꾸민 씨의 사이에 두어 늣 씨와 늣 씨를 가르는 보이라.

> (5) 해-바라-기, 거듭-하, 덧-하, 만들-음, 이-러-하

여기서 꾸민 씨나 늣 씨는 둘 다 씨의 한 종류로서, 주시경(1914)에서도 복합어의 어기를 단어로 보았음을 알 수 있다.

김두봉(1916)/김윤경(1948)에서는 조어법이 품사론의 한 부분으로 들어 있다. 그들의 품사론은 각 품사마다 '두레/갈레, 쓰임, 바꿈, 어우름'으로 되어 있는데, 바꿈은 파생법, 어우름은 합성법에 대응한다. 이때 바꿈이나 어우름의 어기5)는 단어이다. 한편 김윤경(1948)에서는 품사론의 맨 끝에 '더음(接辭, Affix)'을 설정하여, 모든 단어의 파생법에 관하여 한 자리에서 설명하고 있다.

절충적 체계인 최현배(1937)에서는 조어법을 품사에 대한 설명에서는 완전히 제거하고, 품사론의 끝에 '씨가지(語枝, 接辭), 겹씨(複詞), 씨의 바꿈(品詞의 轉成)'을 설정하여 설명하였다. 여기서 씨가지는 굴곡 가지와 파생접사를 아우르는 개념이며, 겹씨는 합성법, 씨의 바꿈은 파생법에 대응하는 것이다. 최현배(1937)의 겹씨와 씨의 바꿈의 정의를 보면, 복합어의 어기가

---

5) 김두봉(1916)의 용어로는 '밋말, 本詞/本語'이다.

단어라는 것을 알 수 있다.

(6) ㄱ. 겹씨(複詞)란 것은, 뜻과 꼴이 둘 더 되는 낱말이 서로 겹하여서,
　　말본에서 한 단어로서의 다룸(取扱, 處理)을 받는 한 덩이리의 말
　　을 이름이니라. (687쪽)
　ㄴ. 씨의 몸바꿈(品詞의 轉成)이란 것은, 이미 다 이뤄 진 씨가 그 몸
　　을 바꾸어서 다른 갈래의 씨로 되는 것을 이름이니라. (719쪽)

이상의 분석적 체계나 절충적 체계의 단어의 구성에서, 전통문법이 단
어를 중심으로 문법을 구성했으므로, 단어를 어기로 삼았음은 당연하다고
하겠다. 물론 파생이나 합성어의 어기에는 단어에 파생접사가 결합된 것
도 있지만, 그것도 하나의 단어로 간주한 것도 당연한 것일 것이다.

여기서 한 가지 유의할 것이 있다. 분석적 체계의 경우에는, 어간과 토
를 각각 한 단어로 다루었기 때문에, '검붉-'을 두 단어의 결합으로 보아
도 아무런 문제가 생기지 않는다. 그런데 종합적 체계나 절충적 체계는
'검붉다'를 두 단어의 결합으로 보기 어려운 점이 있다는 것이다. 예컨대,
최현배(1937)에서는 '검붉다'의 '검-'과 '붉-'이 단어가 아니라, 단어의 어
간이기 때문이다. 그런데도 최현배(1937)에서는 두 단어의 결합으로 기술
하고 있다.

종합적 체계인 정렬모(1946)에서는 단어의 어기가, 단어가 아니라, '낱
뜻'이다. 낱뜻은 으뜸낱뜻과 도움낱뜻으로 나누었는데, 다음과 같이 정의
하였다. 이 정의를 보면, 으뜸낱뜻은 대강 어근에 대응하고, 도움낱뜻은
대강 접사에 대응한다.

(7) ㄱ. 으뜸낱뜻 : 자기 단독으로 한 감말이 되는 낱뜻
　ㄴ. 도움낱뜻 : 자기 단독으로는 한 감말을 이루지 못하고 반드시 으
　　뜸낱뜻과 어울려서 으뜸낱뜻과 함께 한 감말을 이루는 낱뜻6)

이러한 정렬모(1946)의 논의의 특징은 단어의 어기를 단어가 아닌 낱뜻으로 보아, 단어와 단어의 성분을 가리키는 단위를 분명하게 구별했다는 점에서, 다른 전통문법의 논의와는 꽤 다르다는 것을 알 수 있다.

2.3. 다음에는 구조문법의 복합어의 어기에 관한 논의를 살펴보기로 하자.

이숭녕(1956)에서는 복합어의 어기는 어간이다. 이숭녕(1956)의 문법은 총론과 음운, 조어, 형태, 통사의 다섯 부문으로 구성되는데, 조어법과 관련된 부문은 '조어' 부문과 형태 부문의 맨 끝에 있는 '품사의 발달'이다. 조어 부문에서 조어론을 "새 어간을 형성함을 연구하는 학문"으로 정의하고, 다음과 같은 과정으로 설명하고 있다.

> (8) 어간(A) + 접미사 = 새 어간(B)

여기서 어간은 단어의 기본된 부분을 가리킨다. 그런데 이숭녕(1956)에서는 복합어를 "두 말을 합치어 한 말로 만든 것"으로 정의하고 있는데, 이 정의에서 '말'은 단어를 가리키는지 어간을 가리키는지 분명하지 않다.

김민수(1960, 1969)에서는 단어를 최소자립형식 또는 어절로 정의하였는데,[7] 단어는 어소(語素)로 구성되는 것으로 보았다. 여기서 어소는 구조문법의 형태소에 대응하는 것이다. 그리고 김민수(1960 : 43)에서는 이 어소를 자립형태와 의존형태로 분류하고,[8] 복합어를 다음과 같이 정리하였다.

---

6) 원문에는 "… 한 감말을 이루는 감말"로 되어 있는데, 맨 뒤의 '감말'은 '낱뜻'을 잘못 표기한 듯하다.

7) "이러한 최소자립형태가 흔히 단어(word)라고 하는 것인데, 착각·오해를 염려하여 어절이란 말이 더 적절하게 쓰인다."(김민수 1969 : 24)

8) 김민수(1969)에서는 어소를 의미소와 형태소로 분류하였다.

(9) ㄱ. 복합어(compound word)
　　자립형태+자립형태　　　거미+줄
　　ㄴ. 파생어(derivative word)
　　자립형태+의존형태　　　솟+는다
　　의존형태+자립형태　　　갓+스물
　　의존형태+의존형태　　　들+것

이상에서 보면, 김민수(1960, 1969)에서는 복합어의 어기를 형태소로 보았음을 알 수 있다. 다만, 굴곡법과 조어법을 분명하게 구별하지 않았고, 조어법에 대한 상세한 논의가 없기 때문에, 조어법의 단위나 체계에 대한 전체 모습을 살피기는 어려운 일이다.

허웅(1975)에서는 굴곡법과 조어법을 분명하게 구별하고 있으며, 복합어의 어기를 형태소(어근)로 규정하고 있다.

(10) 파생법 : 뿌리 + 말만드는 가지 (파생어)
　　합성법 : 뿌리 + 뿌리 (합성어)

2.4. 한국어 문법에서 초기의 변형문법에서는 형태론에 관해서는 별로 관심을 기울지지 않았다. 굴곡가지나 피동과 사동의 파생접사들을 통사론의 단위로 다루기도 했으나, 그 당위성에 대한 엄격한 검증 절차는 없었다고 할 수 있다.

변형문법의 초기 형태론의 모습은 서정수(1971)에서 볼 수 있는데, 서정수(1971 : 14)에서는 파생어의 어기를 어간으로 보았다.

(11) [파생어 [어간] [파생접사]] 파생어

1990년대 이후에는 조어법이 활발하게 논의되었는데, 여기서는 송철의(1992)과 김창섭(1996), 시정곤(1994), 구본관(1998), 이선영(2006) 등에서 복합

어의 어기에 대한 논의를 검토하기로 한다.9)

먼저, 송철의(1992)에서는 복합어의 어기를 '어간' 또는 '어근'으로 기술하거나, 명사 등의 단어로 기술하고 있다.

> (12) 명사파생 접미사 '-이'는 '먹이, 벌이' 등에서와 같이 동사어간으로
>   부터 명사를 파생시키기도 하고 '길이, 높이, 깊이' 등에서와 같이
>   형용사어간으로부터 파생시키기도 하며 '절름발이, 애꾸눈이, 딸깍
>   발이' 등에서와 같이 명사(대개는 복합명사)로부터 다시 명사를 파생
>   시키기도 한다. 그런가하면 '개구리, 뻐꾸기, 깜박이, 누더기' 등에서
>   는 의성·의태어 어근으로부터 명사를 파생시키고 있음을 볼 수 있
>   다. (송철의 1992 : 126)

구본관(1998)은 복합어의 어기를 어근 또는 어간으로 기술하고 있는데, 구본관(1998)의 어근과 어간은, 송철의(1992)의 용법과 마찬가지로, 형태소의 종류를 가리키는 것으로 보인다.

> (13) 파생접사는 어기의 범주에 따라 분류되기도 한다. 어기를 다시 어근
>   과 어간으로 나눌 수 있다면 파생접사가 가지는 어기가 어근이냐 어
>   간이냐에 따라 파생접사를 분류할 수 있을 것이다. (구본관 1998 :
>   53-54)

그러면서도 어기의 이름을 단어(범주)의 이름으로 기술하기도 한다. 예컨대, 파생접미사를 '명사를 어기로 하는 파생접미사' 등으로 분류할 수 있다는 것이다.

> (14) 파생접미사는 일단 출력부의 통사범주에 따라 분류되고 그 각각은

---

9) 그 이전의 변형문법의 형태론 논의에 대해서는, 이들 논의들의 앞선 연구들과 김창섭
   (1996), 그리고 구본관(1992), 시정곤(1996), 이양혜(2006), 하치근(2006)을 참고할 것.

다시 어기의 범주에 따라 분류된다. (구본관 1998 : 56)

한편, 시정곤(1994)에서는 어휘적 단어와 통사적 단어를 다음과 같이 정의하는데, 이러한 정의는 허웅(1975)과 큰 차이가 없다.

(15) 어휘적/통사적 단어 (시정곤 1994 : 56, 58)

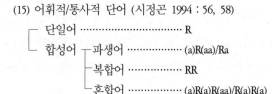

한편, 김창섭(1996)에서는 복합어의 어기가 어간으로 된 것도 있고, 더 복합적인 구성으로 된 것도 있다고 지적하였다. 여기서 (15)는 '볕에말리기, 뒤로훑기, 어깨너머던지기, 서서뛰어들기, 모로누며메치기'의 어기에 대한 논의이다.

(16) '-음, -이, -기, -개'는 다음 (6)과 같이 단일한 동사 어간과 결합하여 독립적으로 쓰일 수 있는 파생명사(실재어)들을 만들 뿐만 아니라 (…). (김창섭 1996 : 116)

(17) 이들의 어기는 조사('-에, -으로')나 문법화된 요소('-서, -너머')를 가지고 있거나, 통사적 구성의 어미 '-며'를 가지고 있다는 점에서 (…). (김창섭 1996 : 125)

2.5. 이상에서 복합어의 어기에 관한, 전통문법과 구조문법, 변형문법에 이르기까지의 논의들을 살폈는데, 간략히 정리하면 다음과 같다.

전통문법에서는 복합어의 어기를 대체로 단어로 본다. 분석적 체계에서 어간으로 구성된 단어는 어절의 어간[10]에 대응한다. 절충적 체계에서는 체언의 경우에는 단어, 용언의 경우에는 어간에 대응한다. 종합적 체계인 정렬모(1946)에서는 복합어의 어기를 어근 형태소에 대응하는 으뜸낱뜻으로 본다.

구조문법과 변형문법에서는 대개 복합어의 어기를 어근 형태소로 보았으나, 복합어의 형성 과정을 설명하는 자리에서는 어간이라는 단위를 사용하기도 하였다. 그런데 구조문법인 이숭녕(1956)과 변형문법인 김민수(1971)에서는 복합어의 어기를 어간으로 보았다. 그리고 전통문법이나 구조문법은 대개 주어진 복합어의 구조를 분석하는 데 초점을 두었다면, 변형문법은 복합어의 형성 과정을 구명하는 데 초점을 두었다.

이 글에서는 복합어의 구조가 일정한 형성 과정을 거쳐 이루어진 결과물로 보고, 복합어의 형성 과정을 설명하기 위하여 도입되었거나 도입될 수 있는 어간의 개념을 복합어의 구조를 설명할 때도 단위로 설정해야 한다고 생각한다. 아래에서는 이러한 문제를 중심으로 논의를 진행하기로 한다.

3. 조어법의 어기

3.1. 이제 복합어 논의의 쟁점에 대하여 다음의 문제들을 중심으로 논의한다.

> (18) ㄱ. 조어법의 최대 단위
> ㄴ. 어간이라는 단위의 필요성
> ㄷ. 어기, 어근, 어간의 관계

---

10) 어간이란 용어의 외연도 다양한데, 여기서는 일단 '어절에서 굴곡접사를 제외한 부분'을 가리키는 용어로 사용하기로 한다.

3.2. 먼저, 조어법의 최대 단위에 관하여 살펴보기로 한다. 형태론의 대상이 어절이라는 것을 고려하면서 어절을 직접성분으로 분석하면, 어휘적 형태소(들의 결합체)인 어간과 문법적 형태소(들의 결합체)인 어미로 나눌 수 있다. 그리고 어간에 어미가 결합하는 법을 굴곡법이라 하고, 어휘적 형태소들이 결합하여 어간을 형성하는 법을 조어법이라 한다.

예컨대, (19)에서 '봄비, 잡이, 잡히-, 잡아가-' 들의 단위가 '어간'인데, 어간은 한 어절의 핵을 구성하는 것이다. 이렇게 본다면, 조어법의 최대 단위는 당연히 어절의 어간이 될 것이다.

    (19) ㄱ. 봄비-가, 잡이-를, 눈엣가시-처럼
        ㄴ. 검붉-다, 잡히-었다, 잡아가-았다.

앞선 연구에서는 조어법을 대개 '새로운 단어11)를 형성하는 법'으로 정의하여, 조어법의 최대 단위를 단어로 보고 있다. 그런데 조어법의 최대 단위를 단어로 규정하는 것은, 한국의 문법 용어 사용의 현실에 비추어 볼 때, 다음과 같은 문제점이 있다.

앞선 연구에서 보면, 단어의 정의가 문법의 체계에 따라 다르다는 것은 잘 알려진 사실이다. 어간과 어미 둘 다를 단어로 보는 분석적 체계에서는 어간으로 된 단어의 조어법과 어미로 된 단어의 조어법으로 나누어 기술해야 할 것이다. 절충적 체계에서는 단어의 조어법(체언의 경우)과 단어의 어간(용언의 경우)의 조어법으로 나누어야 하고, 또 어미로 된 단어(조사)의 조어법이 필요할 것이다.12) 물론 종합적 체계에서 조어법의 단위는 단어

---

11) 정확히는 단어의 어간이다. 이에 대한 상세한 논의는 이익섭·임홍빈(1983)을 참조하시오.

12) 적어도 이론적으로는 그렇다는 것이다. 실제로 어미로 된 단어는 비록 복합형식이라 할지라도 조어법을 설정하기 어렵다. 그런데 분석적 체계에서는 조어법을 설정한 경우가 있다. 예컨대 주시경(1910 : 116)에서는 겻기 '-에는'을 '모힌몸'이라 하였다. 또 김윤경(1948 : 69)에서는 '-시-'를, 움씨(동사)의 꼬리더움(접미어)가 아니라, 토의 머리더움(접

의 어간이 된다.

그런데 각 문법 체계의 조어법 논의들의 잘잘못을 따지기 이전에, 조어법의 대상(최대 단위)을 가리키는 용어의 외연이 문법 체계에 따라 달라지는 것은 바람직하지 않으며, 어떤 체계에서 사용하든지 간에 동일한 외연을 가진 용어를 사용하는 것이 바람직할 것이다. 이러한 용어는 구조문법에서 잘 정의된 어절이 적절할 것이다.13) 이렇게 보면 조어법의 최대 단위는 당연히 어절의 어간이 될 것이다.

물론 종합적 체계는 단어를 어절로 정의하기 때문에, 어절이라는 용어 대신에 단어라는 용어를 쓸 수 있겠다. 그러나 여전히 문제는 남는데, 단어라는 개념도 형태론뿐만 아니라 통사론에서도 문제가 되기 때문이다. 곧 단어를 형태론의 단어, 통사론의 단어 등으로도 구분하기도 하는데, 그 때는 단어라는 용어의 외연이 다시 문제가 될 수밖에 없다.

3.3. 앞에서 어간을 어절에서 어미를 제외한 부분을 가리키는 것으로 사용하였는데, 그러한 용법만으로는 복합어의 구조를 충분히 설명하기 어렵다. 세 개의 어휘적 형태소로 구성된 '첫걸음'과 '나들이'의 조어법을 예를 들어 보기로 한다.

'첫걸음'과 '나들이'는 둘 다 '어근-어근-파생'의 구성으로 되어 있다. 그런데 이들을 직접성분으로 분석하면, '첫걸음'은 '첫-걸음'으로, '나들이'는 '나들-이'로 분석된다.14)

두어)으로 보아야 한다고 했다. 이러한 논의들은 어미로 된 단어에도 조어법을 고려한 논의로 생각된다.

13) 이런 점에서 허웅(1975)에서 형태론의 대상을 최소자립형식으로 삼은 것은 너무도 당연한 일이라고 하겠다.

14) '첫걸음'은 합성어이고, '나들이'는 파생어이다. 그런데 둘 이상의 어근과 하나 이상의 파생접사로 구성된 복합어는 분석의 기준에 따라, 파생어나 합성어로 분석할 수 있을 것이다. 예컨대, 어떤 사전에서는 '붙잡히'는 '붙-잡히'로 분석하고 있으나, '붙잡히'가 '붙잡'에 대응하는 피동형식이기 때문에 '붙잡-히'으로 분석해야 한다고 생각된다. '모

이때 '첫걸음'과 '나들이'의 직접성분인 '걸음'과 '나들-'은 어떤 단위로 불러야 하는가 하는 문제가 생긴다. 이것들은 어근도 아니고 파생접사도 아니기 때문이다.

이 글에서는 이것들도 어간이라고 해야 한다고 생각한다. 허웅(1975)에서는 굴곡법의 어근은 조어법으로 된 말을 포함한다고 했는데, 이것은 용어 체계상의 문제가 있다. 당연히 그것에 적합한 용어가 있어야 하는데, 허웅(1975)의 용어로 '줄기'(어간)일 수밖에 없다.[15] 실제로 허웅(1975)의 복합어의 구조를 구체적으로 분석하는 자리에서는 '줄기'(어간)란 용어를 사용하고 있다.

(20) 「어리미혹하다」는 풀이씨의 줄기가 합성된 비통어적 합성어이다.
   (허웅 1975 : 89)

실제로 아무리 복잡한 복합어라 할지라도, 그 형성 과정을 보면 단어의 어간으로부터 출발한다. 또 '첫걸음'과 '나들이'의 직접성분인 '걸음'과 '나들-'은, 복합어의 성분으로는 어휘적 형태소와 결합하고 있지만, 그것들이 단독으로 쓰일 때는 '걸음이, 나들고'처럼 굴곡접사와 결합하여 쓰일 수 있다. 따라서 어간을 다음과 같이 다시 정의할 수 있을 것이다.

(21) 어간은 한 어절로 쓰일 가능성이 있는 언어 형식이다.

이러한 정의에서 "한 어절로 쓰일 수 있는" 것이 아니라 "한 어절로 쓰일 가능성이 있는" 것으로 정의한 것은, 한 어절로 쓰이지 못하는 어간도 있기 때문이다. 예컨대, '아름답다, 넓적하다, 예쁘장하다'의 '아름-, 넓

내기'도 '모내다'라는 말이 있기 때문에, '모내-기'로 분석하는 것이 바람직할 것이다.
15) 허웅(1975)의 문법 체계에서는 준굴곡법의 경우, '줄기'라는 용어를 사용하기 어렵기 때문에 그리 된 것이 아닌가 생각된다.

적-, 예쁘장-'은 한 어절로 쓰이지 못한다. 그렇지만, 그것이 쓰이는 환경에는 한 어절로 쓰이는 말들이 올 수 있기 때문에, 실제로 한 어절로 쓰이지 못하는 것들도 한 어절에 쓰이는 것에 상당한 자격을 가지는 것으로 보아, "쓰일 가능성이 있는" 것으로 본 것이다.16)

그런데 어간을 이렇게 정의한다면, '걸음, 나들다'의 어근인 '걷-'과 '나, 들-'도 어간으로 보아야 한다. 이 어근들은 어간의 정의에 따라 한 어절로 쓰일 수 있기 때문에, 어근을 다음과 같이 정의할 수 있다.17)

(22) 어근은 한 어절로 쓰일 가능성이 있는 형태소이다.

그러면 복합어의 어기는, 어간 및 어근과 관련하여, 다음과 같이 말할 수 있다.

(23) 복합어 구조에서 맨 아래 층위의 어간은 하나의 어근 형태소로 구성된다.

(23)을 나무그림으로 나타내면 다음과 같다.

(24) 어간

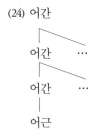

어간   …

어간   …

어근

---

16) 이른바 불구 어간인데, 이 용어는 '불구 아닌' 어간이 있다는 것을 함축하는데, '불구 아닌' 것이란 바로 '한 어절로 쓰이는' 것에 거의 대응하는 것으로 해석할 수 있을 것이다.
17) 어근의 정의에서 "쓰일 가능성이 있는" 것이라 한 까닭은 어간을 그렇게 정의한 것과 마찬가지의 이유 때문이다.

이를 풀어쓰면 다음과 같다. 복합어의 맨 아래 층위의 어기는 어근이며, 그 어근은 어간이 된다. 그리고 이 어간에 다른 어간이나 파생접사가 결합하여 새로운 어간을 형성할 수 있다.[18]

3.4. 그런데 변형문법에서 '어근'과 '어간'을 형태소의 종류를 가리키는 용어로 사용하는 경우가 있다.

> (25) 어간은 굴절접사와 직접 결합할 수 있거나 자립형태소인 어기를 가리키며, 어근은 굴절접사와 직접 결합될 수 없고, 또 의존형태소인 어기를 가리킨다. '웃는다, 웃어라'의 '웃-'은 '-는다, -어라'와 같은 굴절접사와 바로 연결되므로 어간이며, '나무, 코, 벌써'는 자립형태소이므로 어간이다. 반면 '깨끗하다, 갑갑하다, 투덜거리다'의 '깨끗-, 갑갑-, 투덜-'은 단어의 중심부이므로 접사일 수는 없어 어기이기는 한데 '*깨끗고, *깨끗으니'처럼 굴절접사와 직접 연결될 수 없고 단독으로 자립할 수도 없으므로 어근이다. (이익섭·임홍빈 1985 : 117-118)

이러한 어근의 용법은 구본관(1998)의 논의에서도 찾아볼 수 있다.

> (26) 접사(affix)와 대립되는 개념으로 보통 어기(base)를 사용하지만 어근(root)을 사용하기도 한다. 그러나 보통 어근은 어미와 직접 결합할 수 있는 없고 자립형식이 아닌 것에 한정하여 사용하는 경우가 많다. (구본관 1998 : 53-54, 주 24)

그런데 어간과 어근을 이러한 용법으로 사용하는 것은 문제가 있다고 생각된다. 이 글의 설명과 예를 보면, 어근의 종류를 하나의 단어로 쓰일 수 있는가 쓰일 수 없는가에 따라 두 종류로 나누어, 앞의 것을 어간이라

---

18) 결과적으로, 이숭녕(1956)과 같은 내용의 기술이다.

하고, 뒤의 것을 어근이라 이름하였다는 것을 알 수 있다. 그런데, 모든 최소자립형식이 반드시 하나의 핵을 가져야 한다고 본다면, 그 핵의 이름은 동일한 것으로 이름 짓는 것이 바람직하다.

3.5. 이제까지의 논의를 복합어의 어기를 중심으로 정리하면 다음과 같다. 어간(줄기)이라는 용어는 전통적으로 굴곡법에서 굴곡접사(어미)를 제외한 부분을 가리키는 것으로 사용되어 왔다. 분석적 체계는 어미에 해당하는 부분도 한 단어로 보기 때문에 어간이라는 용어를 사용할 필요가 없었을 것이다. 그러나 절충적 체계나 종합적 체계에서는, 전통문법이나 구조문법, 변형문법에서도 동일한 방식으로 사용해 왔다.[19]

복합어의 논의에서도, 적어도 복합어의 '형성 과정'을 설명하는 자리에서는, 어간이라는 용어를 사용해 왔다. 예컨대, '잡히다'는 '잡-'이라는 동사의 어간에 '-히-'이라는 파생접사가 결합하여 형성된 파생어라는 설명이 그것이다. 그런데 복합어를 '정의'하는 자리에서는 어간이라는 단위를 사용하지 않았다. 복합어는 어근과 파생접사라는 형태소들의 결합으로 정의되었는데, 합성어는 두 개의 어근이 결합된 것이고, 파생어는 어근과 파생접사가 결합된 것이라는 설명이 그것이다.

그러나 이러한 기술의 방식은 논리적으로 문제가 있다. 복합어의 정의는 복합어의 형성 과정을 거쳐 도출된 결과물의 구조에 대하여 규정한 것이기 때문에, 복합어의 단위는 동일해야 한다. 그런데 복합어의 형성 과정에서 엄연히 어간이라는 단위가 사용되었는데, 복합어의 정의에서는 어간이라는 단위를 배제하고 어근과 파생접사라는 형태소만으로 정의한다는 것은 잘못된 것이라고 생각된다.

---

19) 이러한 어간의 용법은, 비록 용언에 한정되어 있기는 하지만, 학교문법에도 그대로 반영되었다.

3.6. 구조문법에서도 형태소의 한 종류로서의 어근과 단어의 성분으로서의 어간을 구별하고 있는데, 다음과 같은 기술들이 있다.

(27) 모든 의존적 어근은 어간이지만, 모든 (의존적인) 어간들이 어근인 것은 아니다. 어간은 (1) 하나 이상의 어근으로 구성된 핵으로 구성되거나 (2) 핵에, "구조적으로 더해져" 한 단어를 형성하게 되는 끝에 오는 형태소를 제외한, 어근 아닌 다른 형태소들이 더하여 이루어진다. *manly*의 *man*은 어근이면서 동시에 어간이다. 형식 *breakwater*는 *breakwaters*의 어간이지만, 단일한 어근은 아니다. 그것은 두 개의 어근 *break*와 *water*로 구성되어 있다. 어간 *ability*의 /əbíl-/은 어근 형태소 /ébəl-/의 의존적 변이 형태이다. *men's*와 같은 형태는 결코 하나의 어간을 구성하지 않는데, 그 까닭은 영어에서 소유의 형태소 -*s*가 항상 형태적 구성을 끝맺기(close) 때문이다. (Nida, E. A. 1978^2=1946 : 82)

(28) 접사는 어근에 직접 덧붙거나, 어근과 하나 이상의 다른 형태소들로 이루어진 구성들에 덧붙을 수 있다. 이 모든 것들은 **어간**이라 불릴 것이다. 어간은 하나의 형태소이거나, 형태소들의 결합체이다. 영어 단어 *friends* /fréndšips/는 어근인 /fréndz/와 가지 /-z/를 포함한다. *friendships* /fréndšips/는 가지 /-s/와 어간 /fréndšip/를 포함하지만, /fréndšip/는 두 개의 형태소로 구성되기 때문에 어근이 아니다. 어떤 어간들이나 단어들은 두 개 이상의 어근을 포함하는데, 합성어라고 한다. *black- bird* /blǽkbȝrd/는 두 개의 어근을 포함하는 합성어이다. *blackbirds*는 합성 어간과 접사를 포함한다. (Gleason, H. A. 1961^2=1955 : 59)

니다(1978)나 글리슨(1961)을 보면, 어근은 형태소의 한 종류이고, 어간은 하나의 어근으로 형성되거나 어근과 다른 형태소가 결합하여 형성된 구성20)을 가리킨다는 것을 알 수 있다.

---

20) 형태소의 종류와 수로써 정리한다면, '어간은 곧 한 개 이상의 어근과 0개 이상의 접사

4. 조어법의 체계

4.1. 이제까지 복합어의 어기를 어근이라는 형태소가 아니라, 한 개 이상의 어근을 포함한 구성인 어간으로 보아야 함을 논의하였다. 이를 다시 한 번 정리하면서, 복합어의 구조를 다음과 같이 분석한다.

복합어는 어근과 파생접사라는 형태소들의 선조적 연결체로 구성된 것이 아니라, 계층적인 구조를 가진 것이다. 그것의 어기는 어간인데, 어간은 '한 어절로 쓰일 수 있는 언어형식'을 가리킨다. 그리고 합성어와 파생어는 복합어의 직접성분의 범주에 따라 구별되는데, 직접성분이 둘 다 어간이면 합성어이고, 어느 하나가 파생접사이면 파생어이다.21)

(29) 복합어의 유형 (뒤에 수정됨)
    ㄱ. 합성어 : 어간 + 어간
    ㄴ. 파생어 : 어간 + 파생접사

이러한 분석에 따르면, '첫날, 꽃잎, 붙잡-'은 두 개의 어간으로 분석되므로 합성어이다. '첫날밤, 홑꽃잎, 붙잡히-'는 '첫날-밤, 홑-꽃잎, 붙잡-히-'로 분석되는데, '첫날밤'은 두 개의 어간으로 구성되었으므로 합성어이고, '홑꽃잎, 붙잡히-'는 한 개의 어간과 파생접사로 구성되었으므로 파생어이다.

4.2. 이상과 같이 복합어를 계층적으로 분석한 것은 구조문법의 복합어의 구조 분석에서부터 잘 드러나 있다.

먼저, 김민수(1960 : 43)에서는 셋 이상의 형태소가 결합한 단어를 다음

로 구성된 것'이라 할 수 있다.
21) 이러한 복합어에 대하여, 단순어는 하나의 어근으로 구성된 하나의 어간으로 된 단어로 규정된다.

과 같이 직접성분으로 분석하였다.

(30) 개 꿀 장수 면 이 헛 갈 리 느 다

여기서 김민수(1960)에서는 '개꿀, 개꿀장수, 갈리, 헛갈리'를 가리키는
범주를 설정하지는 않았는데, 이에 해당하는 단위는 이 글에서 정의한 어
간일 수밖에 없다.

그리고 앞서 지적했지만, 허웅(1975)에서도 조어법의 기술에서 '줄기'란
용어를 사용하고 있다.

이익섭 · 임홍빈(1983 : 120)에서는 복합어를 "그 어간의 직접구성 요소가
모두 어기이거나 어기보다 더 큰 언어 단위인 단어"라고 정의하고, 계층
적인 구조로 분석하였다. 그러나 '어기보다 더 큰 언어 단위'에 범주를 부
여하지는 않았다. 이 글의 체계로 보면, '어기'나 '어기보다 더 큰 단어'는
모두 어간이다.

이렇게 앞선 연구에서 보면, 복합어의 구조를 기술할 때는 당연히 계층
적으로 파악했으며, 형태소의 결합체를 기술하는 데 어간 등의 용어로 설
명하기도 했다. 그럼에도 불구하고, 복합어의 체계를 기술할 때는 형태소
의 결합체에 대응하는 단위를 설정하지는 않았다.

그러나 복합어의 성분으로 어근과 파생접사라는 성분만으로는 설명할
수 없고, 형태소들의 연결체로 된 성분을 인정할 수밖에 없다면, 그것에
대응하는 단위를 설정하는 것이 바람직할 것이다. 예컨대, '붙잡히-, 왼손
잡이'의 '붙잡-, 왼손'을 가리키는 조어법의 단위를 설정해야 하는데, 이
글에서는 형태론에서 이미 사용하고 있는 '어간'의 개념을 조금 수정하여,
이것들에도 어간의 지위를 부여하고자 하는 것이다. 이렇게 어간의 개념
을 수정하여 일반화하면, '검붉-, 젖소'의 '검-, 붉-, 젖, 소'도 당연히 어
간이 된다.

4.3. 그런데 이렇게 복합어의 어기를 어간으로 설정한다고 해서, 복합어의 구조가 모두 설명되는 것은 아니다. 다음 예를 보자.

(31) ㄱ. 잡아가-, 돌아보-; 두고두고
　　　ㄴ. 눈엣가시

이것들은 그 직접성분인 '잡아, 돌아, 두고, 눈엣'에는 굴곡접사가 포함되어 있는데, 다른 어간 속에 포함되어 있기는 하지만, 독립하여 쓰이면 어절이 될 수 있는 것들이다. 따라서 이것들의 구조를 제대로 설명하기 위해서는, 복합어의 단위에 어절도 포함해야 할 것이다. 그러면 복합어의 구조는, 그것의 직접 성분의 범주를 기준으로, 다음과 같이 정리할 수 있다.

(32) 복합어의 구조 (최종)
　　ㄱ. 합성어 : $\left\{ \begin{array}{l} 어간 \\ 어절 \end{array} \right\}$ + $\left\{ \begin{array}{l} 어간 \\ 어절 \end{array} \right\}$
　　ㄴ. 파생어 : 어간 + 파생접사

허웅(1975)에서도 이러한 구성의 복합어를 다음과 같이 설명하고 있는데, 이러한 설명은 조어법의 성분으로 어절이 있다는 것을 전제하고 있다. 따라서 이러한 설명이 성립되려면, 어절을 조어법의 성분으로 설정하는 것이 논리에 맞을 것이다.

(33) 풀이씨의 매김꼴에 매인이름씨가 연결된 말, 「늘그니, 져므니, 드르리」의 「-이」는 그 자체로서는 자립할 수 없는 구속형식이다. (허웅 1975 : 90)

이상에서 논의한 조어법의 체계를 굴곡법과 함께 정리하면 (34)와 같다.

(34) 형태론의 체계

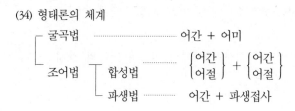

5. 마무리

이 글에서는 복합어의 어기와 조어법의 체계에 관하여 앞선 연구들을 검토하고, 그 대안을 제시하고자 하였다.

복합어의 어기에 대한 앞선 연구를 보면, 전통문법에서는 대개 단어로 보았으나, 구조문법 이후로는 대개 어근 형태소로 보았다. 그리고 조어법의 체계를 대개 복합어를 형태소의 선형적인 결합으로 규정하였다. 예컨대 구조문법 이후의 문법에서 복합어의 종류를 어근과 파생접사라는 형태소들이 결합하는 방식으로 구분했다는 것이다. 그런데 구조문법 이후의 논의에서, 복합어의 구조를 실제로 기술하는 자리에서는 설명의 내용이 조금 달라진다. 이러한 자리에서는 복합어의 구조를 계층적으로 파악하여 형태소의 결합체로 구성된 단위가 복합어의 성분인 경우가 있음을 기술하고, 또 그러한 단위를 어간 등의 단위로 (명시적으로나 암묵적으로) 설정하고 있다.

이 글에서는 이러한 앞선 연구의 논의를 바탕으로, 먼저 어간과 어근을 다음과 같이 정의할 수 있음을 논의하였다.

(35) 어간과 어근

ㄱ. 어간은 한 어절로 쓰일 가능성이 있는 언어형식이다.

ㄴ. 어근은 한 어절로 쓰일 가능성이 있는 형태소이다.

그리고 복합어의 직접성분 분석에서 어간과 어근의 관계를 다음과 같이 설정하였다.

(36) 복합어의 계층적인 구조에서 맨 아래 층위의 어간은 하나의 어근 형태소로 구성된다.

이러한 논의를 바탕으로, 복합어의 어기는 기본적으로 어간이라는 것을 논의하였다(다만, 합성어의 경우는 어기가 어절일 수 있다). 그리고 조어법의 체계를 어간의 직접성분의 범주에 따라 다음과 같이 설정하였다.

(37) 조어법의 체계

$$
\begin{array}{l}
\text{합성어} : \left\{ \begin{array}{l} \text{어간} \\ \text{어절} \end{array} \right\} + \left\{ \begin{array}{l} \text{어간} \\ \text{어절} \end{array} \right\} \\
\text{파생법} : \text{어간} + \text{파생접사}
\end{array}
$$

참고 문헌

고영근(1989), 『국어 형태론 연구』(증보판), 서울대학교 출판부.

구본관(1998), 『15세기 국어 파생법에 대한 연구』, 태학사.

김두봉(1916), 『조선말본』, 역대한국문법대계(=역대) ①22, 탑출판사.

김두봉(1922), 『깁더 조선말본』, 역대 ①23, 탑출판사.

김민수(1960), 『국어문법론 연구』, 역대 ①98, 탑출판사.

김민수(1969), 『국어구문론 연구』, 역대 ①122, 탑출판사.

김윤경(1948), 『나라말본』, 역대 ①54, 탑출판사.

김창섭(1996), 「광복 이후 국어 형태론의 성과와 전망」, 광복 50주년 국학의 성과. 한국
　　　　　　정신문화연구원.

김창섭(1996), 『국어의 단어형성과 단어구조 연구』, 태학사.

송철의(1992), 『국어의 파생어형성 연구』, 태학사.

서정수(1971), 『국어 구조론 : 한국어의 형태・통사구조론 연구』, 연세대학교 출판부.

시정곤(1994), 『국어의 단어형성 원리』, 국학자료원.

시정곤(2006), 「우리말 접사의 통사론적 고찰」, 우리말 연구 19, 우리말학회, 113-141.

안상철(1998), 『형태론』, 대우학술총서. 민음사.

이선영(2006), 『국어 어간복합어 연구』, 태학사.

이숭녕(1956), 『고등국어문법』, 역대 ①121, 탑출판사.

이양혜(2006), 「우리말 접사의 형태론적 고찰」, 우리말 연구 19, 우리말학회, 85-111.

이익섭・임홍빈(1983), 『국어문법론』, 학연사.

정렬모(1946), 『고등국어문법』, 역대 ①61, 탑출판사.

주시경(1910), 『국어문법』, 역대 ①11, 탑출판사.

최규수(2006), 『형태론의 체계와 용어 사용의 문제』, 우리말 연구 18, 우리말학회,
　　　　　　144-176.

최현배(1937[7]=1978), 『우리말본』, 정음사.

하치근(1995), 「국어 조어론 연구의 어제와 오늘」, 한힌샘 주시경 연구 7・8, 한글학회,
　　　　　　165-208.

하치근(1996), 「국어 통사적 접사의 수용 범위에 관한 연구」, 한글 231, 한글학회,
　　　　　　43-104.

하치근(2006), 「국어 조어론 연구의 어제・오늘」, 우리말 연구 19, 우리말학회, 3-47.

허　웅(1975), 『15세기 국어형태론』, 샘문화사.

Bloomfield, L. (1933), *Language*. Holt, Linehart and Winston.

Gleason, H. A. (1961²=1955), *An Introduction to Description Linguistics*. Holt, Linehart and Winston.

Nida, E. A. (1978²=1946), *Morphology : The Descriptive Analysis of Words*, The University of Michigan Press.

Spencwr, A. (1991), *Morphological Theory : An Introduction to Word Structure in Generative Grammar*. (전상범 · 김영석 · 김진형 공역, 1994, 『형태론』, 한신문화사)

조어법과 통사론의 관계*

1. 들어가기

전통적으로 조어법은 통사론과는 무관한 것으로 간주되었다. 이러한 생각은 송철의(1992)에 잘 정리되어 있다.

> (1) 파생어 형성 규칙은 어휘부의 규칙이다. 그렇기 때문에 파생어 형성 규칙은 어휘 목록 안에 들어 있는 단어와 관련된 정보에는 접근할 수 있으나 문법의 다른 성분에는 접근할 수 없다. 이 규칙은 전적으로 어휘부 내에서만 작용한다. (송철의 1992 : 89)

그런데 (1)과 같은 생각과는 달리 조어법 가운데서는 통사론과 관련 있는 것도 있다는 제안이 변형문법에 바탕을 둔 논의에서 있었다(시정곤 1994).

> (2) ㄱ. 학생답다.[1]

---

* 최규수 · 서민정(2008), 「조어법과 통사론의 관계에 대하여」, 한글 279, 한글학회, 61-87.
1) 시정곤(1994)에서는 '-답-'을 '-답1-'(어휘적 접사)과 '-답2-'(통사적 접사)로 구분하였는데, '정답다'의 '-답-'은 '-답1-'에 해당하고, '학생답다'의 '-답-'은 '-답2-'에 해당한다.

ㄴ. 젊은이, 지은이, 못난이, 좋아하다, 잡아가다.

그러한 논의에서는 (2)와 같은 파생어와 합성어가 어휘부에서 조어법에 의하여 형성된 것이 아니라, 통사론의 과정에서 형성되는 것으로 본다. 이러한 논의를 따른다면, 조어법에 의하여 형성되는 복합어에는 '맨손, 꿈'과 같이 '통사론 이전의 어휘부에서 이루어지는 복합어'와 (2)와 같이 '통사론 이후에 통사적 과정에 의해 이루어지는 복합어'의 두 종류가 있게 된다.

그런데 위와 같이 복합어를 두 종류로 구분함으로써 (2)와 같은 복합어를 형성하는 접사의 통사적 특성은 좀 더 분명해졌을지 모르겠으나, 형태론에서나 통사론에서 해결해야 할 새로운 문제가 발생할 것이다. 이를테면 작게는 (2)의 접사들로 인해 조어법 전체 체계를 수정해야 하는 등이다.

이 글에서는 먼저 어휘부와 통사론의 관계에 대한 문제들을 검토하고자 한다. 그리고 (2)와 같이 통사론 이후에 이루어진다고 논의된 복합어가 통사론 이전에 이루어지는 것으로 볼 수 있는 가능성도 있음을 보일 것이다.

2. 앞선 연구의 검토

2.1. 어휘부와 통사론의 관계를 간단하게 나타낸다면 다음과 같이 기술될 수 있다.

(3) ㄱ. 어떤 복잡한 언어 형식은 계층적인 구조[2]로 된 통합체이다.

---

2) 계층적인 구조는 '위에서 아래로'로 기술할 수도 있고, '아래에서 위로' 기술할 수도 있다. '위에서 아래로'는 분석의 과정을 반영하고, '아래에서 위로'는 통합의 과정을 반영한다. 어떤 방향을 선택하든지 간에 그것은 선택의 차이일 뿐, 언어 구조를 이해하는 데는 기본적으로는 차이가 없을 것이다.

    ㄴ. 그 통합체의 맨 아래 층위의 범주에 어휘부에서 선택한 어떤 언
       어 형식을 대응시킨다.

그리고 형태론과 통사론에서 언어 형식은 계층적인 구조에서 차지하는 위치에 따라, 각각 맨 위의 범주와 맨 아래의 범주 그리고 중간에 있는 범주로 나눌 수 있다. 이에 대하여 학교문법을 바탕으로 말한다면, 형태론과 통사론의 관계는 다음과 같이 말할 수 있다.

    (4) ㄱ. 통사론에서 맨 위의 범주는 '문장' 또는 '절'이고, 맨 아래의 범
         주는 '어절'이며, 중간에 있는 범주는 '구'이다.
      ㄴ. 형태론에서 맨 위의 범주는 '어절'이고, 맨 아래의 범주는 '형태
         소'이며, 중간에 있는 범주는 '어간[3]'이다.

이러한 관점에서는 형태론과 통사론의 경계가 되는 범주는 '어절'이다. 따라서 형태론과 통사론의 관계는 아주 단순하게 기술될 수 있다. 곧 통사론에서는 문장의 구조를 맨 아래 범주인 어절까지 분석하고, 그 범주에 어절인 어휘 항목을 대응시키면 된다. 물론 이때 그 어휘 항목은 어휘부에서 제공된다. 그리고 형태론은 어휘부 안에서 형태소들이 결합하여 어절을 형성하는 규칙을 관장하게 된다.[4]

그러나 전통문법이나 구조문법, 최근의 변형문법에 이르기까지 실제 문법에서는 어휘부의 역할이나 형태론과 통사론의 관계가 위에 기술한 것처럼 그리 단순하지는 않다.

---

3) 형태론의 체계에서 어절은 보통 어근과 접사라는 형태소들의 결합체로 규정된다. 그러나 어절은 계층적인 구조로 되어 있다는 것도 많은 논의에서 지적하고 있는 바, 형태소와 어절의 중간 층위에 있는 범주를 설정할 필요가 있다. 이 글에서는 이 범주를 어간이라 한다. 이에 대한 상세한 논의는 최규수(2007)를 참조할 것.
4) 물론 어휘부의 어휘 항목은 이러한 형태론의 정보와 함께 통사론과 의미론의 정보를 포함한다.

2.2. 전통문법에서 보면, 종합적 체계는 앞의 (1), (2)와 같은 체계로 기술된다 할 수 있다. 그러나 분석적 체계나 절충적 체계는 통사론의 최소 범주와 형태론의 최대 범주가 일 대 일로 대응하지 않는다.

예컨대, 주시경(1910)의 논의를 살펴보자. "바람이 불매 배가 가오."의 통사론과 형태론을 보이면 다음과 같다. 먼저 이 문장의 통사 구조는 다음과 같다.5)

(5) [s [s 바람이 불] [conj 매] [s 배가 가오]]

그리고 (5)에서 '불매'의 품사에 대한 논의를 보면, 한 단어[억]로 분석하기도 하고, 두 단어[움+잇]로 분석하기도 한다.6)

(6) '매'는 까닭을 말하는 잇기니, 움기 '불'에 더하여 금이 곧 억기의 몸을 일움이라. (주시경(1910 : 55)의 '알이')

이러한 주시경(1910)의 논의를 어휘부의 관점에서 보면 다음과 같이 정리할 수 있다. (5)에서 '-매'는 통사론에서는 '바람이 불'과 결합하기 때문에 통사론의 맨 아래 범주로 볼 수 있다. 물론 '불'도 그러하다. 그런데 만일 '불'과 '매'를 어휘부에서 각각을 단어[즉, '억'과 '잇']로 본다면, 통사론의 최소 범주와 형태론의 최대 범주가 1대 1로 대응하게 되어 아무런 문제도 발생하지 않는다. 그런데 만일 '불매' 전체를 어휘부에서 한 단어['억']으로 본다면, '불매'는 통사론의 어느 범주에도 대응하지 않아, 어휘부(나 형태론)와 통사론의 관계에 문제가 발생하게 된다.7)

---

5) 주시경(1910)의 용어로는 S는 '드'이고, CONJ는 '잇이'이다.
6) '억'과 '움'은 각각 부사와 동사(의 어간)이고, '잇'은 접속사이다.
7) 주시경(1910)에서 품사 논의가 다소 혼란스럽게 보이는 것도 그러한 형태론과 통사론의 불일치에 대한 인식에서 비롯된 것이라고 생각된다. 문제점은 정확히 인식했지만, 그것을 해결할 방법을 제시하지 못한 것이다.

2.3. 이숭녕(1956)과 김민수(1960, 1969) 등의 구조문법은 기본적으로 종합적 체계를 추구하기 때문에 최소한 분석적 체계에서 보이는 문제는 발생하지 않는다. 통사론의 최소 범주와 형태론의 최대 범주가 일 대 일로 대응하기 때문이다.[8] 그러나 구조문법이면서도 절충적 체계인 허웅(1975)에서는 체언의 경우에 여전히 그러한 문제가 발생한다.

2.4. 최근의 변형문법에서는 모든 굴곡접사[체언토와 용언토]를 통사론의 최소 범주로 보기 때문에, 형태론과 통사론의 관계나 어휘부의 위상에 대한 논의들이 제기될 수밖에 없었다. 이와 함께 일부의 파생접사도 통사론의 최소 범주로 분석하면서, 파생법의 정의나 범위의 문제도 제기되었다.
  사실 일부 파생접사를 통사적 최소 범주로 분석한 것은 한국어 변형문법의 초기, 예컨대 이정민(1970)에서도 찾아 볼 수 있다. 이정민(1970 : 199)에서는 (7)의 사동문의 기저를 (8)과 같이 분석하였다.

(7) 어머니가 [아이에게 밥을 먹이었다].

(8)

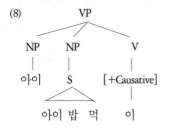

이렇게 사동의 접사 '-이-'를 통사론의 최소 범주로 간주했지만, 어휘부와의 관련성에 대해서는 고려하지 않았고 따라서 형태론에서 어떻게 처리하는지에 대해서도 논의하지 않았다.

---

8) 접사의 통사적 정보를 통사론에 어떻게 반영하는가 하는 것은 또 다른 문제이다.

그런데 최근의 변형문법에서는 통사론의 범주와 형태론의 범주가 일
대 일로 대응하지 않는 현상을 — 그것이 굴곡법이거나 조어법이거나 간
에 — '중심어[핵] 이동'이라는 변형으로 해결하였다. 예컨대, 통사적 접사
'-답-'이 쓰인 '꽃답다'의 경우, '꽃'은 명사구의 중심어이고 '-답-'은 그
명사구와 결합하여 구성된 (동사)구의 중심어9)인데, 명사구의 중심어인
'꽃'이 (동사)구의 중심어인 '-답-'의 위치로 이동하여 '꽃답다'를 형성하
는 것으로 보았다.

그리고 '잡아가다'류의 통사적 합성어도 통사론의 과정을 거쳐 형성되
는 것으로 보아, 조어법 전반의 체계를 조정해야 할 필요성이 제기되기도
하였다.

3. 파생법과 통사론

3.1. 이제 최근의 변형문법에서 통사적 접사와 관련된, 파생법과 통사
론의 관계 및 어휘부의 역할에 대한 문제를 예를 통해 살펴보기로 한다.

변형문법에서 통사적 접사를 설정하는 것은 다음과 같은 문장의 분석
에서 비롯된 것이다.

(9) 세상에서 하나밖에 없는 **꽃답다**.

(10) 그는 입이 태산과 **같이** 무겁다.

(9)에서 '꽃답다'는 그 형식으로 보면 분명히 한 어절(단어)이며, 형용사

---

9) 변형문법의 논의에서는 동사적 파생접사 '-답-'의 범주를 통사론에서는 동사(하위 분류
에서는 형용사)로 간주한다.

로 보인다. 그런데 그 앞에 놓인 '세상에서 하나밖에 없는'은 관형사절로
서 명사인 '꽃'을 꾸미는 기능을 한다. 그러한 것을 고려한다면, (9)는 (11)
의 ㄱ이 아니라 ㄴ으로 분석되어야 한다.

    (11) ㄱ. *[s [cp 세상에서 하나밖에 없는] [v 꽃답]]
        ㄴ. [s [NP 세상에서 하나밖에 없는 꽃] v 답]

    그리고 (11)에서 '같이'는 그 형식으로 보면 분명히 한 어절(단어)이며,
부사로 보인다. 그런데 그 앞에 놓인 '태산과'는 명사구로서 '같'의 논항
으로 분석되고, '-이'는 보어절 표지로 생각된다. 그러한 것을 고려한다
면, '태산과 같이'는 (12)의 ㄱ이 아니라 ㄴ으로 분석되어야 한다.

    (12) ㄱ. *[ADVP [PP 태산과] [ADV 같이]]
        ㄴ. [cp [s 태산과 같] c 이]

    그런데 위의 '꽃답다'와 '같이'가 통사론에서 (11)과 (12)의 ㄴ과 같이
분석된다 하더라도, 그것들이 형태론의 단위로서는 둘 다 하나의 어절이
기 때문에, '꽃'과 '-답-', '같-'과 '-이'를 결합해야 한다. 이러한 결합은
통사론에서 중심어 이동을 통해 설명된다.

    3.2. 이제 어휘부에서 '꽃답(다), 같이'와 같은 어휘 항목을 어떻게 처리
할 수 있는지를 살펴보자.
    먼저 조어법과 통사론의 관계를 엄밀히 논의하기 위하여, 최근의 변형
문법에서 논의되고 있는 파생법과 통사론, 어휘부에 포함되는 어휘 항목
의 관계를 다음과 같이 간략히 정리해 두기로 한다.
    파생법은 '어휘적 파생접사로 형성된 파생어'를 다루는 것과 '통사적
파생접사로 형성된 파생어'를 다루는 것으로 나누어진다. 여기서 앞의 파

생법을 파생법(A)라 하고, 뒤의 파생법을 파생법(B)라 하기로 하자. 파생법(A)는 문장의 기저 구조의 최소 범주에 대응하는 어휘 항목의 파생법이며, 파생법(B)는 문장의 (최종적인) 표층 구조의 어떤 범주에 대응하는 어휘 항목의 파생법이다.10)

그러면 어휘부의 어휘 항목들을 파생법(A)에서 형성된 것들과 파생법(B)에서 형성된 것들로 나눌 수 있는데, 이 어휘 항목들의 목록을 각각 어휘 목록(A)와 어휘 목록(B)라 하기로 한다. 그러면 어휘 목록(A)는 문장의 기저 구조의 최소 범주에 대응하는 것들이며, 어휘 목록(B)는 문장의 (최종적인) 표층 구조의 어떤 범주에 대응하는 것들이다.

문장의 기저 구조의 최소 범주에 대응하는 형식으로 분석하면, '꽃'과 '-답-', '같-', '-이'의 네 형식으로 분석된다. 이 항목들은 각각 통사론의 최소 범주에 대응시키기 위해서는 어휘 목록(A)에 포함되어 있어야 한다.

그런데 구본관(1999)에서는 이들 통사적 파생접사를 파생접사에서 제외해야 한다고 하였다.

> (13) 본고에서는 파생을 어휘부 안에서 이루어지는 조어 현상으로 한정한 바 있다. 그러므로 '-답-', '-같-', '-이-'와 같은 부류를 파생접사에서 제외한다. 왜냐하면 이들은 어휘부 안에서의 배열에 의해 새로운 어휘를 만들지 않으며 이들과 결합한 명사구가 새로운 어휘로 쓰이게 되는 경우도 거의 없기 때문이다. (구본관 1998 : 54-55)

이러한 논의는 몇 가지 문제를 포함하고 있다. 먼저 '-답-, -같-, -이-'를 파생접사에서 제외한다면, 이것들은 문법의 어떤 부문에서 다루어야 하는 것인가 하는 문제이다. 즉 이것들을 파생접사에서 제외한다면, 이것들은 굴곡접사인가?11) 그리고 문장의 기저 구조의 최소 범주에 '-답-'과

---

10) '파생법(A)'와 '파생법(B)'는 '통사론 이전의 조어법'과 '통사론 이후의 조어법'이라 할 수도 있다.

'-이'가 삽입되어야 하는데, 이것들은 문법의 어느 부문에 존재하는 것일까? '-답-, -같-, -이-'를 파생접사에서 제외하기 위해서는 위의 질문들에 대답해야 할 것이다.

그리고 다른 문제는 '꽃답(다)'와 '없이'의 처리 방식이다. 이 어휘 항목들은 그것에 대응하는 문장의 기저 구조의 최소 범주가 없기 때문에, 어휘 목록(A)에 포함되는 것이 아니다. 그것들은 문장의 최종적인 표층 구조의 어떤 범주에 대응하는 것들이기 때문에, 어휘 목록(B)에 포함되는 것들이다. 여기서 어휘 목록(B)에 포함된다는 것이 무엇을 의미하는 것인지 생각해 볼 필요가 있다.

어휘부의 기본적 역할은 문장의 기저 구조의 최소 범주에 적절하게 대응하는 어휘 항목의 문법 정보를 제공하는 것이다. 그러한 목적에 맞는 어휘부는 어휘 목록(A)를 포함하는 것이다. 그런데 어휘부에서 제공하는 어휘 목록(B)는 무엇을 위하여 존재하며, 또 어떤 문법 정보를 제공해야 하는지를 명확히 해야 한다.

먼저 어휘 목록(B)의 존재 이유에 대하여 생각해 보기로 하자. 만일 어휘부를 문장의 기저 구조를 형성하는 과정만을 고려한다면, 어휘 목록(B)가 존재할 까닭이 없을 것이다. 그러나 변형이라는 통사론의 과정을 거쳐 나온 결과물로서 존재한다는 사실을 고려한다면, 어휘부에 등재되어야 할 것으로 보인다.

그런데 통사적 파생접사로 형성된, 곧 통사론 이후에 형성된 '꽃답다, 없이' 따위의 파생어는 어휘적으로 어떤 범주인가 하는 것이 문제가 된다. 이것들은 통사론 이전의 어휘범주와 동일한 지위를 가지는 것인가, 아니면 다른 지위를 가지는 것인가? 예컨대, "세상에서 하나밖에 없는 꽃답

---

11) 시정곤(1994) 등에서는 굴곡과 파생이라는 전통적인 접사의 분류 체계 대신에 어휘적 접사와 통사적 접사라는 새로운 접사의 체계를 설정해야 한다고 주장했는데, 이러한 주장의 문제점에 대해서는 최규수(2003)를 참고할 것.

다."에서 '꽃답다'는 '아름답다'와 같이 형용사인가, 아니면 다른 어떤 범주인가? 또 "영이와 같이"에서 '같이'는 부사인가, 아니면 다른 어떤 범주인가? 만일 이것들이 어휘적 접사로 형성된 파생어와 다른 범주라면, 그것은 또 어떤 범주인가?

이에 대하여 구본관(1998)에서는 '통사 구성의 어휘화'라는 것으로 설명하고 있다.

> (14) 이들 부류는 통사 구성 요소이며 만일 이들 요소에 의해 새로운 단어가 만들어진다면 이는 통사 구성의 어휘화인 셈이다. (구본관 1998 : 54-55)

그렇게 처리한다 하더라도 여전히 동일한 문제가 남는데, '통사 구성의 어휘화'의 결과로 형성된 것의 범주가 무엇인가를 설명해야 하기 때문이다.

3.3. 국어학사의 측면에서 보면, 통사적 접사로 형성된 '꽃답다, 같이'의 통사론에 관한 문제 제기는 기본적으로는 옳다고 할 수 있다. 그 이전에는 '-답-'이나 '-이'의 통사적 기능이나 지위에 대해서는 문제를 삼지 않았기 때문이다. 그러나 그에 대한 처리의 방식이 논리적으로 반드시 옳다고 할 수는 없다.

통사적 접사의 논의에서, 최근의 변형문법에서는 다음과 같은 가정을 전제하고 있다.[12)

> (15) 어떤 접사가 통사적 기능을 담당하면, 그것은 반드시 통사론의 한 성분으로 분석한다.

---

12) 이러한 가정이 변형문법에서 명시적으로 천명되지는 않았지만, 논의의 과정을 보면 암암리에 전제하고 있다는 것을 알 수 있다.

그러나 이러한 가정은 어디까지나 하나의 가정일 뿐이라고 생각된다. 문법에서 특정한 구조와 특정한 기능이 반드시 일치해야 한다는 것은 인정되기 어려운 가정이라는 것이다. 문법 이론에 따라서는 다음과 같이 가정할 수도 있다.13)

(16) 어떤 통사 구조의 맨 아래 층위의 범주는 어절이다.

사실 문법에서 통사론의 맨 아래 층위의 범주가 어떤 성질의 것이어야 하는 것은 통사론에서 본질적인 문제는 아니다. 문법의 설명력은 기본적으로 어떤 문장 성분들의 통사적 기능이 문장의 구조에 얼마나 정확히 그리고 충분하면서도 간결하게 반영되어 있는가 하는 것에 달려 있다고 생각된다.

(15)를 가정하거나 (16)을 가정하거나 간에, 이러한 조건을 어떻게 충족시키는가 하는 것이 중요하다. 이를 다음과 같이 정리해 볼 수 있다.

(17) 어떤 통사적 구조는 성분들의 기능을 충분히 반영해야 한다.

3.4. '꽃답다'와 '같이'의 범주와 관련된 문제에 대하여, 최근의 변형문법의 방식 이외에, 다른 두 가지의 방법이 있을 수 있다. 이 방식들은 둘 다 변형을 제거한 방식이다.

하나의 방식은 통사적 파생접사를 접어14)로 분석하는 것이다. 이 방식

---

13) 구조문법에서는 대체로 그렇게 가정하고 있으며, 최근에는 HPSG와 같은 문법에서도 그렇게 가정하고 있다고 생각된다. 서민정(2007)에서는 HPSG에 바탕을 두고 (8)의 가정을 받아들이면서 굴곡접사의 통사적 기능을 문장의 구조에 반영하는 방식을 제시하고 있다.

14) 접어는 거의 모든 언어에 나타내는 일반적인 문법 현상인데, 새독(1991)에서는 형태론과 통사론의 단위가 불일치하는(mismatch) 문법 현상들을 (포함과) 접어로 분석하여 해결하였다.

은 (15)의 통사론의 가정을 받아들이면서, 동시에 형태론의 최대 범주를 어절로 간주한다. 예컨대, 최규수(2003)에서는 '-답-'을 형태론에서는 명사와 결합하여 동사를 파생시키는 파생접사로, 통사론에서는 동사로 분석하였다.

> (18) -답- (통사적 접사)
> ㄱ. 형태론 : suffix, [$_V$ [N___]]
> ㄴ. 통사론 : V, [$_{VP}$ [NP ___]]

이러한 방식을 최근의 변형문법의 방식에 비추어 말한다면 다음과 같다. '-답-'은 문장의 기저 구조에서는 (18)ㄱ의 구조를 가지며, 중심어 이동이라는 변형 이후의 구조에서는 (18)ㄴ의 구조를 가진다. 곧, 이 방식은 '-답-'이 가진 형태론과 통사론의 특징을 동시에 기술한 것이다.

다른 하나의 방식은 (16)의 가정을 받아들이고, '꽃답다'와 '같이'를 통사론에서는 맨 아래 층위의 범주로, 형태론에서는 맨 위의 층위의 범주로 분석하는 것이다. 이러한 방식은 '꽃답다'와 '같이' 등의 단어는 두 품사의 성격을 동시에 가진 것으로 처리해야 한다. 곧, '꽃답다'는 동사의 특성을 가진 명사로, '같이'는 동사의 특성을 가진 부사로 보는 것이다(이것들의 품사의 이름은 각각 명동사, 동부사라고 할 수 있겠다).[15)]

> (19) 꽃답다 (명동사)
> ㄱ. 형태론 : V, [POS V[+N]]
> ㄴ. 통사론 : V, [$_{VP}$ [CP[는] ___]]

---

15) 새로운 품사의 설정에 대한 논의로 정 찬(Chung Chan) 외(2001)도 있다. 이 논의에서는 용언에 '-음/-기'를 결합한 '먹기'와 같은 형식을 동명사(gerund)라고 하여 새로운 한 하위 유형을 설정하였다. 그러한 유형의 설정을 통해 '먹기'의 '동사'적인 특성과 '명사'적인 특성을 설명하였다.

(20) 같이 (동부사)

    ㄱ. 형태론 : ADV, [POS ADV[+V]]

    ㄴ. 통사론 : ADV, [$_{\text{ADVP}}$ [PP ___]]

이러한 분석 방식은 결국 동사 '꽃답다'와 부사 '같이'가, 다른 동사와 부사들과는 다른 통사적 특성을 가진다는 것을 나타낸 것이다.

특히 '같이' 부류의 경우는, '함께'라는 부사가 'NP와'를 보어로 취하여 부사구를 형성하는 것을 고려한다면, 이러한 분석이 일반성을 얻을 수 있을 것이다.

(21) ㄱ. 나는 [영이와 함께] 공부했다.

    ㄴ. 영이는 [나비와 같이] 가벼이 날았다.

그리고 '대하여, 관하여' 등은, 겉으로는 동사의 모습을 취하고 있으나 절을 형성하지는 못한다. 따라서 이것들은 'NP에'를 보어로 취하는 부사로 분석하는 것이 더 타당할 수도 있다.

(22) 나는 [영이에 대하여] 말하고 싶지 않다.

그러면 통사적 접사 '-이'로 형성되는 부사를 포함한 일군의 부사들은 어떤 성분을 보어로 취하는 부사로 분석될 것이다. 곧, '없이'는 'NP가'를, '같이'는 'NP와'를, '대하여' 등은 'NP에'를 보어로 취하여 부사구를 형성하는 부사들로 분석된다.

3.5. 한편 어원적으로는 굴곡접사임에 틀림없는 접사가 결합하여 형성된 파생어가 있다.

(23) ㄱ. 춤, 보기, 다른, 결코, (조차, 부터)
    ㄴ. 진실로

이러한 문제에 대하여, 시정곤(1994)에서는 다음과 같이 논의하고 있다.

(24) 셋째는 조어법의 영역 문제로 굴절접사(조사, 어미)를 파생접사로 간
    주해야 하는 문제가 그것이다. (…중략…) 이는 복합과 파생이 전적
    으로 형태론에서만 이루어져야 한다는 생각과 공시적인 구조 분석
    방법에 따라 모든 단어를 분석해야 한다는 생각의 결과이다.
    이러한 결과는 단어 형성이 형태론 밖에서 일어날 수도 있다는 점을
    고려하지 못한 것이며, 형성의 관점에서 보면 이러한 단어는 통사부
    에서 형성되어 사전에 등재된 것으로 처리할 수 있으므로, 이때 형
    성에 참여하는 접사를 굳이 파생접사로 전환된 것으로 볼 필요도 없
    는 것이다. (시정곤 1994 : 17)

그런데 이러한 논의는 다음과 같은 점을 고려해야 한다. 첫째, 형태론
에서 "공시적인 구조 분석 방법에 따라 모든 단어를 분석해야 한다는 생
각의 결과"라는 논의는 수긍하기 어려운 점이 있다. 많은 연구들이 이것
들을 통시적인 관점에서 융합의 결과 문법화나 어휘화가 이루어지는 것
으로 다루고 있다고 판단되기 때문이다. 다만 여기서 말하고 싶은 것은
위의 예들은 형태론의 영역 안에서 공시적인 관점으로 본다면, 굴곡접사
의 파생접사화로도 설명될 수 있다는 것이다.

둘째, 공시적인 측면만을 고려하더라도, 논리적으로 문제가 있다. 먼저,
위의 논의는 다음과 같은 것을 (암묵적으로) 가정하고 있다.

(25) 동일한 형식의 접사는 굴곡접사이거나 파생접사여야 한다.

그런데 어떤 언어 형식이든 동음어가 있을 수 있는데, 접사라고 해서

범주를 달리하는 동음어 현상이 있어서는 안 된다는 선험적인 증거가 없으며, 논의의 합리성을 획득했는지를 생각해 보아야 한다.

셋째, 통사부에서 굴곡접사가 결합하여 형성된 파생어와 동일한 과정을 거쳐 형성된 파생어가 아닌 것들과 어떻게 구별되는가 하는 문제를 해결해야 한다. 곧, 동일한 접사가 동일한 통사적 과정을 거쳐 형성된 것들인데, 어떤 것들은 파생어이고 어떤 것들은 파생어가 아닌 것들임을 구별할 수 있는 별도의 문법적 설명이 필요하다는 것이다. 만일 그러한 설명을 제공할 수 없다면, (24)의 논의가 어휘화나 파생접사의 굴곡접사화로 설명하는 것보다 더 나은 설명이라고 하기 어려울 것이다.

김창섭(1996 : 125)에서도 "굴절과 파생을 구별하는 현재의 이론으로서는 설명하기가 대단히 어려운 것"들로 (26)의 예를 들면서, 파생과 굴곡에 대한 개념을 수정할 필요가 있음을 지적하고 있다.

(26) 볕에말리기, 뒤로훑기, 어깨너머던지기, 서서뛰어들기, 모로누며메치기

(27) 국어의 파생과, 동사(구)를 어기로 하는 굴절에 대한 개념을 수정할
     필요성이 제기될 수도 있겠으나…… (…하략…). (김창섭 1996 : 126)

그런데 이러한 김창섭(1996)의 논의도 기본적으로 시정곤(1994)의 논의와 동일한 문제를 안고 있다고 판단된다. 그리고 (26)의 예들은 파생어가 아니라, 합성어라고 판단되는 것들이다. 합성어에 관한 문제는 다음 장에서 논의하기로 한다.

4. 합성법과 통사론

4.1. 시정곤(1994)에서는 (28)과 같은 복합어를 '통사적 혼합어'라 하고, 이에 대하여 (29)와 같이 설명하고 있다.

(28) 젊은이, 지은이, 못난이, 좋아하다, 잡아가다.

(29) 어휘적 접사가 아닌 통사적 접사가 구성에 참여한 결과, 그 형성 방법이 어휘부의 형성 방법이 아닌 통사 규칙(핵이동)에 의해 이루어진다는 점 때문에 통사적 합성어가 된다. (시정곤 1994 : 57)

여기서 문제의 초점은 (28)의 합성어가 '-은'과 '-아'라는 굴곡접사가 포함되어 있다는 것이다. 시정곤(1994)에서 합성법을 어근과 어근의 결합으로 정의하는 것을 고려한다면, 이러한 예는 문제가 아닐 수 없다.

다음의 (30)의 예는 굴곡접사가 참여한 두 개의 어절이 결합하여 하나의 합성어를 형성한 경우이다.

(30) 두고두고

이러한 예들도 시정곤(1994)의 논의에 따르면 통사론에서 형성되는 것으로 설명될 것이다.

4.2. 합성어 형성에 관여하는 굴곡접사의 문제는 파생어 형성에 참여하는 굴곡접사의 문제와는 성격이 다르다. 파생어 형성에 참여하는 굴곡접사는 (어휘화에 참여함으로써 전환된) 파생접사로 간주할 수도 있으나, 합성어 형성에 참여하는 굴곡접사는 통사적 구성에 참여하는 굴곡접사와 전혀 구별되지 않기 때문이다.

이러한 합성어 형성에 참여하는 굴곡접사에 대한 시정곤(1994)의 논의는 다음과 같은 문제가 있다고 생각된다.

첫째, 통사적 합성에 대한 시정곤(1994)의 논의는 다음과 같은 것을 (암묵적으로) 가정하고 있다고 생각된다.[16]

(31) 어휘부에서 형성되는 합성법에는 굴곡접사가 관여해서는 안 된다.

그런데 이러한 논의는 논리적으로 많은 문제를 포함하고 있다. 이러한 논의는, 논의의 어떤 단계에서, 보통은 시작 단계에서, '조어법은 이러이러한 것이다'라고 한계를 지어놓고, 그런 가정을 전제로 그것에 벗어나는 것들을 정상적인 조어법이 아니라고 주장한다. 이러한 논의는 엄격히 말하자면, 순환론법이다.

(28)과 (30)의 예들을 형태론 안에서 설명하기 어려웠던 까닭의 하나는 합성법의 논의의 시작에서, 합성법을 어근과 어근의 결합으로 정의한 데서 비롯된다고 생각된다.

둘째, 이것들을 통사론에서 형성되는 것으로 본다 하더라도 또 다른 문제가 발생한다. 이른바 굴곡접사가 결합하여 형성된 파생어의 경우와 마찬가지로, 통사론에서 굴곡접사가 결합하여 형성된 합성어를 동일한 과정을 거쳐 형성된 합성어가 아닌 것들과 어떻게 구별되는가 하는 문제를 해결해야 한다. 통사적 구성과 통사적 합성어의 차이에 대한 논의들에서 특히 통사적 합성어의 직접성분들이 통사적으로 확장될 수 없다는 점을 고려해야 한다는 것이다.

그런데 사실 문제는 아주 단순하다. 통사론에서 형성되는 합성법을 주장하는 논의들은, 합성법의 정의는 구조문법의 정의를 그대로 받아들이면

---

16) 좀 더 일반적으로는, 다음과 같이 말할 수 있다.
  (5)' 조어법에는 굴곡접사가 관여해서는 안 된다.

서, 구조문법의 형태론의 범위 안에서 설명하기 어려운 것들은 통사론에
그 짐을 떠넘기는 것이다. 이런 점을 고려한다면, 이 문제는 합성법의 정
의를 수정함으로써 쉽게 해결될 수 있다고 생각된다. 곧, 합성법을 어간[17]
과 어간의 결합으로 형성될 수도 있고, 어절과 어절/어간의 결합으로 형성
될 수도 있다고 하는 것이다.

> (32) 합성어의 구조
> ㄱ. 어간 + 어간
> ㄴ. 어절 + 어절/어간

4.3. 합성어는, 통사적 합성어든 비통사적 합성어든 간에, 통사론에서
하나의 어휘 항목으로 기능한다. 통사적 합성어의 경우에는 통사적 구성
과 유사한 점이 많은 것은 틀림없으나, 통사적 구성과는 분명히 구별되는
것이다.

통사적 합성어의 한 성분에 포함된 굴곡접사는 파생어 형성에 참여한
통사적 파생접사와는 그 성질이 많이 다르다. '-답-'과 같은 통사적 파생
접사는 통사적 단위인 구와 결합한 것으로 분석될 수 있다. 그러나 통사
적 합성어의 한 성분에 포함된 굴곡접사는 통사적 단위와 결합하는 것이
아니라, 어휘적 단위와 결합한다. 그리고 통사적 합성어는 그렇게 형성된
어휘 항목들이 결합하여 형성된 하나의 어휘 항목인 것이다.

따라서 설사 통사적 파생접사를 통사론의 성분으로 분석한다 하더라도,
통사적 합성어에 참여하는 굴곡접사는 통사론의 성분으로 분석할 수는
없는 일이다. 따라서 통사적 합성어에서 굴곡접사가 사용되었다고 하여,

---

17) 전통적으로는 조어법의 어기를 어근으로 보았으나, 대개의 경우 어근은 어간으로 쓰이
므로, 어간으로 대체할 수 있을 것이다. 그리고 어기가 둘 이상의 형태소로 구성된 경우
에는 이 단위를 가리키는 용어로 어근을 사용할 수 없다는 고려한다면, 어간을 설정하
는 것이 문법의 체계를 위해서 바람직할 것이다. 이에 대한 자세한 논의는 최규수(2007)
를 참조할 것.

그 형성 과정이야 어떻든 간에, 그 굴곡접사를 통사론의 한 성분으로 간주해야 한다는 것은 문제가 있다고 생각된다.

4.4. 한편, 김창섭(1996)에서는 다음의 예들을 파생어로 제시했다.

(33) 볕에말리기, 뒤로훑기, 어깨너머던지기, 서서뛰어들기, 모로누며메치기

이것들을 파생어로 분석한 것은 굴곡접사 '-기'를 그것의 직접성분으로 보았기 때문이다. 그런데 예컨대 '볕에말리(다)'의 직접성분인 '볕에'와 '말리(다)'가 통사적으로 확장될 수 없기 때문에, '볕에말리(다)'가 정상적인 통사적 구성이라고 보기는 어렵다. 이들은 '눈엣가시'와 같은 유형의 구조로 보는 것이 더 옳은 분석일 것이다. 예컨대, '서서뛰어들기'는 '서서'와 '뛰어들기'로 분석되는 합성어로 보는 것이 더 타당하다는 것이 이 글의 입장이다. 그러면 위의 예들은 어절과 어절/어간이 결합하여 형성된 것으로 파악된다.

5. 어휘부의 역할과 정보

5.1. 이제 다시 조어법과 통사론의 관계에 대한 문제로 돌아가서, 어휘부가 조어법과 관련하여 어떤 정보를 포함해야 하는지 하는 문제를 살피기로 한다.

문법의 궁극적인 목표가 문장의 구조와 기능을 설명하는 데 있다면, 어휘부는 기본적으로 문장 구조의 맨 아래의 범주에 대응하는 어휘 항목을 포함해야 할 것이다.

여기서 한 가지 유의할 일이 있다. 어휘부는 특정한 문법 이론 안에서

만 의의가 있다는 것이다. 문법의 체계나 내용이 달라지면, 어휘부의 모습
도 당연히 달라져야 한다.[18] 예컨대, 변형문법은 기저부문과 변형부문으
로 나뉘는데, 따라서 한 문장의 구조가 자연히 최소한 두 개가 있을 수밖
에 없다. 그러면 문장의 맨 아래의 범주도 두 가지로 나누어 생각해야 한
다. 따라서 어휘부도 그 두 구조의 맨 아래의 범주에 대응하는 다른 어휘
항목의 집합인 어휘 목록을 구성해야 한다. 그런데 어떤 문법 체계가 한
문장에 하나의 구조만 있다고 가정한다면, 문장의 맨 아래의 범주도 한
가지밖에 없을 것이며, 어휘 목록도 하나만 구성하면 될 것이다.

그렇다면 변형을 지지하는 문법 이론에서 세운 어휘부는, 설사 이론 내
적으로 적절하게 구성되었다 하더라도, 변형을 지지하지 않는 문법 이론
에서 그것을 제대로 받아들이기 위해서는 그 이론에 맞게 조정되어야 할
필요가 있다. 변형을 지지하는 문법 이론이라 할지라도, 변형 자체에 관해
차이가 있는 문법들 사이에서도 마찬가지이다. 물론 변형을 지지하지 않
는 문법들 사이에서도 마찬가지이다.

그런데 국어학사에서 보면, 어휘부는 대개 변형문법의 틀 안에서 논의
되었기 때문에, 변형문법이 아닌 문법에서는 그렇게 심도 있게 논의된 적
이 없었다고 할 수 있다. 그러나 형태론과 통사론의 관계를 제대로 설정
하기 위해서는 어휘부의 구성 방식에 관한 문제를 반드시 고려해야 한다.
그러나 어휘부에 관한 어떤 논의도, 당연히 그 어휘부가 의존하고 있는
문법 이론의 체계와 관련하여 이루어져야 한다.

5.2. 어떤 문법 이론에서든지 어휘부는 최소한 다음의 정보를 제공해야
한다. 이에 관하여 조어법을 중심으로 살펴보자(논의의 편의상 굴곡접사는 무
시한다).

---

18) 따라서 어휘부는 '이론 사전'이라고 할 수 있다.

(34) ㄱ. 문장 구조의 맨 아래 범주에 대응하는 어휘 항목에 관한 정보
ㄴ. 각 어휘 항목의 내적 구성에 관한 정보.

먼저, 복합어의 유형을 복합어 구성에 참여하는 형태소의 종류에 따라
다음의 유형으로 나누어볼 수 있다.

(35) ㄱ. 어근만 포함하는 것 : 봄비, 검붉(다).
ㄴ. 어휘적 파생접사를 포함하는 것 : 맨발, 잡히(다).
ㄷ. 통사적 파생접사를 포함하는 것 : 학생답(다), 같이.
ㄹ. 굴곡접사를 포함하는 것 : 춤; 눈엣가시, 젊은이, 서서뛰어들기,
잡아가(다), 두고두고.

먼저 변형문법에서는 (35)의 ㄱ과 ㄴ의 어휘 항목들은 형태론에서 형성
되는 것들이지만, ㄷ과 ㄹ의 어휘 항목들은 형태론이 아니라 통사론에서
형성되는 것들로 본다. 이것은 각 어휘 항목의 내적 구성에 관한 정보가,
(35)의 ㄱ과 ㄴ의 어휘 항목들은 형태론에서 제공되지만, ㄷ과 ㄹ의 어휘
항목들은 통사론에서 제공된다는 것을 의미한다.

이때, 통사론에서 형성된 (35)의 ㄷ과 ㄹ의 어휘 항목들이 어휘부에 등
재된다는 것이 문법에 기여하는 바가 무엇일까 하는 의문이 남는다. 한국
어 토박이 말할이들은 보통 어휘 항목들을 결합하여 문장을 형성하는 것
으로 생각한다. 곧 문장을 형성하기에 앞서 문장의 재료로서 어휘 항목들
이 존재한다고 믿고 있다는 것이다. 따라서 토박이 말할이가 (35)의 ㄷ,
ㄹ을 통사적 구성이라고 보는가에 대한, 곧 토박이 말할이의 심리적 타당
성에 부합하는가에 대한 검증이 필요하다.[19] 그리고 앞서 지적한 바와 같

---

19) 물론 문법 이론이 목표하는 것은 한국어 토박이 말할이가 의식하는 문법과는 다르다는
것은 틀림없다. 그러나 문법 이론이 토박이 말할이의 언어 지식에 대한 모형이라는 점
을 고려한다면, 그러한 토박이 말할이들의 의식을 완전히 무시할 성질의 것은 아니라고
생각된다.

이, 이론 내적으로도, 굴곡접사를 포함하는 파생어와 합성어의 직접성분 가운에 통사적 구성이라고 간주된 것들이 정상적인 통사적 구성과는 꽤 다른 특징을 가진다는 것도 설명해야 한다.

변형을 인정하지 않는 문법에서는 위의 모든 어휘 항목들은 모두 형태론에서 형성된다. 굴곡접사가 참여하는 합성어는 단순하게 설명될 수 있는데, 합성법이 어간과 어간이 결합하여 형성되는 것이 아니라, 어절과 어절/어간이 결합하여 형성될 수 있다고 가정하면 된다. 굴곡접사가 참여하는 파생어는 융합의 결과 일어나는 어휘화로 간주하거나, 굴곡접사의 파생접사화로 설명할 수 있을 것이다. 통사적 파생접사로 형성되는 파생어의 경우는 어근의 정보와 통사적 파생접사의 정보를 복합적으로 제공해야 한다.

6. 마무리

이 글에서는 국어학사의 관점에서, 통사적 파생접사로 형성되는 파생어와 굴곡접사가 참여하는 파생어와 합성어의 문제를 살폈다. 이러한 논의를 간추리면 다음과 같다.

변형문법에서는 형태론의 문제를 통사론의 문제로 해결하고자 하는 해결법을 제시하였다. 그런데 이러한 방법이 형태론에서나 통사론에서 해결해야 할 새로운 문제점을 제공한다는 점을 지적하였다.

이 글에서는 이러한 문제를 검토하여, 굴곡접사가 참여하여 형성된 합성어는 어기를 어근으로 한정하기보다는 어간이나 어절로 확장함으로써 해결될 수 있는 가능성을 제기했다. 그리고 통사적 파생접사로 형성된 파생어는 어근과 파생접사의 문법 정보를 동시에 가진 한 어휘 항목으로 볼 수 있는 가능성을 제기했다. 이른바 굴곡접사로 형성된 파생어는 융합(어휘화)나 굴곡접사의 파생접사화로 볼 수 있는 가능성을 제기했다.

참고 문헌

고영근(1989), 『국어 형태론 연구』(증보판), 서울대학교 출판부.

구본관(1998), 『15세기 국어 파생법에 대한 연구』, 태학사.

김민수(1960), 『국어 문법론 연구』, 역대 한국문법 대계 ①98, 탑출판사.

김민수(1969), 『국어 구문론 연구』, 역대 한국문법 대계 ①122, 탑출판사.

김창섭(1996), 「광복 이후 국어 형태론의 성과와 전망」, 광복 50주년 국학의 성과. 한국 정신문화연구원.

김창섭(1996), 『국어의 단어 형성과 단어 구조 연구』, 태학사.

송철의(1992), 『국어의 파생어 형성 연구』, 태학사.

서민정(2007), 「'토'의 통어적 기능을 위한 문법 체계」, 언어과학 14-3, 한국언어과학회, 43-61.

시정곤(1994), 『국어의 단어 형성 원리』, 국학자료원.

시정곤(2006), 「우리말 접사의 통사론적 고찰」, 우리말 연구 19, 우리말학회, 113-141.

안상철(1998), 『형태론』, 대우학술총서.

이숭녕(1956), 『고등 국어문법』, 역대 한국문법 대계 ①121, 탑출판사.

이양혜(2006), 「우리말 접사의 형태론적 고찰」, 우리말 연구 19, 우리말학회, 85-111.

이익섭·임홍빈(1983), 『국어 문법론』, 학연사.

이홍배(1970), *A Study of Korean Syntax : Performatives, Comple- mentation, Negation, and Causation.* Pan Korea Book Cor- poration.

주시경(1910), 『국어문법』, 역대 한국문법 대계 ①11, 탑출판사.

최규수(2003), 「한국어의 통어적 가지에 대한 몇 가지 문제」, 한국 민족문화 21, 부산대학교 한국민족문화연구소, 177-213.

최규수(2006), 「형태론의 체계와 문법 용어 사용의 문제」, 우리말 연구 18, 우리말학회, 143-176.

최규수(2007), 「복합어의 어기와 조어법의 체계에 대하여」, 한글 277, 한글학회, 133-158.

최현배(1937[7]=1978), 『우리말본』, 정음사.

하치근(1995), 「국어 조어론 연구의 어제와 오늘」, 한힌샘 주시경 연구 7·8, 한글학회, 165-208.

하치근(1996), 「국어 통사적 접사의 수용 범위에 관한 연구」, 한글 231, 한글학회, 43-104.

하치근(2006), 「국어 조어론 연구의 어제·오늘」, 우리말 연구 19, 우리말학회, 3-47.

허 웅(1975), 『15세기 국어 형태론』, 샘문화사.

Chung Chan, Kim Jong-bok, Park Byung-soo and Peter Sells. (2001), "Mixed Categories and Multiple Inheritance Hierarchies in English and Korean Gerundive Phrase."

Sadock, J. M. (1991), *Autolexical Syntax*. Stanford : CSLI Publications.

'X하다'와 'X를 하다'의 형태론과 통사론*

1. 들어가기

1.1. 한국어에는 '(Y를) X하다'와 '(Y를) X를 하다'가 서로 교체되어 쓰이는 문장의 짝이 많다.

> (1) ㄱ. 영이가 공부한다.
> ㄴ. 영이가 공부를 한다.
>
> (2) ㄱ. 영이가 영어를 공부한다.
> ㄴ. 영이가 영어를 공부를 한다.

구조 문법에서는 대개 'X하다'를 단일한 통사 범주로 보았으며, '하다'의 형태 범주를 파생접사로 보았다.[1] 그리고 이에 대응하는 'X를 하다'는 두 개의 통사적 성분으로 분석하였다.

---

* 최규수(2011), 「'X하다'와 'X를 하다'의 형태론과 통사론의 문제들」, 한글 292, 한글학회, 29-54.
1) 정렬모(1946)에서는 'X하다'의 '하다'를 형식동사로 보았다.

그런데 최근의 변형 문법에서는 'X하다'가 사용된 문장과 'X를 하다'가 사용된 두 문장을 동일한 구조를 공유하는 기저 구조에서 형성된 것으로 분석한 논의들이 있다. 그러한 논의에서는 (1)과 (2)의 '공부하다'와 '공부를 하다'의 '공부'와 '하다'를 동일한 형태·통사 범주로 보았다. 이러한 분석에 따르면, '공부하다'는 '공부'와 '하다'라는 두 개의 통사적 범주로 분석된다.

이 글에서는 'X하다'의 형태 범부와 통사 범주에 대한 앞선 연구에서 제기되는 몇 가지 문제들을 검토하고자 한다.

1.2. 먼저 '(Y를) X하다'와 '(Y를) X를 하다'의 형태 범주와 통사 범주에 관한 문제점을 정리하면, 다음과 같다.

> (3) '(Y를) X하다'와 '(Y를) X를 하다'의 문제들
>   ㄱ. 'X'와 '하다'의 형태 범주는 무엇인가?
>   ㄴ. 'X'의 통사 범주는 무엇인가?
>   ㄷ. '(Y를) X하다'와 '(Y를) X를 하다'는 동일한 기저 구조를 공유하는가?

이 글에서는 이 문제를 다룸에 있어서, 다음과 같은 것을 전제한다.

> (4) ㄱ. 'X하다'와 'X를 하다'의 '하다'의 형태 범주는 동일하다.
>   ㄴ. 'X하다'와 'X를 하다'의 X의 형태 범주는 동일하다.
>   ㄷ. 'Y를 X를 하다'의 성분들의 통사적 제약 관계는 다른 겹성분이 실현된 구조의 통사적 구성2)의 성분들의 통사적 제약 관계와 동일하다.

---

2) '다른 겹성분이 실현된 문장들'이란 'Y가 X가 V, Y에 X에 V, Y로 X로 V' 등의 구조를 포함한 문장들을 가리킨다.

이 글에서는 이상의 전제를 바탕으로, 먼저 (1)과 (2)에서 ㄱ의 'X하다'와 ㄴ의 'X를 하다'가 다른 구조로 분석되며, 또 (1)ㄴ의 'X를 하다'와 (2)ㄴ의 'X를 하다'도 다른 구조로 분석된다는 것을 논의하였다.

이 글에서 어근과 어간의 정의는 최규수(2010)를 따른다.

(5) 어근과 어간의 정의
　　ㄱ. 어근 : (굴절접사와 결합하여) 어절을 형성할 가능성이 있는 형태소
　　ㄴ. 어간 : (굴절접사와 결합하여) 어절을 형성할 가능성이 있는 언어 형식

2. 'X'와 '하다'의 형태 범주

2.1. 앞선 연구에서 '(Y를) X하다'와 '(Y를) X를 하다'의 문제와 다룰 때, 대개 'X하다'는 'N하다'를 중심으로 논의해 왔다. 그런데 (6)에서 보듯이, 'X하다'의 'X'에는 다양한 형태 범주들이 올 수 있다.

(6) ㄱ. **공부**하다, **일**하다, **나무**하다; **척**하다, **체**하다, **듯**하다
　　ㄴ. **좋아**하다, **싫어**하다; **아니**하다, **못**하다; **같이**하다, **가까이**하다
　　ㄷ. **분명**하다, **가득**하다, **쓸쓸**하다

최규수(2010)의 어근과 어간의 정의에 따라, 'X하다'의 예들에서 '하다'가 결합한 'X'의 형태 범주를 정리하면 (7)과 같다.

(7) 'X'의 형태 범주

	품사	형태(소)의 종류
공부, 일, 나무	명사	어근/어간
척, 체, 듯	의존명사	어근/어간
좋아, 싫어	동사의 접속형	어절
아니, 못	부사	어근/어간/어절
같이, 가까이	부사	어간/어절
분명, 가득, 쓸쓸	-	(특수)어근/어간

이상에서 보면, 'X하다'의 'X'는 어근/어간인 경우도 있고, 어간/어절인 경우도 있고, 어절인 경우도 있다. 따라서 'X하다'에서 '하다'가 결합하는 'X'의 형태 범주는 어근이나 어간이 아니다. 이런 경우에 어근/어간이나 어절을 통틀어 가리키는 단위로 '어기'를 설정하면 쉽게 해결된다.[3]

위의 모든 'X하다'들은 'X를 하다'와 교체되는 경우도 있고, 그렇지 않은 경우도 있다. 어떤 경우이든지 간에, '(Y를) X하다'와 '(Y를) X를 하다'의 교체에 대한 논의에서는, 이 모든 경우를 함께 고려해야 한다. 특정한 자료들만 대상으로 논의할 경우에는, 우리말의 일반적인 특성을 간과하거나 무시함으로써, 잘못된 결론에 이를 가능성을 배제할 수 없기 때문이다. 이 글에서는 이 모든 자료들을 충분히 다루지는 않았지만, 적어도 그러한 시각을 유지하면서 논의를 진행하고자 한다.

2.2. 'X하다'의 '하-'가 어근인가 파생접사인가 하는 문제는 생각보다 중요한 문제이다. 'X하다'의 형태론과 통사론 전체에 영향을 미치기 때문이다. 먼저 'X하다'의 '하-'를 파생접사로 보는 견해를 검토하기로 한다. '하-'를 파생접사로 보는 까닭의 하나는 'X하다'의 '하-'가 아무런 독

---

3) 이익섭(1975), 허철구(1998)에서는 어근과 어간을 형태소의 종류를 가리키는 용어로 사용하였으며, 어근과 어간을 묶어 '어기'라 하였다.

자적인 의미를 가지지 못하기 때문이라는 것이다(김창섭 1996 : 158 참조). 그런데 이러한 주장은 다음과 같은 것을 전제하고 있다.

(8) [전제 1] 형태소와 의미의 관계
　　어떤 형태소가 독자적인 의미를 가지면 어근이고, 독자적인 의미를
　　가지지 않으면 파생접사이다.

　그런데 이러한 전제는 두 가지 문제점을 안고 있다. 첫째, 형태소의 종류를 구분하는 데 의미가 기준이 될 수 있는가 하는 것이다. 논리적으로 보면, ‘하-’과 독자적인 의미를 가지지 못하는 것과 그것이 파생접사라는 것은 아무런 상관관계가 없다.4) 거꾸로 말한다면, 독자적인 의미를 가진 형태소는 어근이라 해야 할 것인데, 이것도 물론 성립되지 않는다. ‘-만, -부터, -까지’ 등의 보조조사는 독자적인 의미를 가지지만, 이것들을 어근이라 할 수 없기 때문이다. 일반적으로 말한다면, 의미를 기준으로 형태소의 종류를 가를 방법은 없다고 할 수 있다.5)

　둘째, 의미의 본질과 관련된 것인데, ‘X하다’의 ‘하-’가 ‘독자적인 의미가 없다’거나 ‘의미적으로 비어 있다’는 것이 뜻하는 것이 무엇일까 하는 것이다. 어떤 어휘의 의미는 그 어휘가 지진 독자적인 지시 관계도 중요하겠지만, 다른 어휘와의 관계에 의한 의미적 변별성이 더 중요하다고 생각한다. 곧 ‘X하다’의 ‘하-’의 의미는 ‘X되다, X받다, X당하다’의 ‘되-, 받-, 당하-’와 의미적 대립 관계 속에서 파악되어야 한다는 것이다.

(9) ㄱ. 합격하다, 합격되다
　　ㄴ. 초청하다, 초청되다, 초청받다, 초청당하다

4) 허철구(2000 : 329)에서는 ‘하-’를 ‘의미적으로 비어 있는 요소’라 하면서도 이것이 접미사가 아니라 동사로 보았다.
5) 구본관(1999 : 19)에서는 파생접사의 변별 기준을 음운론적 기준과 통사론적 기준, 조어론적 기준, 의미론적 기준의 네 가지를 세웠는데, 여기서 세운 의미론적 기준도 모호하다.

이러한 관계에서 보면, 'X하다'의 '하-'는 독자적인 의미가 없거나 의미적으로 비어 있는 것이 아니라, '되-, 받-, 당하-'와 대립되는 의미가 있는 것으로 보아야 한다.[6]

김창섭(1996 : 158)에서는 형용사인 'X하다'의 '하-'가 파생접사라는 근거의 하나로 형태론적으로 다른 전형적인 형용사 파생 접미사 '-롭-', '-스럽-'과 평행한 행위를 보인다는 것을 들었다. 그러나 이러한 논의는 'X하다'가 동사인 경우에는 성립되지 않는다. 그런데 'X하다'가 형용사이든 동사이든 간에 'X하다'의 '하-'의 범주는 동일한 것으로 파악해야 한다면, 형용사 'X하다'의 '하-'의 분포를 바탕으로 전체 'X하다'의 '하-'의 형태소의 성격을 추론할 수는 없는 일이다.

마지막으로 김창섭(2001 : 67)에서는, 아래의 예들과 같이, 'X+하…'가 종속 접속절의 서술어로 쓰일 때 '하…' 생략을 보이는 것들을 파생에 의한 구성으로 보았다.[7]

(10) ㄱ. 이 지역은 특별히 온난/따뜻, 비닐하우스 없이도 …
     ㄴ. 곧 비가 올 듯, 하늘이 검어지고 …
     ㄷ. 온 산이 울긋불긋, 마치 화장한 것처럼 …
     ㄹ. 비가 오거나 눈이 오거나, 내일은 …

이러한 주장은 암암리에 다음과 같은 것을 전제로 하고 있다.

(11) [전제 2] 형태소와 생략의 관계
     어떤 형태(소)가 생략될 수 있으면, 그것은 파생접사이다.

그러나 형태소의 생략에 관한 이러한 전제는 형태·통사론적인 중요한

---

6) 그리고 'X하다'와 'X되다, X받다, X당하다'는 통사론에서 다른 지위를 차지한다.
7) (10)ㄹ의 예는 '-거나'가 접속형토이니, 'X하…'가 생략된 다른 유형과 성질이 다르다.

문제를 불러일으킨다. 생략은 보통 어절이나 구 단위로 실현되지만, 때때로 체언토의 생략과 같이 어절의 성분이 생략되는 것으로 많이 논의된다. 여기서 형태소를 어근과 파생접사, 굴절접사로 나눈다고 가정했을 때, 각각의 어절의 성분을 구성하는 형태소와 생략의 관계를 간략히 살펴보자.

굴절접사는 체언토와 용언토의 경우로 나누어 생각해야 한다. 한국어에서 용언토는 뒤에 나오는 성분들과의 문법적 관계를 나타내는 것으로서, 생략될 수 없는 성질의 것이다. 체언토는 때때로 생략된다고 논의되기도 하지만, 생략될 수 있는 것으로 보기 어려운 점이 있다.[8]

그리고 논리적으로 볼 때, 파생접사도 생략될 수 없다고 보는 것이 타당하다. 파생접사는 새로운 단어를 형성하고 새로 형성된 단어가 문장의 성분으로 참여한다. 이때 파생접사는 특히 파생 접미사는 그것이 붙는 단어에 새로운 의미를 덧보탤 뿐만 아니라, 단어의 통사적 특성을 바꾸는 일이 많다. 그런데 그러한 파생접사를 생략한다는 것은, 파생접사로 형성된 단어를 파생접사를 제외한 기존의 단어로 되돌린다는 것이 되는데, 이러한 과정을 받아들일 수 없는 일이다.

그런데 용언 '하다'가 앞의 용언과 결합할 때, 한 어절로 실현될 때, 어근 형태소인 '하-'가 생략되는 경우가 있다.

(12) ㄱ. 나는 고향으로 **돌아가련다**. (←돌아가려(고) 한다)
ㄴ. 영이가 시집을 **간다더구나**. (←간다(고) 하더구나)

이상의 논의에 따르면, 다음의 예에서처럼 'X하…'의 '하…'가 생략된

---

8) 체언토는 용언이나 체언 등의 다른 성분들과의 어떤 문법적 관계를 나타내는 것으로 생략된 것으로 보기는 어렵다고 판단된다. 그 까닭은 다음과 같다. 체언토를 실현시킨 것은 특정한 문법적 기능을 나타내기 위해서인데, 그것을 생략한다는 것은 이미 실현된 문법적 기능을 다시 무효화시킨다는 것이 된다. 이런 설명은 논리적으로 받아들이기 어렵다. 이런 점으로 미루어 볼 때, 체언토가 실현되지 않은 것은 실현된 체언토와 동일한 문법적 값을 지닌다고 보는 것이 타당할 것이다.

다는 것을 근거로 파생접사라는 것은 논리적으로 받아들이기 어렵다는 것을 알 수 있다. 오히려 'X하…'의 '하…'가 생략되는 현상은 이 '하-'가 어근임을 보여주는 증거라 할 수 있다.

덧붙여 둘 것은 'X하-'에 접속형토가 결합한 'X하…'에서 '하…'가 생략된 문장들 가운데, 위의 (10)과 같은 유형의 문장들은 대체로 신문 기사에서 자주 발견된다. 그런데 그러한 문장들은 정상적인 한국어의 용법이 아니라고 생각한다. 여기서 생략된 것은 '하+접속형토'인데, 한국어에서 용언토가 생략되는 것이 정상적인 일이 아니라 판단되기 때문이다.9)

다음의 문장들은 이러한 문장과는 사정이 조금 다르다. 한국어에는 (10)에서 ㄴ과 ㄷ은 특정한 부사나 부사적 표현이 용언의 자리에 놓여 서술어와 동등한 역할을 담당하는 경우이다. 이러한 현상은 (12)에서 보듯이, 'X하+종결형토'의 경우에도 나타난다.

(13) 햇볕은 **쨍쨍**, 모래알은 **반짝**.

2.3. 허웅(1975)과 허웅(2000)에서는 'N/Adv하다'의 '하-'를 파생접사로 보고 있다.10) 그런데 허웅(1975)에서 '하-'를 파생접사로 보는 까닭에 대한 논의를 검토해 보면, '하-'를 파생접사로 보기보다는 어근으로 보는 것이 더 설득력이 있음을 알 수 있다. 허웅(1975 : 86-88)에서는 'N/Adv하다'의 '하-'를 파생접사로 보는 까닭을 다음과 같이 말하고 있다.

(14) 일반적으로 그러하지만, 여기에서도 15세기 국어를 서술함에 있어서
「-하다」형에 속하는 풀이씨는 모두 파생어로 다루었다. 그러나 이름

---

9) 특히 신문에서 가능하면 짧게 표현하려는 의도에서 체언토나 용언토를 생략하는 일이 많은데, 그것들을 과도하게 생략하여 잘못된 표현들이 많이 발견된다. 'X하+접속형토'에서 '하+접속형토'를 생략하는 것도 이러한 연유에서 비롯된 것으로 짐작된다.
10) 'V아/어+ᄒ다'의 'ᄒ-'는 독립된 움직씨인 어근으로 보았다.

씨나 어찌씨에 「-하다」가 붙은 말들은 모두 합성어에 가까운 것이
다. 즉 「노릇하다, 지조하다, 말하다」 따위에 있어서는 「-ㅎ-」의 동
작성(動作性)이 매우 강하게 느껴지기 때문에 이것들은 합성어로 보
는 편이 나을 것도 같고, 「이리하다, 잘하다」 따위도 역시 그러하다.
그러나 우리가 이러한 방법을 취하지 않는 것은, 역시 다른, 분명한
파생어 「ᄀ득하다, 당당하다, 거머하다, 누러하다」 따위 말들과의 동
형성을 고려하기 때문이다. (허웅 1975 : 86)

(15) 「그슥하다, ᄀ득하다, 당당하다」의 뿌리는 자립형식이 되지 못하므로,
이러한 말에 있어서의 「-ㅎ-」는 분명한 가지이다. (허웅 1975 : 87)

먼저 (14)에서는 '말하다, 잘하다'의 '하-'를 어근으로 볼 수 있음[11]에
도 불구하고, 'ᄀ득하다, 당당하다'와의 동형성을 고려하여 파생접사로 본
다고 하였다. 그리고 (15)에서 'ᄀ득하다, 당당하다'의 '하-'가 접사인 것
은 'ᄀ득, 당당'이 자립형식이 되지 못하기 때문이라고 하였다.

그런데 (15)의 논의는 맞지 않은데, 그 까닭은 '검붉다' 등의 비통사적
합성어는 당연히 (앞의) 어근이 의존형식이기 때문이다.[12] 따라서 '하-'가
어근인가 접사인가 하는 것은 그것이 결합하는 형식이 자립형식인가 의
존형식인가 하는 것과는 관계가 없다. 이렇게 잘못 추론하여 파생어로 파
악한 'ᄀ득하다'와의 동형성을 근거로 충분히 합성어로 볼 수 있는 '말하
다, 잘하다'를 파생어로 다룬 것은 논리적으로 문제가 있다.

허웅(2000 : 461-462)에서도 'N/Adv하다'의 '하-'를 파생접사로 보았다.

---

11) 이것들을 합성어로 볼 수 있는 근거로 든 "동작성(動作性)이 매우 강하게 느껴지기 때
문"이라는 것은 받아들이기 어렵다. 앞에서도 말했지만, 의미를 기준으로 형태소의 종
류를 가르기는 어렵기 때문이다.
12) 물론 '가득-'과 '검-'은 둘 다 의존형식이지만 성질이 조금 다른데, '가득-'에는 굴절접
사가 직접 결합하여 어절을 형성할 수 없는 형태소이다. 그러나 이런 것은 허웅(1975)에
서도 말한 바와 같이, 불구어근이나 특수어근으로 처리하면 문제가 되지 않는다.

(16) 일하다, 구경하다, 벗하다, 생각하다, 사랑하다, 나무하다, 가을하다, 말하다, 뜻하다, 노래하다, 굿하다, 노동하다, 연구하다, 정리하다, 주장하다, …….

(17) 가난하다, 다정하다, 다행하다, 미안하다, 약하다, 선하다, 불순하다, 화목하다, 진실하다, …….

그리고 (16)의 말들은 형성되는 방법이 매우 생산적이기 때문에 통사적 구성으로 볼 수 있다고 하고, (17)의 말들은 형성되는 방법이 (16)의 경우보다 생산성이 약하기 때문에 통사적 짜임새로 보기 어렵다고 하였다.

그런데 이러한 논의는 논리적으로 잘못 추론된 것이다. 그 까닭은 어떤 복합어가 형성되는 과정의 생산성의 강하고 약함이 어떠한 형태소가 어근인지 파생접사인지를 가르는 기준이 될 수 없기 때문이다.

이상과 같은 논의를 바탕으로, 허웅(1975, 2000)의 논의에서 잘못 추론한 내용을 제외하면, 'N/Adv하다'의 '하-'를 파생접사가 아니라 어근이라 보는 것이 논리적으로 더 타당할 것이라 판단된다.

2.4. 앞선 연구에서 보면, 명시적이든 비명시적이든 의존성 여부나 실질적 의미의 정도를 어근과 파생접사를 가르는 기준으로 본 경향이 있다는 것을 알 수 있다. 그러나 의존성 여부나 실질적 의미의 정도라는 것은 어근과 파생접사를 가르는 기준이 되지 못한다.

먼저 의존성 여부를 보면, 파생접사는 항상 의존형식이지만, 어근은 자립형식일 수도 있고 의존형식일 수도 있다. 의존용언이나 의존명사는 명백히 의존형식이지만, 어근을 포함한다. 의존명사와 의존용언이 겹친 다음의 예를 보자.

(18) ㄱ. 기본적으로는 모른 **척한다**.

ㄴ. 먼 산이 손에 잡힐 **듯하다**.

ㄷ. 당신의 가장 큰 적은 의심하는 **것이다**.

여기서 '척하다, 듯하다, 것이다'에서 '척, 듯, 것' 등의 의존명사와 '-하-'는 의존용언은 모두 의존형식이지만, 어근이다.13) 만일 이것들을 모두 파생접사라고 한다면, '척하다, 듯하다, 것이다'라는 형식은 어근이 없는 것이 된다. 그런데 그렇게 보면, '척, 듯, 것'과 그 앞에 놓인 관형사절과의 관계를 설명하기가 매우 어렵게 된다. 또 '척, 듯, 것' 등의 파생접사가 용언의 관형사형과 결합하는 것으로 보아야 하는데, 그렇게 보게 되면 파생접사가 굴절접사의 뒤에 분포되는 것도 설명하기 어렵다.14) 그런데 '척, 듯, 것' 등과 '-하-'를 어근으로 처리하면 이러한 문제점은 생기지 않는다.

그리고 '척하다, 체하다' 등은 '척을 하다, 체를 하다'처럼 분리되어 쓰일 수도 있으며, '하다' 앞에 '안'을 넣어 부정문을 형성하기도 한다.

(19) ㄱ. 아는 척하던 여자애가 갑자기 아는 **척을 하는데**...

ㄴ. 귀여운 척을 하고 싶어요.

(20) ㄱ. 아는 척하던 여자애가 갑자기 아는 **척을 안 하는데**...

ㄴ. 귀여운 척을 안 하고 싶어요.

ㄷ. 제가 잘난 척을 많이 한다고 하네요.

이런 경우의 '하-'는 의존용언이라기보다는 자립용언으로 사용된 것으

---

13) 정렬모(1946)에서는 '이다'를 형식동사로 보았으며, 최규수(2009 : 122-123)에서는 '-이-' 가 어근이며, 지정사(의존 형용사와 같은 부류)로 보았다.

14) '-ㄴ척한다, -ㄹ듯하다, -는것이다' 들을 하나의 문법화를 거쳐 형성된 굴절접사로 처리하는 방법도 있을 수 있겠으나, 그렇게 처리하게 되면 기존의 형태론과 통사론 체계를 전반적으로 수정해야 한다.

로 볼 수 있다.

'일하다' 등의 '하다'는 '척하다, 듯하다'의 '-하-'에 비하면 어근의 특성이 훨씬 많다. 실제로 '일하다' 등의 '하다'는 자립형식으로서의 '하다'와 자립성에서 차이가 거의 없다.[15]

> (21) ㄱ. 영이는 {일했다, 생각했다, 사랑했다}
>   ㄴ. 영이는 {일, 생각, 사랑}을 했다.

그런데 파생접사는 자립적으로 사용될 수 없기 때문에, '일하다'에서 자립형식인 '하다'는 파생접사가 아니라 어근이라 할 수 있다.

3. 'X'의 통사 범주

3.1. 최근의 변형문법에서 (1)과 (2)에서 ㄱ과 ㄴ이 동일한 기저 구조를 가진 것으로 분석한 시정곤(1994)의 논의가 있다. 여기서는 일단 그러한 분석을 따른다고 가정하면서, '공부'를 가리키는 X의 통사 범주에 대하여 살피기로 한다.

> (1) ㄱ. 영이가 공부한다.
>   ㄴ. 영이가 공부를 한다.

> (2) ㄱ. 영이가 영어를 공부한다.
>   ㄴ. 영이가 영어를 공부를 한다.

---

15) 자립형식은 실제로 자립적인 것과 잠재적으로 자립적인 것으로 나누어 생각할 수 있다 (Nida 1978 참조). 예컨대 '봄'과 '비'는 실제로 자립적이지만 '봄비'에서의 '봄'과 '비'는 잠재적으로 자립적이다. 마찬가지로 '했다'가 '일을 했다'에서는 실제로 자립적이지만, '일했다'에서는 잠재적으로 자립적이다.

시정곤(1994)에서는 (1)의 '공부'는 NP로 분석하고, (2)의 '공부'는 N을 분석한다. 여기서 (1)ㄱ의 '공부'를 NP로 볼 수 있는가에 대한 문제는 일 단 제쳐두고, (2)ㄴ의 '공부'를 N으로 분석한 것을 살피기로 한다.

(2)에서 '공부'는 자립명사인데, 자립명사는 일반적으로 관형어와 결합 하여 명사구를 형성할 수 있기 때문에, 그 자체로 명사구의 위치를 차지 할 수 있다. 그런데 (2)ㄴ의 '공부'는 그렇게 확장되어 쓰이지 못하기 때문 에, 그 자체로서는 명사구로서의 자격이 없다고 할 수 있다.

(22) $^?$영이가 영어를 [어려운 공부를] 한다.

이러한 사실을 근거로, 시정곤(1994)에서는 (2)의 '영어를 공부를 하다' 의 구조를 다음과 같이 분석한다. 이것은 명사인 '공부'가 '영어'를 보충 어로 취하여 명사구를 형성하는 것으로 분석한 것이다.

(23) [$_V$ [$_{NP}$ [$_{N'}$ [$_{NP}$ 영어]] $_N$ 공부] $_V$ 하]

3.2. 그런데 'Y를 X를 하다'의 'X'가 명사구가 아니라 명사인 것은 겹 성분 문장에서도 나타난다. Y와 X가 의미적으로 분리할 수 없는 소유 관 계에 있는 'Y를 X를 V'에서, X가 명사구로 확장되면 어색한 문장이 형성 된다.

(24) ㄱ. 영이가 철수를 손을 잡는다.
　　ㄴ. $^?$영이가 철수를 [작은 손을] 잡는다.

분리할 수 없는 소유 관계를 나타나는 문장의 겹성분의 뒤 성분도 명사 구로 확장되어 사용되기가 어렵다.

(25) ㄱ. 영이가 철수에게 손이 잡혔다.
　　 ㄴ. ^{??}영이가 철수에게 [작은 손이] 잡혔다.

(26) ㄱ. 영이가 눈이 예쁘다.
　　 ㄴ. ^{??}영이가 [작은 눈이] 예쁘다.

(27) ㄱ. 영이가 부산에 해운대에 갔다.
　　 ㄴ. ^{??}영이가 부산에 [아름다운 해운대에] 갔다.

(28) ㄱ. 영이가 총으로 개머리판으로 맞았다.
　　 ㄴ. ^{??}영이가 총으로 [묵직한 개머리판으로] 맞았다.

이와는 조금 성격이 다르지만, 관용구에 사용된 명사들도 관형어의 수식을 받지 않고 단독으로 사용되는 것이 자연스럽게 보인다.

(29) ㄱ. 영이는 [미역국을 먹었다.]　　　 (관용구 가능)
　　 ㄴ. 영이는 [[질긴 미역국을] 먹었다].　 (관용구 아님)

(30) ㄱ. 영이는 그 일에서 [손을 끊었다].
　　 ㄴ. ^{??}영이는 그 일에서 [[차가운 손을] 끊었다].

3.3. 사실 한국어에는 의미상으로는 보충어가 필요한 명사라 할지라도, 실제 문장에는 보충어로 실현되지 않은 일이 많이 나타난다. 의미적으로 보면, '창조, 파괴, 구입' 등의 명사는 행위의 주체나 대상을 필요로 하고, '사이, 관계, 앞, 뒤, 오른쪽' 등과 같은 명사는 상대적 위치를 필요로 하고, '부모, 아들, 손, 발' 등의 명사는 분리 불가능한 소유 관계에서 피소유물을 필요로 한다. 따라서 이 명사들은 그것들이 필요로 하는 것들이 문장에서 보충어로 실현될 것으로 기대할 수 있지만, 실제로는 문장 성분으로 실현되기도 하고, 실현되지 않기도 한다.

(31) ㄱ. 누가 파괴를 좋아하는가?
   ㄴ. 왼쪽에 서라.
   ㄷ. 이제는 손을 씻어라.

이상의 예들 보면, 보충어를 필요로 하는 명사라 할지라도, 어떤 특정한 환경에서 단독으로 명사구의 지위를 차지하는 것으로 처리할 수 있다고 생각된다.

3.4. 'Y를 X를 하다'에서 'X'를 명사이면서도 명사구의 자격을 가진 것으로 가정할 수 있다면, 일단은 'X를'이 용언 '하다'의 논항이 될 수 있는 충분한 자격을 가진다는 것을 함의한다. 'Y를 X를 하다'의 통사 구조에 대해서는 다음 장에서 논의한다.

4. 'X하다'와 'X를 하다'의 통사 구조

4.1. '(Y를) X하다'와 '(Y를) X를 하다'의 구조에 대하여, 먼저 'X하다'와 'X를 하다'의 경우를 살피기로 한다.

(32) ㄱ. 영이가 공부하다
   ㄴ. 영이가 공부를 하다

임홍빈(1979)에서는 'X하다'에서 어근인 'X'가 분리되어 'X를 하다'가 형성된 것으로 본다. 곧 (32)ㄴ이 본래 (32)ㄱ에서 파생된 것으로 본 것이다. 이러한 논의는 통사적 구성 'X를 하다'가 기저에서는 형태적 구성인 'X하다'에서 도출된 것으로 본 것이다. 그런데 이러한 도출 과정을 변형으로 설명하기는 어려운데, 최근의 변형문법에서는 변형의 과정에서 구조를 변경하는 것을 허용하지 않기 때문이다. 실제로 만일 그런 과정을 허용하다면, 기저에서는 자동사문인데 표층에서는 타동사문으로 바뀌는 것으로 보아야 하는데, 그러한 분석은 받아들일 수 없다.

시정곤(1994)에서는 '공부하다'를 통사적 구성으로 보고, '공부를 하다'와 동일한 기저 구조를 공유하는 것으로 분석하였다. (32)의 ㄱ, ㄴ의 기저 구조는 각각 (33)의 ㄱ, ㄴ과 같은데, '공부하다'는 NP인 '공부'가 '하다'로 이동하고, '공부를 하다'는 NP인 '공부'에 대격이 부여되어 형성된 것으로 설명한다.

(33) ㄱ. [$_V$ [$_{NP}$ 공부] $_V$ 하]
     ㄴ. [$_V$ [$_{NP}$ [$_{NP}$ 공부] $_N$ [+obj]] $_V$ 하]

이러한 설명은 (32)의 구조만 보면 나무랄 데가 없어 보인다. 그러나 (32)ㄱ은 (34)와 '공부하다'를 공유하고, (32)ㄴ은 (35)와 '공부를 하다'를 공유하는데, (34)와 (35)의 구조를 (33)과 같은 방식의 구조로 설명할 수 있을는지 모르겠다.

(34) ㄱ. *영이가 많은 공부한다.
     ㄴ. 영이가 열심히 공부한다.

(35) ㄱ. 영이가 많은 공부를 한다.
     ㄴ. 영이가 열심히 공부를 한다.
     ㄷ. 영이가 공부를 열심히 한다.

만일 (32)ㄱ의 '공부'를 NP라고 한다면, (34)ㄱ이 허용되지 않을 까닭이 없다. 그리고 (34)ㄴ을 보면, '공부'는 NP가 아니라, 형태적 구성인 '공부하다'라는 동사의 한 성분으로 사용된 N임을 알 수 있다.

4.2. 다음에는 ‘Y를 X하다’와 ‘Y를 X를 하다’의 구조에 대하여 살피기로 한다.

(36) ㄱ. 영이가 영어를 공부하다
      ㄴ. 영이가 영어를 공부를 하다

시정곤(1994)에서는 (36)의 ㄱ, ㄴ은 (37)의 ㄱ, ㄴ과 같은 구조로 설명된다. (37)ㄱ에서 ‘공부하다’는 ‘공부’가 ‘하다’로 이동하고, ‘영어를’은 ‘영어’에 대격이 부여되어 형성된 것이다. (37)ㄴ에서 ‘영어를 공부를’은 ‘영어를 공부’에 대격이 부여되어 형성된 것이다. 두 구조 모두에서 ‘공부’는 N이다.

(37) ㄱ. [ᵥ′ [ₙₚ [ₙ′ [ₙₚ 영어]] ₙ 공부]] ᵥ 하]
      ㄴ.

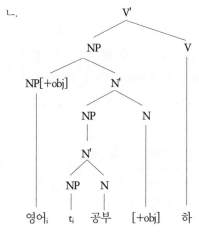

(36)을 (37)의 구조로 설명하는 것은, 그러한 설명이 변형문법의 체계에 부합하는지에 대해서도 문제될 수 있겠지만,16) 직관적으로 볼 때도 (38)과

---

16) 먼저 명사구로 분석한 (37)의 ㄴ에서 ‘영어(tᵢ)를 공부’의 구조는 명사가 목적어를 보충어

(39)의 구조들을 당장 설명하기 어려워 보인다.

    (38) ㄱ. *영이가 영어를 많은 공부한다.
         ㄴ. 영이가 영어를 열심히 공부한다.

    (39) ㄱ. *영이가 영어를 많은 공부를 한다.
         ㄴ. 영이가 영어를 열심히 공부를 한다.
         ㄷ. 영이가 영어를 공부를 열심히 한다.

  (36)ㄱ은 (38)과 '영어를 공부하다'를 공유하고, (36)ㄴ은 (39)와 '영어를
공부를 하다'를 공유하는데, (38)과 (39)의 구조를 (37)과 같은 방식의 구조
로 설명할 수 있을는지 모르겠다.

  4.3. 이러한 논의에 대하여, 허철구(2000 : 323-325)에서는 다음의 세 가
지 이유를 들어 'X하다'가 통사적 구성이 아니라고 하였다. ① 파생의 어
기가 되고('되생각하다, 되차지하다' 등), ② 'X하다' 가운데 X가 독립적인 명
사의 기능을 갖지 못하는 예들이 있으며(구박하다, 비롯하다 등), ③ 'X하다'
보다 덜 긴밀한 구조도 형태구조화를 겪는데 유독 'X하다'만 일괄적으로

로 가지는 구조인데, 이러한 구조는 한국어 문법의 일반적인 구조로 받아들이기 어렵다.
한국어에서 명사의 보충어는 관형어로 실현되는 것이 일반적이기 때문이다(격 현상이
표층 구조의 현상이라는 말은, 최규수(2009)에서 지적한 바와 같이, 격 현상이 표층 구
조에서 해석된다는 것이지, 기저 구조에서 격 표지가 표시되어서는 안 된다는 것을 의
미하는 것은 아니다. 최규수(2009)에서는 격 표지가 기저 구조에서 표시되어야 한다는
것을 논의하였다).
'공부'를 용언이나 서술성 명사로 보면 이러한 문제는 완화될 것인데(서술성 명사에 대
한 것은 김창섭(2001 : 71-75 참조), 그렇게 분석하면 '수학을 공부'가 용언절로 분석된
다. 그런데 이러한 분석은 한국어 절의 구조와 체계에 영향을 미치는데, 용언토가 실현
되지 않는 용언과 절을 설정해야 하기 때문이다. 그런데 용언토가 매우 중요한 문법적
기능을 담당하는 한국어의 특징을 고려하면 받아들이기 어렵고, 그런 종류의 절을 설
정할 수 있다 하더라도, 용언과 절의 구조와 체계와 관련하여 충분한 검증이 필요할 것
이다.

형태구조화를 겪지 않는다는 것은 부자연스럽다.

이러한 허철구(2000)의 논의는 'X하다'의 형태적 특성을 중심으로 고찰한 것이다. 그런데 통사론의 관점에서 보더라도, 'X하다'를 통사적 구성으로 보아야 하는 근거가 충분하지 않은 것 같다. 시정곤(1994)의 논의가 성립하려면, 'X하다'를 통사적 구성으로 분석해야 하는 충분한 증거가 필요한데, 그렇지 않다고 판단되기 때문이다.

4.4. 변형문법에서는 'X하다'와 'X를 하다'를 가진 문장의 짝과 'Y를 X하다'와 'Y를 X를 하다'를 가진 문장의 짝에서, 이것들이 각각 동일한 기저 구조를 공유한 것으로 분석하였다. 이 문장들을 이런 방식으로 분석하는 것은 서로 연관 있는 문장의 짝의 구조적 동일성을 포착하기 위함일 것이다.

그러나 이런 분석은 관형어와 부사의 수식 대상이 정해져 있다는 가장 간단한 문법 규칙조차 수용하기 어렵다. 그러나 그러한 문장들의 구조적 의미적 동일성(이나 연관성)을 포착하고자 하는 것을 포기하기만 하면, 큰 문제없이 그러한 구조를 간단히 설명할 수 있다.

먼저, 'X하다'와 'X를 하다'를 가진 구조는 다음과 같이 설명된다. 'X하다'는 한 개의 용언(형태적 구성)이고, 'X를 하다'는 'X를'이라는 목적어와 '하다'라는 용언으로 구성된 통사적 구성이다(그리하여 (40)에서 ㄱ은 자동사문이고, ㄴ은 타동사문이다).

> (40) ㄱ. 영이가 [$_{VP}$ [$_v$ 공부한다]].
> ㄴ. 영이가 [$_{VP}$ [$_{NP}$ 공부를] $_v$ 한다].

'Y를 X하다'를 가진 문장은 'X를 하다'와 동일한 구조로 분석된다. 'X하다'가 '하다'와 통사적으로 동일한 값을 가지기 때문이다.

(41) 영이가 [VP [NP 영어를] V 공부한다].

'Y를 X를 하다'를 가진 문장은 설명이 조금 필요한데, 'Y를'과 'X를'의 어순을 바꿀 수 없기 때문이다.

(42) ㄱ. 영이가 영어를 공부를 한다.
　　 ㄴ. ^{??}영이가 공부를 영어를 한다.

(42)에서 '영어를'과 '공부를'의 순서를 바꿀 수 없다는 것은 이것들이 '한다'와 관련하여 통사적으로 대등한 지위를 차지하지 않는다는 것을 나타낸다. (42)에서 '공부를'은 '하다'의 논항이고, '영어를'은 '공부를 하다'의 논항으로 보면, 이상과 같은 어순의 제약은 쉽게 설명된다.

(43) 영이가 [VP2 [NP 영어를] [VP1 [NP 공부를] V 한다]].

'X하다'와 'X를 하다', 'Y를 X하다', 'Y를 X를 하다'를 가진 문장의 구조를 (40)과 (41), (43)으로 분석하면, 이것들을 가진 구조에 '많은'과 '열심히'의 수식어가 결합된 문장들의 구조가 모두 쉽게 설명된다.

4.5. 'Y를 X를 하다'를 가진 구조에서 VP1이 목적어를 보충어로 가진다는 것이다. 언뜻 보면 VP1과 같은 구조는 매우 특이하게 생각될 수도 있겠다. 그러나 한국어에서 'Y를 X를 하다'의 구조 외에 이렇게 분석할 수 있는 'X(토) V'의 구성들이 많다. 예컨대, 분리 불가능한 소유의 관계에서 피소유물을 나타내는 말이나, 관형구의 성분을 구성하는 말들은 용언과 결합하여 용언구를 이루는 것으로 분석할 수 있을 것이다.

(44) ㄱ. 영이가 철수를 [$_{VP}$ 손을 잡는다].

ㄴ. 영이가 철수에게 [$_{VP}$ 손이 잡혔다].

ㄷ. 영이가 [$_{VP}$ 눈이 예쁘다].

ㄹ. 영이가 부산에 [$_{VP}$ 해운대에 갔다].

ㅁ. 영이가 총으로 [$_{VP}$ 개머리판으로 맞았다].

(45) ㄱ. 영이는 어제 [$_{VP}$ 미역국을 먹었다].

ㄴ. 영이는 그 일에서 [$_{VP}$ 손을 끊었다].

5. 마무리

이 글에서는 '(Y를) X하다'와 '(Y를) X를 하다'가 서로 교체되어 쓰이는 문장의 짝들에서, 'X'와 '하다', 'X하다'의 형태 및 통사 범주와 이 문장들의 통사 구조를 살폈다. 이를 간추리면 다음과 같다.

'X하다'에서 '하-'는 어근이며, 'X하다'는 합성어이다. 'X하다'의 어기인 'X'는 어근 또는 어간 또는 어절이다. 'X하다'는 형태적 구성으로 한 용언으로 사용된다.

'Y를 X를 하다'에서 'X(를)'는 보통명사이지만, 그것은 수식어를 허용하지 않으며, 그 자체로 명사구를 형성한다. 이러한 보통명사의 통사적 성질은 겹주어와 겹부사어 등의 다른 겹성분 구조에서 뒤의 성분을 형성하는 보통명사와 관용구를 형성하는 보통명사에서도 나타난다.

'하다'나 'X하다'는 자동사나 타동사로 사용된다. 'Y를 X를 하다'를 가진 문장에서, 'X를 하다'는 용언구로서 'Y를'을 논항으로 취한다.

참고 문헌

구본관(1999), 「파생 접미사의 범위」, 형태론 1-1, 박이정, 1-23.

김창섭(1996), 『국어의 단어형성과 단어 구조 연구』, 국어학회,

김창섭(2001), 「'X하다'와 'X를 하다'의 관계에 대하여」, 어학연구 27-1, 서울대 어학연구소, 63-85.

남기심·고영근(1990), 『표준 국어문법론』, 탑출판사.

성환갑·엄홍준(2006), 「동사성 명사구문에 관한 연구」, 어문연구 34-1, 한국어문교육연구회, 7-29.

시정곤(1994), 「'X하다'와 'X를 하다'의 상관성」, 국어학 24, 국어학회, 231-258.

안희제(2007), 「본용언 형용사 '하다'의 선행성분에 대하여」, 국어학 48, 국어학회, 145-174.

임홍빈(1979), 「용언의 어근분리 현상에 대하여」, 언어 4-2, 한국언어학회, 55-76.

정렬모(1946), 『고등국어문법』, 역대 한국문법 대계 ①61, 탑출판사.

최규수(2009), 「용언의 논항 구조와 관련된 몇 가지 문제」, 우리말연구 24, 우리말학회, 87-114.

최규수(2010), 「어근과 어간의 개념에 대한 국어학사적 검토」, 한글 290, 한글학회, 173-201.

최형강(2008), 「파생용언에서의 어근 분리와 부정소 삽입」, 국어학 39, 국어학회, 365-395.

최형강(2008), 「합성용언에서의 어근 분리와 부정소 삽입」, 한국문화 42, 서울대학교 규장각 한국학연구원. 127-147.

최형강(2009), 「'형성소'와 '어근' 개념의 재고를 통한 '어근 분리 현상'의 해석」, 국어학 56, 국어학회, 33-60.

최형용(1999), 「국어의 단어 구조에 대하여」, 형태론 1-2, 박이정, 245-260.

최형용(2002), 「어근과 어기에 대하여」, 형태론 4-2, 박이정, 301-318.

허 웅(1975), 『우리 옛말본』, 샘문화사.

허 웅(2000), 『20세기 국어 형태론』, 과학사.

허철구(1998), 「국어의 합성동사 형성과 어기 분리」, 서강대학교 박사학위논문.

허철구(2000), 「'하-'의 형태론적 성격에 대한 토론」, 형태론 2-2, 박이정, 323-332.

허철구(2001), 「국어의 어기분리 현상과 경계 인식」, 배달말 28, 배달말학회, 57-91.

Nida, E. A. (1978=1946¹³) *Morphology*, The University of Michgan Press.

Spencer, Andrew. (1991), *Morphological Theory : An Introduction to Word Structure in Generative Grammar*. Cambridge University Press. (전상범 · 김영석 · 김진형 공역, 1991, 『형태론』, 한신문화사)

‘되다’와 ‘지다’의 피동성*

1. 들어가기

1.1. 최현배(1978=1937[7] : 399-400, 429-433)에서는 다음과 같은 형식 동사 ‘되다’와 ‘지다’로 형성된 문장이나 ‘되다, 받다, 당하다’로 형성된 합성어 가 풀이씨인 문장을 피동문으로 보았다.

(1) ㄱ. 그 날부터 그 영악한 범도 자유를 잃게 되었다.
    ㄴ. 그가 대통령이 되게 되었다.
    ㄷ. 얼음이 녹아서 얼음지치기도 못하게 되었다.

(2) ㄱ. 걱정되다, 공부되자, 연구되다, 감금되다, 주목되다, 게재되다, 결
      박되다.
    ㄴ. 감금당하다, 주목당하다, 협박당하다, 게재당하다, 결박당하다.
    ㄷ. 존경받다, 감금받다, 주목받다, 결박받다.

(3) ㄱ. 이런 덫에도 범이 잡아 지느냐?

---

* 최규수(2005), 「‘되다’와 ‘지다’의 피동성에 관하여」, 한글 269, 한글학회, 101-133.

ㄴ. 날씨가 따뜻하니, 서산의 눈이 녹아 진다.

ㄷ. 신라가 고려한테 망하여 졌다.

ㄹ. 날이 점점 추워 진다.

ㅁ. 아무리 씻은들 검은 숯이 희어 지랴?

한편 '지다'로 형성된 합성어가 동사인 문장은 피동문으로 보지 않았다 (최현배 1978=1937[7] : 435-437).

(4) ㄱ. 바람이 부니, 고운 꽃이 떨어진다.

ㄴ. 바람에 버드나무가 넘어졌다.

ㄷ. 그 학교가 깨어졌다.

ㄹ. 날이 오늘부터 좀 풀어진다.

그런데 그 뒤의 연구들에서 이러한 '지다'와 '되다' 따위의 구성이 피동 문인가 아닌가에 관하여 많은 논란이 있어 왔다. 이 글에서는 이러한 구 성과 관련된 문제점을 검토하여, (1)-(3)의 모든 문장들과 (4)의 많은 문장 들이 피동문임을 논의하고자 한다.

1.2. 피동문의 범위를 가장 엄격하게 제한한다면, 전형적인 피동문의 조건을 다음과 같이 규정할 수 있을 것이다.

(5) ㄱ. 의미적 조건 : 피동의 의미가 있다.

ㄴ. 통어적 조건 : 타동사 문에 대응하는 자동사문이다.

ㄷ. 형태적 조건 : 피동의 파생접사로 형성된 것이다.

이러한 관점에서는 (6)ㄱ과 같은 문장을 피동문으로 간주하고, 위 (1)-(3)의 문장은 피동문이 아닌 것으로 간주하게 될 것이다.

(6) ㄱ. 토끼가 영이에게 잡혔다.

　　ㄴ. 영이가 토끼를 잡았다.

1.3. 이 글에서는 (5)ㄷ의 조건은 피동문을 규정하는 데 필수적이 아니라고 생각한다. 곧 피동문은 기본적으로 의미론 및 통어론과 관련된 문법 현상이라는 것이다. 이러한 정의에 따르면, 피동문의 논의는 능동문과의 통어적·의미적 관련성을 고려하면서, 능동사와 피동사의 통어적 특성을 체계적으로 파악하고, 이에 바탕을 둔 피동문의 구조 분석에 초점이 맞추어져야 한다.

이런 관점에서는 당연히 피동문의 의미적·통어적 조건을 중시하여, (7)의 ㄱ에 대응하는 ㄴ을 피동문으로 규정할 수 있다.[1]

(7) ㄱ. NP1가 NP2 V1

　　ㄴ. NP2가 (NP1에게) V2

피동문을 이렇게 정의하게 되면, 피동문을 구성하는 동사의 형식은 크게 문제되지 않는다. 다만 동사의 형식이 어떻게 드러나든지 간에, (피동의 의미를 가진) 피동사가 능동사와 공유하는 일정한 의미적 자질이 있다는 의미적 조건만 필요할 뿐이다.

이 글에서는 이러한 각도에서 (1)-(4)와 같은 '되다'와 '지다' 구성이 피동문인가 아닌가를 검토할 것이다. 문제의 초점은 두 가지로 정리할 수 있다. 하나는 특히 자동사와 결합한 '되다, 지다' 구성에 대응하는 타동사 문이 있는가 하는 것이다. 다른 하나는 '되다'와 '지다'가 쓰인 문장이 피동의 의미적 자질을 가지고 있는가 하는 것이다. 이 글은 이 두 가지 문제

---

1) 피동문에서 능동문의 주어에 대응하는 성분의 표지는 '-에게'와 '-에 의하여' 등과 함께, '-에'가 있다. 이 성분의 표지에 대한 논의는 이정택(2002, 2003)을 참고할 것.

를 중심으로 논의하되, 능동사와 피동사의 체계와 관련하여 살필 것이다.

2. '되다'의 피동성

2.1. 먼저 동사2)는 타동성에 따라, 자동사와 타동사로 나누어진다. 그리고 피동성에 따라 능동사와 피동사로 나누어지고, 사동성에 따라 주동사와 사동사로 나누어진다. 이러한 동사의 유형의 관계를 보면, 적어도 논리적으로는, 사동사가 타동사이면, 그 사동문에 대응하는 피동문이 있을 수 있다. 물론 피동문에 대응하는 사동문도 있을 수 있다.

이제 사동문의 피동문을 고려해 보기로 하자. 사동은 다음의 두 종류가 있다.

> (8) ㄱ. 철수가 영이에게 책을 읽혔다.
>   ㄴ. 철수가 영이를 책을 읽혔다.

> (9) ㄱ. 철수가 영이에게 책을 읽게 했다.
>   ㄴ. 철수가 영이를 책을 읽게 했다.

피동은, 형태적으로는 능동사인 타동사가 자동사인 피동사로 교체되면서, 통어적으로는 보통 타동사문의 목적어가 자동사문의 주어로 교체되고, 타동사문의 주어가 자동사문의 위치어로 교체되는 문법 현상이다. 그렇다면, (8)ㄴ의 사동문은 분명히 목적어를 가지고 있기 때문에, 적어도 논리적으로는, 분명히 이에 대응되는 피동문이 있을 수 있다. 그런데 이에 대응하는, 파생접사로 형성된 피동문은 존재하지 않는다. 그 까닭은 아마

---

2) 이 글에서 '동사'는 용언을 가리킨다. 따라서 학교문법의 동사와 형용사뿐만 아니라, 지정사 '이다'를 포괄한다. 이러한 용법에 따르면, 형용사와 지정사는 자동사로 분류된다.

한국어에서 피동의 파생접사와 사동의 파생접사가 겹쳐 날 수 없기 때문이 아닌가 생각된다. 그러나 형식 동사 '하다'로 형성된 (9)ㄴ의 사동문은, 적어도 통어적인 측면만 고려한다면, 피동문이 될 수 있다. (9)의 사동문의 구조는 다음과 같은 안은 문장으로 분석할 수 있다.[3]

(10) ㄱ. 철수가 영이에게 [책을 읽게] 했다.
　　 ㄴ. 철수가 영이를 [책을 읽게] 했다.

(9)의 구조를 이렇게 분석하는 것은 '-시-'의 쓰임 때문이다. '-시-'는 주어와 일치 관계를 형성하는데, 이러한 일치를 설명하기 위해서는 '읽게'와 '하다'의 두 개의 동사가 각기 다른 주어를 가지는 것으로 분석할 수밖에 없다.

(11) ㄱ. 영이는 아버지ᵢ에게 [∅ᵢ 책을 읽으시게] 했다.
　　 ㄴ. 아버지는 철수ⱼ에게 [∅ⱼ 책을 읽게] 하셨다.

'하다'로 형성된 사동문이 주어를 두 개 가진다는 것은 다음의 문장에서 확인할 수 있다.

(12) ㄱ. 철수는 [영이가 책을 읽게] 했다.
　　 ㄴ. 철수는 [아버지가 책을 읽으시게] 했다.

---

3) 그런데 이러한 분석은 '읽게 하다'를 피동사로 본 것과 언뜻 보면 양립하지 않는 것으로 보인다. '읽게 하다'를 하나의 피동사로 본 것은, '읽게'와 '하다'가 긴밀하게 결합하여 하나의 합성어처럼 쓰이며, '읽히다'와 어휘적으로 계열 관계를 형성한다는 점을 중시한 것이다. 이렇게 '읽게 하다'를 하나의 단어처럼 보면서, 한편으로는 통어론에서 '하다'로 형성된 문장이 '읽게'로 형성된 문장을 안은 구조로 분석하면 당연히 형태론의 단위와 통어론의 단위가 1 대 1로 대응하지 않는 문제가 생길 수 있다. 그러나 이 글에서는 이 문제에 대하여 더 이상 논의하지는 않는다.

사동문의 구조를 이렇게 분석한다면, (10)ㄴ은 '하다'의 목적어가 있으니까, 그 문장에 대응하는 피동문이 있을 수 있다. 그 피동문은, 주어와 목적어의 교체와 함께, '하다'를 '되다'로 교체함으로써 형성된다.

(13) ㄱ. 철수가 영이를 [책을 읽게] 했다.
ㄴ. 영이가 (철수에 의하여) [책을 읽게] 되었다.

2.2. 이상의 논의를 정리하면, 'V-게 되다'로 형성된 문장은 'V-게 하다'로 형성된 타동사문의 피동문이라는 것이다. 'V-게 하다'로 형성된 문장을 사동문이라 한다면, 'V-게 되다'로 형성된 문장을 피동문으로 인정하지 못할 논리적 이유가 없다. 또 사동문이 타동문이라면, 타동문에 대응하는 피동문이 없을 까닭도 없다.

사실 한국어에서 사동 접사로 형성되는 사동사는 매우 제한적이다. 피동 접사로 형성되는 피동사도 마찬가지로 매우 제한적이다. 곧 많은 자동사나 타동사들에 사동 접사가 결합되지 못하며, 많은 타동사들에도 피동의 접사가 결합하지 못한다. 따라서 사동이나 피동을 접사가 붙는 것에만 한정한다면, 사동이나 피동의 어휘 체계에 엄청난 빈칸이 생기게 된다.[4] 그러나 'V-게 하다'와 'V-게 되다'로 형성된 문장을 각각 사동문과 피동문으로 처리한다면 그 많은 빈칸들이 다 채워지게 되어, 한국어의 능동문과 피동문, 주동문과 사동문의 관계는 의미적 · 통어적으로 꽉 짜인 체계를 이루게 된다.

---

4) 이정택(2001ㄴ : 95)에서 지적하고 있듯이, 피동의 접미사가 생산성이 낮고 불규칙적이어서, 접미사로 형성된 피동사가 쓰인 문장만을 피동문이라 한다면, 한국어 피동문은 체계적 빈칸을 피할 수 없다. 그리고 강명순(2001)에서는 접미사 피동사 체계의 역사적 변천 과정을 잘 보여 주고 있는데, 현대 국어의 피동법의 체계에 관한 논의에서도 이러한 피동사 역사적 변천 과정을 충분히 고려해야 할 것이라 생각한다.

2.3. 여태까지는 사동의 피동에 대하여 행위 동사를 중심으로 논의해 왔다. 이제 이러한 논의를 다른 부류의 동사들로 확장하여 살피기로 한다. 동사는 동작성과 통제성을 기준으로 다음과 같이 분류할 수 있다(S. C. Dik 1978 : 34 참조).

(14) 동사의 분류

	동작성(dynamic)	통제성(controlled)
행위 동사(action)	+	+
과정 동사(process)	+	–
위치 동사(position)	–	+
상태 동사(state)	–	–

(15) 동사의 목록

ㄱ. 행위 동사 : 가다, 주다, 먹다, 좋아하다, …

ㄴ. 과정 동사 : 피다, 떨어지다, 흐르다, …

ㄷ. 위치 동사 : 있다, 살다, …

ㄹ. 상태 동사 : 크다, 작다, 예쁘다, 붉다, 싫다, …

이들 모든 동사들은 'V-게 하다'의 사동문을 형성할 수 있으며, 또 그 사동에 대응하는, 'V-게 되다'의 피동문을 형성할 수 있다.

(16) ㄱ. 영이가 돌아왔다.

ㄴ. 철수가 영이를 돌아오게 했다.

ㄷ. 영이가 (철수에 의하여) 돌아오게 되었다.

(17) ㄱ. 물이 흐른다.

ㄴ. 영이가 물을 흐르게 한다.

ㄷ. 물이 (영이에 의하여) 흐르게 된다.

(18) ㄱ. 영이가 마산에 있었다.

ㄴ. 철수는 영이를 마산에 있게 했다.

ㄷ. 영이가 (철수에 의하여) 마산에 있게 되었다.

(19) ㄱ. 화면이 어둡다.

ㄴ. 영이가 화면을 어둡게 했다.

ㄷ. 화면이 (영이에 의하여) 어둡게 되었다.

이상의 논의를 도식적으로 정리하면, 다음과 같다. (20)의 ㄱ과 같은 'V-게 되다' 형식의 문장은 ㄴ과 같은 형식의 사동문인 타동사문에 대응하는 피동문이다.[5]

(20) ㄱ. X가 (Y에 의하여) V-게 되다.

ㄴ. Y가 X를 V-게 하다.

2.4. 이제 '연구, 주목' 따위의 동사성 명사와 '되다'가 결합하여 형성된 합성어의 피동성에 대하여 살피기로 한다(최현배 1978=1937[7] : 435-437 참조).[6]

---

5) 이정택(1992 : 157-158)에서, (ⅰ)의 ㄱ에 대응하는 ㄴ의 문장에 능동주를 상정할 수도 있고, 그렇지 않을 수도 있다는 사실을 들어, ㄱ의 'V-게 되다' 문장을 피동문이 아니라고 했다.

(ⅰ) ㄱ. 제가 다시 오게 됐군요.

ㄴ. X(누구, 무엇)가 저를 다시 오게 했군요.

그런데, 이러한 능동주의 문제는 접미사로 형성되는 피동사에서도 생긴다. 최현배 (1937=1978[7] : 438)에서 보듯이, '풀리다'의 경우가 그러하다. 그러나 (ⅱ)의 ㄱ도 (ⅰ)의 ㄱ과 마찬가지 현상을 보이는데, 그렇다고 해서 (ⅲ)의 ㄱ을 피동문이 아니라고 할 수는 없다.

(ⅱ) ㄱ. 날씨가 풀리다.

ㄴ. X가 날씨를 풀다.

(ⅲ) ㄱ. 실이 (영이에 의하여) 풀리다.

ㄴ. 영이가 실을 풀다.

그리고 피동문에 대응하는 능동문이나 능동주를 상정하기 어렵다는 것은, 뒤에 논의하겠지만, 언어의 문제가 아니라, 인식의 문제일 수도 있다.

6) 이정택(2001ㄱ)에서는 'N되다, N당하다, N받다'가 피동사임을 논증하고 있다.

(21) ㄱ. 걱정되다, 공부되자, 연구되다, 감금되다, 주목되다, 게재
　　　　되다, 결박되다.
　　 ㄴ. 감금당하다, 주목당하다, 협박당하다, 결박당하다.
　　 ㄷ. 존경받다, 주목받다.

　여기서 'N되다, N당하다, N받다'에 대응하는 능동사 'N하다'는 피동
접사가 결합할 수 없다는 것을 유의해야 한다. 그러나 'N되다, N당하다,
N받다'는 피동의 의미를 가지며, 이것들이 쓰인 문장은 피동 접사로 형성
된 피동문과 마찬가지의 방식으로 'N하다'로 형성된 문장과 대응한다. 따
라서, 형태적 조건을 제외하고, 의미적 · 통어적 조건만 고려한다면, (21)
의 동사들은 피동사들로 간주된다.[7]

(22) ㄱ. 영이가 물리학을 연구했다.
　　 ㄴ. 물리학이 영이에 의하여 연구되었다.

(23) ㄱ. 사람들이 영이를 주목했다.
　　 ㄴ. 영이가 사람들에게 주목되었다.

(24) ㄱ. 영이가 물리학 논문을 게재했다.
　　 ㄴ. 물리학 논문이 영이에 의하여 게재되었다.

(25) ㄱ. 경찰이 도둑을 결박했다.
　　 ㄴ. 도둑이 경찰에게 결박되었다.

2.5. 이상 논의를 종합하면, 최현배(1978=1937[7])의 피동사 목록을 그대로

---

7) 다만, '걱정되다'는 다른 'N되다'와 문법적 성질이 좀 다르다. 그것은 '걱정되다'가 심리
　동사의 성질을 가졌기 때문이 아닌가 생각된다.
　(i) ㄱ. 나는 영이를 걱정한다.
　　　 ㄴ. [?]영이가 나에게(는) 걱정된다.
　　　 ㄷ. 나는 영이가 걱정된다.

받아들일 수 있다는 것이다. 이를 정리하면 다음과 같다.

(26) 피동사의 종류(복합어)
　┌ 형태적 ┌ 파생접사로 형성된 것.
　│　　　 └ 합성으로 형성된 것 … N되다, N당하다, N받다.
　└ 통어적 … V-게 되다.

2.6. 그렇지만 최현배(1978=1937[7])에서 이것들 가운데, 피동사가 아니라고 한 것들이 있는데, 이에 관하여 살펴보기로 한다. 먼저, 최현배(1978=1937[7] : 400)에서는 다음의 '가난하게 되다, 크게 되다'를 피동사가 아니라고 하였다.

(27) ㄱ. 그 사람이 점점 가난하게 되었다.
　　 ㄴ. 그 아이가 점점 크게 되었다.

그런데 (26)에 대응하는 피동문을 충분히 가정할 수 있으니, 이것들을 피동사가 아니라 할 별다른 까닭이 없다. 따라서 이것들도 당연히 피동사로 보아야 한다고 생각한다.

(28) ㄱ. 그 사람을 점점 가난하게 하였다.
　　 ㄴ. 그 아이를 점점 크게 하였다.

3. '지다'의 피동성

3.1. 피동사는 보통 파생접사로 형성된다.

(29) ㄱ. 영이가 책을 잡았다.

ㄴ. 책이 영이에게 잡혔다.

그런데 '주다, 보내다'와 같은 타동사에 대응하는, 파생접사로 형성되는 피동사는 없다. 그러나 '주다'와 '보내다'는 타동사문을 형성하므로, 그러한 타동사문에 대응하는 피동문이 있을 수 있다. 이 경우에 피동 접사 대신에 'V-어 지다'의 형식이 사용된다.

(30) ㄱ. 철수가 영이에게 책을 주었다.
ㄴ. 책이 (영이에 의하여) 철수에게 주어 졌다.

(31) ㄱ. 철수가 영이를 마산에 보냈다.
ㄴ. 영이가 (철수에 의하여) 마산에 보내어 졌다.

'V-어 지다'의 형식의 문장이 피동문이라고 볼 수 있는 것은, 피동문의 통사적·의미적 조건을 충족시키기 때문이다. 만일 'V-어 지다'의 형식을 피동사로 보지 않는다면, '주다' 따위의 많은 타동사들이 그에 대응하는 피동사를 갖지 못하게 되고, 그 동사들로 형성되는 타동사문이 그에 대응하는 피동문을 갖지 못하게 된다. 그렇게 되면, 능동사와 피동사의 체계와 능동문과 피동문의 체계에 많은 빈칸이 생기게 된다. 그러나 'V-어 지다'의 형식을 피동사로 보면, 그러한 문제는 해소될 것이다.

그런데 '잡다, 마시다' 따위의 동사에 대응하는 피동사는 파생접사로 형성되기도 하고, 'V-어 지다'로 형성되기도 한다.

(32) ㄱ. 책이 영이에게 잡혔다.
ㄴ. 책이 영이에게 잡아 졌다.

이러한 동사는 파생접사와 'V-어 지다'가 겹쳐져 나타나기도 한다.[8]

(33) 책이 영이에게 잡히어 졌다.

3.2. 이제 타동사가 아닌 동사에 'V-어 지다'가 결합된 형식을 보기로 하자.9)

(34) 그런 자리에는 다시는 안 가려고 해도, 자꾸 가 진다.

(35) 화면이 어두워 졌다.

(36) 물이 차가워 졌다.

최현배(1978=1937^7 : 431-434)에서는 '세째 입음법'에서 '제움직씨의 세째 입음법의 보기'에서 자동사의 피동형을 들었지만, '잡이 3'에서는 다음과 같은 까닭을 들어 자동사는 이에 대응하는 피동사가 없다고 하였다.

(37) 이렇다고 이것으로써 제움직씨도 입음꼴이 있다고는 못 할 것이
     니 : 왜 그러냐 하면, 이 세째 법은 다만 사실적 입음의 뜻을 보이는
     이은말스런(連語的) 운용(運用)에 불과한 것이기 때문이다. (433)

그러나 이 글의 논의에 따르면, 이 문장들도 피동문으로 보아야 한다. 물론 '가다, 어둡다'에 직접 대응하는 타동사는 없다. 그러나 이것들도 'V-게 하다' 형식의 사동문을 형성할 수 있으며, 그 사동문은 타동사문이다. 그리고 사동사문인 타동사문은 'V-게 되다' 형식의 피동문과 함께, 'V-어 지다' 형식의 피동문을 형성할 수 있다.10)

---

8) 이러한 예는 보통 잘못된 용법으로 알려져 있다. 그러나 일상 생활에서 흔히 발견되는 것이고, 적어도 논리적으로는, 잘못되었다고 보기는 어렵다.
9) 성광수(1976)에서는 이러한 종류의 'V-어 지다' 문장을 '기동적 피동문'이라 했다.
10) 성광수(1976 : 176)에서는 'V-어 지다' 피동문이 'V-게 하다' 사동 타동문에 직접 대응하는 것으로 보지는 않았으나, (42)에 대한 설명에서, 의미적으로 그러한 관계를 논의하

(38) ㄱ. 영이가 갔다.

   ㄴ. 철수가 영이를 가게 했다.

   ㄷ. 영이가 (철수에 의하여) 가 졌다.

(39) ㄱ. 화면이 어둡다.

   ㄴ. 영이가 화면을 어둡게 했다.

   ㄷ. 화면이 (영이에 의하여) 어두워 졌다.

위 문장의 ㄷ은, 피동문의 통어적·의미적 조건을 갖추고 있기 때문에, 피동문으로 볼 수 있다.11)

고 있는데, 그대로 옮기면 다음과 같다.
(42) a. 도로가 넓다.
   b. 도로가 넓어 진다.
   c. 건물이 높다.
   d. 건물이 높아 진다.
"조동사 "지(다)"가 형용사에 동사적 영향을 미친다. 그리고 여기에 사동적인 의미가 가해지고 있다. (42)a와 (42)c에 "도로를 넓게 하는", "건물을 높게 하는" 어떤 동인(動因)이 가해지면 (42)b와 (42)d의 의미는 같은 것으로 해석된다."

11) 우인혜(1997 : 195-199)에서는 'V-어 지다' 문장이 피동문으로 볼 경우 생기는 문제점을 여섯 가지를 들고 있는데, 정리하면 다음과 같다. 이 논의의 요점은 'V-어 지다' 문장을 '피동문'이 아니라 '기동문'으로 보면 모든 문제가 해결된다는 것이다.
① 자동사가 피동문을 이룬다고 하는 것이므로 문제가 있다.
② 동사가 단독으로 쓰인 경우나 그것에 '-어 지다'가 결합하는 경우가 피동적인 의미에서는 별 차이를 드러내지 않는 일이 있다.
③ '-어 지다' 구문이 피동성을 드러내는 것은 기동적 의미 자체의 특성으로 설명할 수 있으므로 구태여 그 구문을 피동문으로 볼 필요가 없다.
④ 자동사의 경우에 '-어 지다'가 결합하지 못하는 경우가 많다.
⑤ '-어 지다' 구문이 긍정문보다는 부정문의 경우에 더 자연스럽게 쓰이는 일이 있다.
⑥ '-어 지다'는 완료형 또는 과거형일 때 더 자연스럽게 쓰인다.
이 문제들은 주로 '기동성'의 의미와 관련이 있는데, 이 글에서는 '-어 지다'가 타동사 아닌 동사에 결합할 때 기동성을 가진다는 것을 부인하는 것이 아니라, '피동성'과 '기동성'을 동시에 가지는 것으로 본다. 이러한 우인혜(1997)의 논의가 모두 맞다고 하더라도, 위의 논의들이 'V-어 지다' 문장을 피동문으로 볼 때 생기는 위의 문제들은 피동문이 가지는 '기동성'에서 비롯되는 일종의 (의미적) 제약으로 볼 수 있을 것이다. 그리고 'V-어 지다' 문장의 피동성이 동사의 종류에 따라 정도성이 있다는 점도 고려해야 할 것이다. 따라서 우인혜(1997)의 위의 논의가 'V-어 지다' 문장이 피동문임을 부정하는

3.3. 한편 'V-어 지다'는 'V-어'와 '지다'가 긴밀하게 결합하여 하나의
동사로 된 것들이 있다. 이 글의 논의에 따르면 이 형식들도, 피동의 의미
가 있으며, 이것들에 대응하는 타동사가 있고, 그 동사로 형성된 문장에
대응하는 타동사문이 있으면, 피동사이다.

> (40) ㄱ. 영이는 책을 떨어뜨렸다.
> ㄴ. 책이 (영이에 의하여) 떨어졌다.

최현배(1978=1937[7] : 433)에서는 '도로된 본대 움직씨(還元本動詞)'의 논의에
서, 'V-어지다' 형식을 피동사가 아니라, 단순한 자동사로 보았다. 곧, 도
로된 본대 움직씨를 (41)과 같이 정의하고, 입음 움직씨에서 된 것을 (42)
와 같이 설명하였다. 그 목록은 (43)과 같다.

> (41) 완전히 본대 움직씨로 된 것을 이름이니 : 그 뜻이 거의 전연히 독립
> 적이어서, 그 본대의 본대 움직씨를 예상할 것 없이, 직접적으로 그
> 뜻을 잡을 수 있는 것이니라.

> (42) 남움직씨가 입음 도움 움직씨(被動變動詞) "지다"와 어울려서 입음의
> 뜻을 나타내던 것이 한 낱의 "본대 움직씨"(제움직씨)로 된 것.

> (43) 떨어지다, 넘어지다, 깨어지다, 풀어지다, 엎어지다, 엎드러지다, 꺼
> 지다, 터지다, 이지러지다, 부러지다, 사라지다, 쓰러지다, 고라지다,
> 불거지다, 볼가지다, 빠지다, 자빠지다.

그런데, 이 글의 논의에 따르면, 위의 동사들 가운데 피동의 의미가 있
으며, 이에 대응하는 타동사문이 있는 것들이 있는데, 그것들은 피동사로
보아야 할 것이다. 'V-어지다' 형식의 피동사에 대응하는 타동사는 두 부

논의로 성립되기는 어렵다고 생각된다.

류로 나누어지는데, 하나의 부류는 'V-어지'에서 '-어지'가 빠진 형식이
고, 다른 하나의 부류는 'V-어지다'의 '-어지다'가 '-어뜨리다'로 대치된
형식이다. '깨어지다'의 경우에는 두 부류의 타동사에 대응하고 있다.[12]

(44) ㄱ. 풀어지다   풀다
     ㄴ. 엎어지다   엎다
     ㄷ. 꺼지다   꺼다
     ㄹ. 깨어지다   깨다

(45) ㄱ. 떨어지다   떨어뜨리다
     ㄴ. 터지다   터뜨리다
     ㄷ. 부러지다   부러뜨리다
     ㄹ. 쓰러지다   쓰러뜨리다
     ㅁ. 빠지다   빠뜨리다
     ㅂ. 자빠지다   자빠뜨리다
     ㅅ. 깨지다   깨뜨리다

3.4. '지다'로 형성된 피동사에 대한 이상의 논의를 정리하면 다음과
같다. '지다'로 형성되는 피동사는 'V-어 지다'와 'V-어지다'의 두 가지
형식이 있다.

'V-어 지다' 피동사는 본디 타동사에 대응하는 것과 사동 타동사에 대
응하는 것의 두 가지가 있다. 본디 타동사에 대응하는 것은 '주다, 보내다'
와 같이 피동 접사로 형성되지 않는 타동사이거나, 다른 모든 타동사에
대응하는 것이다. 사동 타동사에 대응하는 것은 'V-어 지다'의 동사가 비
타동사인 경우이다.

---

12) 이러한 'V-어지다' 피동사와 관련된 동사의 체계를 보면, '-어뜨리-'가 '강조'의 파생접
   사로 분석하는 것이 바람직하지 않다는 생각이 든다. 적어도 공시적으로는, 강조의 형식
   인 'V-어뜨리다'에 대응하는 '비강조'의 형식이 존재하지 않기 때문이다. 다만, '깨뜨리
   다'의 경우는 조금 다른데, '깨다'의 형식이 있기 때문이다.

'V-어지다' 피동사는 모두 본디 타동사에 대응하는데, 본디 타동사는 'V-어뜨리다' 형식에 대응하는 것과 그렇지 않은 두 부류로 나누어진다. 이를 다음과 같은 그림으로 정리할 수 있다.

(46) '지다' 피동사의 종류

형식	대응하는 타동사		대응하는 타동사의 종류
V-어 지다	본디 타동사		주다, 보내다
	사동 타동사		읽게 하다, 가게 하다, 어둡게 하다
V-어지다	본디 타동사	V-어뜨리다	떨어뜨리다, 터뜨리다, 깨뜨리다
		그 밖	풀다, 엎다, 깨다

4. 피동문의 범위

4.1. 이 글에서는 피동문을 (47)과 같이 정의하고, (48)의 ㄱ에 대응하는 ㄴ을 피동문으로 규정하였다. 그리고 이 글에서 논의된 피동사의 형식을 (49)와 같이 정리할 수 있다.

(47) ㄱ. 의미적 조건 : 피동의 의미가 있다.

ㄴ. 통어적 조건 : 타동사 문에 대응하는 자동사문이다.

(48) ㄱ. NP₁가 NP₂ V₁

ㄴ. NP₂가 (NP₁에게) V₂

(49) 피동사의 유형

```
┌ 형태적 ┬파생 ┄ V-{히, …}다                              Ⅰ유형
│        └합성 ┄ N되다, N당하다, N받다, V-어지다13)          Ⅱ유형
└ 통어적 ┄┄┄┄┄┄ V-게 되다, V-어 지다                        Ⅲ유형
```

---

13) 'V-어지다'를 합성어로 처리한 것은 'V-어 지다'의 관련성을 중시한 것이다.

여기서 다음과 같은 문제를 논의해야 한다. (ⅰ) 피동사의 체계, (ⅱ) 피동사와 피동문의 관계, (ⅲ) 피동문의 의미. 이 세 문제는 서로 긴밀하게 얽혀 있기 때문에 완전히 분리하기는 어려운 문제들이지만, 논의의 편의상 분리하여 다루기로 한다.

4.2. 피동사의 체계에 관한 문제는 Ⅰ유형과 Ⅱ유형의 관계, Ⅰ·Ⅱ유형과 Ⅲ유형의 관계, Ⅲ유형에서 'V-게 되다'와 'V-어 지다'의 관계에 관한 문제이다.

Ⅰ유형과 Ⅱ유형은 형성 과정이 배타적이다. 'N되다, N당하다, N받다'에 대응하는 'N하다' 타동사는 피동의 접사가 결합할 수 없다. 'V-어지다'에 대응하는 동사도 피동의 접사가 결합할 수 없다. 따라서 이 두 유형은 체계상 서로 상보적이라 할 수 있다.

Ⅰ·Ⅱ유형과 Ⅲ유형의 관계는 조금 복잡하다. 'V-게 되다' 피동사는 'V-게 하다' 사동사에 대응하는 것이다. 'V-어 지다'는 이에 대응하는 타동사가 본디 타동사인 경우도 있고, 사동 타동사인 경우가 있다. 앞의 경우는 '주어 지다, 잡아 지다' 따위가 있는데, 이에 대응하는 타동사는 '주다, 잡다' 따위의 본디 타동사이다. 뒤의 경우는 '어두워 지다' 따위가 있는데, 이에 대응하는 타동사는 'V'가 비타동사인 'V-게 하다' 타동사이다.

그리고 Ⅰ유형과 Ⅲ유형의 'V-어 지다'는, 이에 대응하는 타동사가 본디 타동사인 경우에는, 서로 교체되어 쓰일 수 있다.

(50) ㄱ. 영이가 책을 읽는다.
ㄴ. 책이 (영이에 의하여) 읽힌다.
ㄷ. 책이 (영이에 의하여) 읽어 진다.

Ⅲ유형에서, 'V-게 되다'와 'V-어 지다'는 이에 대응하는 타동사가

'V-게 하다'인 경우에는 서로 교체하여 쓰일 수 있다.

(51) ㄱ. 영이가 물을 흐르게 한다.
　　ㄴ. 물이 (영이에 의하여) 흐르게 된다.
　　ㄷ. 물이 (영이에 의하여) 흘러 진다.

(52) ㄱ. 철수가 영이를 가게 했다.
　　ㄴ. 영이가 (철수에 의하여) 가게 되었다.
　　ㄷ. 영이가 (철수에 의하여) 가 졌다.

(53) ㄱ. 영이가 화면을 어둡게 했다.
　　ㄴ. 화면이 (영이에 의하여) 어둡게 되었다.
　　ㄷ. 화면이 (영이에 의하여) 어두워 졌다.

이상에서, '잡히다'와 '잡아 지다'가 겹쳐 쓰이고, 'V-되다'와 'V-어 지다'가 겹쳐 쓰이는 것을 알 수 있는데, 이 쌍들이 어떤 통어적·의미적으로 어떤 차이가 있는지가 살펴야 할 것이다(그러나 이 글에서는 이 문제에 대해서는 더 이상 논의하지 않는다).

4.3. 이제 피동사와 피동문의 관계에 대하여 살펴보자. 앞에서 피동문을 피동사 V_2로 형성된, 타동사문인 ㄱ에 대응하는 문장으로 정의했다.

(48) ㄱ. NP_1가 NP_2 V_1
　　ㄴ. NP_2가 (NP_1에게) V_2

그런데 ㄴ에 대응하는 능동문에서 NP_1[주어]을 설정할 수 없는 경우도 있고, 또 거꾸로 ㄱ에 대응하는 피동문에서 NP_2[능동문의 주어에 대응하는 성분]를 설정하기 어려운 경우도 있다.

먼저, 앞의 경우를 살펴보자. 이 경우는 피동문은 있으나, 이에 대응하는 능동문을 찾을 수 없는 경우이다. 최현배(1978=1937[7] : 438)에서는, (54)의 '풀리다, 틀리다'는 피동사로 보지 않고, (55)의 '풀리다, 틀리다'는 피동사로 보면서, 그 까닭을 (56)과 같이 논의하였다.

    (54) ㄱ. 영하 22.5도의 모진 추위도 사흘이 지난 오후부터는 좀 풀립니다.
        ㄴ. 그 일이 틀렸다.
        ㄷ. 틀린 생각이오.

    (55) ㄱ. 실이 풀리오. (사람이 실을 푸오.)
        ㄴ. 마음이 풀리오. (내가 마음을 풀었소.)
        ㄷ. 팔이 틀린다. (저 애가 내 팔을 틀었소.)

    (56) 그 까닭은 앞의 것은 "풀다", "틀다"의 움직임을 하는 임자 될 말이 있다고 생각할 수 없음에 뒤치어(반하여), 뒤의 것은 그 움직임을 하는 그 움직임을 하는, 임자(도림 안에 적었음)가 따로 있음이, 그 서로의 다름이라.

이러한 최현배(1937)의 논의는, 어떤 동사가 피동사의 꼴을 갖추었다 할지라도, 다음의 통어적 조건을 충족시켜야 피동사가 될 수 있다는 것이다 (ㄱ의 진술은 ㄴ의 진술로 바꿀 수 있을 것이다).

    (57) ㄱ. 피동문에 대응하는 능동문이 있어야 한다.
        ㄴ. 능동문에는 피동문의 어떤 성분에 대응하는 주어가 있어야 한다.

이러한 진술을 거꾸로 말하면, 다음과 같은 진술이 될 것이다.

(58) 피동문에는 능동문의 주어에 대응하는 성분이 있어야 한다.

곧, ㄴ의 피동문은 ㄱ의 능동문의 주어에 대응하는 성분을 가지고 있어야 한다는 것이다.

(59) ㄱ. 사람이 실을 푼다.
　　 ㄴ. 실이 (사람에 의하여) 풀린다.

(60) ㄱ. 내가 마음을 푼다.
　　 ㄴ. 마음이 (나에 의하여) 풀린다.

(61) ㄱ. 저 애가 내 팔을 틀었다.
　　 ㄴ. 내 팔이 (저 애에게) 틀렸다.

사실 파생접사 유형의 피동사들이 형성하는 피동문이 그것에 대응하는 능동문이 없는 경우가 많다. 그런데 이 문제에 관해서는, 이 유형의 피동사나 'V-어 지다' 피동사나 근본적으로는 동일한 것이다. 따라서 이 문제에 대한 'V-어 지다' 피동사의 논의는 파생접사 유형에도 그대로 적용된다.

이제 이 문제에 대하여 살펴보기로 하자. 앞에서 'V'가 비타동사인 'V-어 지다'는 'V-게 하다' 타동문의 피동이라 했다. 곧, (62)에서 ㄷ의 피동문에 대응하는 능동문은 (ㄱ이 아니라) ㄴ이라는 것이다.

(62) ㄱ. X가 V
　　 ㄴ. Y가 X를 V-게 하다.
　　 ㄷ. X가 (Y에 의하여) V-어 지다.

여기서 동사 V가 '어둡다, 차다, 흐르다, 아름답다' 따위가 쓰일 경우,

'Y가'와 'Y에 의하여' 성분에 대하여 살펴보기로 한다.

    (63) ㄱ. 물이 차다.
           ㄴ. Y가 물을 차게 했다.
           ㄷ. 물이 (Y에 의하여) 차 졌다.

  '물이 차다'라는 일은 인간과 같은 의지를 가진 행위자에 의하여 일어
날 수도 있고, 바람과 같은 자연적인 힘에 의하여 일어날 수도 있다. 그런
데, 한국어는 무생물 주어가 행위를 나타내는 타동사문의 주어로 나타나
는 것을 허용하지 않기 때문에, (65)에서 ㄱ은 받아들이기 어려운 문장으
로 간주된다.[14] 그러나 (66)의 ㄱ과 같이 초자연적인 힘을 가진 존재가 주
어일 경우에는 가능하다.

    (64) ㄱ. 영이가 물을 차게 했다.
           ㄴ. 물이 (영이에 의하여) 차 졌다.

    (65) ㄱ. !북풍이 물을 차게 했다.
           ㄴ. 물이 (북풍에 의하여) 차 졌다.

    (66) ㄱ. 물의 신이 물을 차게 했다.
           ㄴ. 물이 (물의 신에 의하여) 차 졌다.

  한편, '강물이 차다, 날이 차다'와 같은 자연 현상을 나타내는 일에서는,
이에 대응하는 사동 타동사문과 그 사동 타동사문에 대응하는 피동문의
'Y가'와 'Y에 의하여' 성분은 신이나 요정 같은 초자연적인 존재인 경우

---

14) 이에 대하여 성광수(1976 : 175)에서는 다음과 같이 논의하고 있다.
    "피동태 표현이 가능한 자동사라도 초자연적인 현상에 대해서는 피동 여부를 확인할
    수 없기 때문에 피동 구성은 불가능한 것이라 생각된다."

에만 가능하다.

(67) ㄱ. {강물, 날}이 차다.
ㄴ. Y가 {강물, 날}을 차게 했다.
ㄷ. {강물, 날}이 (Y에 의하여) 차 졌다.

'아름답다'와 같은 속성을 드러내는 동사로 형성된 자동사문이 있고, 이 자동사문에 대응하는 사동 타동사문이나 사동 타동사문에 대응하는 피동문의 'Y가'와 'Y에 의하여' 성분도 그러하다.

(68) ㄱ. 영이가 아름답다.
ㄴ. Y가 영이를 아름답게 했다.
ㄷ. 영이가 (Y에 의하여) 아름다워 졌다.

그런데 (67)과 (68)에서, ㄴ과 ㄷ의 'Y가'와 'Y에 의하여' 성분이 인간일 수 없는 것은, 위의 일들이 인간의 통제 능력 밖에 있는 일이기 때문이다.

4.4. 이상의 논의를 정리하면 다음과 같다. 'V-어 지다' 동사로 형성되는 문장은 일의 종류에 따라서 그 문장에 대응하는 능동문이 없는 경우도 있다. 그런 경우에는 당연히 능동문의 주어를 가정하기 어렵다. 그러나 이러한 사동 타동사문과 이에 대응하는 'V-어 지다' 문장의 'Y가'와 'Y에 의하여'와 관련된 제약은, 통어적 특성에서 오는 것이 아니라, 인간의 인식이나 어떤 일에 대한 통제 능력과 관련된 의미적인 특성에서 오는 것이다. 곧, 이러한 제약은 언어의 문제라기보다는 인식의 문제라는 것이다. 그리고 그런 경우에도 필요하다면 언제든지 'Y가'와 'Y에 의하여'에 해당하는 초자연적인 힘을 가진 존재를 가정하여, 'V-어 지다' 문장에 대응하는 능동문을 생각할 수 있는 경우가 있다는 것이다. 이런 경우에는, 'V-

어 지다'로 형성되는 문장을 당연히 피동문으로 보아야 하며, 그러한 피
동문에 쓰인 'V-어 지다'는 당연히 피동사로 보아야 할 것이다.

5. 피동문의 의미

5.1. 피동문과 능동문의 관계는 두 가지로 생각할 수 있다. 우선 통어적
으로는 주어의 선택과 관련이 있다. 예컨대, (69)의 두 문장은 (70)의 도식
과 같은 일에 대응하는데, 이 도식은 '잡다/잡히다'라는 어떤 작용을 통하
여 '영이'가 '토끼'를 영이의 힘의 영역으로 끌어들이고, '토끼'가 '영이'
의 힘의 영역에 들어가는 것을 나타낸다.

    (69) ㄱ. 영이가 토끼를 잡았다.
         ㄴ. 토끼가 영이에게 잡혔다.

    (70) (69)의 도식

　이때, '영이'를 주어로 선택하면 능동문으로 표현되고, '토끼'를 주어로
선택하면 피동문으로 표현된다는 것이다. 이러한 주어 선택은 '시점'과 관
련이 있다. 곧 (70)의 일을 인식하면서, 화자의 관심의 초점이 '영이'에게
있는가 '토끼'에게 있는가에 따라 주어가 달리 선택된다는 것이다.[15]

15) S. C. Dik(1978 : 71), 김일웅(1988), 최규수(1991)에서는 피동문과 능동문의 관계를 시점
　　으로 논의하고 있다. R. Bernardo(1980)에서는 "prior activation hypothesis"을 내세워 시점
　　과 관련된 월의 유형을 다루고 있다. Kuno, S & Kaburaki, E.(1977)에서는 시점을 좀 더
　　일반적인 문법 현상들과 관련하여 논의하고 있다.

다른 하나는 일의 (의미적) 특성의 변화이다. 타동사문은 본디 타동사로
형성된 것이든 사동 타동사로 형성된 것이든 '행위'[+동작성, +통제성]를
나타내지만, 피동문은 '과정'[+동작성, -통제성]을 나타낸다. 피동사가 파생
접사로 형성된 것이든, 합성으로 형성된 것이든, 형식동사 '되다'와 '지다'
로 형성된 것이든, 모두 마찬가지이다.

5.2. 그런데 '지다'로 형성된 피동사에 '기동성'이라는 의미가 있다는
주장이 있다. '기동성'이란 '동작을 일으키는 것'을 나타내는 것으로서,
'어둡다' 따위의 '상태성'을 가진 동사에 '지다'가 결합되면 '기동성'으로
바뀐다는 것이다. 이러한 기동성의 의미는 (71)의 ㄱ과 ㄴ을 대비하면 쉽
게 확인할 수 있다.16)

(71) ㄱ. 화면이 어둡다.　　　　　　　[상태]
　　　ㄴ. 화면이 어두워 졌다.　　　　[기동]

그런데, 이 글의 논의에 따르면, (71)의 ㄴ은, (71)의 ㄱ에 대응하는 문장
이 아니라, (72)의 ㄱ에 대응하는 피동문이다. 따라서 '과정'으로 정의된다.

(72) ㄱ. 영이가 화면을 어둡게 했다.　　[행위]
　　　ㄴ. 화면이 어두워 졌다.　　　　[과정]

---

16) 이남순(1988 : 114-115)에서는 상태 동사에 '-지-'가 연결되면 자동사화하고, '기동성'
　　을 갖는다고 하였다. 그리고 '예뻐지다'와 같은 동사가 피동사가 아님을 다음과 같이 논
　　의하였다.
　　"동작성이 줄고 과정 동사화한다는 것은 피동의 의미 구조와 일치하는 바가 있다. 또
　　'예뻐지다'라는 동사의 과정이 미치는 대상이 주어이고 또 이러한 과정이 일어나는 요
　　인이 주어의 능력 범위를 벗어나는 타력이나 객관적 여건에 의한 것이기 때문에 이런
　　자동사문이 피동처럼 느껴지기도 한다. 그러나 상태 동사는 원칙적으로 동작을 받을 수
　　가 없다. 상태 동사가 피동이 되려면 먼저 타동사화한 다음 다시 피동화의 적용을 받아
　　야 한다."

여기서 '지다'로 형성되는 동사가 '과정'으로 규정하는 것이 바람직한 것인지, 아니면 '기동'으로 규정하는 것이 바람직한 것인지에 대하여 살펴보자. '기동'으로 규정할 때는 다음과 같은 문제가 있다고 생각된다. '기동'은 그 자체의 의미 특성에 따라 정의된 개념이 아니라, 상태 동사의 의미 특성과 관련지어 정의된 개념이다. 따라서 상태 동사와의 관련성만 고려한다면 '기동'이든 '과정'이든 아무런 문제가 없다. 그러나 행위 동사와의 관련성을 생각한다면, 그렇지 않다. '행위'와 '상태'를 동시에 고려한다면, 개념 체계상 (73)에서 ㄱ의 순서는 당연히 받아들일 수 있지만, ㄴ은 받아들이기 어렵다.

(73) ㄱ. [행위] ← [기동] ← [상태]
    ㄴ. [행위] → [기동] → [상태]

그러나 '과정'은 어떤 방향으로든 받아들일 수 있는 개념이다. 곧 순서에 중립적이기 때문에, 개념 체계상 아무런 문제가 생기지 않는다.

(74) ㄱ. [행위] ← [과정] ← [상태]
    ㄴ. [행위] → [과정] → [상태]

그리고 '지다'는 행위 동사와도 결합하는데, 이때는 '기동'이 될 수 없다. 동사 체계로는 (75)의 ㄱ과 ㄴ은 동일한 계열을 형성하는 것으로 보아야 하는데, 동사의 유형에 따라 어떤 경우는 '기동'으로 규정하고, 또 어떤 경우에는 그렇게 규정하지 않는 것도 바람직하지 않을 것이다.

(75) ㄱ. 잡아 지다, 주어 지다
    ㄴ. 어두워 지다, 아름다워 지다.

5.3. 앞에서 보았듯이, 피동문의 의미는 피동문의 주어와 이에 대응하는 능동문의 목적어의 종류에 따라 영향을 많이 받는다. '잡다'와 '잡히다'를 예를 들어 살펴보자. '잡다'의 주어는 생물이고, 목적어는 생물 또는 무생물이다.

(76) ㄱ. 영이가 철수를 잡았다.
　　ㄴ. 철수가 (영이에게) 잡혔다.

(77) ㄱ. 영이가 공을 잡았다.
　　ㄴ. 공이 (영이에게) 잡혔다.

'잡다'는 행위 동사이고, '잡히다'는 과정 동사이다. 그러나 (76)과 (77)에서 '잡히다'의 의미는 조금 차이가 있다. (76)ㄴ에서는 행위성이 완전히 상실되었지만, (77)ㄴ에서는 행위성이 남아 있다. [통제성]을 드러내는 '일부러, 스스로' 따위의 부사가 (76)ㄴ과는 결합할 수 있으나, (77)ㄴ과는 결합하지 못한다.

(78) ㄱ. 철수가 영이에게 일부러 잡혔다.
　　ㄴ. !!공이 영이에게 일부러 잡혔다.

그런데, 'V-게 되다'와 'V-어 지다' 피동사는, 그것에 대응하는 타동사문이 어떤 종류의 타동사문이든, 그리고 피동사의 주어가 생물이든 무생물이든, '잡히다'와는 달리 행위성이 완전히 상실된 것으로 생각된다.

(79) ㄱ. 영이는 아름답게 되었다.
　　ㄴ. 날이 어둡게 되었다.

(80) ㄱ. 책이 영이에게 주어 졌다.

ㄴ. 날씨가 어두워 졌다.

ㄷ. 그는 얼굴이 금방 어두워 졌다.

피동사는 과정 동사이고, 과정 동사는 기본적으로 인간의 통제권에서 벗어나 있는 일을 나타낸다. 따라서 피동문은, 능동문과 비교할 때, 한편으로는 '행위성이 약화되거나 상실된 일'을 나타내지만, 다른 한편으로는 '저절로 그리됨(자연성)의 의미가 강화된 일'을 나타낸다고 볼 수 있다. 피동문의 이러한 의미는 접사로 형성된 피동문보다, 'V-게 되다'와 'V-어 지다' 피동사로 형성된 피동문에서 더욱 두드러진다.17)

5.4. 최현배(1978=19377 : 422-423)에서는 피동문이 '이해 입음(利害被動)'과 '할수있음 입음(可能的 被動)'과 '절로되는 입음(自然的 被動)'의 세 가지 의미를 가진다고 하고, 다음의 예를 들었다.

(81) 그 사람이 도둑놈에게 잡혔소.　　　　(이해 입음)

(82) 이런 덫에도 범이 잡히나?　　　　　(할수있음 입음)

(83) 오늘은, 꿩은 한 마리도 아니 잡히고, 토끼가 자꾸 잡힌다.

　　　　　　　　　　　　　　　　　(절로되는 입음)

그런데, 피동문의 이러한 의미는 피동문의 의미라기보다는 그 문장이 나타내는 특정한 일의 종류나 문맥에서 온 것으로 보인다. 앞에서도 말했듯이, 피동문의 의미적 특성은 피동문의 주어나 능동문의 주어에 대응하

---

17) 이기동(1978)에서는 접사로 형성된 피동형과 '지다'로 형성된 피동형의 의미를 '자동적 과정'과 '비자동적 과정'으로 대비하여 설명하였는데, 이 글의 논의도 이와 크게 다르지 않다. 이기동(1978)의 '비자동적 과정'이란 용어는 이 글의 '자연성'이란 용어에 대응되는 것이다.

는 성분의 어휘적 특성에 따라 조금씩 달라진다. 그래서 위의 문장들은, 피동문의 주어의 어휘를 교체하거나, 피동문과 직접 관련이 없는 어떤 성분을 더하거나 빼거나 하면, 의미들이 달라질 수 있다. 또 동일한 문장을 다른 문맥에 사용하더라도 마찬가지일 수 있다. 따라서 피동문에 위의 세 의미들이 있다고 하더라도, 특정한 문장에 특정한 의미가 고정되어 해석되는 것은 아니다.

6. 마무리

6.1. 이 글에서는 피동문을 "피동의 의미가 있고, 타동사 문에 대응하는 자동사문"으로 정의했다. 곧 피동문은 기본적으로 의미론 및 통어론과 관련된 문법 현상이라는 것이다. 이러한 정의에 따라, 피동문의 논의는 능동문과의 통어적·의미적 관련성을 고려하면서, 능동사와 피동사의 통어적 특성을 체계적으로 파악하고, 이에 바탕을 둔 피동문의 구조 분석에 초점이 맞추어 논의했다.

6.2. 'V-게 되다' 문장은 'V-게 하다' 사동문이 타동사문일 때, 그 문장에 대응하는 피동문이다. 곧, (84)에서 ㄱ은 ㄴ에 대응하는 피동문이다.

(84) ㄱ. X가 (Y에 의하여) V-게 되다.
　　 ㄴ. Y가 X를 [… V-게] 하다.

6.3. 'V-어 지다' 피동문은 'V-게 하다' 사동문에 대응하기도 하고, 비사동 타동사문에 대응하기도 한다. 'V-어 지다' 피동문이 어떤 타동사 문장에 대응되는가 하는 것은 동사의 종류에 따라 다르다.

(85) X가 (Y에 의하여) V-어 지다

(86) ㄱ. Y가 X를 V-게 하다.
　　ㄴ. Y가 X를 V.

'V-어지다' 피동문은 '-뜨리-'로 형성된 파생 동사나 그 밖의 동사로 형성된 문장에 대응한다.
'지다' 피동사의 종류를 정리하면 다음과 같다.

(87) '지다' 피동사의 종류

형식	대응하는 타동사		대응하는 타동사의 종류
V-어 지다	본디 타동사		주다, 보내다
	사동 타동사		읽게 하다, 가게 하다, 어둡게 하다
V-어지다	본디 타동사	V-어뜨리다	떨어뜨리다, 터뜨리다, 깨뜨리다
		그 밖	풀다, 엎다, 깨다

6.4. 행위성을 가진 명사에 '되다, 받다, 당하다'가 결합된 합성어도 피동사로 분석되며, 이 글의 피동문의 정의에 따라, 피동문을 형성한다.
이상의 논의를 정리하여, 피동사를 다음과 같은 유형으로 나눌 수 있다.

(88) 피동사의 유형
　┌ 형태적 ┌ 파생 ······· V-{히, ···}다
　│　　　　└ 합성 ······· N되다, N당하다, N받다, V-어지다
　└ 통어적 ························· V-게 되다, V-어 지다

그리고 피동문은, 특히 'V-어 지다' 피동문은 일의 종류에 따라서 그 문장에 대응하는 능동문이 없는 경우도 있다. 그런 경우에는 당연히 능동문의 주어를 가정하기 어렵다. 그러나 이러한 사동 타동사문과 이에 대응

하는 'V-어 지다' 문장의 'Y가'와 'Y에 의하여'와 관련된 제약은, 통어적 특성에서 오는 것이 아니라, 인간의 인식이나 어떤 일에 대한 통제 능력과 관련된 의미적인 특성에서 오는 것이다. 곧, 이러한 제약은 언어의 문제라기보다는 인식의 문제라는 것이다.

6.5. 피동사는 과정 동사이고, 많은 과정 동사는 기본적으로 인간의 통제권에서 벗어나 있는 일을 나타낸다. 따라서 피동문은, 능동문과 비교할 때, 한편으로는 '행위성이 약화되거나 상실된 일'을 나타내지만, 다른 한편으로는 '저절로 그리됨(자연성)의 의미가 강화된 일'을 나타낸다고 볼 수 있겠다. 피동문의 이러한 의미는 접사로 형성된 피동문보다, 형식동사 '되다'와 '지다'로 형성된 피동사 피동문에서 더욱 두드러진다.

참고 문헌

강명순(2001), 「국어 사·피동법의 역사적 변화 방향 및 그 원인에 관한 새로운 고찰」, 한글 254, 한글학회, 119-160.

김일웅(1988), 「시점과 풀이씨의 태」, 파전 김 무조 박사 회갑 기념 논총.

김차균(1980), 「국어의 수동과 사역의 의미」, 한글 168, 한글학회,

배희임(1988), 『국어 피동 연구』, 고려대학교 민족문화연구소

성광수(1978), 「국어 간접 피동에 대하여 : 피동 조동사 '지다'를 중심으로」, 문법 연구 3, 탑출판사, 159-182.

우인혜(1997), 『우리말 피동 연구』, 한국문화사.

이기동(1978), 「조동사 '지다'의 의미 연구」, 한글 161, 한글학회, 29-61.

이정택(1992), 「용언 '되다'와 피동법」, 한글 218, 한글학회, 139-166.

이정택(2001ㄱ), 「피동성 표현에 관한 연구-'되다, 받다, 당하다'를 대상으로」, 한글 251, 한글학회, 143-166.

이정택(2001ㄴ), 「국어 피동에 관한 역사적 연구-접미사 피동과 'ㄷ외다(되다) 피동을 대상으로」, 한글 254, 한글학회, 93-118.

이정택(2003), 「능동주 표지의 본질과 피동의 범주화」, 한글 262, 한글학회, 149-169.

최규수(1991), 「입음월의 기능과 구조」, 우리말 연구 1, 우리말 연구회, 235-258.

최현배(1978), 『우리말본』(7판), 정음사.

Bernardo, R. (1980), 「Subject and Consciousness」 in W. L. Chafe (ed.), *The Pear Stories*. Ablex Publishing Corporation.

Dik, S. C. (1978), *Functional Grammar*. North-Holland.

형태론의 체계와 문법 용어 사용*
― 국어학사의 관점에서

1. 들어가기

1.1. 한국어 문법 연구사에서 문법 용어는 고유어 계열과 한자어 계열의 두 종류의 용어가 쓰였다.[1] 이 두 계열의 용어는 보통은 동일한 대상을 가리키는 다른 이름 정도로 생각되기 쉽다. 예컨대, '이름씨'는 '명사'에, '씨끝'은 '어미'에 대응하는 것으로 생각하기 쉽다는 것이다. 물론 그런 경우가 아주 없는 것은 아니지만, 그러한 용어들이 문법 체계에 따라 다른 외연을 가지는 경우가 아주 많기 때문에, 항상 그렇게 대응하여 해석되지는 않는다.

그리고 동일한 계열 안에서도 같은 용어가 다른 외연을 가지는 경우가 많다. 예컨대, 고유어 계열의 '토씨'는 주시경(1914)과 최현배(1937)에서 다

---

* 최규수(2006), 「형태론의 체계와 문법 용어 사용의 문제」, 우리말 연구 18, 우리말연구회, 143-176.

[1] 고유어 계열의 용어도 두 종류가 있는데, 분석적 체계인 주시경(1910, 1914)과 김두봉 (1916, 1922), 김윤경(1948) 따위의 용어와 절충적 체계인 최현배(1937), 허웅(1975) 따위의 용어가 있다. 한자어 계열의 용어도 분석적 체계인 홍기문(1947) 따위의 용어와 종합적 체계인 이숭녕(1956) 따위의 용어로 나뉜다.

른 외연을 가지며, 한자어 계열에서 '명사'는 정렬모(1946)와 홍기문(1947), 이숭녕(1956)에서 그 외연이 모두 다르다.

이러한 문법 용어 문제는, 전통 문법에서는 주로 품사의 분류와 관련된 것이다. 그런데 구조 언어학이 도입된 1960년대에 들어오면, 품사의 분류와 관련된 문제와 함께, 굴곡법과 조어법의 체계와 관련된 문제가 더해진다. 예컨대, '줄기'나 '어간', '어근' 등의 용어는 그 용어를 사용하는 사람에 따라 외연이 다른 경우가 많다. 굴곡이나 파생의 가지[접사]에 대한 용어들도 마찬가지이다.

이런 사정으로 말미암아, 어떤 문법 용어의 정확한 용법을 이해하기 위해서는 필자가 어떤 문법 체계를 선호하는 사람인지를 가늠해서 이해해야 하고, 그것이 가능하지 않으면 글을 읽어 나가면서 그 용어의 용법을 파악해야 하는 일도 있다. 그래서 국어학 글쓰기에서 용어 사용이 생각보다는 어렵다. 예컨대, 이 글에서 '이름씨'라는 용어를 사용하면, 각기 다른 대상을 연상할 수 있기 때문이다. '명사'라는 용어를 선택해도 마찬가지이다.[2] 물론, 보통의 경우, 특정한 문법 체계를 가정하고 들어가기 때문에 그리 큰 문제가 생기지 않을 수도 있을 것이다. 그러나 여러 체계를 동시에 언급해야 할 경우에는 상당한 문제가 생길 수밖에 없다.[3]

1.2. 이상과 같은 문법 용어의 다양한 용법은 기본적으로는 문법 체계를 어떻게 파악할 것인가의 문제와 관련이 있다. 따라서 이 글에서는 문법 용어 사용의 문제를 문법 체계와 관련하여 살피고자 한다. 이러한 문제는 통어론이나 의미론과 같은 문법의 다른 부문에서도 생길 수 있다.

---

2) 그래서 극단적으로는 논문의 본문을 시작하기 전에, 용어의 외연에 대하여 규정해야 할 경우도 생길 수 있다.
3) 특정한 용어의 다양한 용법을 언급해야 하는 글에서, 그것을 대상으로 하는 메타 언어의 용어는 어떻게 사용해야 하는가도 문제이다.

그러나 이 글에서는 이러한 문제가 가장 많이 드러나는 형태론을 중심으로 살피고자 한다.

그리고 이 논의는 다른 문법 체계들 사이에서나 한 체계 안의 문법 용어의 사용과 관련하여 생기는 문제에 국한되는 것이다. 따라서 어떤 특정한 체계에서 '조사'를 규정했을 때, 어떤 언어 형식이 조사에 포함되는가 하는 범위의 문제는 논의에서 제외한다.

1.3. 문법 체계에서 보면, 품사론과 형태론의 관계가 전통문법과 기술문법에서 다르다. 전통문법은 품사론이 중심이고, 형태론에 관련된 부분들이 품사론의 한 부분으로 기술된다. 기술문법 이후의 체계는 형태론이 중심이고, 품사론이 형태론의 한 부분으로 되어 있다.

따라서 전통문법에서는 품사론에 관한 논의는 활발하게 이루어졌으나, 기술문법 이후의 문법과는 달리, 형태론의 기본 체계가 온전히 수립되지 않았다. 당연히 굴곡법과 조어법의 구별도 분명하지 않았으며, 뿌리/어근이나 줄기/어간, 씨끝/어미 따위에 관한 논의들도 충분히 이루어지지 않았다. 이것들에 관한 본격적인 논의는 기술문법에 이르러서야 비로소 활발하게 이루어지기 시작하였다.

이 논의에서는 이러한 점에 유의하여, 다음과 같은 내용이 주로 논의된다. 품사론에서는 전통문법과 기술문법 이후의 형태론의 체계와 용어에 관하여 기술된다. 그런데 형태론에서는, 전통문법에서는 주로 형태론의 체계와 관련하여 논의되고, 기술문법 이후의 문법에서는 형태론의 체계와 용어의 문제가 함께 논의된다.

2. 품사론

2.1. 잘 알려져 있듯이, 한국어의 문법 체계는 낱말관에 따라 분석적 체계와 종합적 체계, 절충적 체계로 나누어 생각할 수 있다. 이러한 세 체계는 기본적으로는 낱말의 정의와 분류에 기초하지만, 월의 구조 분석과도 깊은 관련이 있다.

이 세 체계는 다음과 같이 간략히 정리할 수 있다. 최소 자립 형식을 어휘적 형태소로 구성된 부분[실사]과 굴곡의 가지로 구성된 부분[허사]4)으로 나누었을 때, 분석적 체계는 실사와 허사 둘 다 독립된 낱말로 보는 것이고, 종합적 체계는 실사와 허사가 결합한 것을 낱말로 보는 것이고, 절충적 체계는 임자씨[체언]의 경우는 실사와 허사 각각을 낱말로 보되, 풀이씨[용언]의 경우에는 실사와 허사가 결합된 것을 낱말로 보는 것이다.

이 세 체계들은 당연히 동일한 품사 이름을 사용하더라도, 그 외연이 다를 수밖에 없다. 간단한 예들 들어 보기로 한다.

    (1) 영이-가 영화-를 보-았다.

(1)의 문장을 품사로 분석해 보면 다음과 같다. 종합적 체계에서는 '영이가'와 '영화를'과 '보았다'의 세 개의 낱말로 분석되고, 분석적 체계에서는 '영이, 영화, 보-'와 '-가, -를, -았다'의 여섯 개의 낱말로 분석된다. 절충적 체계에서는 '영이, 영화, 보았다'와 '-가, -를'의 다섯 개의 낱말로 분석된다.

당연히 세 체계에서 같거나 비슷한 품사 이름을 사용하더라도, 그 외연은 다르다. 고유어 계열에서 보면, 절충적 체계인 최현배(1937)에서 '움직

---

4) 김윤경(1948 : 71)의 고유어 계열과 한자어 계열의 용법은 다음과 같다. 으뜸씨(實辭, 槪念語)와 토씨(虛辭, 形式語).

씨'는 '보았다'를 가리키지만, 분석적 체계인 주시경(1910)에서 움(씨)[5]는 '보-'를 가리킨다. 그리고 최현배(1937)의 이름씨는 대이름씨와 셈씨에 대립하는 용어이지만, 주시경(1910)의 임(씨)[6]는 최현배(1937)의 이름씨와 대이름씨, 셈씨를 아우르는 용어로 사용된다.

한자 용어 계열에서, 종합적 체계인 정렬모(1946)에서 명사는 '영이가, 영화를'을 가리키는데 비하여, 분석적 체계인 홍기문(1947)에서 명사는 '영이, 영화'를 가리킨다. 그리고 같은 종합적 체계이지만, 정렬모(1946)과 이숭녕(1956)의 '명사'와 '동사'의 외연도 다르다. 이숭녕(1956)의 '명사'는 대명사와 수사에 대립적인 용어이고 '동사'는 형용사에 대립적인 용어이지만, 정렬모(1946)의 '명사'와 '동사'는 각각 이숭녕(1956)의 '체언'과 '용언'에 대응하는 용어이다.

2.2. 이제 문법의 세 체계의 품사론에서 굴곡의 가지를 어떻게 다루었는지를 살펴보자.

주시경(1914)으로부터 비롯되는 분석적 체계에서는 '토씨'[7]는 임자씨에 붙는 굴곡의 가지와 풀이씨에 붙는 굴곡의 가지를 묶어 가리키는 용어로 사용하였다. 주시경(1914)는 낱말을 줄기로 구성된 '몸씨'와 굴곡의 가지로 구성된 '토씨'로 구분한다. 이러한 토씨의 용법은 김두봉(1916, 1922), 김윤경(1932, 1948)에 이어졌다.

한자어 계열의 분석적 체계에서는 이 토씨에 대응하는 용어로 '조사'를 사용하였다. 이상춘(1925)에서는 대체로 주시경(1914)의 '토씨'의 하나인 '겻'에 해당하는 것을 '조사'라 하였다. 홍기문(1947)은 한자어 계열이지만,

---

5) 주시경(1910)에서 품사를 가리키는 '기'를 주시경(1911)에서 '씨'로 바꾸었다. 이 글에서는 비교를 위하여 '씨'란 용어를 사용하는데, '움씨'의 '움'은 '움직이-'를 줄인 말이다.
6) '임'은 '이름'을 줄인 말이다.
7) 김희상(1911)에서도 굴곡의 가지로 구성된 부분을 '토'라 하였다.

품사 분류의 방법에서 모든 굴곡의 가지를 가리키는 말로 '토'라는 용어를 사용하였다. 박승빈(1935)에서는 모든 굴곡의 가지를 '조사'라 하고, 체언조사와 용언조사, 별동조사로 나누었다. 체언조사는 임자씨에 붙는 굴곡의 가지를 가리키고, 용언조사는 풀이씨에 붙는 굴곡의 가지를 가리킨다. 별동조사는 보조조사를 가리킨다.

이상에서 보면, 분석적 체계에서는 대체로 모든 굴곡의 가지를, 임자씨에 붙는 것과 풀이씨에 붙는 것을 가리지 않고, '토' 또는 '토씨', '조사'라는 용어를 사용했다는 것을 알 수 있다. 다만 다른 이들은 '토씨'나 '조사'의 하위 분류에서 형태나 분포보다는 기능을 기준으로 분류했는데 비하여, 박승빈(1935)에서는 그 앞에 놓이는 말이 임자씨인가 풀이씨인가에 따라, 곧 분포를 기준으로 분류했다.8)

한편 종합적 체계에서도 '토'란 용어를 사용한다.9) 김민수(1975 : 72, 160-161)에서는 굴곡의 가지를 '토'라 하였는데, 임자씨에 붙는 것을 체언토라 하고, 풀이씨에 붙는 것을 용언토라 하였다.

2.3. 이상과 같은 분석적 체계의 '토씨'와 '조사'의 용법에 비하여, 절충적 체계인 최현배(1937)에서는 임자씨에 붙는 굴곡의 가지에 한정하여 '토씨'라는 용어를 사용하였다. 그 까닭은 풀이씨에 붙는 굴곡의 가지를 낱말로 보지 않았기 때문이다. 정인승(1956)의 토씨, 이희승(1949)의 조사의 용법도 최현배(1937)과 같다. 이러한 토씨의 용법은 허웅(1975)에 이어진다.

---

8) 그리고 다른 이들은 풀이씨의 굴곡의 가지 가운데 안맺음 가지를 맺음 가지의 일부로 보았는데 비하여, 박승빈(1935)에서는 태와 존경, 시상을 나타내는 형태소를 '조용사'라는 낱말로 보았다.

9) 한 가지 덧붙여 둘 것은, 종합적 체계에서는 토를 하나의 품사로 보지 않았기 때문에, '토씨' 또는 '조사'라는 용어를 사용하는 것은 모순이다. 그런데 종합적 체계의 많은 연구들에서, 아마도 용어 사용상 어쩔 수 없이, 그러한 용어를 사용하는 경우를 종종 볼 수 있다. 그러나 종합적 체계를 지향하는 문법에서는, 용어의 혼동을 피하기 위해서는, '토'란 용어를 사용하는 것이 바람직할 듯하다.

남궁억(1913)의 '토'의 용법은 조금 특이하다. 그는 '토'를 하나의 품사
로 설정하면서, 잡음씨 '이다'를 포함한 풀이씨의 활용형과 관련된 형태들
을 가리킨다. 임자씨와 결합하는 토 가운데, 자리토는 '명사, 대명사의 체
격'이라 하여 임자씨의 일부로 보고, 도움토는 후치사라 본 것으로 생각
된다.

2.4. 이제 '후치사'란 용어에 대하여 살펴보자. 후치사(postposition)라는
용어는 본래 유럽의 학자들에 의하여 유럽어의 전치사에 대응하는 품사
라는 용법으로 사용된 것이다.

먼저, 샤르르 달레(1874)에서는 후치사를 다음과 같이 논의하였다.[10]

> (2) 이것들은 불어의 전치사를 대신한다. 주요한 것들은 어미 변화에 쓰
> 이는 것들이고, 그 밖에도 한 둘이 있다. 보기 : 「기리」(끼리). 조선
> 사람들은 후치사를 몇가지 꼽고 있지만, 그것들은 사실에 있어서는
> 후치사구이다. 보기 : 「보다」, 「중에」, 「인흐야」, 「위흐야」. 이 마지막
> 두 개는 목적격을 지배하는 동사적 분사이다. (안응렬·최석우 옮김
> 1979 : 156).[11]

한편 언드우드(1890 : 24)에서는 이름씨에 붙는 토를 영어의 전치사에 대
응하는 것으로 보고, 이를 후치사라고 하였다(24쪽). 후치사는 단순 후치사
와 복합 후치사, 동사적 후치사로 나뉘는데, 다음과 같다(72-86쪽).

> (3) ㄱ. 단순 후치사
>   이름씨에 붙는 자리토/도움토

---

10) 샤르르 달레(1874)에서는 이름씨의 격어미를 설정하면서도, 한편으로는 후치사를 설정
    한 것으로 보인다.
11) 위의 번역에서 '후치사구'로 옮긴 *les locutions postpositives*는, 문맥으로 보아, '후치사적 용
    법'으로 옮기는 것이 올바른 것으로 보인다.

ㄴ. 복합 후치사
명사와 단순한 후치사 결합된 것으로, 단순한 후치사의 자리에
놓이는 것. 안희, 밧긔, 우희, 겻희, 엽희, 뒤희, 압희, 째문에, ᄭᅵ
닭으로, 연고로, 아래(에), 이편에, 뎌편에, 디신에, 디신으로, 속
에, 겻희, 후에, 젼에, ᄯᅳᆺ희, 가희
ㄷ. 동사적 후치사
후치사처럼 사용되는 동사적 분사.
위ᄒᆞ야, 인ᄒᆞ야, 넘어, 건너

이상의 외국인 학자의 논의에서, 후치사와 관련된 한국어의 형식은 다
음과 같이 정리할 수 있다.

(4) ㄱ. 이름씨에 붙는 자리토
ㄴ. 이름씨에 붙는 도움토
ㄷ. 목적격을 지배하는 동사적 분사

후치사에 대한 이 논의는 그 뒤의 후치사에 대한 논점을 모두 내포하고
있는 것으로 생각된다.

홍기문(1947)에서는 이름씨에 붙는 모든 토를 후치사라 하였다. 이희승
(1955)에서도 홍기문(1947)과 같은 견해를 보여 준다.

(5) 이런 意味에서 우리 國語 中의 助辭(即 토 或은 後置詞)는 한 單語의
資格을 賦與할 理由가 있(다). (이희승 1955 : 205)

남궁억(1913? : 9)에서는 '처음부터 끗까지, 산너머 적은 마을에' 따위를
후치사라 하였는데, 대개 도움토를 가리키는 것으로 보인다.

정렬모(1946)에서는 (6)과 같은 귀착부사를 (7)과 같이 설명하였는데, 이
설명에서 후치사는 (4)ㄷ의 경우에 해당하는 것이다.

(6) ㄱ. 이 날에 있어 우시면 노래하지 아니하시다.

ㄴ. 너이들은 나로 써 숨긴다 하느냐.

ㄷ. 아아 이 사람이 없었다면 내 뉘로 더불어 가랴.

ㄹ. 장수가 사졸로 하여금 힘드려 싸우게 하였다.

(7) 영문과 한문에서는 귀착부사는 명사 앞에 놓이기 때문에 전치사 (Preposition)라고 한다. 그러나 조선에서는 명사 뒤에 붙으니까 전치 사가 아니라 후치사(Postposition)이다. 그런데 조선, 일본 학자들은 전 치사의 성질을 오해하여 가지고 "을" "에" "로" 같은 조사를 후치사 로 생각하여 이것을 서양의 전치사 같은 것으로 알았다. 그래서 전 치사가 서양문전에서 품사로 되어 있으니까 "을" "에" "로" 따위를 한 품사로 하였다. 전치사는 명사 앞에 놓이더라도 조건 없이 붙는 것은 아니이다. 전치사에는 귀착성이 있어서 객어를 통솔하는 것이 다. 단순히 명사 앞에 놓는 것이 아니라 객어인 명사 앞에 두는 것이기 때문에 귀착 부사이다. 이것과 같은 성질을 가진 말은 조선 말에서는 "써" "있어" 따위이다. "을" "에" "로"들은 빛(格) 없는 명 사에 붙는 것으로 객어를 통솔하는 것은 아니이다. 빛 없는 명사가 "을" "에" "로"들의 힘으로 "을" "에" "로"와 함께 객어가 되는 것이 다. "을" "에"들 자신도 객어의 한 부분인 것이다. "그이로 더불어" 는 with him이니, "로"의 뜻은 him 속에 있다. with가 전치사이오, him이 그 객어인 것처럼, 조선말에서는 "더부러"가 후치사이고, "그 이로"가 그 객어이다. "로"를 후치사라고 하는 것은 까닭이 다르다. (정렬모 1946 : 97-98)

박태윤(1948)과 장하일(1949)도 정렬모(1946)의 후치사의 용법을 그대로 따르고 있다.

이숭녕(1959 : 48-51)의 후치사에 대한 논의는 이상의 후치사에 대한 논의 와는 사뭇 다르다. 이숭녕(1959)에 제시된 후치사의 목록은 다음과 같다.

(8) 부터, 까지, 대로, 따위, 나위; 처럼, 마자, 서, 보다, 께

그는 후치사의 첫 조건에 대하여 다음과 같이 언급하고 있다.

> (9) (...) 그러므로 독립된 훌륭한 말이 뒤에 나서 뜻이 달라지고 점점 어
> 느 구실이 씌어져서 오늘과 같이 사용된 것이다. 이것이 곧 후치사다.
> (2) 그러므로 후치사의 첫 조건은 어원에서 어느 독립된 말의 발달임
> 이 증명되어야 한다. (이숭녕 1959 : 49)

이러한 이숭녕(1959)의 논의는, 일정한 공시적인 체계 안에서 어떤 형태
의 분포와 기능을 중심으로 정의한 것이 아니라, 일차적으로 통시적인 관
점에서 후치사를 구별해 내었다는 점에서 문제가 있다. 그리고 목록을 보
면, 도움토와 매인이름씨를 포함하고 있다는 것도 문제가 된다.

그런데 이러한 이숭녕(1959)의 논의는 이름씨토를 하나의 품사로 인정할
것인가 인정하지 않을 것인가 하는 논쟁과도 관련이 있어 보인다. 이숭녕
(1956)에서 이름씨의 자리토를 이름씨의 일부인 '격어미'로 정의하고, 그가
후치사로 본 이름씨의 도움토를 격어미와 구별하기 위하여 독립된 품사
인 후치사를 설정하게 된 것이 아닌가 하는 것이다. 다음의 말에서 그러
한 것을 짐작해 볼 수도 있겠다.

> (10) 이것을 조사(助詞)라고 한다면 그것도 좋으나 격과 혼동할 것이 아니
> 다. 그리하여 지금 필자는 오직 "격"을 독립 품사로 인정함에는 반
> 대하는 바이다. (이숭녕 1959 : 51)

실제로 이숭녕(1956)에서, '는, 도' 따위의 도움토는 격어미로 다루어지
고 있으나, 다른 도움토들은 언급하고 있지 않다는 것과 연관하여 생각해
보아야 할 것 같기도 하다.

한편, 최근의 변형문법적 분석에서는 학교문법의 부사격 조사를 영어의
전치사와 같이 분석하여, '후치사'라 하였다(유동석 1995 : 81, 서정수 1996 :

141 따위).

3. 굴곡법

3.1. 기술문법 이전의 한국어 연구에서는 형태소에 대한 인식도 명확하지 않았을 뿐 아니라, 굴곡법과 조어법의 구별도 명확하지 않았다. 간략히 정리하면 다음과 같다.

3.2. 전통문법의 분석적 체계는 굴곡의 가지로 된 부분을 하나의 낱말로 보기 때문에, 굴곡법에 해당하는 문법 현상이 있을 수 없다. 다만, 한 가지 유의할 것은 풀이씨에서 '-았다'와 같이 굴곡의 가지가 겹치는 경우에 안맺음 가지의 처리 방식이다.

주시경(1910)에서는 '잇기의 때, 잇기의 서분(序分), 끗기의 때' 따위의 논의에서 보면, 안맺음 가지를 토씨의 일부로 보았음을 알 수 있다.

(1) 잇기의 때
　ㄱ. 이때 : 가니, 가는데, 먹으니, 먹는데
　ㄴ. 간때 : 가앗으니, 가앗는데, 먹엇으니, 먹엇는데
　ㄷ. 올때 : 가겟으니, 가겟는데, 먹겟으니, 먹겟는데

(2) 잇기의 서분
　ㄱ. 높음 : 가시니
　ㄴ. 같음 : 가니

(3) 끗기의 때
　ㄱ. 이때 : 말이 뛰오. 그 말이 검다. 이것이 먹이다.
　ㄴ. 간때 : 그 사람이 가앗다.

ㄷ. 올때 : 비가 오겠다.

김윤경(1948)에서는, 주시경(1910)과 마찬가지로, 안맺음 가지를 토씨의 일부로 보았는데, 조어법으로 본 것으로 판단된다.[12]

(4) ㄱ. 움씨의 높임과 낮훔은 대개 토씨에 딸린 것이지마는 높이는 뜻에 만 쓰는 것과 낮훔에만 쓰는 움씨가 따로 있는 것도 있다. (69쪽)
ㄴ. 토의 머리더음인 높임의 뜻을 보이는 "시"(으시)를 움씨의 꼬리 더음(接尾辭)로 보는 이들도 있으나 이는 토의 머리 더음으로 봄 이 더 한갖지고 좋다고 생각한다. (69-70쪽)
ㄷ. 때매김(Tenses)도 으뜸씨의 끝에 붙이어 뜻 바꿈하는 말이라고 보 기보다는 토씨의 머리에 붙이어 다스림이 좋다. (70쪽)

김두봉(1916)에서는, 주시경(1910)과 김윤경(1948)과는 달리, 안맺음 가지 를 풀이씨의 일부로 분석하였다. 곧, '움의 바꿈'(68쪽)에서, 다음과 같이 분석하고 있다. 그런데 이것들은 '움의 바꿈'에서 다루고 있어, 김윤경 (1948)과 마찬가지로, 조어법으로 본 것으로 판단된다.

(5) ㄱ. 움씨의 자리를 높임 : 보시, 잡으시
ㄴ. 움씨의 때를 말함 : 보앗, 보앗엇, 보겟

3.3. 전통문법의 절충적 체계인 최현배(1937)에서는 맺음 가지만 '씨끝' 이란 용어를 사용하였다. 그리고 '-시-, -었-, -겠-' 따위의 안맺음 가지 를 가리키는 데 형태소가 '도움줄기'[보조어간]이란 용어를 사용하고 있다. 이것은 안맺음 가지가, 김두봉(1916)과 마찬가지로, 씨끝의 한 부분이 아니 라 줄기의 성분으로 보았다는 것을 함축한다. 이러한 분석은 안맺음 가지

---

12) 이에 대한 자세한 것은 조어법의 용어에서 다시 논의하기로 한다.

가 굴곡법에 속하는지 조어법에 속하는지 명시적으로 드러나지는 않지만,
형태론의 체계상으로 보면 조어법으로 보아야 할 것으로 판단된다.

3.4. 종합적 체계는 굴곡의 가지는, 맺음 가지이거나 안맺음 가지이거
나 간에, 그것이 덧붙는 낱말의 일부로 기술된다. 정렬모(1946)에서는 형태
소에 해당하는 것을 '낫뜻'이라 하고, 뿌리에 해당하는 으뜸낱뜻과 가지에
해당하는 도움낱뜻으로 나누었다. 도움낱뜻은 다음과 같이 분류된다.

(6) 도움낱뜻

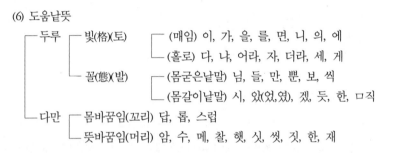

3.5. 기술문법에 바탕을 둔 절충적 체계인 허웅(1975)에서는 굴곡법과
조어법을 다음과 같이 정리하고 있다.

(7) 굴곡법 ┬ 순수굴곡법(활용) ········ 뿌리* + 씨끝
          └ 준굴곡법 ·················· 뿌리* + 토씨
          (* 이 뿌리는 조어법으로 된 말을 포함한다.)

(7)에서 먼저 문제되는 것은 준굴곡법의 설정과 관련된 것이다. 허웅
(1975 : 31)에서는 씨끝과 토씨를 묶어 '굴곡의 가지'라 했으니, 굴곡법을
조금 조정하여 나타내면 다음과 같다.

(8) 굴곡법 ┌ 순수굴곡법(활용) ········ 뿌리* + 굴곡의 가지(씨끝)
         └ 준굴곡법 ···················· 뿌리* + 굴곡의 가지(토씨)

그런데 허웅(1975 : 48-49)에서는 임자씨를 굴곡을 하지 않는 말로 분류한 것은 (8)과 서로 맞지 않는다.

다음에는 "이 뿌리는 조어법으로 된 말을 포함한다."는 단서와 관련된 문제를 살펴보자. 이 단서는 씨끝을 제외한 부분이 둘 이상의 형태소로 구성된 낱말들을 설명하기 위해서이다.

(9) ㄱ. [붙잡]다, [잡히]다
    ㄴ. [들길]로, [외뿔소]에게

그런데 사실 '붙잡, 잡히, 들길, 외뿔소' 따위는 뿌리가 아니다. 허웅 (1975)에서와 같이 단서를 붙이면 오해의 소지는 줄어들지만, 문제가 말끔히 해결되는 것은 아니다. 이 문제를 말끔히 해소하려면 새로운 용어를 사용하는 것이 바람직할 것이다.

허웅(1975)에서 이들 단위에 해당하는 용어는 '줄기'이다. 허웅(1975)에서는 '줄기'를 특별히 정의하지는 않았지만, 풀이씨의 구조를 다음과 같이 파악한 것을 보면, '씨끝을 제외한 부분'임을 알 수 있다.

(10) 풀이씨(용언)는 줄기(어간)과 씨끝(어미)의 두 부분으로 되어 있(다.)
    (444쪽)

그렇다면 순수굴곡법의 '뿌리*'는 '줄기'로 대치할 수 있다. 그런데 준굴곡법의 '뿌리*'도 순수굴곡법의 '뿌리*'와 본질적인 특성은 다르지 않기 때문에, 그것도 '줄기'로 대치할 수 있다. 그러면 굴곡법은 다음과 같이 정리된다.

(11) 굴곡법 ┌ 순수굴곡법(활용) ········ 줄기 + 굴곡의 가지(씨끝)
         └ 준굴곡법 ·················· 줄기 + 굴곡의 가지(토씨)

그런데 허웅(1975)의 굴곡법에서 '줄기'를 사용하지 않고 '뿌리*'를 사용
했는데, 그 까닭은 다음과 같이 추정된다.

허웅(1975 : 27)에서 지적하고 있듯이, 형태론의 연구 대상은 '최소자립형
식'이다. 그런데 허웅(1975)에서 굴곡법을 실제로 기술할 때는 암암리에
'낱말'을 형태론의 대상으로 가정하고 있는 것으로 보인다. 그래서 순수굴
곡법은 풀이씨의 끝바꿈[활용]에 해당하는 것으로, 줄기와 굴곡의 가지는
풀이씨라는 낱말의 일부가 된다. 그런데 토씨를 하나의 낱말로 설정하면,
토씨가 결합한 낱말은 굴곡하지 않게 된다. 그런데 끝이 없는 낱말에 줄
기를 설정할 필요는 없다고 생각할 수도 있을 것이고, 그래서 준굴곡법에
서 '줄기'를 설정하지 않은 것이 아닌가 하는 것이다.

사실 형태론의 대상은 낱말이 아니라 최소자립형식이다. 최소자립형식
의 구조에 관한 논의는 낱말의 분류와, 적어도 기본적으로는, 별개의 것이
다. 낱말을 최소자립형식으로 정의한다면, 이런 문제는 발생하지 않는다.
그런데 임자씨에 결합된 굴곡의 가지를 하나의 낱말로 설정한다면, 최소
자립형식과 낱말을 분리하여 생각해야 할 것이다. 따라서 특정한 언어 형
식을 낱말로 설정하는가 설정하지 않는가 하는 문제는 최소자립형식의
구조가 어떠한가 하는 문제와는 본질적으로 성질이 다른 것이며, 이 둘을
뒤섞어 논의하게 되면 혼동이 발생할 수 있을 것이다.

허웅(1975)의 그대로 받아들인다 하더라도, 임자씨는 굴곡하지 않고, 줄
기로만 구성된다고 하면, 아무런 문제가 발생하지 않을 것이다. 최소자립
형식의 구조와 낱말의 관계를 이런 방식으로 파악하면, 한국어의 모든 낱
말을 줄기로만 구성되는 것과 줄기와 굴곡의 가지로 구성되는 것으로 분
류할 수 있게 되어, 품사 분류의 일반성을 얻을 수 있을 것이다. 그리고

임자씨에 결합하는 굴곡의 가지로 하나의 낱말로 인정한다면, 굴곡의 가지로 구성되는 낱말의 유형을 설정할 수 있을 것이다.

3.6. 기술문법에 바탕을 둔 종합적 체계인 이숭녕(1956)에서는 낱말의 기본적인 구조를 다름과 같이 파악한다.

(12) 어간 + 어미

그리고 임자씨에 붙는 이른바 자리토씨를 '격어미'라 하였는데, 안병희(1968), 홍윤표(1975)에서도 이 체계를 유지하고 있다.

3.7. 구조언어학이 도입되면서, 유창돈(1963)에서는 최현배(1937)의 씨끝과 도움줄기를 묶어 어미라 하고, '-시-, -었-, -겠-' 따위를 선행어미(先行語尾, prefinal ending), '-다' 따위를 끝어미(末語尾)라 하여 구별하였으며, 고영근(1967)에서는 이것들을 각각 선어말어미(prefinal ending)와 어말어미(final ending)로 구별하였다. 그리고 허웅(1969)에서는 이것들을 씨끝으로 묶고, 각각 맺음씨끝과 안맺음씨끝이라 하여 구별하였다.

여기서, 씨끝 또는 어미의 종류를 구별하는데 사용된, '선행'과 '끝', '어말'과 '선어말', '맺음'과 '안맺음' 따위의 용어들은 한국어의 특성을 반영한 용어들이다.

영어를 비롯한 유럽어의 낱말(이나 최소자립형식)의 특성은, 굴곡법에서 보면, 한국어와 사뭇 다르다. 먼저, 유럽어는 줄기에 굴곡의 가지가 하나밖에 결합하지 않지만, 한국에는 여러 개의 굴곡의 가지가 결합할 수 있다. 따라서 유럽어에서는 낱말의 구조는 하나의 줄기와 하나의 가지[씨끝, 어미]로 구성되지만, 한국어의 하나의 줄기와 여러 개의 가지로 구성되기 때문에 가지로 구성된 부분은 내부 구조를 가질 수밖에 없다. 그래서 맨 끝에 오는 가지와 그 앞에 오는 가지를 구별하여, 그러한 용어를 사용하게 된 것이다.

그런데, '선행어미'과 '끝어미', '어말어미'와 '선어말어미'란 용어에서, '끝, 말'과 '미'는 모두 의미가 같은 (영어의 *ending*에 대응될 수 있는) 말이다. 따라서 엄밀한 의미에서 보면, '끝어미, 어말어미' 따위의 용어는 같은 의미를 가진 '끝'과 '미'가 겹친 것으로서, 혼동을 초래할 수도 있다. '맺음씨끝'과 '안맺음씨끝'이란 용어는, 적어도 '맺음'과 '끝'이라는 용어가 전혀 의미가 다르다는 점에서, 그러한 혼동이 일어나지는 않는다.

한 가지 유의할 것은, 여기서 어말과 선어말, 맺음과 안맺음이란 용어는 나이다(1978 : 85)의 *Closing*과 *Nonclosing*을 받아들인 것인데, 그 본래의 용법은 차이가 있다는 것이다. 나이다(1978)에서 *Closing*이란 용어는 '더 이상의 낱말 형성을 맺는(close)' 형태소를 가리키는 것으로서, 파생의 가지와 굴곡의 가지에 동시에 적용되는 개념이다. 영어의 경우, 파생의 가지는 안맺음 형태소일 수도 있지만, 굴곡의 가지는 항상 맺음 형태소이다. 그런데 한국어에서는 굴곡의 형태소가 맺음 형태소일 수도 있고, 안맺음 형태소일 수도 있다. 한국어에서는 풀이씨의 굴곡의 가지인 경우에는 맺음과 안맺음 형태소가 뚜렷하게 구별된다. 그리고 맺음과 안맺음을 엄격하게 구분한다면, 임자씨의 굴곡의 가지인 경우에도 맺음 형태소와 안맺음 형태소를 구별할 수 있을 것이다.

3.8. 서정목(1987 : 1-5)에서는 풀이씨의 굴곡의 가지를 문말어미와 선문말어미로 나누었으며, 서정수(1996 : 152)에서는 풀이씨의 굴곡의 가지(와 피동, 사동 따위의 파생의 가지)를 '문말 형태'라 하고, 선문말 형태와 후문말 형태로 나누었다. 이 용어들은 기본적으로 고영근(1967)의 어말어미와 선어말어미의 '어'를 '문'으로 바꾼 것이다.

이러한 용어들은 굴곡의 가지의 통어적 특성을 강조하여 붙여진 것들이다. 그런데 굴곡의 가지들은 형태론의 특성과 통어론의 특성을 동시에 가진다. 따라서 이것들은 형태론과 통어론에서 각각 다른 이름을 붙여야 할지도 모르겠다. 예컨대, 형태론에서는 어말어미, 통어론에서는 문말어미 따위로 말이다. 어쨌거나, 다음과 같이, 어떤 언어 형식들이 통어론에서 다루어야 하는 것들과 형태론에서 다루어야 하는 것들로 나누어져 있는 것처럼 파악하는 것은 문제가 있다고 생각된다.13)

> (13) 토는 주로 構文上의 관계에 작용하는 특성을 가지고 있으므로 構文
> 接尾辭(syntactical suffix) 또는 活用接尾辭(inflectional suffix)이며 構文論
> 에서 다루어진다. (김민수 1975 : 72)

4. 조어법

4.1. 먼저 전통문법의 체계를 보기로 한다. 주시경(1910)의 품사론은 '기 갈래(의 난틀), 기몸박굼, 기몸헴, 기뜻박굼'으로 되어 있는데, 대개 기몸헴 은 합성법에 해당하고, 기몸박굼과 기뜻박움'은 파생법에 해당한다. 김두 봉(1916), 김윤경(1948)의 품사론은 씨의 '갈래, 쓰임, 어우름, 바꿈'으로 구 성되어 있는데, 대체로 '어우름'은 합성법에 해당하고, '바꿈'은 파생법에 해당한다.

이에 대하여, 굴곡의 가지를 중심으로 정리하면 다음과 같다.

먼저 임자씨의 굴곡의 가지를 보기로 한다. 분석적 체계에서는 임자씨 토가 겹치면 당연히 씨의 결합이 되므로, 합성어에 해당하게 된다. 예컨

---

13) 새독(1991 : 12-15)에서 논의한 문법의 잉여성의 문제와 관련이 있는 듯하다. 형태론이 통어론에 앞선 기술문법적 관점에서 보면, 형태론의 단위가 통어론의 단위로 쓰이면, 통어론의 용어가 필요할 것이다. 그러나 형태론에서 붙여진 용어의 정당성은 그대로 유 지되어야 할 것이다.

대, 주시경(1910)의 '기몸헴'에서 '겻기의 몸'의 예를 다음과 같이 들었다.

   (1) ㄱ. 낫몸 : 에
      ㄴ. 모힌몸 : 에는

  풀이씨의 굴곡의 가지에서 문제되는 것은 안맺음 가지이다. 주시경(1910)
과 김윤경(1948)에서는 '-시-, -었-, -겠-' 따위의 형태소를 '-다, 느냐' 따
위의 토씨의 일부로 파악한다. 김윤경(1948)의 분석은 다음과 같다.

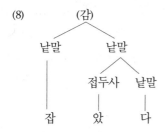

  최현배(1937)에서는 '-시-, -었-, -겠-' 따위를 '도움줄기'라 하였는데,
이러한 용어를 사용했다는 것은 이 형태소들이 굴곡의 가지가 아니라, 줄
기의 성분이라는 것을 함축한다. 곧 다음과 같이 분석할 수 있다는 것이다.

  이상을 보면, 전통문법에서 풀이씨의 안맺음 가지를 형태론에서 어떻게
다루어야 하는지에 대하여 고민한 흔적을 엿볼 수 있다.

4.2. 한편, 서정수(1975)에서와 같이, 풀이씨의 안맺음 가지들 각각을 하나의 낱말로 처리하는 경우에 대하여, 형태론의 관점에서 살펴보자.

사실 어떤 굴곡의 가지를 하나의 낱말로 처리할 것인가 그렇지 않을 것인가 하는 문제는, 형태론의 최대 단위를 최소자립형식으로 가정하는 한에서는, 형태론의 체계에 아무런 영향을 주지 않을 수 있다. 곧, '-에게'를 낱말로 본다 하더라도, 이 형태소를 굴곡의 가지로 본다면, 좀더 정확히는 굴곡의 가지로 된 낱말로 본다면, '영이에게'는 굴곡법에 틀림없다.

그런데 만일 형태론의 최대 단위를 (최소자립형식이 아니라) 낱말이라고 가정하면, 문제는 달라진다. 그렇게 보면, 굴곡법과 조어법, 합성법과 파생법으로 구성되어 있는 형태론의 체계를 전반적으로 재조정해야 한다.

예들 들어 이 문제를 정리해 보자. 형태론의 최대 단위가 낱말이라면, '잡았다'는 세 개의 낱말로 구성되어 있는데, 이 낱말은 합성어이다. 그런데 '분잡았다'와 '잡혔다'는 합성어인가 파생어인가, 아니면 다른 어떤 형식의 낱말인가?

또 다른 문제도 있을 수 있다. 어떤 언어 형식이 몇 개의 형태소로 구성되었는가 하는 물음을 생각해 보자.

'예뻤다'와 '예쁘다'는 [+과거]와 [-과거]로 대립되는 형식이다. 이러한 대립을 설명하기 위하여 '-었-'에 대립되는 영형태소를 세우는 일이 있다. 만일 이렇게 영형태소를 세우게 되면, '예쁘다'는 세 개의 형태소로 구성된 형식으로 보아야 한다.

(10) ㄱ. 예뻤다.　　　　(+과거)
　　 ㄴ. 예쁘다.　　　　(-과거)

그런데 형태론의 최대 단위를 낱말로 보고, 안맺음 가지를 낱말로 보는 관점에서는 이 문제를 어떻게 해결해야 할 것인가? 분절음이 없는 낱말을

세울 수는 없는 일이니, '예쁘다'는 두 개의 낱말로 분석할 수밖에 없을
것이다. 그러면 '예뻤다'와 '예쁘다'의 대립을 어떻게 설명해야 할 것인가.

또 이른바 접어로 설명되는 다음의 예를 보자.[14] 이 예들의 앞의 형식
들은 몇 개의 낱말로 구성되어 있는가? 이 문제는 복합적이다. 형태소들
의 연결 제약과 형태소와 낱말의 생략이 겹쳐 있다.

> (11) ㄱ. 간다는/ 간다고 하는
> ㄴ. 가련다/ 가려고 한다
> ㄷ. 가야겠다/ 가야 하겠다

형태론의 최대 단위를 낱말로 보고, 안맺음 가지를 낱말로 보는 관점에
서는 이러한 문제들을 해결하기 어려워 보인다. 낱말을 실사로 구성된
'어휘적 낱말'것과 허사로 구성된 '기능적 낱말' 따위로 구분한다고 하더
라고, 바람직스러운 해결책을 찾기 어렵다고 생각된다.

좀더 근원적으로는 '간다'와 같은 단순한 형식들도 두 개의 형태소로
분석하기도 하고, 세 개의 형태소로 분석하기도 한다. 앞서와 같이 영 형
태소를 세운다면, 또 몇 개의 형태소로 분석해야 하는지도 분명하지 않은
상황이 생길 수도 있다.

형태론의 최대 단위를 낱말로 보고, 안맺음 가지를 낱말로 보는 관점의
문제점을 다음과 같이 간추릴 수 있겠다. 이러한 관점은 품사론의 문제를
형태론으로 책임을 전가하기만 할 뿐, 새로이 발생하는 문제들에 대하여
효과적으로 설명하지 못한다고 판단된다. 물론, 안맺음 가지를 낱말로 보
더라도, 형태론의 최대 단위를 낱말이 아니라 최소자립형식으로 보게 되
면, 적어도 이러한 문제는 발생하지 않는다.

---

14) 최규수(2001)에서는 이들 현상을 접어로 분석하였다.

4.3. 허웅(1975)에서는, 조어법을 다음과 같이 정리하였다.

(12) 조어법 ┬ 파생법 ·················· 뿌리 + 말만드는 가지 (파생어)
          └ 합성법 ·················· 뿌리 + 뿌리 (합성어)

위와 같은 조어법의 정의는 두 개의 형태소로 이루어진 말들은 잘 설명할 수 있다. 이 말들의 성분들은 뿌리 아니면 파생의 가지이기 때문이다. 그런데, 셋 이상의 어휘적 형태소로 이루어진 말들은 단순하지 않다.

(13) ㄱ. 시집, 날고추, 나무꾼, 모서리; 엿보다, 올곧다, 꽃답다, 잡히다
     ㄴ. 봄비, 산길, 좁쌀, 보름달; 검붉다, 빛나다, 겉늙다, 못하다

(14) 헛손질, 맞벌이, 첫걸음; 짓밟히다, 뒤섞이다,

(15) ㄱ. 첫날밤, 외뿔짐승; 한눈팔다, 속태우다
     ㄴ. 홑꽃잎, 외나무다리; 거짓말투성이, 모내기

셋 이상의 형태소로 구성된 말들은 직접 성분으로 분석해야 한다. '헛손질, 첫날밤, 홑꽃잎'을 직접 성분으로 분석하면 다음과 같다.

(15)   헛손질   첫날밤   홑꽃잎

그러면 '헛손질'은 파생의 과정을 거쳐 형성된 '손질'에 다시 파생의 과정을 거쳐 형성된 것이다. '첫날밤'은 파생의 과정을 거쳐 형성된 '첫날'에 합성의 과정을 거쳐 형성된 것이다. 마찬가지로, '홑꽃잎'은 합성-파생

의 과정을 거쳐 형성된다.

그런데 여기서 문제가 되는 것은, '헛손질, 첫날밤, 홑꽃잎'의 직접 성분인 '손질, 첫날, 꽃잎'의 형태적 범주는 무엇인가 하는 것이다. 이것들은 물론 뿌리도 아니고, 파생의 가지도 아니다. 앞의 굴곡법의 논의를 고려한다면, 이에 해당하는 용어로는 '줄기[어간]'가 적합하지 않을까 생각된다. 뿌리에 뿌리나 파생의 가지가 결합한 성분은 항상 줄기로 쓰일 수 있는 것이기 때문이다.15) 이렇게 본다면, 복합어의 직접 성분은 뿌리가 아니라, 줄기로 분석할 수 있다.

(16) 조어법 ┌ 파생법 ······················ 줄기 + 말만드는 가지 (파생어)
　　　　　　└ 합성법 ····················· 줄기 + 줄기 (합성어)

물론, 하나의 뿌리로 구성된 것도 줄기가 될 수 있기에, '봄비'나 '잡히다'의 직접 성분인 '봄, 비, 잡-' 따위는 하나의 뿌리로 구성된 줄기로 분석할 수 있을 것이다. 나이다(1978=1949 : 81)의 '줄기'의 정의에서도 그렇게 분석된다.

(17) 줄기 (stems)는, 하나의 뿌리로 구성되거나 뿌리에 다른 형태소들이
　　　더하여 구성되는데, 정의에 의하면, 항상 의존적이다. 예컨대, -ceive
　　　(cf. receive)와 recept- (cf. reception), manli- (cf. manliness)와 formaliz- (cf.
　　　formalizer)이다.

실제로 허웅(1975 : 151)에서 보면, '그슬리다'는 줄기 '거슬'에 '-이-'가 결합하여 형성된 것으로 분석하고 있다.

그리고 서정수(1971)에서도 파생의 가지가 결합하는 그 앞의 성분도 풀이씨의 줄기로 분석하고 있다.

---

15) 그래서 좀더 정확히는, 잠재적인 줄기라고 할 수 있겠다.

(18) $[V_{st}]\,[SF_0^8] \rightarrow [V_{st}] \begin{cases} [\text{파생활용표}SF_1^2] \\ [\text{굴곡활용표}SF_3^8] \end{cases}$

(16)의 체계의 다른 하나의 문제점은 굴곡의 가지가 포함된 합성어를 다루기 어렵다는 것이다.

(19) 눈엣가시, 큰아버지; 돌아가다, 불타오르다

위의 예들의 직접 성분 가운데 '눈엣, 큰, 돌아, 불타'는 뿌리도 아니고, 줄기도 아니기 때문이다. 그것들은 최소자립형식의 꼴을 갖추고 있다. 실제로 허웅(1975 : 100)에서 보면, '하나비'의 '한'을 매김꼴로 분석하고 있는데, 매김꼴이란 풀이씨가 최소자립형식으로 쓰인 형식이다.

따라서 합성법(의 직접 성분 구조)은 다음과 같이 수정할 수 있다.

(20) 합성어 : $\begin{cases} \text{줄기} \\ \text{최소자립형식} \end{cases}$ + 줄기

4.4. 이제 '뿌리/어근, 줄기/어간'의 용법에 대하여 좀더 살피기로 한다. 이익섭(1975/1993)에서는 '어근'과 '어간'을 형태소의 종류로 보았다.

(21) 이익섭(1975/1993)의 어근과 어간[16]
- 어근 : 단어의 중심부를 이루는 형태소이긴 하되, 늘 의존형식이어야 하고 또 굴절접사가 직접 결합될 수 없는 형태소.
  깨끗-, 소근-
- 어간 : 굴절접사(어미)와 직접 결합될 수 있거나 아니면 그 단독으로 단어가 될 수 있는 단어의 중심 부분.
  웃-

---

16) 이익섭 · 임홍빈(1985 : 117-118)의 정의도 이와 같다.

그런데 이런 분석은 다음과 같은 문제가 있어 보인다. 먼저, 굴절의 가지와의 결합 제약에 따라 어근과 어간을 구별하였는데, 그러한 결합 제약은 어떤 형태소이든지 존재한다. 예컨대 파생의 가지는 그것이 파생시키는 품사에 따라, 굴곡의 가지가 결합되거나 결합되지 않으며, 또 굴곡의 가지와 결합할 때도 품사에 따라 다른 종류의 굴곡의 가지가 결합한다. 그렇다고, 파생의 가지의 이름을 달리할 수는 없는 일이다.

그러한 결합 제약에 따른 형태소의 분류는 어근이라는 하나의 이름으로 고정시켜 놓고, 결합 제약의 여부에 따라 하위 분류하여 이름을 짓는 것이 바람직할 것이다. 고영근(1989 : 539)에서처럼, '책, 가-' 따위의 규칙적인 어근과 '자유, 아름-' 따위의 불규칙적인 어근으로 나눌 수 있는데, 이익섭(1975/1993)의 어간은 규칙적인 어근에, 어근은 불규칙적인 어근에 대응된다.

다음에는, 용어 체계상의 문제이다. 앞에서 보았듯이, 굴곡법에서 굴곡의 가지를 제외한 나머지 부분을 가리킬 때(나 조어법에서, 최소자립형식의 성분에서 뿌리를 포함한 한 형태소 이상이 결합하여 형성된 단위를 가리킬 때), 줄기 또는 어간이란 용어를 사용해 왔다. 그런데 이익섭(1975/ 1993)에서처럼 어간을 형태소의 한 종류로 정의한다면, '깨끗하-'와 같이 둘로 구성된 낱말의 단위를 위해서는 또 다른 용어가 필요하게 될 것이다.

남기심·고영근(1990)과 안상철(1998)에서는 어근과 어간의 개념을 다음과 같이 정의하였다.

(22) 어근
ㄱ. 복합어의 형성에 나타나는 실질형태소. (남기심·고영근 1990 : 185)
ㄴ. 어휘의 형성 과정에서 더 이상 세분할 수 없는 최소의 단위이며 가장 중심적인 요소. 모든 접사를 제외한 핵심적인 형태소. (안상

철 1998 : 25-27)

(23) 어간

ㄱ. 활용시의 가변요소. (남기심·고영근 1990 : 190)

ㄴ. 굴절접사가 붙을 수 있는 중심 요소. 내부 구조상 파생접사를 포
함하고 있을 수 있는 요소. (안상철 1998 : 25-27)

위의 정의에서 보면, 어근은 형태소의 한 종류이며, 어간은 최소자립형
식에서 굴곡의 가지로 구성된 성분을 제외한 부분으로 구성된 성분을 가
리킨다. 그런데, 앞서 논의한 바와 같이, 굴곡의 가지를 제외한 부분으로
구성된 성분에서도 줄기/어간을 가정해야 하는 경우가 있다. 이를 고려한
다면, 이 글의 논의에 따르자면, 어근과 어간을 다음과 같이 정리할 수 있
겠다.

(24) 뿌리/어근과 줄기/어간

ㄱ. 뿌리/어근 : 형태소의 한 종류

ㄴ. 줄기/어간 : 최소자립형식의 구성요소로서, 뿌리/어근을 포함하는
한 개 이상의 형태소의 결합체

이제 어기란 용어를 살펴보자. 이익섭(1975/1993)에서는 어기를 어근과
어간을 묶는 것으로 정의하여, 형태소의 한 종류로 보았다. 이에 대하여,
안상철(1998)에서는 '어휘형성 과정에 참여하는 중심(핵심) 요소'로 보았다.
안상철(1998)의 정의에 따르면, 어근이나 어간 모두 어기가 될 수 있다.

(25) 어기

ㄱ. 어근과 어간을 묶는, 접사에 대가 되는 것. 단어의 중심부를 이
루는, 접사에 대되는 형태소. (이익섭 1975/1993)

ㄴ. 새로운 파생이나 굴절 어느 어휘형성 과정에 참여하는 중심(핵
심) 요소. (안상철 1998 : 25-27)

사실, 어기는 굴곡법이나 조어법(파생법과 합성법)의 모든 과정에 적용되는 단위로 보는 것이 바람직할 것이다.[17]

4.5. 한 가지 더. 어근과 어간, 어기를 정의할 때, 단어 형성을 위한 것과 문장 형성을 위한 것을 구별해야 한다는 최형용(1999)의 논의를 보기로 하자. 이와 유사한 논의는 시정곤(1998)의 통어적 가지에 대한 논의에서도 나타난다.

> (26) ㄱ. 어근 및 어기 개념이 단어 형성을 위한 것이라면 문장 형성을 위
>   한 어간 개념과는 구별되어야 한다. (최형용 1999)
>   ㄴ. 파생접사는 단어의 형성에, 굴절접사는 문장의 형성에 관여하는
>   데 이 두 가지는 서로 다른 기제에 의해 운용되는 것으로 본다
>   는 것이다. 따라서 본고에서는 '파생접사'와 '굴절접사'는 '접사'
>   의 하위 부류로 양립할 수 없는 것이 된다. (최형용 1999)

그런데, 어근과 어간, 어기 및 (굴곡과 파생의) 접사는 형태론에서 최소 자립형식의 구조를 설명하기 위하여 도입된 개념이고, 분포를 기준으로 나눈 것이다. 물론 각 형태소 또는 형태소의 결합체는 그 고유의 기능을 가지고 있다. 물론 어간과 굴곡의 접사는 월의 형성에 주요한 기능을 담당하는데 비하여, 어근과 파생의 가지는 상대적으로 그렇지 않다. 그러나 형태론에서 형태소 또는 형태소의 결합체를 그렇게 분류하는 것은 그것들이 통어론에서 어떤 특정한 기능을 담당하는 것과는 독립적으로 이루

---

17) 스펜스(1991), 전상범·김영석·김진형 공역(1991), 19쪽 주 10 참조에서 어근과 어간, 어기를 다음과 같이 구분하고 있다. "나는 어근(root)이라는 말을 어떤 단어의 '핵심적' 의미('core' meaning)를 갖는 단일 형태소를 지칭하는 것에 사용토록 하겠다. 어간(stem) 이라는 술어는 굴절접사가 첨가되는 단어의 일부분을 지칭하는데 사용하겠으며, 어기 (base)는 그 밖의 어떤 형태소라도 첨가될 수 있는 (굴절, 파생, 합성) 부분에 대해 사용 하겠다."

어질 수 있는 것이다. 곧 통어적 기능은 어떤 분류에서 참고가 될 수는 있 겠지만, 형태나 분포보다 앞서 고려할 성질의 것은 아니라고 생각된다.

5. 마무리

5.1. 전통문법에서는 품사론 중심이고, 형태론에 관한 내용들은 품사론 의 한 부분으로 논의되었다. 따라서 품사론에 관한 논의는 매우 활발하게 이루어졌으나, 형태론의 기본 체계가 온전히 수립되지 않았다. 당연히 굴 곡법과 조어법의 구별도 분명하지 않았으며, 당연하게도 뿌리/어근이나 줄기/어간, 씨끝/어미 따위에 관한 논의들도 충분히 이루어지지 않았다. 이것들에 관한 본격적인 논의는 기술문법에 이르러서야 비로소 활발하게 이루어지기 시작하였다. 이 글은 이러한 점을 유의하면서, 형태론의 체계 와 문법 용어의 사용에 대하여 국어학사의 관점에서 살폈다.

5.2. 품사론에서는 주로 '토(씨)'(조사)의 용법을 중심으로 살폈다. 전통 문법의 분석적 체계나 종합적 체계에서는 임자씨에 붙는 굴곡의 가지와 풀이씨에 붙는 굴곡의 가지를 함께 가리키는 경우도 있었지만, 절충적 체 계는 임자씨에 붙는 굴곡의 가지를 가리키는 경우도 있었다. '후치사'란 용어는 토와 같은 부류를 가리키는 용어로 사용되기도 하고, 특정한 종류 의 토를 가리키는 용어로 사용되기도 하였다.

5.3. 전통문법에서 풀이씨의 안맺음 가지는, 분석적 체계이거나 절충적 체계이거나 간에, 풀이씨의 줄기의 일부로 분석한 경우도 있고, 맺음 가지 의 일부로 분석한 경우도 있었다. 주시경(1910)의 경우, 안맺음 가지가 결 합하는 방식이 조어법에 속하는 것인지 굴곡법에 속하는 것인지 분명하

지 않다. 그러나 그 밖의 경우에는, 형태론의 체계에서 보면, 굴곡법이라
기보다는 일종의 조어법(파생법)으로 파악된 것처럼 생각된다.

5.4. 분석적 체계의 경우, 임자씨에 붙는 가지의 겹침은 합성법으로 파
악하였다. 최근의 분석적 체계에서는 안맺음 가지도 낱말로 보고자 하는
주장이 있다. 그런데 형태론의 최대 단위를 낱말로 보고 안맺음 가지를
낱말로 보는 관점에서는 형태론의 체계와 관련하여 어려운 문제들이 발
생함을 지적하였다.

그리고 기술문법에 바탕을 둔 조어법의 체계와 관련하여, 합성법의 정
의와 '뿌리/어근, 줄기/어간, 어기'의 용법에 대한 몇몇 주장을 검토하고
정리하였다.

참고 문헌

고영근(1967), 「현대국어의 선어말어미에 대한 구조적 연구-특히 배열의 차례를 중심으로」, 어학연구 3-1, 32-50.

고영근(1989), 『국어 형태론 연구』, 서울대학교 출판부.

김두봉(1916), 『조선말본』, 역대 ①22.

김두봉(1922), 『깁더 조선말본』, 역대 ①23.

김민수(1975), 『국어문법론』, 일조각.

김민수(1986), 「1세기 반에 걸친 한국문법연구사」, 역대 총색인, 탑출판사.

김윤경(1932), 『조선말본』, 역대 ①53.

김윤경(1948), 『나라말본』, 역대 ①54.

김희상(1911), 『조선문법』, 역대 ①19.

남궁억(1913), 「조선문법」(필사본), 역대 ①24.

남기심·고영근(1990), 『표준 국어문법론』, 탑출판사.

박승빈(1935), 『조선어학』, 역대 ①50.

박태윤(1948), 『중등 국어문법』(초급용), 역대 ①73.

서정목(1987), 『국어 의문문 연구』, 탑출판사.

서정수(1971), 『국어 구조론 : 한국어의 형태·통사구조론 연구』, 연세대학교 출판부.

서정수(1975), 『동사 '하-'의 문법』, 형설출판사.

서정수(1996), 『국어문법』(수정 증보판), 한양대학교 출판원.

시정곤(1998), 『국어의 단어 형성 원리』(수정판), 한국문화사.

안병희(1968), 「중세국어의 속격어미 「-ㅅ」에 대하여」, 이숭녕 박사 송수기념논총, 을유문화사, 337-345.

안상철(1998), 『형태론』, 민음사.

유동석(1995), 『국어의 매개변인 문법』, 신구문화사.

유창돈(1963), 「선행어미 "-가/거-, -아/어-, -나-" 고찰」, 한글 132, 한글학회, 1-33.

이상춘(1925), 『조선어문법』, 역대 ①36.

이숭녕(1956), 『고등국어문법』, 역대 ①90.

이숭녕(1959), 「나의 문법연구의 태도-특히 격과 지정사에 대하여」, 한글 125, 44-53.

이승욱(1957), 「국어의 Postposition」, 이승욱(1973), 『국어문법체계의 사적 연구』, 일조각, 101-116.

이승욱(1966), 「후치사의 통사론적 고찰」, 동아문화 6, 222-223.

이익섭(1975/1993), 「국어 조어론의 몇 문제」, 형태, 태학사, 25-43.

이익섭·임홍빈(1985), 『국어문법론』, 학연사.

이희승(1949), 『초급 국어 문법』, 역대 ①85.

이희승(1955), 『국어학 개설』, 민중서관.

장하일(1949), 『표준말본』(중학교 3학년), 역대 ①76,

정렬모(1947), 『신편 고등국어문법』, 역대 ①61.

정인승(1956), 『표준 고등 말본』, 역대 ①83.

주시경(1910), 『국어문법』, 역대 ①11.

주시경(1914), 『말의 소리』, 역대 ①13.

최규수(2001), 「형식 품사의 형태·통어론적 지위에 관한 연구」, 한글 252, 79-108.

최현배(1937), 『우리말본』, 정음사.

최형용(1999), 「국어의 단어 구조에 대하여」, 형태론 1-2, 245-260.

최형용(2002), 「어근과 어기에 대하여」, 형태론 4-2, 301-318.

하치근(1986), 『국어 파생형태론』, 남명문화사.

허 웅(1969), 『옛말본』, 과학사.

허 웅(1975), 『우리 옛말본』, 과학사.

홍기문(1947), 『조선문법연구』, 역대 ①39.

홍윤표(1975), 「주격어미 「-가」에 대하여」, 국어학 3, 65-117.

Dallet, Charles. (1874), "La Langue coréenne," *Historie de L'église de Corée, Tome Premiéré,* Paris : *Victor Palmé.* 안응렬·최상우 역주(1979), 한국천주교회사, 분도출판사, 역대 ②21.

Nida, E. A. (1978=1946[13]), *Morphology,* The University of Michgan Press.

Roth, P. Lucius. (홍태화) (1936), *Grammatik der Koreanischen Sprache,* Abtei St. Benedikt (성분도수도원), 역대 ②25.

Underwood, Horace Grant. (1890), *An Introduction to the Korean Spoken Language* (한영문법), 역대 ②11.

Spencer, Andrew (1991), *Morphological Theory : An Introduction to Word Structure in Generative Grammar.* Cambridge University Press. 전상범·김영석·김진형 공역(1991), ≪형태론≫, 한신문화사.

Sadock, Jerrold M. (1991), *Autolexical Syntax,* Stanford : CSLI Publications.

저자 **최규수**

부산대학교 교수

저서

『한국어 통사론 입문』(박이정, 2009)
『주시경 문법론과 그 뒤의 연구들』(박이정, 2005)
『한국어 주제어와 임자말 연구』(부산대학교 출판부, 1999)

역서

『정보에 기반한 통사론과 의미론』(역락, 2013, 서민정과 공역)
『자율어휘통사론(새독)』(한국문화사, 2009, 권연진·서민정과 공역)

한국어 형태론 연구

초판 1쇄 인쇄 2016년 8월 8일
초판 1쇄 발행 2016년 8월 18일
저 자 최규수
펴낸이 이대현
편 집 권분옥

펴낸곳 도서출판 역락
주소 서울시 서초구 동광로 46길 6-6 문창빌딩 2층
전화 02-3409-2058, 2060
팩스 02-3409-2059
등록 1999년 4월 19일 제303-2002-000014호
이메일 youkrack@hanmail.net
역락블로그 http://blog.naver.com/youkrack3888

값 34,000원
ISBN 979-11-5686-586-5 93710

* 파본은 구입처에서 교환해 드립니다.

이 도서의 국립중앙도서관 출판예정도서목록(CIP)은 서지정보유통지원시스템 홈페이지(http://seoji.nl.go.kr)와 국
가자료공동목록시스템(http://www.nl.go.kr/kolisnet)에서 이용하실 수 있습니다.(CIP제어번호: CIP2016018709)